Die 1000 interessantesten KINDERFRAGEN

Sabine Fritz, Elke Schwalm, Birgit Kuhn,
Feryal Kanbay, Kerstin Landwehr,
Heike Huwald und Isabel Liebers

kids
compact via

Vorwort

Liebe Kinder!

In diesem Buch findet ihr Antworten auf 1000 spannende Fragen! Warum hat das Herz zwei Hälften? Wie ernähre ich mich richtig? Was macht die Sonne in der Nacht? Doch auch alles über die Erde und ihre Entstehung, die Tiere und Pflanzen, spannende Erfindungen und überraschende Entdeckungen findet ihr in diesem Buch. Menschen und Länder, Geschichte und alte Völker werden euch auf der Entdeckungsfahrt durch dieses Buch begleiten.

Als besonderes Extra gibt es noch Kästen mit Tipps und Experimenten! Ihr könnt eure Reise durch die Welt und die Zeit allein unternehmen oder mit euren Eltern gemeinsam. Denn manchmal wissen schließlich auch eure Eltern die Antwort nicht – oder warum zittert wohl Espenlaub?

Wie findest du was?

Zunächst kannst du natürlich im Inhaltsverzeichnis nachsehen. Dort sind die Themen der einzelnen Kapitel und Begriffe aufgeführt und auf welchen Seiten du sie findest. Suchst du einen bestimmten Begriff, zum Beispiel „Hunde", kannst du im Register nachsehen. Das Register befindet sich ganz hinten im Buch, auf den letzten Seiten. Dort steht, auf welcher Seite genau über Hunde berichtet wird.

compact via ist ein Imprint der Compact Verlag GmbH

Text: Sabine Fritz, Elke Schwalm, Birgit Kuhn, Feryal Kanbay,
Kerstin Landwehr, Heike Huwald und Isabel Liebers
Redaktion: Felicitas Zahner
Produktion: Johannes Buchmann
Abbildungen: siehe Bildnachweis S. 256
Titelabbildungen: www.fotolia.de: Duplass, Jamie; edgardr;
Isselée, Eric; msdnv; pressmaster; pythagore
Gestaltung: textum GmbH
Umschlaggestaltung: Hartmut Baier, pixelcolor

ISBN 978-3-8174-6725-9
5467251/3

www.compactverlag.de

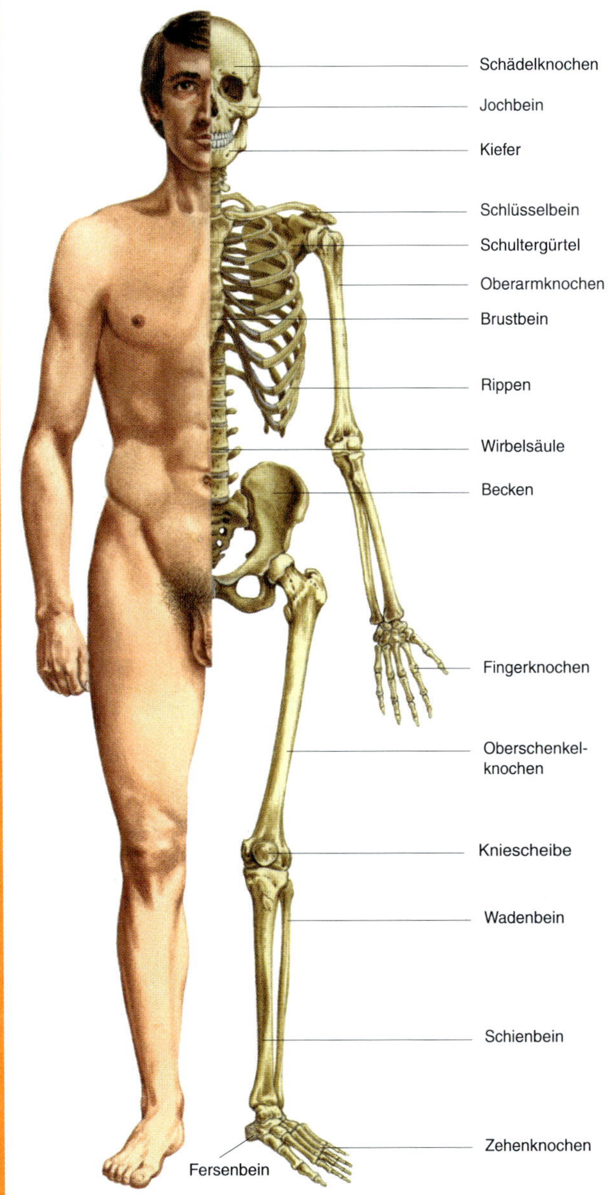

Das Skelett stützt unseren Körper.

Warum haben wir Knochen?

Ohne Knochen wäre unser Körper eine weiche Masse, die sich – wie eine Schnecke – nur kriechend fortbewegen könnte. Unsere Knochen stützen unseren Körper, nur durch sie können wir aufrecht gehen. Einige Knochen sollen zusätzlich besonders wichtige und leicht verletzbare Teile unseres Körpers schützen: Die Schädelknochen sind eine stabile Hülle für unser Gehirn, die Rippen eine Art Schutzbehälter für die Organe. Alle Knochen zusammen bilden das Skelett, auch „Stützapparat" genannt. Doch das ist nicht alles: Knochen speichern Kalzium, einen lebensnotwendigen Mineralstoff. Das Knochenmark im Inneren der Knochen produziert rote und einige weiße Blutkörperchen, die wichtigsten Bestandteile des Blutes.

Wie sind Knochen aufgebaut?

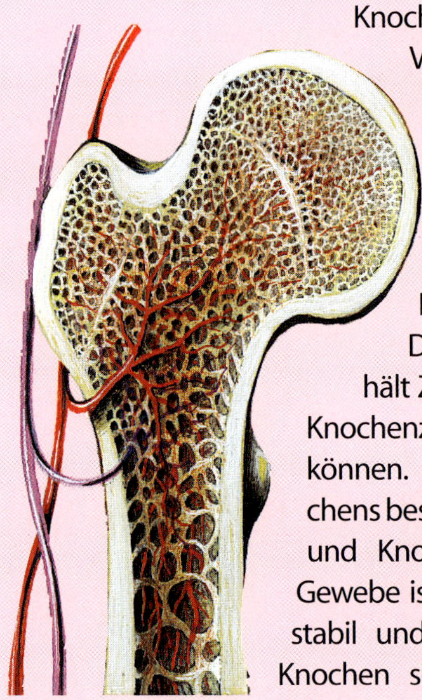

Knochenaufbau

Knochen bestehen zu einem Viertel aus Wasser. Sie sind von Blutgefäßen und Nerven durchzogen und – mit Ausnahme der Gelenke – von einer Knochenhaut umhüllt. Die Knochenhaut enthält Zellen, aus denen neue Knochenzellen gebildet werden können. Das Innere des Knochens besteht aus Knochenmark und Knochenbälkchen. Dieses Gewebe ist leicht, aber trotzdem stabil und belastbar. Nicht alle Knochen sind gleich aufgebaut: Manche Knochen, etwa der Oberschenkel- und der Oberarmknochen, sind innen hohl. Wirbelknochen, Ferse und Oberschenkelhals dagegen sind sehr kompakt gebaut, um großen Belastungen standzuhalten.

Zusatzinfo

Wissenswertes über das Skelett

Babys haben bei ihrer Geburt 300, Erwachsene nur noch 206 Knochen. Wie das? Viele Knochen, etwa am Schädel und an der Hand, sind anfangs noch nicht verbunden. Sie wachsen mit der Zeit zu größeren Knochen zusammen. Dadurch wird das Skelett belastbarer.

Welches ist unser kleinster Knochen?

Kaum zu glauben, aber wahr: Er sitzt im Ohr! Der sogenannte „Steigbügel", ein Gehörknöchelchen im Mittelohr, ist der kleinste Knochen. Er ist nur 2,6 bis 3,4 Millimeter lang und zwei bis 4,3 Milligramm leicht. Seinen Namen hat er von der Form, die an den Steigbügel eines Sattels erinnert: Von der Fußplatte gehen zwei Schenkel aus, die oben wieder zusammentreffen. Mit den beiden anderen Gehörknöchelchen, Hammer und Amboss, verbindet der Steigbügel das Trommelfell mit dem Innenohr.

Was passiert, wenn Knochen brechen?

Unsere Knochen sind stabil und geben auch etwas nach, das heißt, sie sind elastisch. Doch wenn die Belastung zu stark wird, brechen sie. Zum Beispiel wenn man stürzt oder von einem schweren oder harten Gegenstand getroffen wird. Es gibt verschiedene Arten von Knochenbrüchen. Bei einem „einfachen Bruch" wird das Gewebe, das den Knochen umgibt, kaum beschädigt. Schwieriger ist ein „komplizierter Bruch", wenn Knochenteile verrutscht sind, die der Arzt wieder zusammenfügen muss. Und dann gibt es noch den „offenen Bruch", bei dem der Knochen die Haut durchstoßen hat. Sind die Knochenenden zersplittert, nennt man dies „Trümmerbruch". Doch keine Sorge: Knochen wachsen immer wieder zusammen, es dauert nur ein wenig. Und damit sie auch wieder so zusammenwachsen, wie es sich gehört, werden die betroffenen Körperteile eingegipst. Dann sind sie bald geheilt.

Gebrochene Arme werden eingegipst.

Welche Aufgaben haben die Muskeln?

Ohne Muskeln können wir uns nicht bewegen, das ist klar. Sie halten unser Skelett aufrecht und ermöglichen uns zu laufen, zu springen und auch zu lachen. Eine weitere wichtige Aufgabe der Muskeln ist jedoch auch die Wärmeproduktion. Die Muskeln wandeln, ebenso wie unsere Organe und das Gehirn, die Energie aus der Nahrung in Wärme um. So helfen sie dem Körper, seine Temperatur konstant auf 37 Grad Celsius zu halten. Besonders viel Energie verbrauchen die Muskeln natürlich beim Sport, denn dabei müssen sie sich mehr bewegen als in einer Ruhephase.

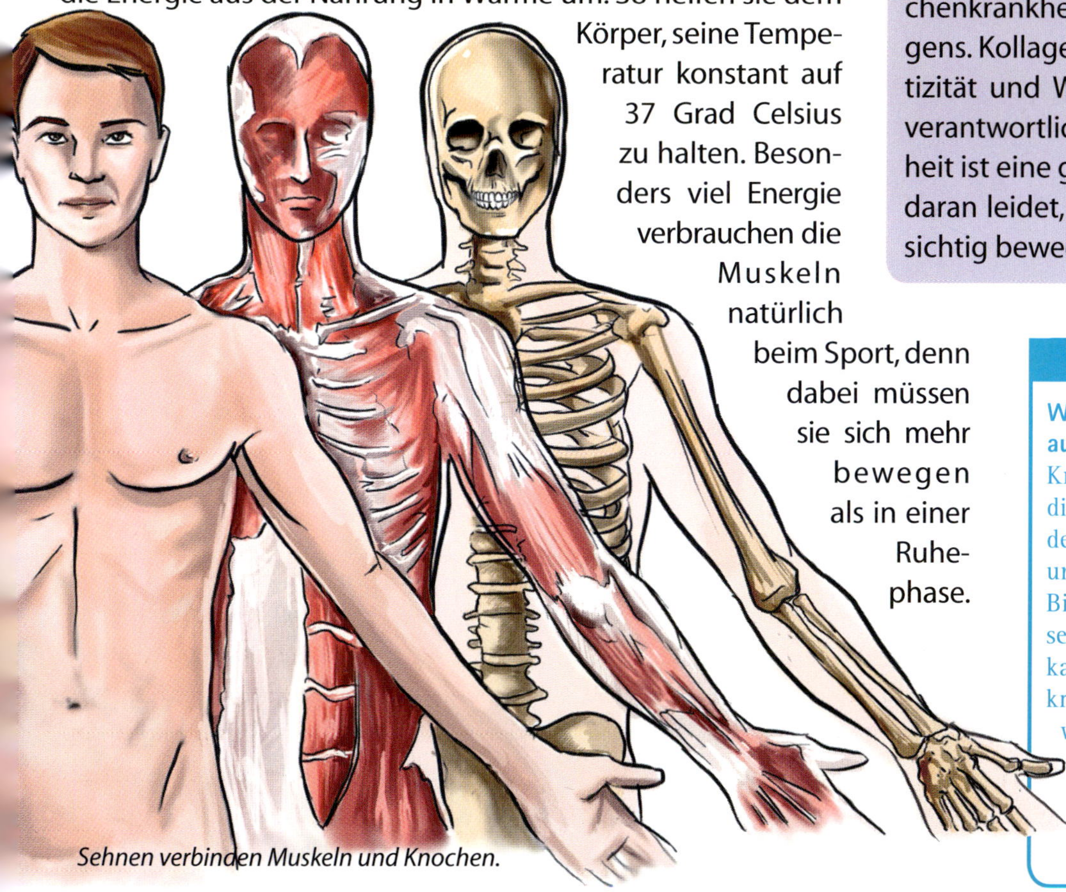
Sehnen verbinden Muskeln und Knochen.

Sind Glasknochen aus Glas?

Nein, natürlich nicht. „Glasknochen" sind Knochen, die ungewöhnlich leicht sind und deswegen auch sehr häufig brechen. Auf Röntgenbildern erscheinen diese Knochen dünn und glasartig. Ursache der Glasknochenkrankheit ist der Defekt eines Kollagens. Kollagen ist der Stoff, der für die Elastizität und Widerstandskraft der Knochen verantwortlich ist. Die Glasknochenkrankheit ist eine ganz seltene Erbkrankheit. Wer daran leidet, darf sich immer nur sehr vorsichtig bewegen.

Zusatzinfo

Wie übertragen Muskeln ihre Kraft auf den Knochen?

Knochen und Muskeln sind über die Sehnen miteinander verbunden. Diese sind Teil des Muskels und bestehen aus dem sogenannten Bindegewebe, dass durch Eiweißfasern zusätzliche Festigkeit erhält. So kann über die Sehnen die Muskelkraft auf die Knochen übertragen werden. Übrigens: Die Achillessehne, die die Wadenmuskeln mit dem Fersenbein verbindet, ist unsere stärkste und längste Sehne.

Warum ist Sport so wichtig?

Wer sich bewegt, fühlt sich wohler und ist gesünder. Außerdem bekommt man gute Laune durch Sport. Das liegt an den sogenannten Glückshormonen, die der Körper ausschüttet und die die Stimmung anheben. Außerdem regt Bewegung den Stoffwechsel an, Fett wird verbrannt und Muskeln werden aufgebaut. Durch regelmäßiges Training bekommst du mehr Abwehrkräfte und wirst nicht so schnell krank. Die Blutzufuhr in das Gehirn wird auch gesteigert, was bedeutet, dass mehr Blut durch den Kopf fließt. Und das ist wiederum gut fürs Denken.

Sport hält uns fit.

Warum bekommt man Muskelkater?

Früher glaubte man, Muskelkater entstünde durch Milchsäure, die sich im Muskel sammelt, wenn man sich bewegt. Doch das ist nicht richtig. Untrainierte Muskeln sind empfindlich; wenn man sie plötzlich stark belastet, kommt es zu kleinen Rissen. Bei der Heilung dringt Gewebswasser in die Muskulatur ein, der Muskel schwillt an und tut weh.

Warum schwitzt man?

Wenn es im Sommer sehr warm wird oder wenn wir uns körperlich anstrengen, schwitzen wir. Das liegt daran, dass durch den Stoffwechsel und die Muskelarbeit des Körpers ständig Wärme erzeugt wird. Einen Teil der Wärme geben wir beim Ausatmen ab. Wenn wir aber über die Atemluft nicht genügend abkühlen, scheidet der Körper über die Hautporen Wasser aus – wir schwitzen. Wenn der Schweiß auf der Haut verdampft, verliert der Körper Wärme und er kühlt ab.

Schwitzen kühlt uns ab.

Wie entsteht Seitenstechen?

Bei längerer körperlicher Anstrengung, zum Beispiel bei einem Dauerlauf, bekommen wir manchmal Seitenstechen. Vermutlich entsteht es durch eine Verkrampfung der Zwerchfellmuskulatur, die für das Atmen gebraucht wird. Besonders häufig tritt es auf, wenn man zuvor gegessen oder getrunken hat. Die Schmerzen könnten also auch vom Magen kommen. Also, vor dem Laufen nicht essen und beim Laufen möglichst gleichmäßig atmen!

Warum bekommt man manchmal einen roten Kopf?

Bei körperlicher Anstrengung zum Beispiel werden zusammen mit der Schweißproduktion auch die Blutgefäße nahe der Haut erweitert. So kann der Körper auch auf diesem Wege Wärme nach Außen abgeben. Weil die Blutgefäße direkt unter der Haut liegen, schimmert das rote Blut sichtbar durch die Haut hindurch – wir werden rot. Aber auch wenn wir uns schämen, gestresst oder aufgeregt sind, wird uns heiß und wir bekommen einen roten Kopf.

Warum hat unser Körper immer dieselbe Temperatur?

Der Körper hat eine Art „Heizung", die ihn immer auf einer Temperatur von 36 bis 37 Grad Celsius hält. Nur bei dieser Temperatur funktioniert er optimal. Jede einzelne Zelle produziert durch ihren Stoffwechsel Wärme. Das heißt, die Körperzellen zerlegen die Nahrungsbestandteile, wodurch Wärme entsteht. Das Gehirn besitzt eine Art Temperaturfühler. Ist der Körper zu heiß, sondert er Schweiß ab, um abzukühlen. Wenn wir frieren, produzieren die Zellen mehr Wärme, um die Temperatur zu erhöhen.

Warum empfinden wir 25 Grad Celsius im Wasser kälter als an der Luft?

Ob wir eine Temperatur als kalt oder warm empfinden, hängt nicht nur von der gemessenen Temperatur ab. Es kommt auf die Wohlfühltemperatur an. Und die kann um bis zu sieben Grad schwanken! Wenn wir in einem geschlossenen Raum sitzen, finden wir 24 Grad Celsius angenehm. Sind wir körperlich aktiv, reichen 17 Grad. An der Luft beträgt die Wohlfühltemperatur 25 Grad Celsius, im Wasser ist sie höher, dort liegt sie bei 31 bis 36 Grad Celsius. Denn das Wasser entzieht uns Wärme schneller als die Luft.

Wasser fühlt sich kälter an als Luft.

Warum hat das Herz zwei Hälften?

Das Herz ist unser wichtigster Muskel und der einzige, den wir nicht willentlich steuern können. Das Herz hat zwei Aufgaben: Es muss dafür sorgen, dass das Blut Sauerstoff erhält und den Körper mit Blut versorgen. Dafür hat es in jeder Hälfte einen Vorhof und eine Herzkammer. Die rechte Herzkammer pumpt das sauerstoffarme Blut in die Lunge, wo es Sauerstoff aufnimmt. Dann fließt es in die linke Herzhälfte und wird von dort aus in den Körper gepumpt. Dort verteilt das Blut den Sauerstoff und kehrt sauerstoffarm wieder in die rechte Herzkammer zurück. Das nennt man den Blutkreislauf. Die beiden Herzhälften sind übrigens unterschiedlich groß, denn die linke Seite braucht viel mehr Kraft, da sie das Blut in den Körper pumpt.

Schlägt unser Herz immer gleich schnell?

Das Herz ist ein sehr intelligenter Muskel, denn es kann seine Leistungen den Anforderungen anpassen: Im Ruhezustand schlägt es ruhig und gleichmäßig, so sichert es einen ausgeglichen Sauerstoff- und Energiehaushalt im Körper. Strengen wird uns an, zum Beispiel beim Sport, schlägt das Herz schneller. Denn wenn wir uns bewegen, brauchen die Muskeln mehr Sauerstoff. Der Blutkreislauf muss also beschleunigt werden, das Herz pumpt deshalb schneller. Nachts sind Herzschlag und Körpertemperatur übrigens am niedrigsten.

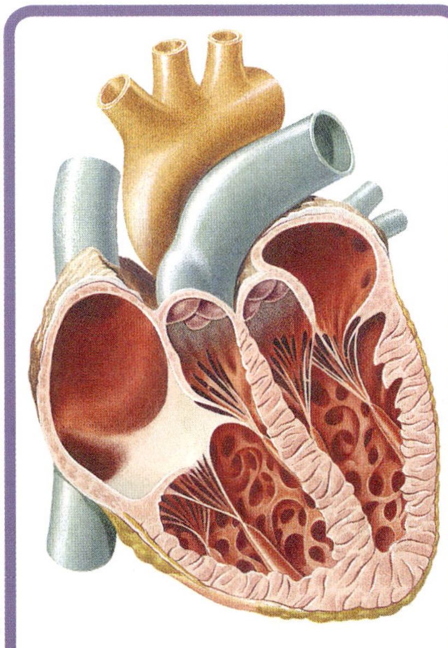

Das Herz pumpt das Blut durch unseren Körper.

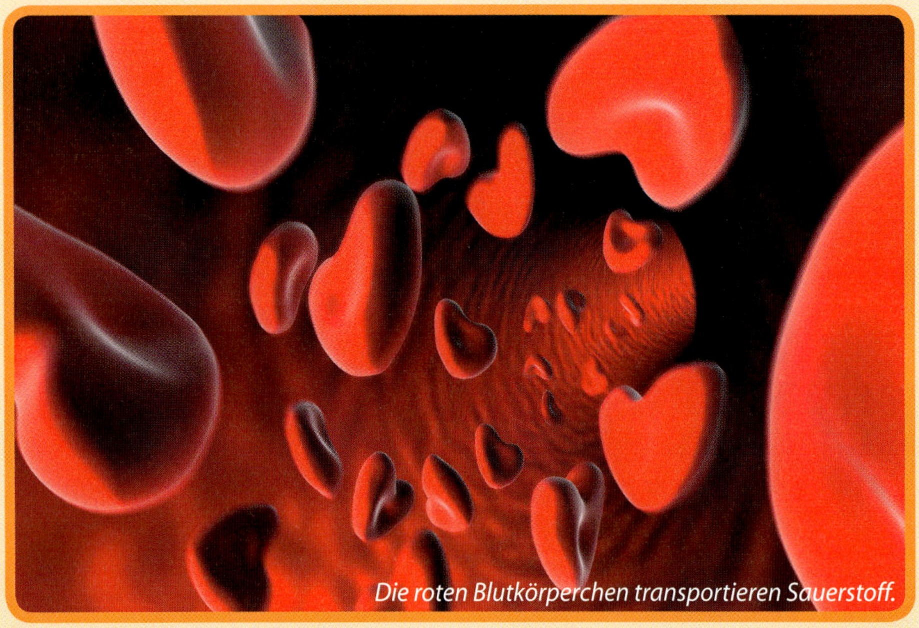

Die roten Blutkörperchen transportieren Sauerstoff.

Was ist Blut?

Blut besteht aus Blutplasma, in dem rote und weiße Blutkörperchen sowie die Blutplättchen schwimmen. Die roten Blutkörperchen transportieren den Sauerstoff, die weißen Blutkörperchen bekämpfen Krankheitserreger. Und die Blutplättchen? Sie lassen das Blut gerinnen, also fest werden, wenn wir uns verletzt haben und Blut aus der Wunde tropft. Das Blut bringt Sauerstoff in die Zellen und transportiert Kohlendioxid zur Lunge. Doch das ist längst nicht alles: Blut versorgt die Zellen mit Nährstoffen und bringt die Abfallprodukte zu den Organen, die sie entsorgen. Darüber hinaus verteilt es Hormone, das sind chemische Botenstoffe, im Körper.

Warum ist Blut rot?

Das Blut erhält seine rote Farbe durch die roten Blutkörperchen. Diese enthalten den Farbstoff Hämoglobin, der den Sauerstoff durch den Körper transportiert und verteilt. Dieser Farbstoff ist aber nur rot, solange er den Sauerstoff trägt. Pumpt das Herz nun gerade Blut in den Körper, hat es sehr viel Sauerstoff dabei und ist sehr rot. Je weniger Sauerstoff es enthält, desto mehr schwindet auch die Farbe, es wird bläulicher. Deshalb stellt man auf Zeichnungen auch die Blutgefäße in rot und blau dar!

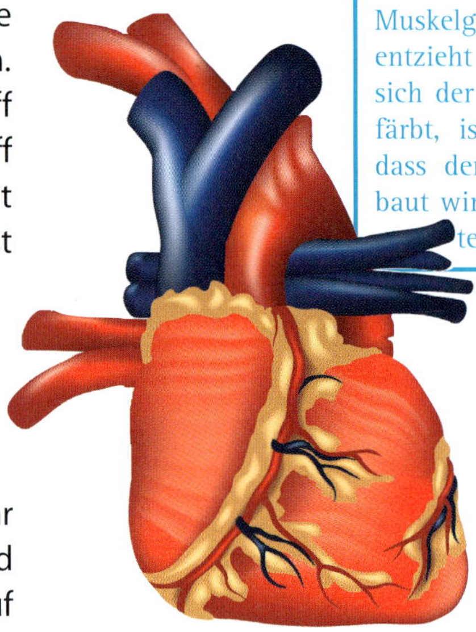

Blutgefäße werden in blau und rot dargestellt.

Zusatzinfo

Blaue Flecken

Warum sind Blutergüsse nicht rot, sondern blau, obwohl doch Blutgefäße verletzt wurden? Wir bekommen blaue Flecken, weil das Muskelgewebe dem Blut Sauerstoff entzieht – das Blut wird blau. Wenn sich der Bluterguss grün und gelb färbt, ist das ein Zeichen dafür, dass der rote Blutfarbstoff abgebaut wird und die kleinen verletzten Blutgefäße heilen.

Wieso bekommt man am Kopf eine Beule, wenn man sich stößt?

Sicher hast du dir schon mal den Kopf gestoßen. Erst tut es weh und dann bekommt man auch noch eine Beule! Sie entsteht, weil bei dem Stoß Blutgefäße im Unterhautgewebe zerreißen, aus denen dann Blut ins umliegende Gewebe fließt. Es tritt eine Schwellung auf, die sofort gekühlt werden sollte.

Was ist eine Blutvergiftung?

Von einer Blutvergiftung spricht man, wenn sich Keime über Blut- und Lymphbahnen im ganzen Körper ausbreiten und die Organe schädigen. Meistens sind äußere Wunden daran schuld. Sie verursachen eine Infektion, die der Körper allein nicht bekämpfen kann. Eine Blutvergiftung ist eine ernsthafte Krankheit: Wer sich verletzt hat, anschließend bläuliche Striche oder Streifen an der Haut der Arme und Beine bekommt und unter hohem Fieber und Schüttelfrost leidet, muss sofort zum Arzt. Wie kann man einer Blutvergiftung vorbeugen? Am besten ist es, wenn man jede Wunde sofort von Keimen reinigt.

Wie atmen wir?

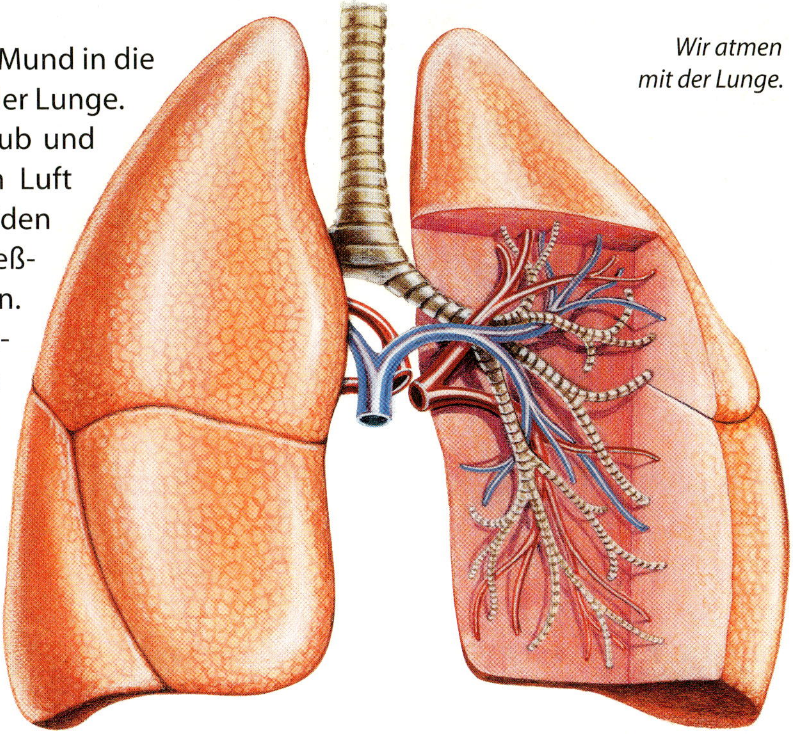

Wir atmen mit der Lunge.

Wenn wir atmen, strömt Luft über Nase oder Mund in die Luftröhre und von dort aus in die Bronchien der Lunge. Die Bronchien produzieren Schleim, der Staub und andere Fremdkörper aus der eingeatmeten Luft herausfiltert. Sie verzweigen sich in den beiden Lungenflügeln in immer feinere Äste. Schließlich gelangt die Luft in die Lungenbläschen. Diese sind von vielen sehr kleinen Blutgefäßen mit unvorstellbar dünnen Wänden durchzogen. In den Lungenbläschen findet der sogenannte Gasaustausch statt: Die roten Blutkörperchen geben Kohlendioxid an die Luft ab und nehmen Sauerstoff auf. Beim Ausatmen strömt Kohlendioxid mit der Luft aus dem Körper.

Zusatzinfo

Atmung
Bei jedem Atemzug atmen wir einen halben Liter Luft ein und aus. Umgerechnet sind das sechs bis neun Liter Luft pro Minute und rund 10.000 Liter pro Tag. Je jünger ein Mensch ist, desto häufiger atmet er ein und aus: Bei Erwachsenen sind es in einer Minute zwölf bis 18 Atemzüge, bei Jugendlichen 20, bei Kleinkindern 25 Atemzüge – Neugeborene atmen besonders oft: 40- bis 60-mal pro Minute.

Ersticken wir, wenn wir zu lange die Luft anhalten?

Nein, zum Glück nicht. Das Atemzentrum im Gehirn misst ständig den Anteil an Kohlendioxid im Blut. Kohlendioxid ist der Stoff, den wir ausstoßen, wenn wir ausatmen. Wenn der Gehalt dieses Stoffes im Blut zu hoch wird, gibt das Gehirn den Befehl, die Lungentätigkeit zu verstärken. Diesen Mechanismus können wir zwar kurzfristig anhalten, zum Beispiel wenn wir tauchen, aber ganz abschalten können wir ihn nicht. Irgendwann atmen wir automatisch weiter.

Beim Tauchen muss man die Luft anhalten.

Warum müssen wir uns räuspern?

In unserer Luftröhre befinden sich kleine Drüsen. Sie geben ständig eine schleimige Flüssigkeit ab, die unsere Luftwege befeuchtet und reinigt. Wenn wir atmen, nehmen wir auch Schmutzteilchen aus der Luft mit auf. Sie bleiben an dem Schleim haften, der sie mithilfe von feinen Härchen in der Luftröhre zum Rachen und Mund befördert. Sobald er den Kehlkopf erreicht hat, löst dort ein Reflex den Räusperreiz aus. Dadurch wird der Schmutz in den Rachen geblasen und anschließend verschluckt.

Was ist ein Tiefenrausch?

Einen Tiefenrausch können Taucher bekommen, und zwar ab einer Tauchtiefe von etwa 30 Metern. Das liegt an der Luft, die sie in Flaschen mit auf den Tauchgang nehmen, und an dem erhöhten Druck unter Wasser. In der Luft ist nämlich außer dem Sauerstoff auch Stickstoff enthalten, wenn auch nur wenig. Normalerweise, also über Wasser, nimmt unser Körper den Stickstoff beim Atmen nicht auf. Doch durch den hohen Wasserdruck in der Tiefe kann es passieren, dass der Taucher auch Stickstoff einatmet. Dann bekommt er eine Stickstoffvergiftung, die seine Wahrnehmung stört. Er fühlt sich wie berauscht. Manchmal wird es so schlimm, dass sich der Taucher plötzlich für einen Fisch hält oder wie magisch vom Meeresgrund angezogen wird. Man sieht also, dass ein Taucher mit Tiefenrausch sein Verhalten nicht mehr besonders gut kontrollieren kann. Deshalb sollte man auch niemals alleine tauchen gehen!

Taucher müssen langsam auftauchen.

Warum müssen Taucher langsam auftauchen?

Ein Taucher ist in der Tiefe einem hohen Druck ausgesetzt. Denn je tiefer man taucht, desto höher wird der Wasserdruck. Der menschliche Körper muss sich diesem Druck beim Ab- und Auftauchen anpassen. Dafür braucht er Zeit. Der Taucher regelt das Auftauchen also nach einem bestimmten Zeitplan. Taucht er zu schnell auf, bilden sich in seinem Gewebe kleine Bläschen aus Stickstoff. Sie verursachen erst nur Hautjucken, doch sie schädigen auch das Nervensystem. Bei sehr schweren Fällen muss der Taucher an Land in ein spezielles Gerät, welches das langsame Auftauchen durch Druckverminderung nachahmt.

Woraus besteht das Gehirn?

Aus grauen Zellen, hört man oft als Antwort. Doch was ist damit gemeint? Unser Gehirn besteht aus rund 100 Milliarden Nervenzellen, die über 100 Billionen Verbindungsstellen Informationen miteinander austauschen. Diese Nervenzellen sind, je nachdem, welche Aufgaben sie haben, auf mehrere Hirnbereiche verteilt. Dabei unterscheidet man das Großhirn, das Zwischenhirn, das Kleinhirn und das Stammhirn.

Was ist Alzheimer?

Alzheimer ist eine Erkrankung des Gehirns, bei der Hirnzellen absterben. Dadurch nehmen Masse und Leistung des Gehirns ständig ab. Je nachdem, wie weit die Krankheit fortgeschritten ist, können Alzheimer-Patienten nicht mehr sprechen und Dinge nicht mehr richtig wahrnehmen. Viele sind orientierungslos, sie wissen nicht, was sie tun, wer sie sind und erkennen oft ihre nächsten Angehörigen nicht mehr. Alzheimer ist nicht ansteckend, die Krankheit kann nur gemildert, aber nicht wirklich geheilt werden. Eine Alzheimererkrankung tritt selten vor dem 50. Lebensjahr auf, hauptsächlich erkranken also ältere Menschen daran.

Welche Aufgaben haben die Teile des Gehirns?

Unser Gehirn ist die Schaltzentrale aller Nervensysteme; von hier aus werden alle Körperfunktionen gesteuert – egal, ob bewusst oder unbewusst. Das Großhirn ist der zentrale Teil des Gehirns, der uns am meisten von den Tieren unterscheidet. Es umfasst 80 Prozent der gesamten Hirnmasse und ist in Regionen unterteilt, die unterschiedliche Aufgaben haben: Ein Teil steuert die Bewegungen des Körpers, ein anderer verarbeitet die Informationen des Hör- und Sehnervs. Darüber hinaus ist das Großhirn der Ort, wo gedacht wird, wo Entscheidungen getroffen und Erinnerungen gespeichert werden. Das Zwischenhirn besteht aus dem Thalamus und dem Hypothalamus. Beide zusammen steuern wichtige Funktionen wie die Körpertemperatur, den Schlaf-wach-Rhythmus, das Hunger- und Durstempfinden. Das Kleinhirn regelt unsere Bewegungen und unseren Gleichgewichtssinn. Das Stammhirn steuert Reflexe, das sind unwillkürliche und automatische Abläufe im Körper, zum Beispiel das Gähnen oder auch die Atmung und der Blutkreislauf.

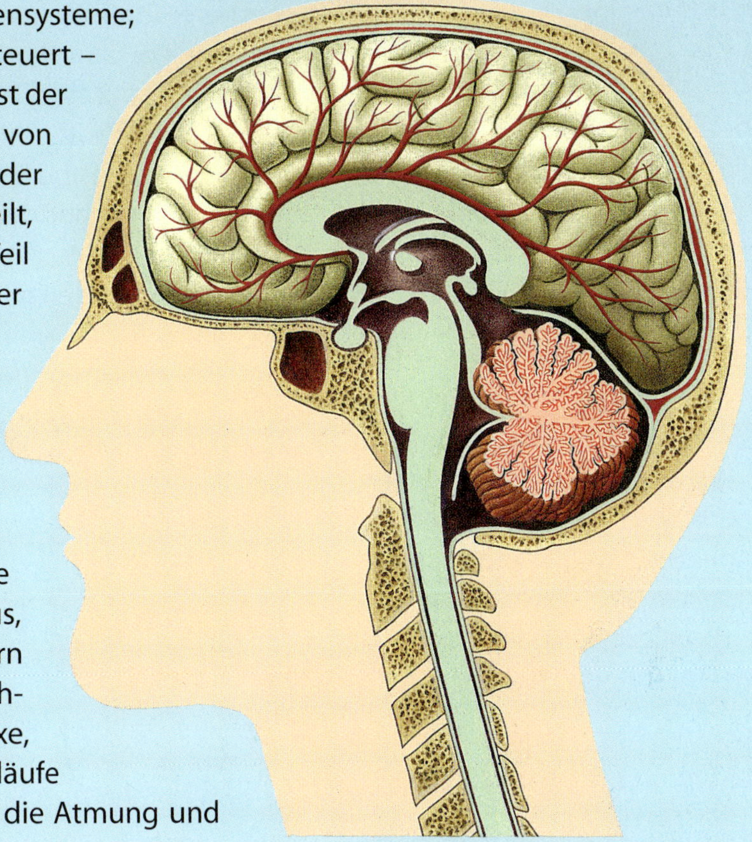

Das menschliche Gehirn

Wie können wir uns an Dinge erinnern?

Das Gehirn ist ein riesiges Netzwerk. Je öfter im Gehirn eine einmal erstellte Verbindung benutzt wird, umso besser kann diese Verbindung wieder hergestellt werden. Erinnerungen und Wissen sind also im Grunde nichts anderes als gut funktionierende Nervenverbindungen. Am besten kann man sich übrigens Dinge merken, die man mit angenehmen Gefühlen und schönen Erlebnissen verknüpft. Das erklärt auch, warum man in Fächern, in denen nette Lehrer oder Lehrerinnen unterrichten, oft besser ist als in den übrigen.

Warum sind die meisten Menschen Rechtshänder?

Ob jemand Rechts- oder Linkshänder ist, wird bereits vor der Geburt im Gehirn festgelegt. Die Nervenbahnen vom Gehirn zum Körper verlaufen über Kreuz. Das bedeutet, dass die rechte Körperseite von der linken Gehirnhälfte kontrolliert wird und umgekehrt. Bei einem Rechtshänder ist also die linke Hirnhälfte vorherrschend, bei einem Linkshänder die rechte. Fast 90 Prozent der Menschen sind Rechtshänder. Manche Leute benutzen auch für einige Tätigkeiten die linke, für andere die rechte Hand. Warum das so ist, weiß man nicht.

Die meisten Menschen schreiben mit der rechten Hand.

Wann fallen Menschen in Ohnmacht?

Bei Popkonzerten kann man es immer wieder beobachten: Reihenweise fallen Mädchen in Ohnmacht, wenn sie ihren Star sehen. Warum? Das Gehirn erhält für ganz kurze Zeit zu wenig Sauerstoff. Manchmal ist Stress – zum Beispiel Angst oder riesige Freude – die Ursache, manchmal liegt es auch daran, dass man stundenlang stehen muss. Wenn jemand länger als eine Minute ohne Bewusstsein ist, spricht man von Bewusstlosigkeit. Dann muss man einen Arzt rufen.

Was ist das Zentralnervensystem?

Riechen, Hören, Sehen, Schmecken – unser Körper erhält ständig neue Sinnesreize, auf die er reagieren muss. Das Zentralnervensystem (ZNS) bündelt die Informationen und steuert unsere Reaktionen darauf. Es besteht aus dem Gehirn und dem Rückenmark. Alle Nerven, die von den einzelnen Teilen des Körpers in das Rückenmark münden und von dort Informationen erhalten oder weiterleiten, nennt man zusammen peripheres Nervensystem.

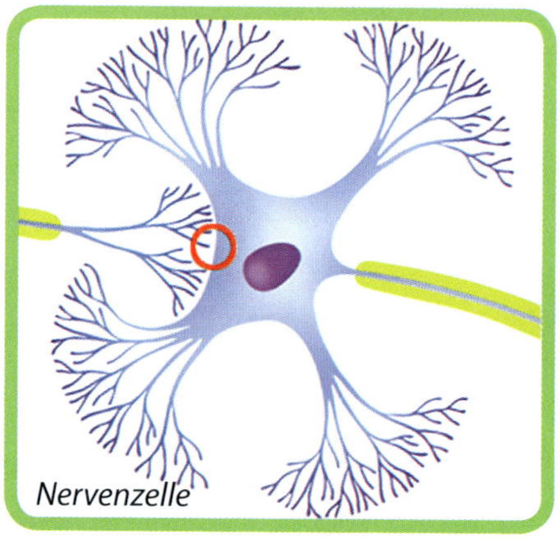

Nervenzelle

Was machen die Nerven?

Nervenzellen nennt man Neurone. Sie bestehen aus einem Zellkörper mit einem Zellkern im Inneren und den Zellfortsätzen, den Dendriten und Axonen. Die Dendriten empfangen Signale und leiten sie weiter. Axone können bis zu einem Meter lang werden und sind damit sehr viel länger als die Dendriten. Beide, Axone und Dendriten, verzweigen sich, die Axone jedoch erst an ihrem Ende. Daran befinden sich die Synapsen. Synapsen sind Kontaktstellen, welche die Nervenzelle mit den Dendriten anderer Nervenzellen, Sinneszellen oder Muskelzellen verbinden.

Warum kribbeln Hände und Füße manchmal?

Bestimmt ist es dir schon passiert: Du willst aufstehen und dein Bein ist erst gefühllos, dann fängt es heftig an zu kribbeln. Der Fuß ist „eingeschlafen". Das passiert, wenn Nerven so eingeklemmt werden, dass sie Reize nur noch verzerrt weiterleiten können. Das passiert meist, wenn man Arme oder Beine zu lange angewinkelt hält. Nach spätestens einer Stunde hat sich der Nerv aber wieder erholt und das Taubheitsgefühl ist verschwunden.

Wie funktioniert ein Reflex?

Reflexe sind unkontrollierbare automatische Reaktionen unseres Körpers; sie gehören zu unseren körperlichen Grundfunktionen und sind angeboren. Damit der Körper blitzartig reagieren kann, müssen die Signale besonders schnell übertragen werden. Schnell heißt in diesem Fall auf einem kürzeren Weg als sonst. Deshalb werden Reflexe – anders als die übrigen Reaktionen – vom Gehirn direkt an das Rückenmark weitergeleitet, ganz unbewusst.

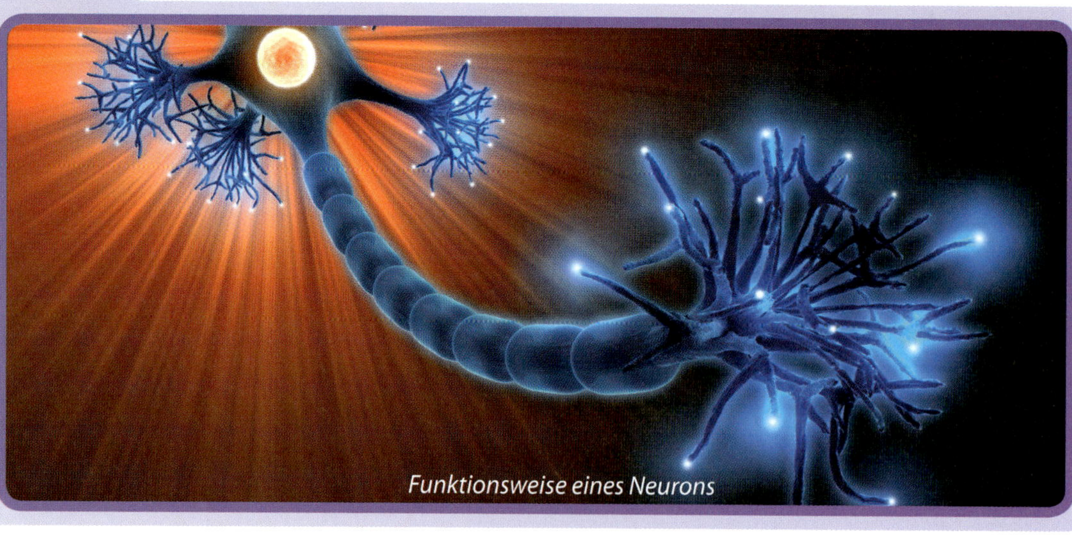

Funktionsweise eines Neurons

Warum ist Strom gefährlich?

Strom ist ab einer bestimmten Stärke sehr gefährlich. Der Körper selbst steuert seine Funktionen durch elektrische Ströme, die in den Nervenbahnen fließen. Diese Ströme sind jedoch sehr schwach. Wenn stärkerer Strom von außen die Körperströme überlagert, kommt es zu Fehlfunktionen zahlreicher Organe, zum Beispiel zur Verkrampfung der Muskeln. Der Herzmuskel schlägt nicht mehr weiter oder kommt aus dem Takt. Der Blutkreislauf bricht deshalb zusammen. Das Gehirn als empfindlichstes Organ wird ohne Blutversorgung innerhalb kürzester Zeit dauerhaft geschädigt. Bei sehr starken Strömen kommt es zu Verbrennungen, die als sogenannte Stromaustrittslöcher sichtbar werden.

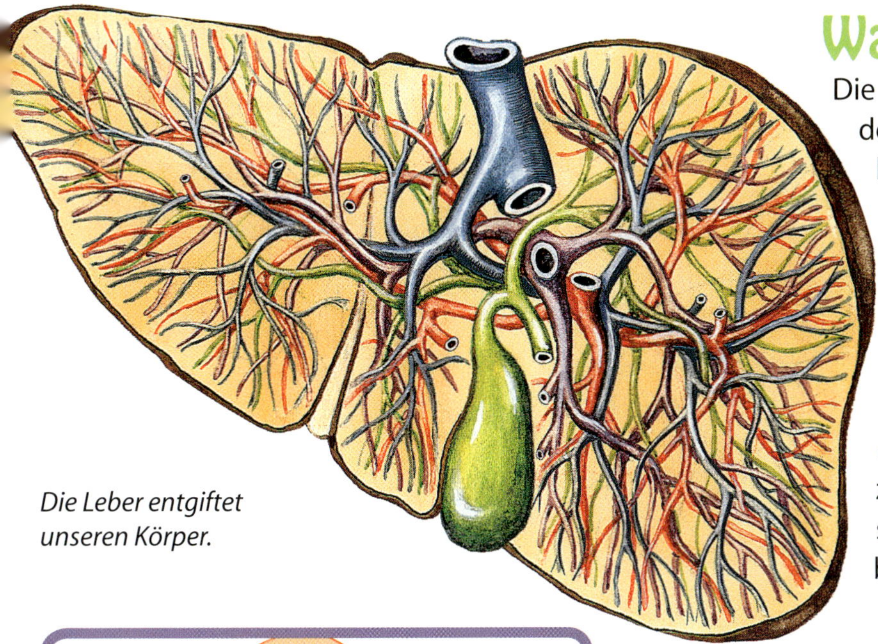

Die Leber entgiftet unseren Körper.

Was macht die Leber?

Die Leber ist das größte und vielseitigste Organ des Körpers – sie hat mehrere hundert Aufgaben! Hier die wichtigsten: Die Leber produziert Gallenflüssigkeit. Diese benötigt der Körper, um Fett zu verdauen. Außerdem werden rund 90 Prozent der Nährstoffe eine Zeit lang in der Leber gespeichert. Je nach Bedarf gibt die Leber die Nährstoffe dann in den Körper ab. In der Leber befinden sich rund um die Uhr mehr als zehn Prozent der gesamten Blutmenge – deshalb ist sie auch so dunkelrot. Zugleich filtert die Leber auch Giftstoffe aus dem Körper.

Zusatzinfo

Die Leber
Die Leber ist das einzige Organ, das sich selbst erneuern kann. Wenn man bei einer Operation einen Teil entfernt, wächst das fehlende Stück innerhalb von zwei Monaten wieder nach. Bis zu drei Viertel der Leber können ohne weiteren Schaden entnommen werden.

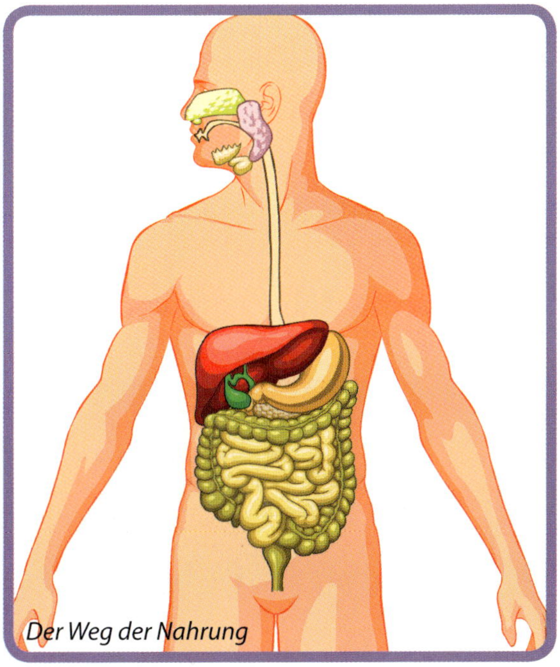

Der Weg der Nahrung

Welchen Weg legt das Essen in unserem Körper zurück?

Wenn wir essen und trinken, nehmen wir die Nahrung mit dem Mund auf. Dann gelangt die Speise über den Rachen in die Speiseröhre und von dort aus in den Magen. Nun folgt der Darm, der in Zwölffingerdarm, Dünndarm, Blinddarm, Dickdarm und Mastdarm eingeteilt ist. Dabei legt die Nahrung einen Weg von rund sieben Metern zurück. Mit vier bis fünf Metern ist der Dünndarm der längste Abschnitt. Schließlich kommen aus dem Po die unbrauchbaren Reste wieder heraus.

Was geschieht mit der Nahrung, wenn sie verdaut wird?

Die Nahrung wird im Körper in Energie umgewandelt. Diesen Prozess nennt man Stoffwechsel. Alle Körperteile, vor allem Gehirn und Muskeln, brauchen für ihre Leistungen Energie. Unsere Nahrungsmittel enthalten Energie in unterschiedlicher Form, als Eiweiße, Kohlenhydrate und Fette. Damit der Körper die Energie verwerten kann, müssen die Nahrungsmittel mithilfe von Enzymen, das sind spezielle Körpersäfte, in kleinste Bestandteile zerlegt werden. Unverdauliche Stoffe werden wieder ausgeschieden.

Warum bekommt man vom Kaugummikauen Hunger?

Durch das Kauen von Kaugummi wird die Speichelproduktion angeregt. Der Magen erhält das Signal „Achtung, fertig machen zum Verdauen" – und produziert mehr Magensäure. Dadurch werden die „Restbestände" im Magen schneller verarbeitet. Weil aber dem Magen nur etwas vorgegaukelt wird, bekommt man Hunger.

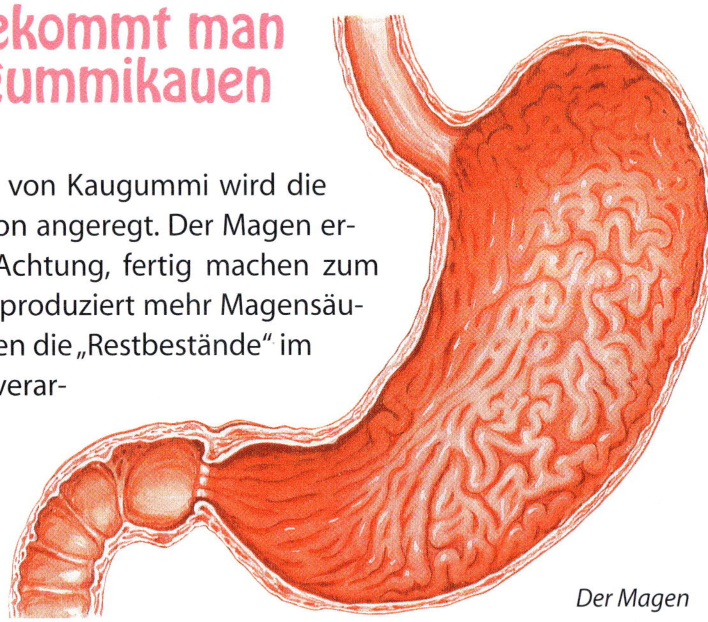

Der Magen

Warum stößt es uns manchmal sauer auf?

An der Speiseröhre befinden sich oben und unten Schließmuskeln, die wie ein Ventil wirken. Wenn wir essen und schlucken, verhindert der untere Schließmuskel, dass der Speisebrei aus dem Magen in den Mund zurückläuft. Doch manchmal funktioniert dieses Ventil nicht richtig. Wenn wir zum Beispiel zu viel gegessen haben und der Magen zu voll ist, wird der saure Speisebrei wieder die Speiseröhre hinaufgedrückt. Das nennt man dann Sodbrennen. Oder der Magen produziert zuviel Säure.

Wir müssen viel trinken.

Warum haben wir Durst?

Wasser erfüllt viele wichtige Aufgaben in unserem Körper. Es löst lebenswichtige Nährstoffe und transportiert sie im Blut, außerdem regelt es auch den Wärmehaushalt. Da unser Körper ständig Wasser verliert, zum Beispiel durch Schwitzen, müssen wir viel trinken. Damit wir immer wissen, wann wir etwas trinken sollten, empfinden wir Durst. Der Körper teilt uns auf diese Weise mit, dass er zu viel Flüssigkeit verloren hat und Nachschub braucht.

Zusatzinfo

Ein Erwachsener kann zwei bis drei Wochen ohne Essen, aber nur wenige Tage ohne Flüssigkeit überleben. Spätestens nach fünf Tagen ohne Wasser wird der Körper unwiderruflich geschädigt. Denn einen Speicher für die Flüssigkeit hat unser Körper nicht, wohl aber für die Energie aus der Nahrung.

Was passiert, wenn man sich übergibt?

Kurz bevor man sich übergibt, strömt viel Luft in die Lunge. Dadurch entsteht ein Unterdruck im Brustraum und der Nahrungsbrei wird aus dem Magen in die Speiseröhre gesaugt. Dann spannen sich das Zwerchfell und die Bauchmuskulatur an und das Essen kommt in einem Schwall aus dem Mund wieder raus. Erbrechen ist ein Reflex. Der Körper spuckt die halbverdaute Nahrung wieder aus, um sich vor giftigen und unverträglichen Stoffen zu schützen. Doch nicht immer ist verdorbenes Essen die Ursache von Brechreiz. Auslöser können auch unangenehme Gerüche, eine Krankheit oder Stress sein.

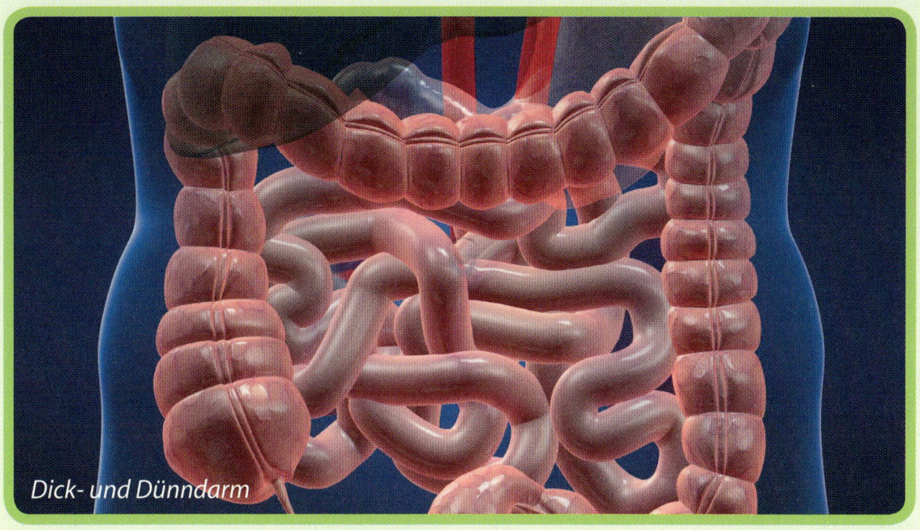

Dick- und Dünndarm

Was ist der Unterschied zwischen Dick- und Dünndarm?

Ihre Bezeichnungen liefern bereits eine Antwort darauf: Der Dünndarm ist dünner als der Dickdarm, und außerdem viel länger. Doch die beiden Darmabschnitte sehen nicht nur unterschiedlich aus, sie haben auch verschiedene Aufgaben: Im Dünndarm zerlegen Enzyme die Nahrung in so kleine Teile, dass sie über die Darmwand in die Blutbahn übergehen können. Und der Dickdarm? Hier wird der Nahrungsbrei nicht weiter verdaut, sondern ihm wird Wasser entzogen.

Zusatzinfo

Das hilft bei Durchfall

Wenn man Durchfall hat, fühlt man sich oft sehr schlapp. Das liegt vor allem daran, dass nicht mehr genügend Mineralien im Körper sind, da die Nahrung nicht mehr richtig aufgenommen wird. Mit speziellen Elektrolyt-Lösungen, Tee und Mineralwasser kann man dem Körper wieder ausreichend Flüssigkeit und Mineralien zuführen. Zudem helfen geriebene Äpfel, Bananen und Salzstangen, die Ausscheidungen zu verdicken.

Warum ist Durchfall flüssig?

Durchfall entsteht, wenn Bakterien den Magen-Darm-Bereich angreifen. Der Darm wehrt sich gegen den Angriff und bewegt sich heftiger. Dadurch wird der Inhalt häufiger ausgeschieden. Zusätzlich versucht der Darm, die Bakterien aus dem Körper zu schwemmen. Speichel, Magensaft und das Sekret der Bauchspeicheldrüse bilden täglich etwa fünf Liter Flüssigkeit. Mit Wasser aus Getränken, Obst und Gemüse kommen täglich rund sieben bis zehn Liter zusammen. Wenn der Dickdarm nicht mehr in der Lage ist, dem Nahrungsbrei das Wasser zu entziehen, dann bleibt dieser flüssig – Durchfall eben!

Warum stinken Pupse?

Die meisten Pupse bestehen hauptsächlich aus geruchlosen Stoffen wie Wasserstoff, Kohlendioxid und Methan. Der unangenehme Geruch kommt nur von bestimmten Nahrungsmitteln, bei deren Abbau „Stinkgase“ im Darm entstehen. Vor allem Schwefelwasserstoff erzeugt einen kräftigen, ekelhaften Geruch, der an verfaulte Eier erinnert. Kein Wunder, dass er auch für die Herstellung von Stinkbomben verwendet wird.

Pupse können ganz schön stinken.

Kann man auch im Kopfstand essen?

Es mag zwar etwas unbequem sein – aber es funktioniert. Eigentlich müsste das Essen ja aufgrund der Schwerkraft aus dem Mund fallen. Der Schluckreflex sorgt aber dafür, dass es trotzdem gelingt: Sobald die Zunge den zerkauten Bissen an den Gaumen und in den Rachen drückt, schlucken wir automatisch.

Auch kopfüber kann man essen.

Warum haben Kinder so große Schneidezähne?

Wenn ein Grundschulkind lacht, ist man oft erstaunt, welch verhältnismäßig große Zähne es hat. Das liegt am Gesicht, das noch recht klein ist. Die zweiten Zähne, die nach den Milchzähnen wachsen, haben schon die endgültige Größe, die zu dem erwachsenen Gesicht passt. Im Laufe der Jahre wächst das Kind – und dann stimmt auch das Größenverhältnis zwischen Zähnen und Kopf wieder.

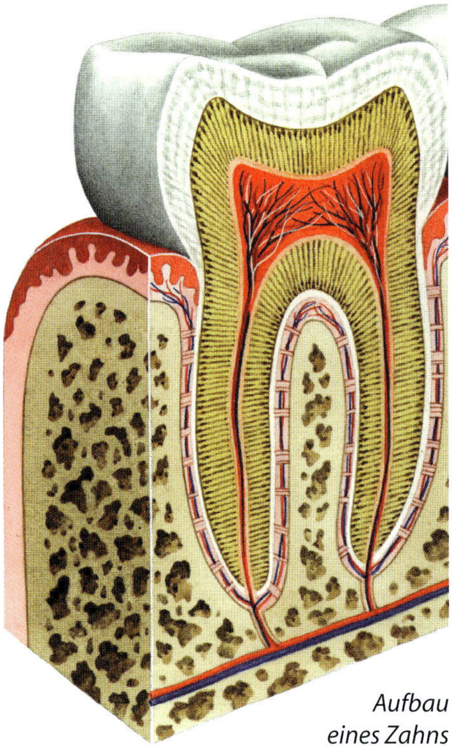

Aufbau eines Zahns

Woraus bestehen Zähne?

Wenn du deine Zähne im Spiegel betrachtest, siehst du nur einen Teil von jedem Zahn, die Zahnkrone. Zahnhals und Wurzel verankern den Zahn in deinem Kiefer. Jeder Zahn ist aus mehreren Schichten aufgebaut. Außen umgibt ihn die härteste Schicht, der Zahnschmelz. Darunter liegt das Dentin, eine knochenähnliche Substanz, die auch Zahnbein genannt wird. Den Kern nennt man Pulpa. Hier liegen auch Blutgefäße und Nervenfasern. Deshalb tut es weh, wenn der Zahnarzt tief bohrt. Zum Glück bekommt man eine Betäubung!

Warum gibt es verschiedene Arten von Zähnen?

Weil in dem Mund von Kindern noch nicht so viel Platz ist, haben Kinder zunächst ein sogenanntes Milchgebiss mit kleineren Zähnen. Diese fallen im Alter von sechs bis acht Jahren aus und machen Platz für die neuen Zähne. Dieses zweite Gebiss umfasst 28 bis 32 Zähne. Diese teilen wir in vier Arten ein: Die Schneidezähne beißen ab und zerschneiden die Nahrung. Die Eckzähne eignen sich gut zum Zerreißen zäher Bissen. Und mit den Backen- und Mahlzähnen wird die Nahrung zermahlen. Die hintersten Mahlzähne nennt man auch Weisheitszähne, weil sie erst ab einem Alter von 18 Jahren oder später herauskommen. Sozusagen, wenn man schon weise ist. Da wir sie eigentlich nicht mehr brauchen und sie häufig Probleme machen, werden sie sehr oft vom Zahnarzt gezogen. Manche Leute haben auch gar keine Weisheitszähne.

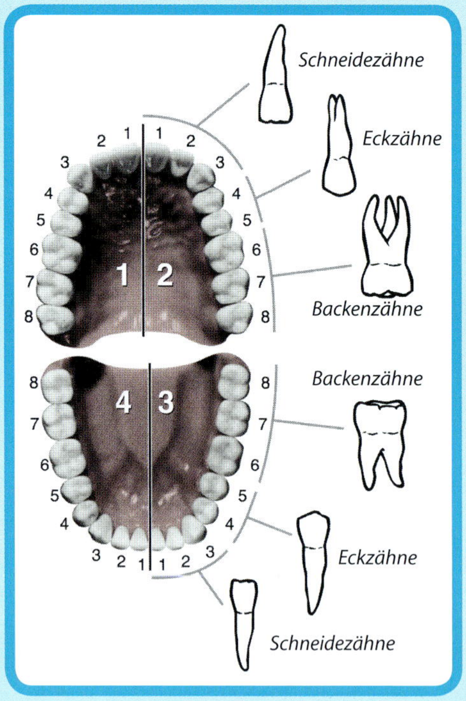

Die verschiedenen Zähne

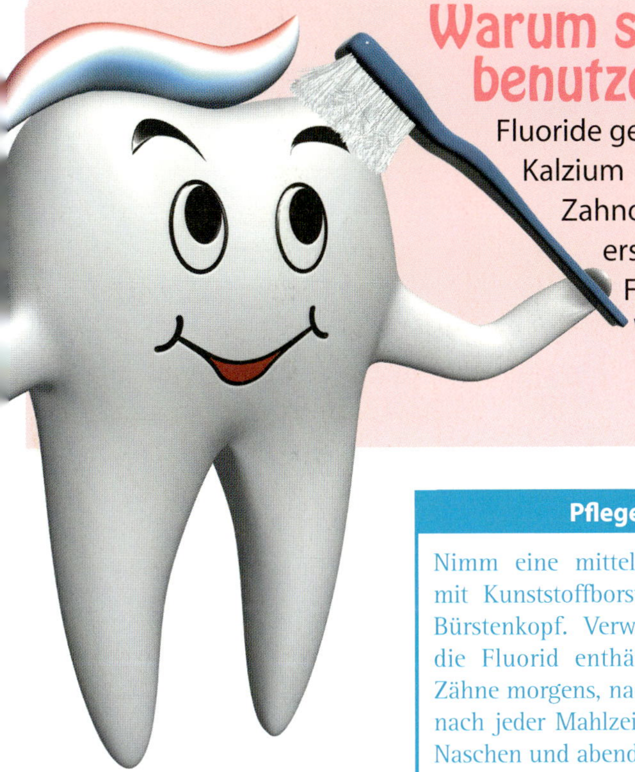

Warum soll man Zahnpasta mit Fluoriden benutzen?

Fluoride geben den Zähnen einen besonderen Schutz. Sie bilden mit dem Kalzium des Speichels eine Schutzschicht aus Kalziumfluorid auf den Zahnoberflächen. Diese Schicht muss die Säure, die den Zahn angreift, erst einmal zerstören, bevor sie den Zahnschmelz auflösen kann. Fluoride können vom Zahnschmelz aufgenommen werden. Wenn man also durch Zähneputzen oder Fluoridsalz sehr viele Fluoride im Speichel hat, dann werden mehr Fluoride von den Zähnen aufgenommen als die Säure herauslösen kann.

Pflegetipp

Nimm eine mittelharte Zahnbürste mit Kunststoffborsten und geradem Bürstenkopf. Verwende Zahncreme, die Fluorid enthält. Reinige deine Zähne morgens, nach dem Frühstück, nach jeder Mahlzeit, auch nach dem Naschen und abends vor dem Zubettgehen mindestens drei Minuten lang!

Warum erscheint uns eine Zahnlücke größer, wenn wir sie mit der Zunge ertasten, als wenn wir dies mit dem Finger tun?

Zunge und Finger haben eine verschieden ausgeprägte Tastempfindlichkeit. Das bedeutet, dass die Tastkörperchen auf beiden verschieden dicht angesiedelt sind. Je mehr Tastkörperchen, desto empfindlicher der Tastsinn. Die Zungenspitze hat die meisten Tastkörperchen von allen Sinnesorganen, mit ihr können wir die kleinsten Unterschiede spüren.

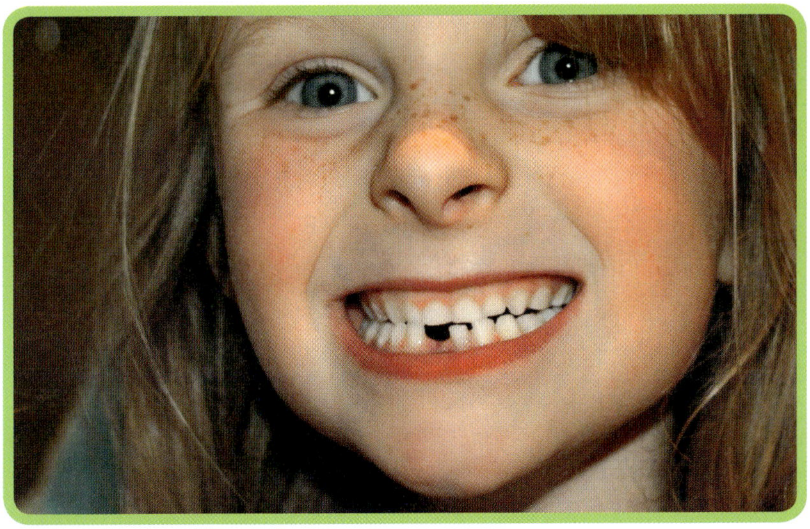

Sind Kaugummis gut für die Zähne?

Ja, aber nur die mit dem Zahnmännchen! Achte darauf, dass die Kaugummis zuckerfrei sind. Wenn du nach dem Essen diesen Kaugummi kaust, produziert der Mund zusätzlich Speichel: Dadurch wird die Säure, die die Bakterien erzeugen, stark verdünnt und sie kann deine Zähne nicht so stark angreifen. Wenn du dir nach dem Essen einmal nicht die Zähne putzen kannst, kann ein Kaugummi helfen. Man schätzt, dass Kaugummis den Zeitraum, in der die Säuren den Zahnschmelz schädigen, um die Hälfte verringern, das heißt nach einer Hauptmahlzeit ungefähr von 20 auf zehn Minuten.

Zusatzinfo

Wer hat den Kaugummi erfunden?

Bereits 2000 Jahre vor Christus haben die Mayas „chicle“ (eine Pflanze aus Südamerika) gekaut. Und es geht die Legende, dass um 1850 der Amerikaner Thomas Adams auf die Idee kam, das klebrige Chicle mit Kautschuk zu verrühren. Dann würzte Adams seine Gummiklumpen mit Aromastoffen, zerschnitt sie und schenkte sie einem Krämer, der sie als Süßigkeiten verkaufte. 1886 wurde der New Yorker William Wrigley auf den Kaugummi aufmerksam und verschenkte ihn an seine Kunden. Schon nach kurzer Zeit lief das Geschäft wie geschmiert.

Warum schaden Süßigkeiten den Zähnen?

Bonbons, Schokolade und Limonade sind lecker, aber nicht gut für deine Zähne, denn sie enthalten Zucker. Davon ernähren sich die Bakterien, die Löcher in die Zähne bohren. Wer viele Süßigkeiten isst und seine Zähne nur selten putzt, bei dem tummeln sich die Bakterien so zahlreich, dass sich ein Belag, auch Plaque genannt, auf den Zähnen bildet. Wenn die Bakterien den Zucker verdauen, entsteht Säure im Mund. Sie greift den Zahnschmelz an, er wird dünner und die Bakterien dringen ein. Die Folge ist Karies: Dann muss der Zahnarzt die Löcher stopfen.

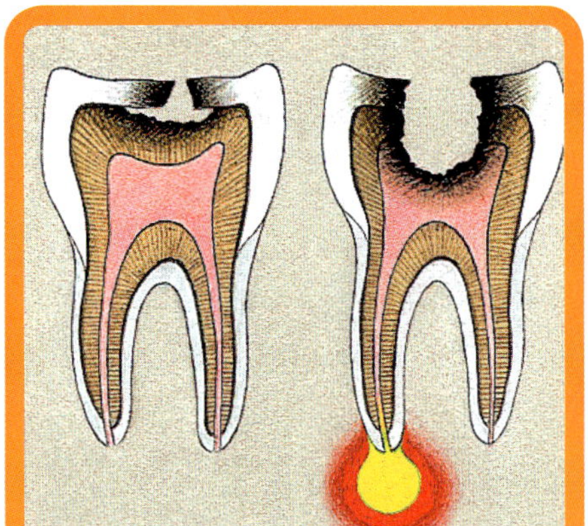

Karies zerstört die Zähne.

Warum brauchen manche Kinder eine Zahnspange?

Mit einer Zahnspange kann man schiefe Zähne in die richtige Position schieben und sie wieder gerade und gleichmäßig ausrichten. Doch nicht immer sind die Zähne das Problem. Bei vielen Menschen liegt der eigentliche Fehler im Kiefer: Sie beißen falsch auf, was auf Dauer Schmerzen und kaputte Zähne verursacht. Auch das lässt sich mit einer Zahnspange korrigieren.

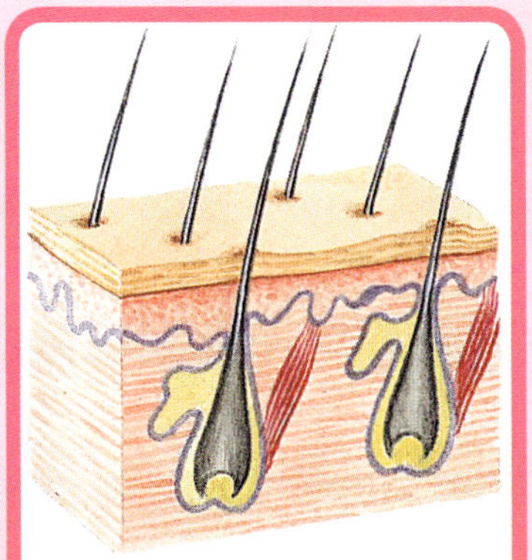

Ein Haar hat keine Nerven.

Warum tut Haareschneiden nicht weh?

Beim Haareschneiden spürt man keinen Schmerz, weil Haare nicht von Nerven durchzogen sind. Warum nicht? Diese Frage kann man am besten mit einem Vergleich beantworten. Was haben ein Haar und eine Tulpe gemeinsam? Die Zwiebel, aus der beide herauswachsen. Ganz unten in der Haarzwiebel ist die Haarpapille, ein kleines Bläschen, das dem Haar die Nährstoffe liefert. Die Haarpapille ist von Blutgefäßen und Nerven durchzogen, deshalb spürt man es, wenn man sich ein Haar ausreißt. Das Haar selbst besteht aus Zellen, die noch in der Haarzwiebel verhornt werden. Die Zellen werden hart und dann nach außen geschoben. So wächst das Haar.

Was haben Haare, Finger- und Fußnägel gemeinsam?

Haare, Finger- und Fußnägel bestehen aus Horn. Der Hauptbestandteil des Horns ist Keratin, ein Eiweiß, das für Stabilität und Form der Zellen verantwortlich ist. Haare sind zum größten Teil totes Material, das aufgrund des Keratins sehr widerstandsfähig ist. Nur die Haarwurzeln sind lebendig und sorgen für Wachstum. Ähnlich sind die Finger und Zehennägel aufgebaut. In der Haut ist Keratin hauptsächlich in der äußeren Schicht (Epidermis) gelagert und schützt vor Umwelteinflüssen. Es ist übrigens auch der Hauptbestandteil von Reptilienschuppen, Federn, Fell, Hufen, Klauen, Hörnern und Geweihen.

Warum gibt es verschiedene Haarfarben?

Bei den Haaren ist der Stoff Melanin für die Farbe verantwortlich. Es gibt zwei verschiedene Melanin-Typen, Eumelanin und Phäomelanin. Eumelanin ist typisch für dunkles Haar; Phäomelanin ist besonders in hellen und roten Haaren enthalten. Die individuelle Haarfarbe hängt von der Mischung ab: Das Haar von blonden und rothaarigen Menschen hat verhältnismäßig viel Phäomelanin und wenig Eumelanin, bei dunklem Haar ist es genau umgekehrt.

Warum werden Haare grau?

Je älter wir werden, desto weniger Melanin produziert unser Körper. Daher werden die Haare blasser. Statt der Farbpigmente befinden sich dann Luftbläschen in den Haaren und sie schimmern silbergrau. Wenn alle Haare ihre Farbe verloren haben, sehen sie weiß aus.

Haare verlieren mit der Zeit ihre Farbe.

Haare sind unterschiedlich geformt.

Warum sind Haare glatt oder lockig?

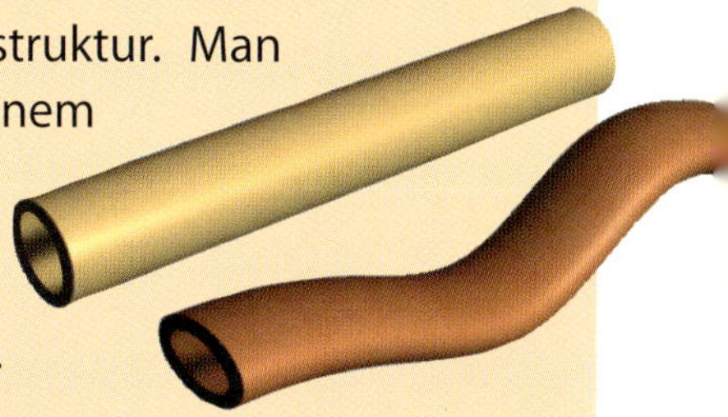

Das liegt an der Haarstruktur. Man kann sie aber nur unter einem Mikroskop erkennen. Der Querschnitt eines lockigen Haares ist oval. Bei glatten Haaren ist er rund, bei sehr krausen Haaren ist der Querschnitt eines Haares platt wie ein Geschenkband. Übrigens gibt es auch einen ganz natürlichen Grund, warum dunkelhäutige Menschen von Natur aus krause Haare haben: Die Locken halten die Luft besser fest und bilden so ein natürliches Luftpolster gegen die Hitze.

Wie kann man Haare färben?

Man kann seine Haarfarbe auf verschiedene Arten ändern. Beim Tönen haften die Farbstoffteilchen an der Oberfläche des Haares. Deshalb verschwindet bei jedem Waschen ein bisschen von der Farbe, bis sie schließlich ganz verschwunden ist. Eine dauerhafte Färbung dagegen besitzt Farbstoffteilchen, die sich unter die Haarschuppen legen. Sie gelangen also in das Innere des Haares und lassen sich nicht mehr auswaschen.

Bekommen alle Männer einen Bart?

Grundsätzlich ja, denn der Bartwuchs ist genetisch festgelegt. Ausgelöst wird er durch das Testosteron, das wichtigste männliche Geschlechtshormon. Der Bartwuchs beginnt bei Jungen in der Pubertät, etwa im Alter zwischen 14 und 18 Jahren. Anfangs sind die Barthaare weich. Erst im Laufe der Zeit wird der Bart stärker.

Manche Männer haben mehr Bart als andere.

Müssen sich Männer jeden Tag rasieren?

Im Durchschnitt wächst ein Barthaar 0,2 Millimeter pro Tag. Daher rasieren sich die meisten Männer tatsächlich jeden Tag. Andere haben jedoch nur einen sehr geringen Bartwuchs, sodass sie die Rasur nur alle paar Tage brauchen. Außerdem gibt es natürlich auch Männer, die ihren Bart wachsen lassen und nur bestimmte Bereiche rasieren.

Warum stehen uns manchmal die Haare zu Berge?

Das liegt an der elektrischen Spannung. Wenn du zum Beispiel einen Luftballon an deinem Kopf reibst, stehen deine Haare in die Luft. Oder wenn du einen Pullover ausziehst. Das liegt daran, dass alles eine positive oder negative Ladung hat. Ist ein Gegenstand elektrisch positiv geladen, fehlen ihm Elektronen. Ist er negativ geladen, hat er zu viele Elektronen. Durch die Reibung entreißt der Ballon den Haaren Elektronen, sie sind nun positiv geladen und stoßen sich gegenseitig ab. Das gleiche kann auch vor einem Gewitter passieren, wenn die Luft elektrisch geladen ist. Dann stehen dir die Haare auch ohne die Reibung zu Berge!

Welches sind die Sinne des Menschen?

Wie viele Sinne hat der Mensch überhaupt? Allgemein sagt man, es seien fünf – Sehen, Hören, Riechen, Schmecken und Tasten. Inzwischen sind viele Forscher jedoch anderer Meinung: Sie gehen davon aus, dass wir acht Sinne oder gar noch mehr haben. Denn zu den bekannten fünf Sinnen kommen noch die Wahrnehmung von Bewegung, der Gleichgewichtssinn und das Temperaturempfinden hinzu. Viele der inneren Organe haben auch Rezeptoren, die uns zum Beispiel vor dem Verdursten warnen.

Welches ist unser wichtigstes Sinnesorgan?

Kein Zweifel – das Auge. Es nimmt rund 70 Prozent all unserer Wahrnehmung auf. Es besteht aus einer Linse, die das einfallende Licht bündelt und von Muskeln umgeben ist. Diese können die Krümmung verändern, sodass wir scharf sehen können. Dann gibt es noch die Pupille, die den Lichteinfall dosiert, indem sie sich weitet oder verengt. Auf der Netzhaut wird das Licht in elektrische Nervenimpulse umgewandelt, die dann im Gehirn ein Bild von dem erzeugen, was wir sehen. Die Brechung des Lichtes bewirkt, dass das Bild im Augeninneren auf dem Kopf steht. Das Gehirn ordnet die Wahrnehmung ein und dreht das Bild wieder um.

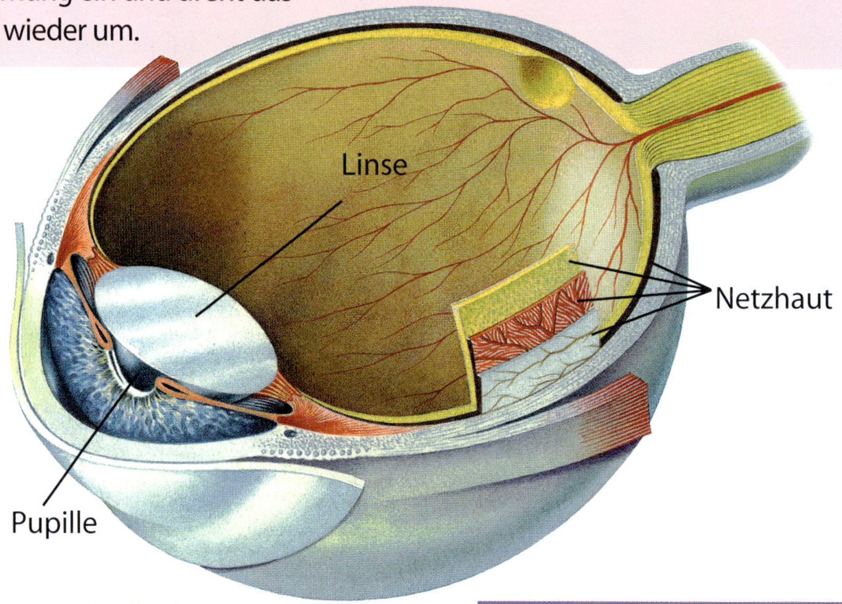

Aufbau des Auges

Warum schmecken Tränen salzig?

Dass Tränen salzig schmecken, ist nichts Besonderes. Schließlich ist Salz in allen unseren Körperflüssigkeiten enthalten, zum Beispiel in Blut, Schleim oder Schweiß. Der Salzgehalt ist überall gleich hoch und liegt bei etwa 0,9 Prozent. Die Tränenflüssigkeit enthält zusätzlich noch Eiweißstoffe, Fette und keimtötende Substanzen, die die Augen vor Infektionen schützen.

Warum trocknen unsere Augen nicht aus?

Das liegt an der Tränenflüssigkeit. Sie stammt aus einer Drüse, die in der Augenhöhle liegt. Wenn die Hornhaut auf dem Auge auszutrocknen droht, erhält der zuständige Bereich des Gehirns eine Meldung und ein Reflex wird ausgelöst: Das Oberlid klappt rasch nach unten. Dabei verteilt es eine geringe Menge Tränenflüssigkeit über die Hornhaut und befeuchtet sie.

Tränen halten unsere Augen feucht.

Schadet es den Augen, wenn wir bei schlechtem Licht lesen?

Wenn wir bei schummrigen Lichtverhältnissen lesen, müssen sich unsere Augen anstrengen, um etwas zu erkennen. Davon bekommt man dann manchmal Kopfschmerzen. Wissenschaftler rätseln noch, ob man generell vom Lesen kurzsichtig werden kann. Schwaches Licht würde dann die Wahrscheinlichkeit vermutlich noch erhöhen. Deshalb ist es immer besser, bei gutem Licht zu lesen.

Sehen Menschen, die farbenblind sind, alles schwarz-weiß?

Ja. Zum Glück sind aber nur sehr wenige Menschen richtig farbenblind. Etwa einer von 30.000 Menschen leidet daran. Weil die Zapfen, die für das farbige Sehen zuständig sind, nicht arbeiten, sehen sie alles schwarz-weiß. Es gibt viele Menschen, die von sich sagen, sie seien farbenblind. Damit meinen sie meist, dass sie eine bestimmte Farbe nicht erkennen können. Diese Störung ist eigentlich eine Farbfehlsichtigkeit. Am häufigsten ist die Rot-Grün-Sehschwäche. Wer diese Farben sehr schlecht oder gar nicht unterscheiden kann, darf bestimmte Berufe wie zum Beispiel Feuerwehrmann, Polizist oder Berufskraftfahrer nicht ausüben.

Warum sehen wir manchmal Sternchen?

Die Sinneszellen des Auges reagieren in erster Linie auf Lichteinfall, sie können aber auch durch andere Reize erregt werden, wenn diese Reize sehr stark sind. Bei einem Schlag auf den Kopf oder das Auge entsteht eine Überreaktion der Sinneszellen. Da sie nicht anders können, als den Reiz als Lichtreiz an das Gehirn weiterzugeben, hat man plötzlich mehr Lichterscheinungen als sonst. Dann sieht man die sogenannten Sternchen, die auch Boxer oft sehen, wenn sie einen schweren Hieb ins Gesicht bekommen.

Warum haben wir manchmal nach dem Schlafen „Sand“ im Auge?

Schade! Den Sandmann gibt es nur im Märchen. Das, was wir uns morgens aus den Augenwinkeln reiben, ist kein Sand, sondern eingetrocknete Tränenflüssigkeit. Sie enthält nicht nur Wasser, sondern auch Salz, Fett und Eiweiß. Wenn die Augen geschlossen sind, wird keine Tränenflüssigkeit produziert. Deswegen wird das Fett in der Augenflüssigkeit trocken. Dabei entstehen kleine gelbe Körnchen. Fett, vermischt mit ein wenig Salz – das ist es, was sich hinter dem Traumsand des Sandmännchens verbirgt!

Das Sandmännchen

Was sind Kontaktlinsen?

Kontaktlinse

Viele Menschen müssen eine Brille tragen, weil ihre Augen auf bestimmten Distanzen nicht scharf sehen. Sie sind entweder kurz- oder weitsichtig. Manchmal, zum Beispiel beim Sport, kann es lästig sein, eine Brille zu tragen. Deshalb gibt es Kontaktlinsen. Kontaktlinsen sind aus Kunststoff und werden direkt auf den Augapfel gesetzt. Wie eine Brille lenken sie die Lichtstrahlen, die auf das Auge fallen, so um, dass man scharf sehen kann.

Zusatzinfo

Mit farbig bedruckten Kontaktlinsen kann man seine Augenfarbe ändern. Wer blaue Augen hat, bekommt mit einer Spezialkontaktlinse braune oder grüne Augen. Es gibt auch ausgefallene Designs, mit denen die Augen wie Katzenaugen oder wie kleine Smileys aussehen. Solche Linsen werden oft Schauspielern eingesetzt, wenn die Rolle es erfordert.

Wie entsteht Schwerhörigkeit?

Vielleicht hast du auf einer Feier schon einmal dicht an der Lautsprecherbox gestanden und danach die Stimmen der anderen wie aus weiter Ferne gehört. Was ist passiert? Ab einer bestimmten Lautstärke erschlaffen die feinen Härchen im Innenohr, dann können sie die Geräusche nicht mehr richtig weitergeben. Meistens erholen sie sich davon wieder. Ist man jedoch ständig solchem Lärm ausgesetzt, zum Beispiel durch laute Musik über Kopfhörer, können die Härchen zerstört werden. Sie schmelzen und verklumpen. Dann können sie keine Geräusche mehr an den Hörnerv weitergeben, und dieser nicht an das Gehirn. Ebenso gefährlich ist etwa der kurze, aber extrem laute Knall eines Silvesterböllers.

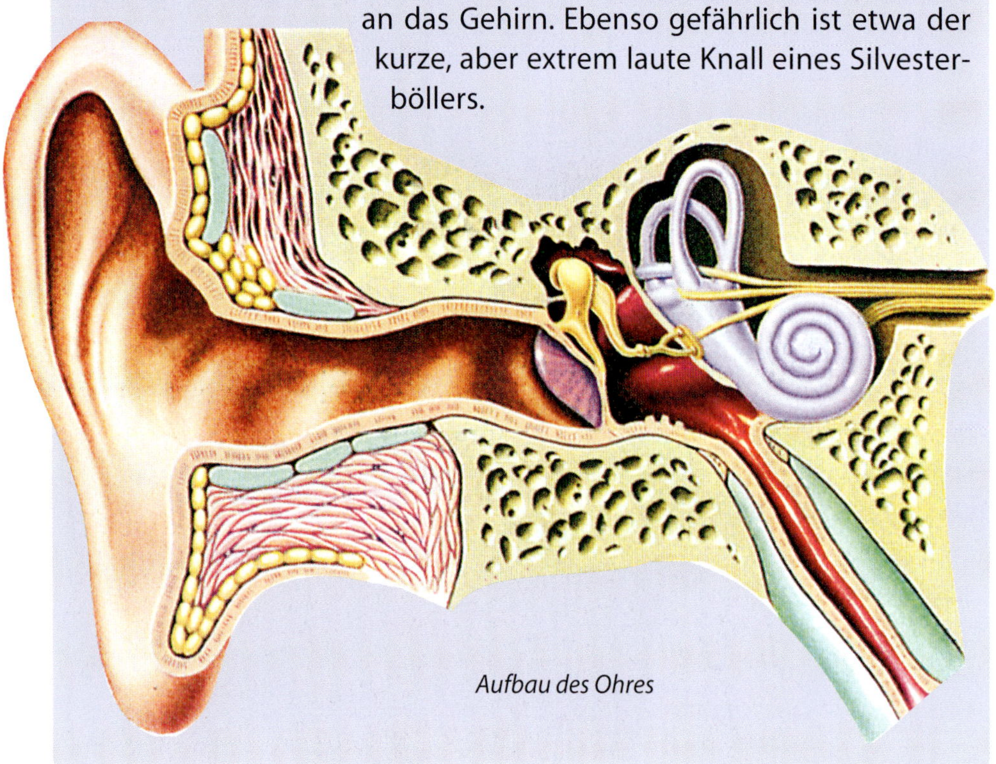
Aufbau des Ohres

Wieso können manche mit den Ohren wackeln?

Bei manchen Tieren wie Rehen oder Füchsen kann man es immer wieder beobachten: Sie stehen ruhig da und spitzen die Ohren. Indem sie ihre Ohrmuscheln in verschiedene Richtungen bewegen, versuchen sie, jedes noch so leise Geräusch wahrzunehmen, um ihre Beute zu packen oder zu fliehen. Man vermutet, dass auch wir Menschen in der Vorzeit unsere Ohren drehen konnten, da auch wir auf der Flucht vor Raubtieren waren und Beute erlegen mussten. Bei manchen funktioniert das heute noch.

Zusatzinfo

Tinnitus

Lärm verursacht nicht nur Schwerhörigkeit, er kann auch Ohrgeräusche hervorrufen. Das Piepen, Pfeifen, Summen und Brummen im Ohr nennt man Tinnitus. Die Geräusche kommen von innen und können so stark werden, dass sie einem den Schlaf rauben. Jedes Ohrgeräusch, das länger als einen Tag andauert, muss so schnell wie möglich von einem Arzt behandelt werden, sonst ist die Gefahr groß, dass man sein ganzes Leben daran leidet.

Wie funktionieren unsere Gleichgewichtsorgane?

Unser Gleichgewichtssinn ist eng mit den Augen und den Reflexen verbunden. Das Organ dafür befindet sich im Innenohr und besteht aus den sogenannten Bogengängen. Diese sind mit einer Flüssigkeit gefüllt, die mit unseren Bewegungen ihre Lage verändert. Sinneszellen, die in die Flüssigkeit hineinragen, melden jede Bewegung zum Kleinhirn. Hier werden alle Informationen gespeichert und miteinander verglichen. Schwankt das Gleichgewicht, sendet das Kleinhirn an die Körperteile Signale, um das Gleichgewicht wiederherzustellen.

Eine Pirouette ohne Schwindel

Warum wird Eiskunstläufern bei einer Pirouette nicht schwindelig?

Eiskunstläufer legen beim schnellen Drehen den Kopf zur Seite. Dadurch kommen die empfindlichen Gleichgewichtsorgane im Ohr ziemlich nah an ihre eigene Drehachse. So können sich die störenden Fliehkräfte, die den Schwindel erzeugen, nicht so stark auswirken. Außerdem schließen Eiskunstläufer ihre Augen, sodass sie nicht sehen, wie schnell sich alles dreht.

Wie funktioniert unsere Nase?

Die Nase ist nicht nur zum Riechen da. Sie hat auch die Aufgabe, die Atemluft zu erwärmen, anzufeuchten und zu reinigen, bevor sie in die Lunge gelangt. Innen ist sie von einer Schleimhaut bedeckt. Auf dieser Schleimhaut befinden sich winzige Härchen, die sich ständig vom Rachen in Richtung Nasenlöcher bewegen, etwa 450- bis 900-mal pro Minute. Diese sogenannten Flimmerhärchen fangen Staub, Schmutz und Bakterien auf und befördern sie wieder nach draußen. So verbleibt dann im vorderen Teil der Nase das, was man entweder mit dem Taschentuch oder – sehr beliebt bei Kindern – mit den Fingern abtransportiert. Die klebrigen Popel sind ein Gemisch aus Nasenschleim und Schmutz.

Zusatzinfo

Ein Lungenfacharzt aus Innsbruck behauptet, dass beim Bohren die Nase gründlicher gereinigt werde als durch die Benutzung eines Taschentuchs. Er geht sogar noch weiter: Das Verspeisen der „Popel" sei sogar gesundheitsfördernd, da die Bakterien auf diese Weise in den Darm gelangten und dort wie ein Medikament wirkten. Trotzdem ist es eklig!

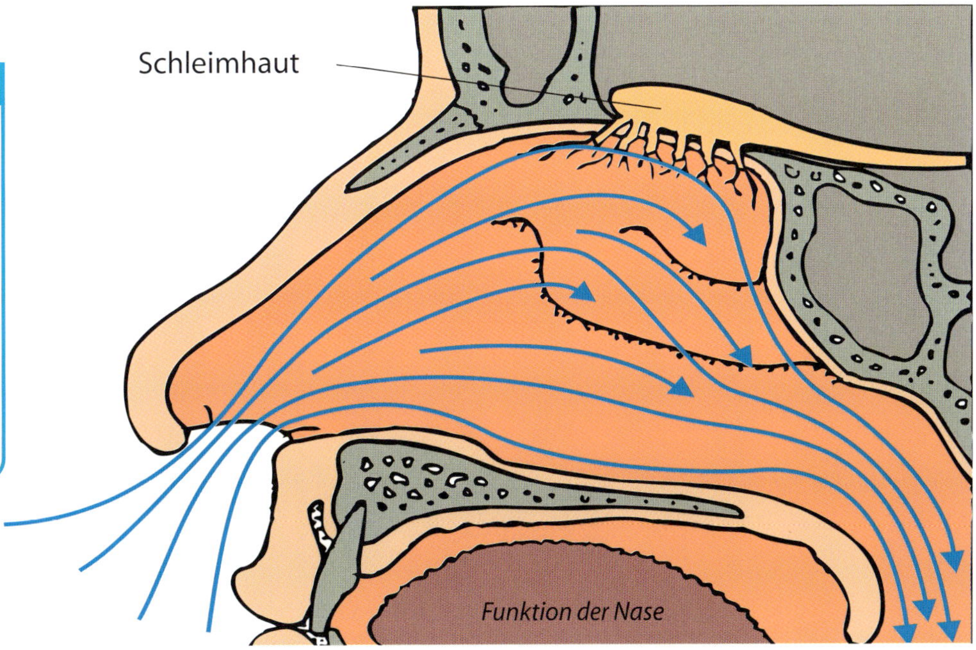

Funktion der Nase

Wie funktioniert das Riechen?

Alles, was duftet, gibt Moleküle, also kleinste Teilchen ab. Diese Duftmoleküle gelangen beim Einatmen in unsere Nase, wo sie auf rund drei Millionen Riechzellen treffen. Jede Riechzelle hat Reizempfänger, die auf einen Duftstoff spezialisiert sind. Sobald ein Duftstoffmolekül an dem Reizempfänger einer Riechzelle „andockt", löst der Duftstoff in der Zelle einen elektrischen Impuls aus. Die Zelle leitet diesen an das Gehirn weiter. So können wir rund 10.000 Düfte unterscheiden.

Warum haben wir zwei Nasenlöcher?

Die Luft, die wir über die Nasenlöcher einatmen, strömt in der Luftröhre zusammen. So gesehen würde uns ein Nasenloch reichen. Warum haben wir trotzdem zwei? Bis ins letzte Detail hat die Wissenschaft dieses Rätsel nicht gelöst. Aber es gibt einen Hinweis: Die Nasenlöcher wechseln sich beim Atmen ab. Möglicherweise dient das dazu, dass sich die Riechzellen erholen können. Aber das ist nur eine Vermutung.

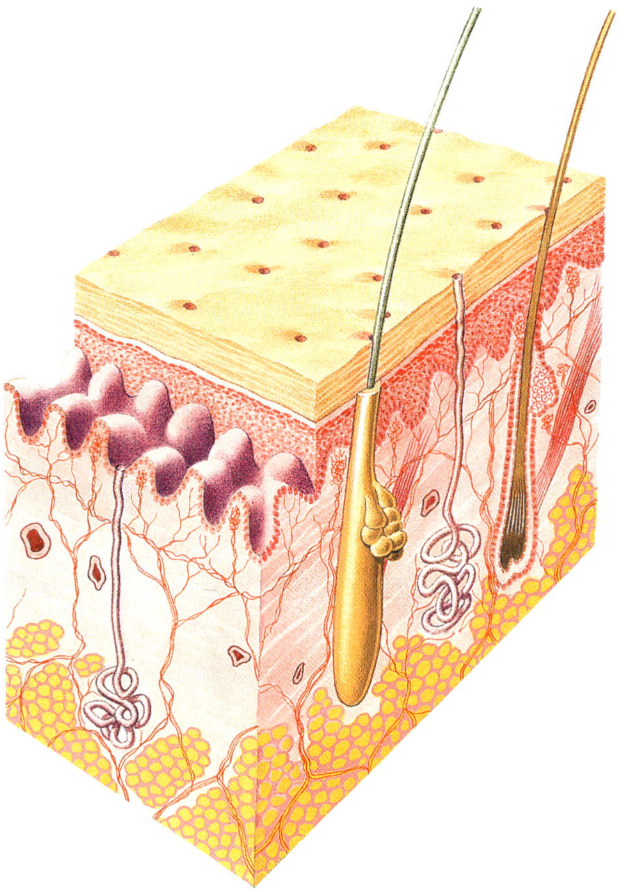

Aufbau unserer Haut

Wie ist unsere Haut aufgebaut?

Unsere Haut besteht aus mehreren Schichten. Obenauf befindet sich die Oberhaut, die „Epidermis". Sie besteht aus vielen Zellen, die sich etwa alle vier Wochen erneuern. Die alte Haut löst sich in winzigen Schuppen ab. Dadurch können auch kleine Kratzer und ähnliche Wunden verheilen. In der Haut befinden sich außerdem Talg- und Schweißdrüsen, welche die Haut geschmeidig halten. Darunter liegt die Lederhaut, die von Nerven, Gefäßen und Muskeln durchzogen ist. Hier befinden sich auch die Haarwurzeln. Darauf folgt noch eine Schicht, die aus Fettgewebe besteht. Sie bildet ein Polster, das vor Stößen und Kälte schützt.

Warum müssen wir niesen?

Wenn die Nasenschleimhaut gereizt wird, zum Beispiel durch Viren, Pollen, Staub oder Dämpfe, dann müssen wir niesen. Niesen ist ein Schutzreflex, mit dem ein Schwall Luft aus der Lunge über die Luftröhre und die Nase ausgestoßen wird. Dabei wird die ganze Gesichtsmuskulatur aktiviert: Der Nervus Facialis, ein Gesichtsnerv, der auch am Niesen beteiligt ist, sorgt dafür, dass wir dabei automatisch die Augen schließen.

Welche Aufgaben hat die Haut?

Unsere Haut hat eine ganze Menge Aufgaben. Eine der wichtigsten ist, uns zu schützen. Das kann man zum Beispiel bei einem leichten Sturz sehen, wenn die Haut abgeschürft, das Gewebe darunter aber unversehrt geblieben ist. Die Haut ist darüber hinaus auch ein Organ mit sehr vielen Sinneszellen. Mit ihr fühlen wir zum Beispiel, ob etwas heiß oder kalt, hart oder weich, spitz oder stumpf oder auch schmerzhaft ist. Doch das ist längst nicht alles: Durch die Schweißdrüsen verhindert die Haut, dass der Körper überhitzt.

Warum bekommt man im Alter Falten?

Auch wenn sich unsere Haut regelmäßig erneuert, beginnt sie bereits ab dem 25. Lebensjahr zu altern. Sie wird trockener und weniger elastisch. Außerdem wird die unterste Hautschicht mit dem Fettgewebe dünner, daher ist die Oberhaut weniger gespannt. So entstehen Falten, die immer tiefer werden, je älter man wird. Hautfalten entstehen auch, wenn man einzelne Gesichtsmuskeln sehr häufig anspannt, zum Beispiel die Stirn runzelt oder die Augenbrauen zusammenzieht. Um die Augen und den Mund herum entstehen Falten, wenn man sehr viel lacht. Diese Falten machen ein Gesicht schöner und ausdrucksstärker.

Was sind Albinos?

Hast du schon mal weiße Tiere mit roten Augen gesehen? Sie leiden unter einer Erbkrankheit, Albinismus genannt. Auch Menschen können damit geboren werden. Betroffene haben zu wenige oder gar keine Pigmente. Das sind die Stoffe, die der Haut, den Augen und den Haaren ihre Farbe geben. Die meisten Albinos sind zusätzlich sehbehindert und werden von der Sonne leicht geblendet. Albinismus ist angeboren und nicht heilbar. Deshalb müssen Betroffene ihre Haut besonders gut schützen.

Albinokaninchen haben rote Augen.

Warum gibt es verschiedene Hautfarben?

Ob man hell- oder dunkelhäutig ist, wird von den Eltern vererbt. Betrachtet man die Entwicklungsgeschichte des Menschen, sieht man aber, dass sich die Hautfarben ursprünglich aufgrund der Sonneneinstrahlung bildeten. In Afrika, wo die Sonne das ganze Jahr über sehr stark scheint, sind die meisten Menschen dunkelhäutig. Das heißt, dass sie sehr viel von dem Farbmittel Melanin in der Haut haben. Es schützt die Haut vor Schäden durch Sonnenstrahlen. In nördlichen Gegenden, wo nur im Sommer die Sonne stark scheint, hat sich über Jahrtausende ein hellerer Hauttyp entwickelt.

Warum bekommt man in der Pubertät oft Pickel?

Wenn sich der Körper vom Kind zum Erwachsenen entwickelt, kann es passieren, dass zu viele Geschlechtshormone ausgeschüttet werden. Für die Pickel ist das Hormon Testosteron verantwortlich. Es regt die Talgdrüsen zur stärkeren Fettproduktion an. Dadurch können die Drüsen verstopfen, Bakterien siedeln sich an und es kommt zu einer Entzündung – schon hat man einen Pickel. Und das leider meistens im Gesicht!

Warum werden wir braun?

Alle Menschen haben einen bestimmten Anteil des Farbstoffes Melanin in ihrer Haut. Wenn sie sich der Sonne aussetzen, wird die Haut nicht nur dunkler, sondern auch dicker. Durch diese Veränderung kann sie sich besser vor der Sonneneinstrahlung schützen. Das funktioniert natürlich nur in gewissem Maße – bleibt man zulange in der Sonne, bekommt man trotzdem einen Sonnenbrand. Und je heller die Haut ist, desto empfindlicher ist sie auch.

Warum ist ein Sonnenbrand gefährlich?

Wer sich nicht vor der Sonne schützt, riskiert, dass die Haut und die Augen geschädigt werden. Man kann sich sehr schnell einen Sonnenbrand oder sogar eine Bindehautentzündung zuziehen. Dann brennt die Haut und die Augen jucken. Außerdem ist ein Sonnenbrand im wahrsten Sinne eine Verbrennung, welche die Haut schädigt. Sie altert dann schneller, und man kann später Hautkrebs davon bekommen. Das ist eine gefährliche und langwierige Erkrankung, die oft auch unheilbar ist. Deshalb ist Sonnenschutz so wichtig.

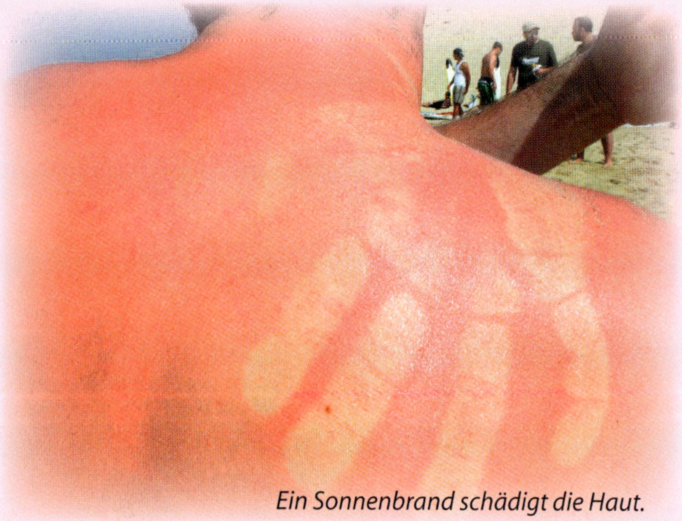

Ein Sonnenbrand schädigt die Haut.

Tipp

Sonnenschutz
Schnee und Sand reflektieren Sonnenstrahlen – achte daher besonders beim Skifahren und am Strand darauf, dass du eine Sonnenbrille trägst und Sonnenschutzmittel mit hohem Lichtschutzfaktor (mindestens 30) verwendest. Im Sommer solltest du deine Haut immer mit Sonnencreme einreiben, bevor du nach draußen gehst. Schatten und ein breitkrempiger Hut schützen ebenfalls. Gehe an sehr heißen Tagen zwischen elf und 15 Uhr in den Schatten, da die Sonneneinstrahlung um diese Zeit am gefährlichsten ist.

Ein Hut schützt vor der Sonne.

Warum kratzen manche Pullis?

Pullover aus Schurwolle fühlen sich sehr unangenehm auf der Haut an. Das liegt daran, dass ein Wollhaar genauso aufgebaut ist wie ein menschliches Haar. Es wird umhüllt von einer Schuppenschicht. Wenn die Schuppen nicht anliegen, sondern abstehen, dann kratzen sie. Natürlich bemühen sich die Hersteller, nur Tierhaare zu verwenden, bei denen die Schuppen anliegen. Je glatter die Haarstruktur der Wolle ist, desto teurer sind die Pullover. Dafür kratzen sie dann auch nicht.

Sind Leberflecke gefährlich?

Leberflecke sind normalerweise harmlos. Entweder sind sie angeboren oder sie entwickeln sich im Laufe der Zeit. Wie viele man bekommt, hängt damit zusammen, wie lange und wie oft man in der Sonne ist. Je mehr Sonne, desto mehr Flecke. Und darin liegt das Problem: Durch die Sonnenstrahlen verändern sich die Flecke manchmal in Farbe, Form und Größe. Manche Veränderungen sind bösartig – dann spricht man von Hautkrebs. Je mehr Leberflecke man hat, desto größer ist das Risiko, dass sie sich verändern. Deshalb ist es sehr wichtig, seine Leberflecke immer genau zu beobachten. Man sollte sie zur Sicherheit auch regelmäßig von einem Hautarzt kontrollieren lassen.

Warum bekommen wir bei Kälte eine Gänsehaut?

Auf unserem Körper befinden sich viele Härchen. Jedes einzelne dieser Haare sitzt auf einem kleinen Muskel. Wenn es kalt wird, ziehen sich die Muskeln zusammen. Das Haar richtet sich auf, wobei winzige Beulen auf der Haut entstehen – wir bekommen eine „Gänsehaut". Diese Reaktion ist ein Erbe aus einer Zeit, als wir noch am ganzen Körper behaart waren und keine Kleidung trugen. Wenn sich die Haare aufstellen, entstehen um sie herum kleine Luftpolster, die die Haut wärmen. Diese Reaktion diente ursprünglich auch dazu, auf Feinde gefährlicher zu wirken.

Wachsen bei Fußpilz Pilze auf dem Fuß?

Ja, aber diese Pilze kann man mit bloßem Auge nicht erkennen. Zunächst siedeln sich auf der obersten Hautschicht kleine weiße Bläschen an. Dann wird die Haut sehr trocken, schuppig und rissig. Sie juckt und entzündet sich. Fußpilz breitet sich sehr schnell aus. Wenn man nichts dagegen unternimmt, verliert man mit jedem Schritt ungefähr 50 Hautschuppen, die alle Fußpilz auslösen können. Besonders schnell steckt man sich an, wenn die Haut zwischen den Zehen feucht ist.

So große Pilze wachsen nicht auf den Füßen!

Können die Löcher für Ohrringe wieder zuwachsen?

Ob die Löcher in den Ohrläppchen wieder zuwachsen, hängt hauptsächlich davon ab, wie lange Ohrringe getragen wurden. Solange das Ohrloch noch eine Wunde ist, kann es wieder verheilen und zuwachsen. Hat man jedoch schon einige Zeit dauerhaft Ohrschmuck getragen, bleibt der durchstochene Kanal meist bestehen. Er ist dann auch nach Jahren noch als kleiner Narbenpunkt am Ohrläppchen zu erkennen.

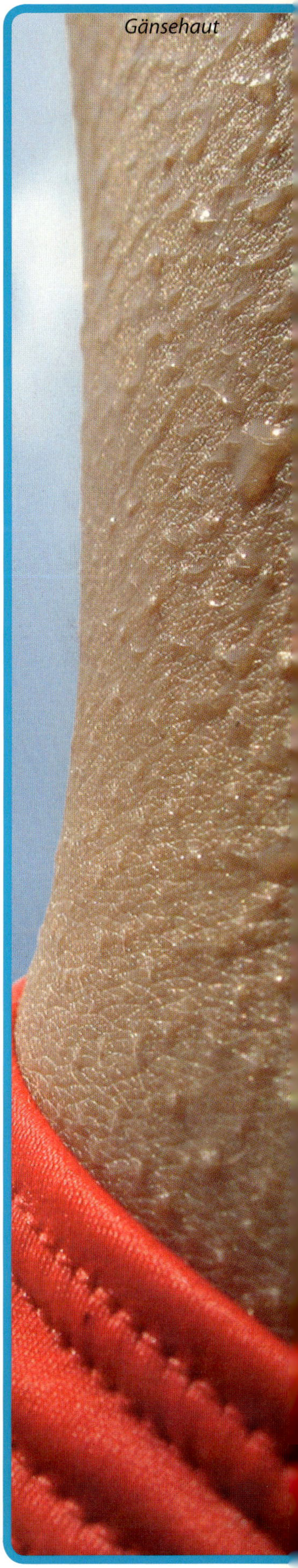

Gänsehaut

Wie entsteht ein Baby?

Wenn ein Mann und eine Frau miteinander schlafen, spritzt das Sperma aus dem Penis des Mannes in die Scheide der Frau. Das Sperma wandert durch die Gebärmutter in die Eileiter. Sobald Spermien auf eine Eizelle treffen, versuchen sie, in sie einzudringen, um mit der Eizelle zu verschmelzen. Nur ein einziges Spermium kann sich mit der Eizelle verbinden. Diesen Vorgang nennt man Befruchtung. Sobald die Eizelle befruchtet ist, kann daraus ein neuer Mensch entstehen. Bis es jedoch so weit ist, muss die befruchtete Eizelle aus dem Eileiter in die Gebärmutter wandern und sich in den rund 40 Wochen, in denen ein Baby heranwächst, viele Millionen Mal teilen.

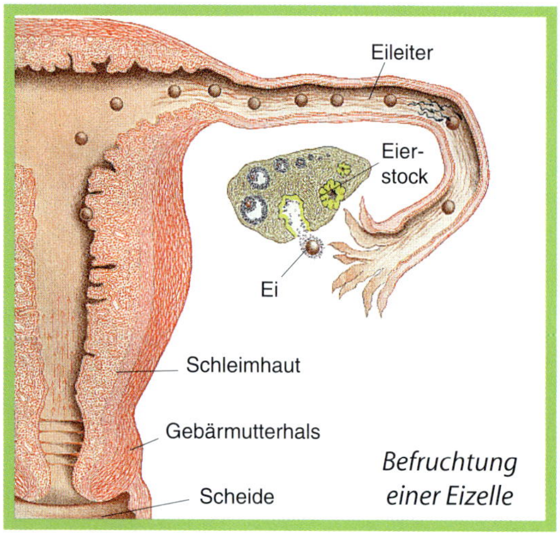

Befruchtung einer Eizelle

Wird bei jedem Geschlechtsverkehr ein Baby gezeugt?

Nein. Eine Frau ist nur an wenigen Tagen im Monat fruchtbar. Mit jeder Periode beginnt ein neuer Zyklus. Es dauert rund 14 Tage, bis eine neue Eizelle in den Eierstöcken heranreift und in den Eileiter wandert. Dort kann sie innerhalb von 24 Stunden befruchtet werden. Die Spermien können im Körper der Frau einige Tage überleben, sodass die Wahrscheinlichkeit eines Zusammentreffens steigt. Daher kann eine Frau auch zwei Tage nach dem Geschlechtsverkehr noch schwanger werden.

Spermien schwimmen zur weiblichen Eizelle.

Wie wächst ein Baby im Mutterleib?

Wenn eine Eizelle von einer Samenzelle befruchtet ist, hat sie noch keinerlei Ähnlichkeit mit einem Baby. Erst langsam, während sich die Zellen pausenlos teilen und unterschiedliche Aufgaben übernehmen, bilden sich Körper und Organe aus: Ab der vierten Woche schlägt das Herz, weitere Organe werden angelegt. Ende der achten Woche hat der Fetus Arm- und Beinknospen, man kann Hals und Gesicht erkennen. Nach zwölf Wochen ist er rund sieben Zentimeter groß, nach 16 Wochen bis zu zwölf Zentimeter und wiegt knapp 100 Gramm. Nach und nach entwickelt er grundlegende Fähigkeiten: Im vierten Monat hat das Baby Reflexe und es bewegt sich ständig. In der 21. bis 24. Schwangerschaftswoche dreht es sich, es kann hören und hat ab und zu Schluckauf. In der 25. bis 28. Schwangerschaftswoche öffnet es die Augen und kann eine Faust machen.
In den letzten Wochen vor der Geburt übt es beim Daumenlutschen den Saugreflex.

Wachstum eines Babys im Mutterleib

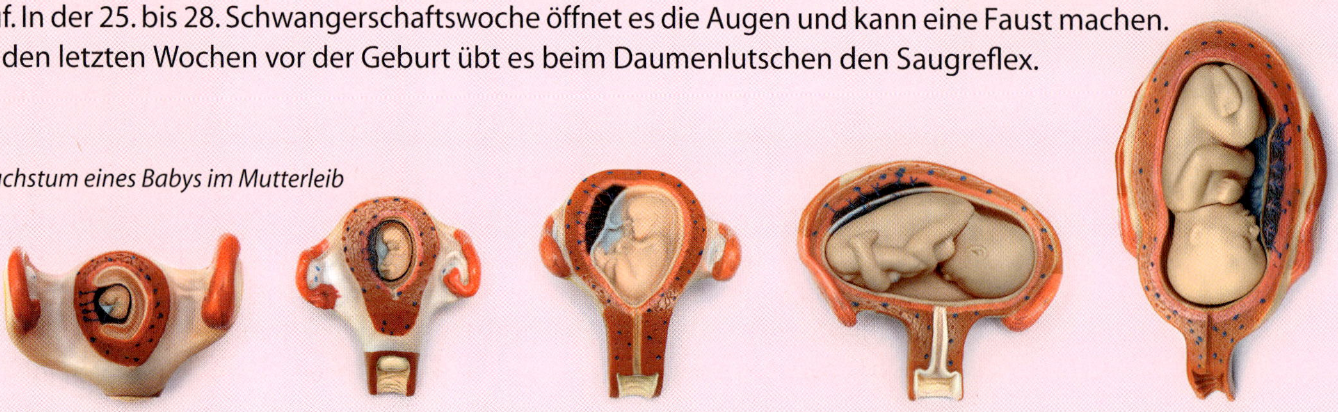

Zusatzinfo

Was ist der Mutterkuchen?
Der Mutterkuchen wächst zusammen mit dem Kind im Bauch der Mutter. Er ist ein Gewebe, welches das Baby mithilfe der Nabelschnur über den Blutkreislauf der Mutter ernährt. So erhält es alle wichtigen Nährstoffe, die es für seine Entwicklung braucht. Außerdem werden darüber die Ausscheidungen des Kindes, die sich im Fruchtwasser befinden, abtransportiert.

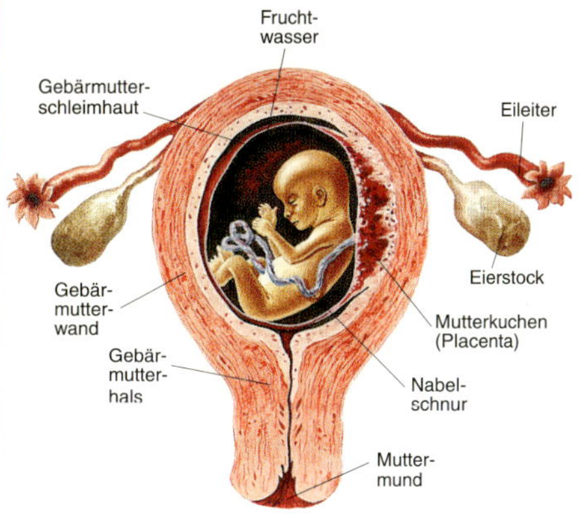

Der Mutterkuchen ernährt das Ungeborene.

Was macht eine Hebamme?

Hebammen sind Geburtshelferinnen. Sie begleiten Frauen während Schwangerschaft, Geburt und Stillzeit. Dabei lernen die Frauen in speziellen Kursen, sich auf die Geburt vorzubereiten. Mit Gymnastik nach der Geburt sorgt die Hebamme dafür, dass sich die Frauen möglichst rasch und gut von der Geburt erholen. Am wichtigsten ist ihre Arbeit im Kreißsaal, also dort, wo die meisten Babys zur Welt kommen. Sie sind aber auch bei Hausgeburten dabei. Übrigens können auch Männer diesen Beruf erlernen. Männliche Hebammen heißen Entbindungspfleger.

Was ist ein „Frühchen"?

Wenn ein Kind mehr als drei Wochen vor dem Geburtstermin auf die Welt kommt oder weniger als 2500 Gramm wiegt, dann spricht man von einer Frühgeburt, umgangssprachlich auch von einem „Frühchen". Je früher ein Baby zur Welt kommt, umso schlechter ist sein Organismus auf das Leben außerhalb des Mutterleibs vorbereitet. Heute können Kinder, die nur wenig mehr als die Hälfte der errechneten Zeit im Mutterleib herangewachsen sind, überleben. Dabei sind sie allerdings auf viel Technik und eine intensive medizinische Pflege angewiesen. Am wichtigsten ist der Brutkasten, der als Ersatz für die Gebärmutter dient.

Frühgeborenes im Brutkasten

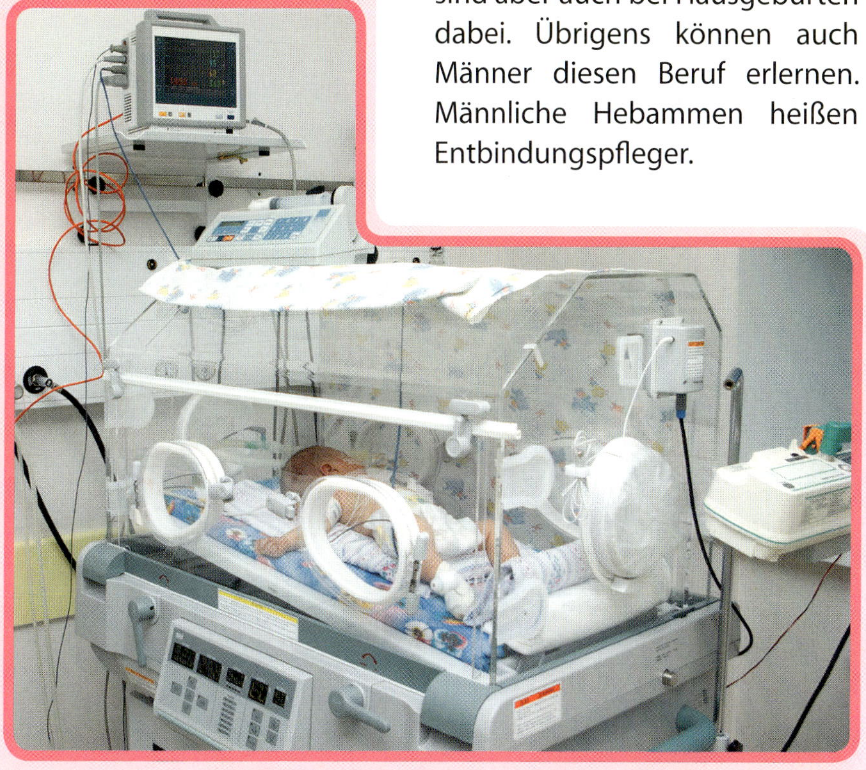

Zusatzinfo

Risiko der Frühgeborenen
Für die gesunde Entwicklung des Kindes ist Wärme und Körperkontakt wichtig. Deswegen gibt es mittlerweile in allen Kliniken das „Känguruhen". Dann dürfen die Frühchen raus aus dem Brutkasten und die Wärme von Mutters oder Vaters Brust genießen. Heute können schon extrem früh Geborene überleben, doch bei ihnen ist das Risiko einer Behinderung erhöht.

Wie atmet ein ungeborenes Kind?

Obwohl ein Fetus in der Lage ist, mit seiner Lunge Atembewegungen auszuführen, kann er keine Luft einatmen – wie auch, er schwimmt ja im Fruchtwasser. Seine Lunge ist mit einer selbst produzierten Flüssigkeit gefüllt. Gleichzeitig reift die Lunge heran, damit die Luftatmung nach der Geburt funktioniert. Woher aber bekommt das Baby nun Luft? Von seiner Mutter! Denn die wichtigsten Bestandteile der Luft werden vom Blut in den Körper gebracht, und über den Mutterkuchen auch zum Embryo.

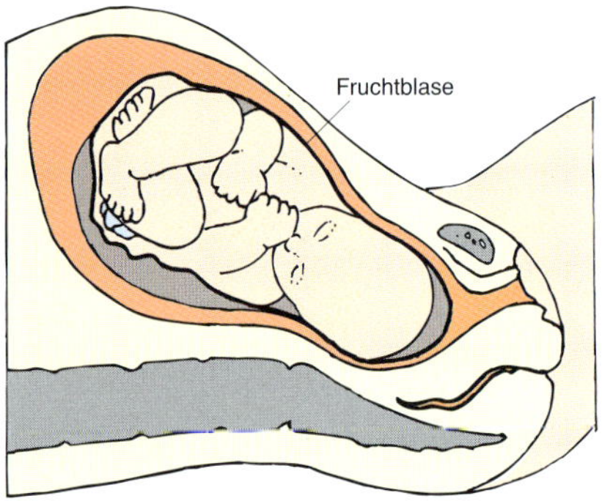

Wie kommt ein Baby aus dem Bauch?

Es gibt zwei Wege, auf denen ein Baby zur Welt kommen kann. Bei einer natürlichen Geburt wird es durch die Scheide herausgepresst. Die meisten Babys kommen auf diese Weise zur Welt. Manche müssen aber auch per Kaiserschnitt geholt werden. Dann wird in einer Operation die Bauchdecke der Mutter aufgeschnitten und anschließend wieder zugenäht. Heutzutage verlaufen die meisten Kaiserschnitte ohne weitere Probleme. Ein solcher Kaiserschnitt wird häufig notwendig, wenn sich das Baby vor der Geburt nicht mehr in die richtige Position bringen konnte. Denn für die natürliche Geburt muss es möglichst mit dem Kopf voran aus dem Bauch heraus.

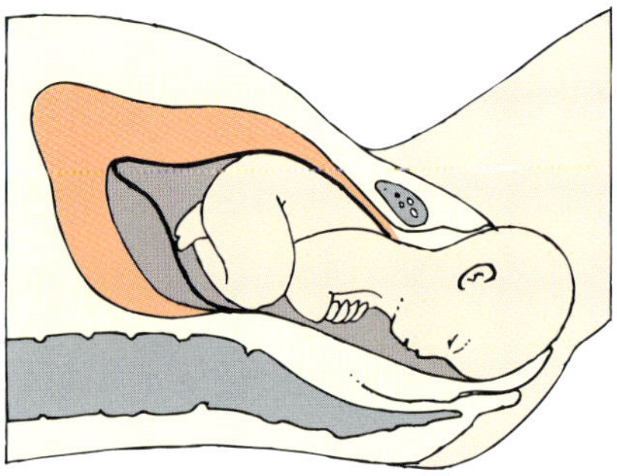

Der Geburtsweg

Was sieht man von einem Baby als Erstes?

Den Kopf sieht man zuerst – meistens jedenfalls. Er ist der größte und härteste Teil des Körpers. Ist er draußen, folgt der Körper des Babys in der Regel schnell hinterher. Doch es gibt auch Babys, die mit dem Po voran auf die Welt kommen. Wie das? Während der Schwangerschaft bewegt sich ein Baby viele Male hin und her: Mal ist der Kopf unten, mal die Füße und mal der Po. Solange es noch sehr klein ist, macht ihm dieses Drehen und Wenden im Bauch keine Mühe. Kurz vor der Geburt ist es aber schon sehr eng im Bauch. Nicht alle Babys schaffen es, sich noch ein letztes Mal so zu drehen, dass der Kopf unten liegt.

Tipp

Geburten sind immer eine sehr spannende Sache: Manche Babys kommen ganz schnell, andere lassen sich sehr viel Zeit, manche Babys liegen quer und drehen sich erst in letzter Sekunde mit dem Kopf nach unten, andere werden mit Kaiserschnitt geholt. Fragt mal eure Eltern, wie eure Geburt war!

Warum schreit ein Baby direkt nach der Geburt?

Ist das Baby auf der Welt, erschrickt es, denn außerhalb des Mutterleibes ist es kälter als im Bauch der Mutter. Vor lauter Schreck fängt es an zu atmen und schreit. Jetzt kann sich die Lunge entfalten und mit Sauerstoff füllen. Das Schreien ist dazu nicht unbedingt notwendig. Aber jede Mutter ist froh, wenn sie nach der Geburt das Baby schreien hört – es ist ein sicheres Zeichen dafür, dass ihr Kind lebt.

Babys schreien nach der Geburt.

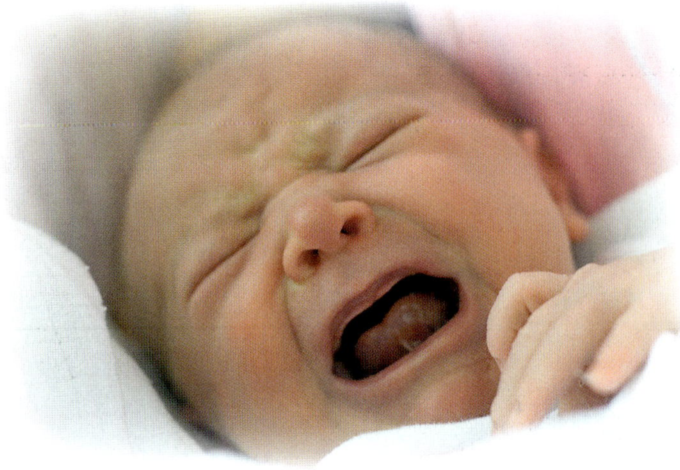

Müssen alle Babys Bäuerchen machen?

Ein Bäuerchen ist nichts anderes als ein Rülpser. Es entsteht, wenn man beim Essen Luft schluckt – das ist bei Babys nicht anders als bei Erwachsenen. Die Luft, die sich beim Baby im Magen ansammelt, kann ein Druckgefühl oder Blähungen auslösen – beides tut weh. Dagegen hilft ein Bäuerchen: Indem man das Kind nach dem Füttern hochnimmt und mit der flachen Hand ein paar Mal leicht auf den Rücken klopft, erleichtert man dem Baby das Aufstoßen.

Wie viele Kinder kann eine Frau gleichzeitig austragen?

Wenn eine Frau schwanger ist, dann in der Regel nur mit einem Kind. Es gibt jedoch auch Mehrlingsschwangerschaften. Dann trägt eine Frau zwei oder mehr Kinder auf einmal aus. Die Wahrscheinlichkeit, dass eine Frau mehr als zwei Kinder zugleich erwartet, ist aber relativ gering. Drillinge gibt es unter 7225 Geburten nur einmal. Noch seltener sind Vierlinge: Sie kommen nur alle 614.125 Geburten einmal vor.

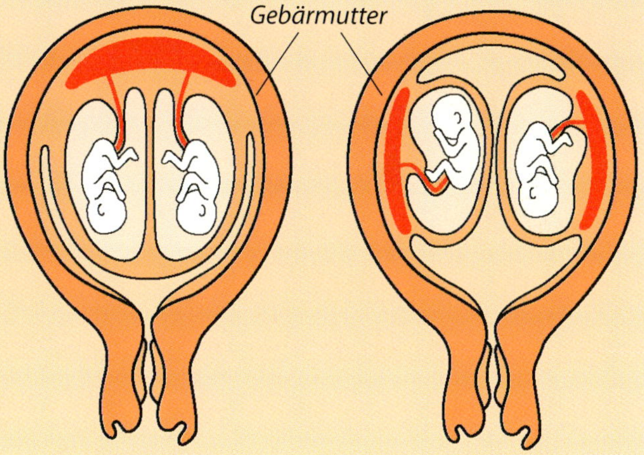

Warum lutschen Babys am Daumen?

Die meisten Babys beginnen schon im Mutterleib mit dem Nuckeln. So trainieren sie das Saugen, und manche sogar so heftig, dass sie mit regelrechten „Schwielen" am Däumchen zur Welt kommen. Saugen ist ein angeborener Reflex, denn so kann das Baby problemlos die Muttermilch trinken. Daher nennt man sie auch „Säuglinge".

Warum können Babys gleichzeitig atmen und trinken?

Das hängt mit der Lage des Kehldeckels zusammen. Babys haben eine Art Ventil, das dafür sorgt, dass die Flüssigkeit um den Kehlkopf herumgeleitet wird. Es ermöglicht, dass die Luftröhre offen bleibt und erleichtert das Dauertrinken im Liegen. Wenn sich die Kinder später aufrecht halten können, ändert sich das. Der Kehldeckel sinkt nach unten und berührt dann beim Schließen nicht mehr den Gaumen.

Babys atmen beim Trinken.

Warum können Neugeborene schwimmen und tauchen?

Neugeborene können schwimmen.

Bis sie etwa vier Monaten alt sind, besitzen Babys den sogenannten Tauchreflex. Sobald das Gesicht untertaucht, nehmen die Nervenenden in der Haut das Wasser wahr. Sie senden ein Signal zum Kehlkopf, der dann die Luftröhre verschließt. So kann kein Wasser in die Lunge eindringen. Erst wenn wieder Luft an das Gesicht kommt, wird der Tauchreflex aufgehoben und das Baby kann atmen. Deshalb kann auch bei einer Wassergeburt nichts passieren.

Was ist eine Adoption?

Viele Paare wünschen sich sehnsüchtig ein Kind, aber leider können einige von ihnen keine eigenen bekommen. Trotzdem können sie noch Eltern werden, indem sie ein Kind adoptieren. Das bedeutet, dass sie ein Kind annehmen, das keine Eltern mehr hat oder nicht mehr bei den leiblichen Eltern leben kann. Um ein Kind zu adoptieren, müssen die Paare viele Prüfungen machen und beweisen, dass sie gute Eltern sein werden. Außerdem muss das Einkommen gesichert sein, die Eltern dürfen noch nicht zu alt sein und müssen dem Kind ein liebevolles zu Hause bieten können.

Mädchen und Jungen sind verschieden.

Wieso sehen Mädchen anders aus als Jungen?

Meistens erkennt man am Gesicht, ob ein Kind ein Junge oder ein Mädchen ist. Doch das entscheidende Merkmal sind natürlich die Geschlechtsorgane. Bei Mädchen ist es die Scheide, bei Jungen der Penis und die Hoden. Von der Natur ist es so eingerichtet, dass die beiden unterschiedlichen Geschlechter zur Fortpflanzung zusammenkommen. Aus den Genen von Vater und Mutter entsteht dann ein einzigartiges Lebewesen, in dem die Erbanlagen beider Elternteile neu zusammengefügt werden.

Was ist Sexualität?

Zum einen dient Sexualität natürlich dazu, dass sich die Menschen fortpflanzen, also Kinder bekommen. Sexualität ist jedoch nicht nur der Geschlechtsakt. Sex ist etwas sehr Persönliches. Niemand möchte mit einem Menschen schlafen oder gar ein Kind mit ihm haben, wenn er ihn nicht mag. Deshalb gehören zur Sexualität auch Gefühle wie Lust, Verliebtheit und Liebe. Jedoch kann man solche Gefühle nicht bewusst steuern. Findet man jemanden besonders anziehend, kann es passieren, dass man ihn oder sie auf der Stelle umarmen und küssen möchte. Natürlich darf man diesem Drang nur nachgeben, wenn die andere Person das auch möchte.

Warum haben Jungen einen Stimmbruch?

Jungen kommen in den Stimmbruch oder, besser gesagt, in den Stimmwechsel. Das Hormon Testosteron bewirkt, dass sich der Kehlkopf vergrößert und die Stimmlippen wachsen. Anfangs ist die Stimme mal höher, mal tiefer. Erst mit der Zeit pendelt sich die Stimmlage ein. Auch Mädchen haben einen Stimmwechsel. Er tritt allerdings ungefähr zwei Jahre früher ein und ist weniger ausgeprägt. Denn ihre Stimmbänder werden nur drei bis vier Millimeter länger, bei den Jungen ist es immerhin dreimal soviel.

Warum küssen sich Menschen?

Dazu gibt es verschiedene Meinungen. Eine davon führt ins Reich der Tiere: Affenmütter füttern ihre Kinder mit vorgekautem Essen. Dabei berühren sich ihre Münder wie bei einem Kuss. Der Kuss könnte also ein Erbe aus der Vorzeit sein. Andere Kussforscher meinen, dass sich die Menschen küssen, um sich zu beschnuppern. Auf diese Weise wollen sie herausfinden, ob sie sich „riechen", also gut leiden können.

Küssen alle Menschen gleich?

Wie oft, wo, ob in der Öffentlichkeit oder heimlich – Küssen ist eine Sache der Kultur. In Japan wollen Liebespaare beim Küssen nicht beobachtet werden. Sie küssen sich nur, wenn niemand hinguckt. Anders in Frankreich: Dort küssen sich Verliebte ohne Scheu in aller Öffentlichkeit. Einige andere Völker, zum Beispiel die Inuit, küssen sich nicht auf den Mund. Sie reiben stattdessen die Nasen aneinander.

Was ist ein Knutschfleck?

Ein Knutschfleck verrät, dass man sehr heftig geküsst wurde. Weil beim Küssen gesaugt wird, werden die Haut und das Gewebe darunter gequetscht. Dabei platzen kleine Blutgefäße. Dennoch fließt weiter Blut in das Gewebe und sammelt sich dort an, bis es – wie bei jedem blauen Fleck – abgebaut wird.

Warum werden wir krank?

Infektionskrankheiten wie Schnupfen werden durch Bakterien oder Viren ausgelöst und sind ansteckend. Meistens konnte dann die körpereigene Abwehr die Viren nicht aufhalten. Andere Krankheiten sind nicht ansteckend. Dazu gehören unter anderem Kreislauferkrankungen, Herzinfarkt, Diabetes oder Krebs. Dann funktioniert etwas in unserem Körper nicht mehr so wie vorgesehen, es kann sozusagen seine Aufgabe nicht mehr wahrnehmen. Seltener sind angeborene Erbkrankheiten wie das Downsyndrom. Sie werden durch Schäden am Erbgut hervorgerufen.

Kranke fühlen sich schlecht.

Was ist das Immunsystem?

„Immun" heißt so viel wie „widerstandsfähig". Zum Immunsystem gehören alle Mechanismen im Körper, die uns vor Krankheitserregern schützen und sie bekämpfen. Das Immunsystem geht aber nicht nur gegen „Eindringlinge" von außen vor. Es kann auch Krebszellen erkennen und zerstören. Die Hauptrolle im Immunsystem spielen die weißen Blutkörperchen, die Krankheitserreger bekämpfen. Sie bilden sogenannte Antikörper, die gegen einen Virus ankämpfen. Diese sind auch bei einem Neuangriff noch vorhanden!

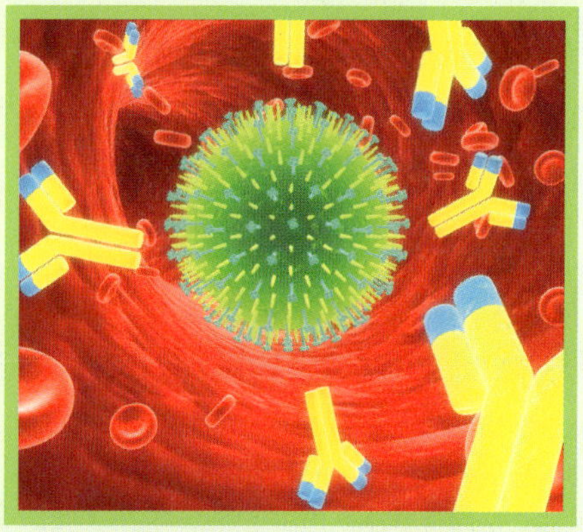

Antikörper bekämpfen einen Virus.

Warum bekommt man Fieber?

Fieber ist an sich keine Krankheit. Eine Körpertemperatur über 38 Grad Celsius ist ein Zeichen dafür, dass der Körper Krankheitserreger bekämpft. Dann erzeugen die weißen Blutkörperchen einen „Fieberstoff", der dazu führt, dass die Muskelfasern vibrieren und die Körpertemperatur steigt. Bei Fieber arbeitet der Körper auf Hochtouren: Mit jedem Grad über 37 Grad Celsius schlägt das Herz bis zu achtmal häufiger in der Minute.

Was sind Grippe oder Erkältung?

Erkältungen können durch 200 verschiedene Viren ausgelöst werden. Anders die echte Grippe, in der Fachsprache Influenza genannt: Sie wird durch drei verschiedene Virentypen ausgelöst, die sich ständig verändern. Die Beschwerden bei Grippe sind viel schwerer als bei einer Erkältung: Kopf- und Gliederschmerzen, hohes Fieber, Schüttelfrost, Husten und Kreislaufbeschwerden. Gegen die Influenza kann man sich impfen lassen.

Mit Gummistiefeln bleiben die Füße trocken.

Erkältet man sich mit nassen und kalten Füßen?

Wenn man mit nassen und kalten Füßen herumläuft, kühlt der Körper ab. Das schwächt die Abwehr, sodass uns Viren und Bakterien leichter krank machen können. Dazu kommt, dass wir in der kalten Jahreszeit häufig mit vielen anderen Menschen in geschlossenen Räumen sind. Je mehr Menschen und je wärmer, desto mehr Erreger. Die Gefahr, dass man sich ansteckt, wird größer.

Was geschieht bei einer Operation?

Manchmal ist ein Mensch so krank oder so schwer verletzt, dass er operiert werden muss. Dabei wird der Körper aufgeschnitten und die erkrankte Stelle behandelt. Es gibt unterschiedliche Operationen. Bei einem komplizierten Knochenbruch werden die gebrochenen Knochen wieder in die richtige Position gebracht. Bei einer Blinddarmoperation wird der entzündete Wurmfortsatz herausgeschnitten. Damit der Patient keine Schmerzen empfindet, wird er vor dem Eingriff für eine bestimmte Zeit betäubt.

Wie verheilen Wunden?

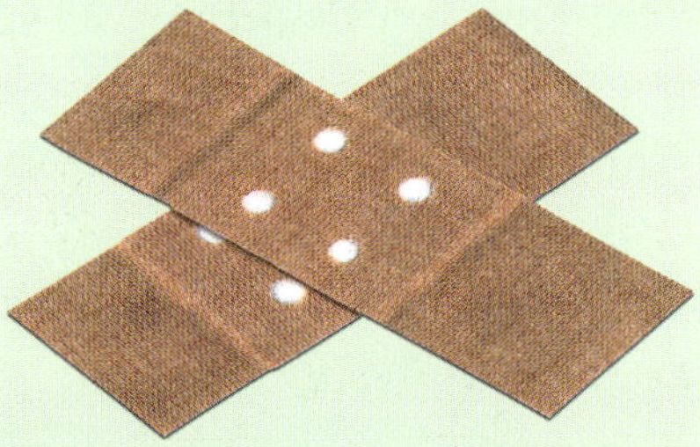

Wunden tun meistens weh, viele sind aber zum Glück nicht schlimm. Schürfwunden verheilen in der Regel sehr schnell. Anfangs blutet die Wunde, dabei werden Fremdkörper herausgespült. Nach einer Weile gerinnt das Blut und bildet den Wundschorf, eine Kruste, die die Wunde verschließt. Darunter bekämpfen die weißen Blutkörperchen die Keime, die sich in der Wunde befinden. Schließlich wird neues Hautgewebe gebildet.

Warum bleibt nach einer Verletzung eine Narbe?

Das Gewebe über einer verheilten Wunde hat eine andere Struktur. Deshalb sieht es auch anders aus als das alte Gewebe. In der neu gewachsenen Haut sind keine Haare und keine Pigmente (Farbstoffe) enthalten. Ist die Wunde verheilt und der Schorf abgefallen, ist die Haut an dieser Stelle heller und bleibt als Narbe sichtbar.

Warum muss man beim Arzt „A“ sagen?

Der Arzt möchte die Zunge und den Rachen sehen, um herauszufinden, ob eine Entzündung vorliegt. Wenn man „A“ sagt, geht der hintere Teil der Zunge nach unten und öffnet so den Zugang zum Rachen. Übrigens kann die Farbe der Zunge ein Hinweis sein, welches Organ erkrankt ist. Ist sie rosig rot, ist alles in Ordnung. Eine braune Zunge kann ein Zeichen für eine Nierenerkrankung sein, eine extrem rote kann auf eine Lebererkrankung hindeuten.

Wie wirkt eine Schmerztablette?

Schmerz ist immer ein Signal des Körpers dafür, dass etwas nicht in Ordnung ist. Deshalb sollte man zunächst immer die Ursache für den Schmerz herausfinden. Schmerztabletten bekämpfen in der Regel nur das Gefühl des Schmerzes, nicht aber die Ursache. Dieses unangenehme Gefühl entsteht in den Nervenbahnen oder im Gehirn. Eine Schmerztablette schaltet durch eine chemische Reaktion einfach das Empfinden für den Schmerz im Gehirn ab. Die Verletzung tut also im Grunde genauso weh und ist auch noch genauso vorhanden – nur merken wir es nicht mehr.

Wie näht man Wunden?

Die meisten Wunden heilen von selbst. Ist der Riss in der Haut aber so groß, dass die Hautstücke weit auseinanderklaffen, muss die Wunde geklammert oder genäht werden. Nur so kann man verhindern, dass Keime in die Wunde kommen oder eine große Narbe entsteht. Damit die Einstiche beim Nähen nicht wehtun, wird die Stelle betäubt. Dann wird die Wunde gesäubert. Mit einer Nadel und einem Spezialfaden näht der Arzt die Haut wieder aneinander. Sie bildet neue Zellen und wächst so wieder zusammen. Entweder verwendet der Arzt einen Spezialfaden, der sich von selbst auflöst oder man muss nach einigen Wochen nochmals zum Arzt. Dann werden die Fäden gezogen.

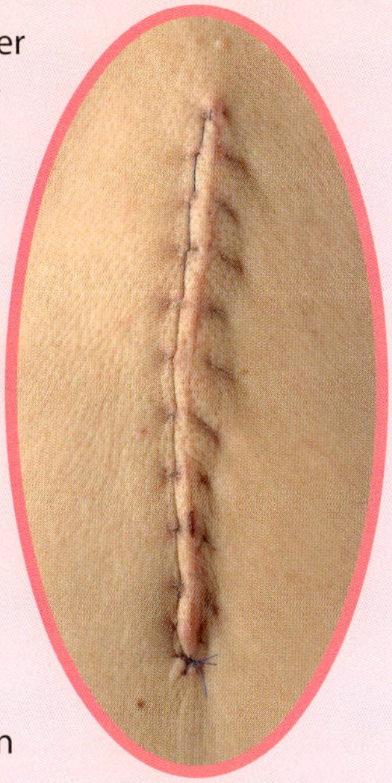

Die Naht hilft beim Zusammenwachsen der Haut.

Bekommen nur Kinder Kinderkrankheiten?

Unter Kinderkrankheiten versteht man zum Beispiel die Masern, Keuchhusten oder Windpocken und noch viele andere. Ihre Namen haben sie daher, dass tatsächlich hauptsächlich Kinder daran erkranken. Sie können sich in der Schule und im Kindergarten sehr leicht anstecken. Das Besondere an diesen Krankheiten ist, dass man sie oft nur einmal im Leben bekommt. Und deshalb können nur Erwachsene erkranken, die als Kinder verschont geblieben sind – und das sind nicht allzu viele! Gegen viele dieser Krankheiten kann man sich aber auch impfen lassen.

Warum tragen Ärzte einen Mundschutz?

Um zu verhindern, dass Krankheitskeime aus ihrem Mund mit den Patienten in Berührung kommen, tragen Ärzte bei Operationen oder auf der Intensivstation einen Mundschutz. Viele Krankheitserreger, zum Beispiel solche, die eine Erkältung auslösen, befinden sich im Speichel. Sie gelangen in die Luft, wenn man spricht. Wer mit infiziertem Speichel in Berührung kommt, kann sich sehr leicht anstecken. Besonders gefährlich wird es, wenn Krankheitserreger über den Speichel ins Blut oder in eine offene Stelle geraten. Das ist etwa der Fall, wenn ein Arzt während einer Operation spricht.

Was ist ein Sonnenstich?

Wenn man sich zu lange in der prallen Sonne aufhält, kann man einen Sonnenstich bekommen. Das heißt, dass der Körper überhitzt, er wird zu heiß. Meist bekommt man dann Kopfschmerzen und fühlt sich sehr erschöpft, in ganz schlimmen Fällen kann einem auch übel werden. Die beste Medizin gegen einen Sonnenstich ist viel Wasser zu trinken und sich in einem kühlen Raum aufzuhalten. Sogar im Winter muss man aufpassen, wenn man zum Beispiel beim Skifahren keine Kopfbedeckung trägt. Dann brennt die Sonne, die hoch in den Bergen besonders stark ist, auf den Kopf und man kann leicht Kopfschmerzen bekommen. Also am besten immer einen Hut oder eine Mütze aufsetzen.

Was ist eine Erfrierung?

Wenn ein Körperteil sehr kalt wird, kann es erfrieren. Das kann zum Beispiel passieren, wenn sich ein Bergsteiger im Hochgebirge sehr lange Zeit in Eis und Schnee aufhält. Meistens treten Erfrierungen an den Händen, Füßen oder im Gesicht auf. Hier stoppt Kälte die Durchblutung besonders schnell, sodass der betroffene Körperteil absterben kann.

Aber keine Angst: Man muss schon sehr lange im Kalten gewesen sein, ehe ein Körperteil erfriert und abstirbt.

Was bedeutet der Begriff „behindert“?

Behinderungen können angeboren sein, aber auch später eintreten, zum Beispiel durch einen Unfall oder eine Krankheit. Man unterscheidet körperliche und geistige Behinderungen. Körperliche Behinderungen sind zum Beispiel Erblindung oder Lähmung. Bei geistig behinderten Menschen ist das Gehirn oft nicht in der Lage, einfache Aufgaben im Alltag zu bewältigen, weshalb viele betreut werden müssen. Geistige Behinderungen geben der Medizin noch große Rätsel auf, weil man bislang noch zu wenig über das menschliche Gehirn herausgefunden hat.

Was ist Migräne?

Wenn jemand häufig unter sehr heftigen Kopfschmerzen leidet, oft auch mit Übelkeit und Erbrechen verbunden, dann hat er möglicherweise Migräne. Ursache dafür können bestimmte Nahrungsmittel sein, oder auch Stress. Doch auch ein Wetterumschwung kann einen Migräneanfall hervorrufen. Kinder können übrigens eher Migräne bekommen, wenn ein Elternteil daran erkrankt ist.

Migränen sind starke Kopfschmerzen.

Was sind Antibiotika?

Antibiotika sind Medikamente, die gegen gefährliche Bakterien helfen. Sie bewirken, dass sie sich nicht vermehren oder sofort getötet werden. Leider sind inzwischen viele Erreger gegen Antibiotika widerstandsfähig (resistent) geworden. Denn da viele Leute die Behandlung frühzeitig abbrechen, werden nicht alle Bakterien getötet und können eine Resistenz gegen die Antibiotika ausbilden. Dennoch sind Antibiotika manchmal das einzige Mittel, das einen Menschen heilen kann! Für Allergiker gibt es aber schon Ersatzmedikamente.

Warum haben unterernährte Kinder einen dicken Bauch?

Unterernährte Kinder leiden im Allgemeinen unter Mangelerscheinungen, da sie nicht ausreichend mit Vitaminen, Mineralstoffen, Fetten, Eiweißen und Kohlenhydraten versorgt sind. Der Eiweißmangel macht sich besonders in der Wölbung des Bauches bemerkbar, dem sogenannten Hungerödem. Denn normalerweise binden bestimmte Eiweiße das Wasser im Blut. Wenn jedoch zu wenige dieser Eiweiße da sind, sammelt sich das Wasser im Bauchgewebe an und der Bauch bläht sich auf.

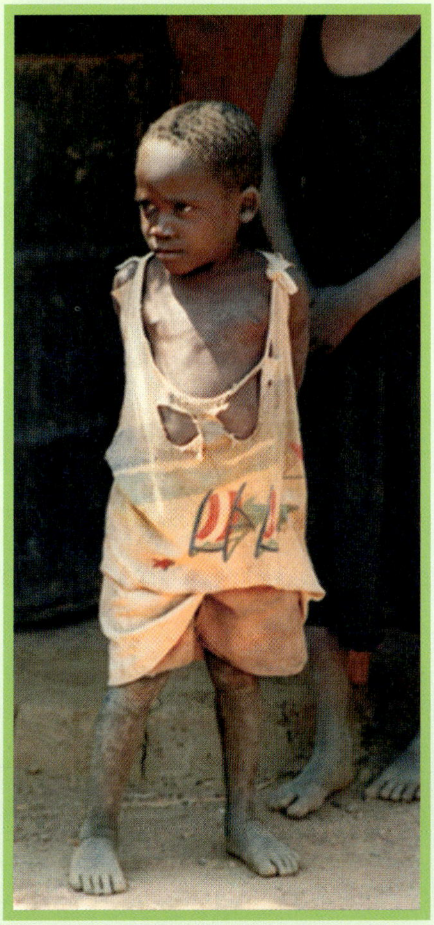

Hungerndes Kind

Was ist eine Allergie?

Viele Menschen sind gegen Gräser allergisch.

Gegen Viren und Bakterien sind die Abwehrreaktionen des Körpers sehr nützlich. Doch bei manchen Menschen reagiert das Immunsystem auf eigentlich harmlose Stoffe mit Atemnot, Schnupfen oder tränenden Augen. Das sind Mechanismen, um Krankheitserreger loszuwerden. Eine solche „Fehlreaktion" nennt man Allergie. Viele Menschen reagieren auf Stoffe wie Milben, Gräserpollen, Katzenhaare oder Staub allergisch, andere auch auf bestimmte Lebensmittel oder Metalle. Man nennt diese Stoffe dann Allergene. Der Körper bildet gegen die Allergene spezielle Antikörper, wodurch der Mensch überempfindlich wird.

Zusatzinfo

Was hilft bei einer Allergie?
Am besten geht man zum Hautarzt, der dann einen Allergietest macht. Je nachdem, wie stark die Allergie ist, wird er dich behandeln oder dir sagen, was du tun kannst, um dich nach Möglichkeit von den Allergenen fernzuhalten.

Was ist Heuschnupfen?

Heuschnupfen ist eine allergische Reaktion auf Blütenpollen, die bestimmte Eiweißbausteine enthalten. Wenn sie sich mit bestimmten weißen Blutkörperchen verbinden, dann bilden sich sogenannte Histamine, die die allergische Reaktion auslösen. Etwa 16 bis 20 Prozent der Bevölkerung leiden unter Heuschnupfen.

Heuschnupfen ist eine Allergie.

Warum fühlen sich viele im Frühjahr schlapp?

Ursache der sogenannten Frühjahrsmüdigkeit sind die Hormone Melatonin und Serotonin, die vom Licht beeinflusst werden. Im Winter, wenn es kalt und dunkel ist, bildet der Körper mehr von dem Schlafhormon Melatonin. Wenn es wieder heller wird, bildet er verstärkt Serotonin, das aufmunternde Glückshormon. Dadurch gerät der Hormonhaushalt durcheinander und macht uns müde. Erst nach ein paar Wochen sind wir wieder richtig fit und auf Frühling eingestellt.

Im Frühling ist man oft müde.

Heliumballons steigen in den Himmel.

Warum bekommt man eine ulkige Stimme, wenn man Luftballongas einatmet?

Luftballons, die nach oben steigen, sind mit Helium gefüllt. Helium ist ein Gas, das leichter ist als Luft. Wenn wir sprechen, dann erzeugen wir Schallwellen, die sich mit einer bestimmten Geschwindigkeit durch die Luft bewegen. Das eingeatmete Helium bietet den Schallwellen weniger Widerstand, sodass sie sich schneller bewegen. Unsere Stimme klingt, als würden wir ein Tonbandgerät schneller laufen lassen. Wir hören uns dann an wie Micky Maus oder Donald Duck. Sei aber vorsichtig – Helium ist in größeren Mengen gesundheitsschädlich.

Wie lernt ein Kind sprechen?

Schon bei der Geburt sind die Sprachorgane so weit ausgebildet, dass das Sprechen technisch möglich wäre. Um wirklich sprechen zu können, müssen aber noch Verknüpfungen im Gehirn entstehen. Nach etwa acht bis zwölf Monaten sind so viele Verknüpfungen entstanden, dass das Baby Laute nachahmen kann. Kurz vor oder nach ihrem ersten Geburtstag fangen die meisten Kinder an zu sprechen.

Warum stottern manche Menschen?

Stottern ist ein Überbleibsel aus der frühen Kindheit. Bei Kindern von zwei bis sechs Jahren ist es nicht ungewöhnlich, sondern kommt daher, dass sich die zahlreichen Muskeln, die am Sprechen beteiligt sind, erst durch viel Training formen müssen. Manche legen diesen Sprachfehler nie richtig ab, mit einer Therapie können sie jedoch ihre Aussprache verbessern.

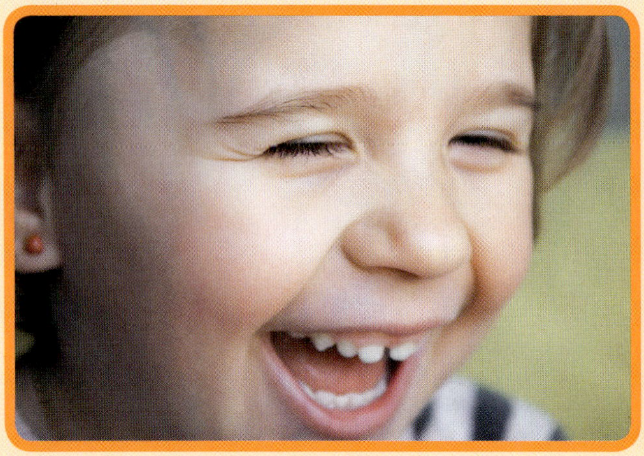

Lachen kann man nicht vortäuschen.

Kann man ein Lachen vortäuschen?

Ja. Doch oft kommt nur ein Grinsen dabei heraus. Und das wirkt nicht besonders echt. Wenn jemand grinst, hebt er bewusst seine Mundwinkel so weit an, dass sich der Mund öffnet und man die Zähne sieht. Ein echtes Lachen sieht anders aus. Es schließt die Augen mit ein: Der Ringmuskel um die Augen zieht sich zusammen, es entstehen „Krähenfüßchen", das sind kleine Falten um die Augen. Die Mimik der Augen kann man nicht bewusst beeinflussen. Deshalb wirkt ein vorgetäuschtes Lachen oft maskenhaft.

Ist Lachen wirklich gesund?

Ja! Wissenschaftler haben herausgefunden, dass herzhaftes Lachen vieles im Körper günstig beeinflusst: Lachen unterstützt die Atmung und bringt das Herz in Schwung, fördert die Durchblutung, stärkt die körpereigene Abwehr, regt die Verdauung und – ganz wichtig – die Ausschüttung von Glückshormonen an. Lachen kann sogar Schmerzen lindern. Das klappt allerdings nur, wenn man von Herzen lacht!

Zusatzinfo

Lachanfall
Bei einem Lachanfall passiert Folgendes im Körper: Brustkorb und Zwerchfell schütteln sich, Blutdruck und Puls beginnen zu rasen, das Gesicht wird puterrot, der Oberkörper krümmt sich und aus den Lungen entkommt ein Atemstoß mit einer Geschwindigkeit von rund 100 Kilometern pro Stunde.

Wieso muss man beim Lachen manchmal weinen?

Genau wie Schmerz und Trauer wirkt sich auch Freude auf den Teil unseres Gehirns aus, der unsere Körperfunktionen unbewusst steuert. Dabei wird die Tränendrüse angeregt, Flüssigkeit zu produzieren – wir weinen. Wissenschaftler nehmen an, dass wir Tränen vergießen, um zu zeigen, wie wir uns fühlen. Tränen sind also ein Zeichen dafür, dass wir von Gefühlen überwältigt sind.

Manchmal zucken unsere Muskeln im Schlaf.

Warum zucken manche Leute im Schlaf?

Das Zucken im Schlaf ist völlig harmlos. Es kommt vor allem beim Einschlafen vor. Je angespannter man ist, umso wahrscheinlicher ist es, dass man beim Einschlafen oder im Schlaf zuckt. Meist liegt es daran, dass ein Muskel schneller entspannt als der andere. Manchmal träumen wir, dass wir fallen. Wenn wir im Traum unten aufkommen, zucken wir ebenfalls zusammen.

Warum schlafen wir manchmal schlecht ein?

Müdigkeit allein reicht nicht, wenn man einschlafen möchte. Wenn du etwas Aufregendes erlebt hast, zum Beispiel einen Actionfilm gesehen hast, auf einer Party warst oder weißt, dass du am nächsten Tag in den Urlaub fährst, wirst du wahrscheinlich nicht sofort einschlafen können, egal wie müde du bist. Zum Einschlafen muss man entspannen, das Gehirn muss frei von der Hektik des Alltags sein. Deshalb ist es hilfreich, wenn man das Zubettgehen mit einem kleinen Ritual verbindet. Etwa, wenn man leise Musik hört oder ein wenig liest.

Albträume zeigen uns unsere Ängste.

Warum haben wir Albträume?

Oft hat man Albträume, wenn man etwas Bedrückendes erlebt hat, etwa einen Unfall. Sie können so schlimm sein, dass der Träumende im Schlaf weint und schweißgebadet oder sogar mit einem Schrei aufwacht. Meistens verfliegt die Angst, wenn das Licht an ist und man weiß, dass alles nur geträumt war. Albträume können uns auf ein schweres Problem hinweisen. Wenn sie ständig wiederkehren, solltest du zu einem Arzt gehen.

Warum erinnern wir uns so selten an Träume?

Manche Menschen sagen, dass sie nie träumen. Doch das stimmt nicht. Jeder Mensch träumt jede Nacht. Wir können uns aber nur daran erinnern, wenn wir während des Traumes wach werden. Warum wir Träume so schnell vergessen, kann man nur mutmaßen. Eine Erklärung könnte sein, dass das Gehirn im Traum nicht in der Lage ist, Erinnerungen zu speichern.

Meistens vergessen wir unsere Träume.

Warum ist man in der Pubertät oft unsicher?

Die zahlreichen körperlichen Veränderungen in der Pubertät empfinden viele Jugendliche als unangenehm: Jungen ist es oft peinlich, wenn sie im Stimmbruch sind; manche Mädchen sind irritiert, wenn sie bemerken, dass ihr Busen zu wachsen beginnt. Viele Jugendliche bekommen Pickel und fühlen sich in ihrer Haut nicht mehr wohl. Dazu kommt die Abnabelungsphase von den Eltern, denn die Teenies wollen nun zu eigenständigen Person werden.

Jugendliche fühlen sich oft unsicher.

Zusatzinfo

Schlafwandeln

Schlafwandeln kommt vor allem bei Kindern und Jugendlichen vor und verliert sich zumeist mit der Pubertät. Allerdings können manchmal auch Erwachsene betroffen sein. Schlafwandler stehen auf und gehen herum, ohne aufzuwachen. Wissenschaftler glauben, dass beim Schlafwandeln – wie auch beim Träumen – den Schlafenden Sachen vom Tag beschäftigen. Er sucht zum Beispiel nach verlorenen Dingen. Glücklicherweise kommt es selten zu Verletzungen. Übrigens kommt das Schlafwandeln wohl nur beim Menschen vor, zumindest wurde noch kein Tier dabei beobachtet.

Was passiert beim Schlafwandeln im Gehirn?

Auch im Schlaf ist unser Gehirn aktiv, es arbeitet nur langsamer. Schlafwandeln ist eine Störung beim Aufwachen. Während das Bewusstsein noch „schläft", ist der Körper aktiv. Das Schlafwandeln kann von wenigen Minuten bis zu einer halben Stunde andauern. Typisch für Schlafwandler ist, dass sie sich am Morgen an ihre nächtlichen Ausflüge nicht mehr erinnern können.

Warum haben Menschen Haustiere?

Fast jedes Kind wünscht sich ein Haustier zum Kuscheln und Streicheln. Kein Wunder – ein Haustier ist niedlich und man hat immer jemanden zum Spielen. Menschen mit Haustieren sind zudem ausgeglichener und leiden weniger unter tiefer Traurigkeit. Wer einen Hund hat und regelmäßig mit ihm Gassi geht, stärkt zusätzlich noch seinen Kreislauf, der Blutdruck sinkt und man wird insgesamt fitter. Kinder, die ein Haustier haben, lernen außerdem Verantwortung zu übernehmen. Die beliebtesten Haustiere sind Hunde, Katzen und Hasen.

Warum schämt man sich?

Scham entsteht, wenn wir etwas tun, das unserer Meinung nach gar nicht zu uns passt. Peinlich ist uns zum Beispiel, wenn wir in einem Schulfach versagen, in dem wir eigentlich nur gute Noten haben. Hübsch, sportlich und clever – so möchte fast jeder sein. Oft denken wir auch, dass wir so sind. Deshalb ist es uns peinlich und wir schämen uns, wenn uns doch mal ein Fehler passiert.

Warum ist Lärm schädlich?

Lärm belastet die Nerven.

Diese Situation kennst du vielleicht: Du machst Hausaufgaben und kannst dich nicht konzentrieren, weil nebenan jemand laute Musik hört. Menschen, die ständig durch Lärm gestört werden, leiden oft unter Kopfschmerzen, Stress, Nervosität, Konzentrationsschwäche, Schlaflosigkeit und übler Laune. Besonders starker Lärm kann auf Dauer auch schwerhörig machen.

Warum haben Kinder oft Bauchweh?

Bauchweh kann viele Ursachen haben. Man kann zu viel gegessen haben und der Magen drückt. Manchmal bekommen Kinder auch Bauchschmerzen, weil ihnen etwas Sorgen bereitet und sie es nicht ausdrücken können. Geht man zum Arzt, stellt sich meist heraus, dass mit dem Bauch alles in Ordnung ist. Woran liegt es dann? An der Psyche. Allein die Angst kann dazu führen, dass man Bauchkrämpfe bekommt, obwohl der Bauch an sich gesund ist.

Viele Menschen haben Angst, über eine Brücke zu gehen.

Was ist Höhenangst?

Wer unter Höhenangst leidet, versucht, bestimmte Situationen zu vermeiden. Viele Menschen stehen nicht gern auf einer Brücke, haben Angst, auf einen Balkon zu gehen, klettern nicht auf Leitern oder gehen nicht auf einen Berg. Oft kommt es zu starken körperlichen Beschwerden in der Höhe: Herzklopfen, Herzrasen, Atemnot, Schwindel, Benommenheit, Schwitzen, Brustschmerzen, ein Druck- oder Engegefühl in der Brust. Dazu kommt die Angst, die Kontrolle zu verlieren und zu fallen.

Warum ekeln wir uns?

Ekel ist ein Ausdruck starker Abneigung und heftigen Widerwillens gegen etwas. Wir ekeln uns vor Dingen, die uns schaden könnten, zum Beispiel vor verdorbenem Essen. Der Körper reagiert häufig mit Brechreiz, Panik oder Ohnmacht. In vielen Fällen ist Ekel aber auch anerzogen: Das erklärt, warum sich in Europa viele Menschen vor großen Insekten ekeln, während in Asien gebratene Heuschrecken ein ganz besonderer Leckerbissen sind.

Was ist eine Ernährungspyramide?

Nicht alles, was wir essen, tut unserem Körper gut. Deshalb haben Experten den optimalen Ernährungsplan in Form einer Pyramide aufgezeichnet. Darin steht, von welchen Lebensmitteln wir mehr und von welchen wir weniger zu uns nehmen sollen. Wasser und Getränke sind die Basis, die der Mensch zum Überleben braucht. Deshalb sind Getränke auch das Fundament der Pyramide. Eine Stufe höher stehen Getreideprodukte, Obst und Gemüse. Weiter oben sind Fleisch, Fisch und Milchprodukte aufgeführt. Süßigkeiten bilden die Spitze der Pyramide, denn davon sollten wir nur wenig essen.

Die Ernährungspyramide

Was sind Kohlenhydrate?

Mit dem Essen nehmen wir Nährstoffe in unseren Körper auf. Ein ganz wichtiger Nährstoff sind die Kohlenhydrate. Sie werden bei der Verdauung zu Zucker abgebaut, der Blutzuckerspiegel steigt. Durch das Hormon Insulin gelangt der Zucker schließlich in die Körperzellen und versorgt diese mit Energie. Somit sorgen Kohlenhydrate dafür, dass der Mensch fit und leistungsfähig bleibt. Zu finden sind Kohlenhydrate vor allem in Getreideerzeugnissen, Hülsenfrüchten, Nüssen, Nudeln und Kartoffeln, Obst und Gemüse.

Wie viel sollte ich pro Tag essen?

Lebensmittel	Menge	Anteil der Nahrungsaufnahme
Getreideprodukte, Kartoffeln	5 Scheiben Brot, eine Portion Kartoffeln oder Reis oder Nudeln	30 %
Obst, Gemüse	eine Portion Gemüse, einen Salat, mehrmals am Tag ein wenig Obst	43 %
Milchprodukte	kleines Glas Milch, einen Joghurt, eine Portion Käse	18 %
Fleisch, Fisch, Wurst	eine Portion Fleisch, Fisch oder Wurst, jeden zweiten Tag ein Ei	7 %
Fette, Öle	kleine Portion Butter oder Margarine, wenig Öl	2 %

Wozu brauchen wir Eiweiß?

Eiweiße oder Proteine braucht unser Körper, um unseren Zellen – den Grundbausteinen des Körpers – Struktur zu geben und bestimmte Stoffwechselreaktionen ablaufen zu lassen. Eiweiße sind außerdem wichtige Transportmittel für andere Stoffe. Zum Beispiel für Bestandteile des Blutes wie die roten Blutkörperchen. Auch als Antikörper zur Abwehr von Krankheiten sind sie sehr nützlich. Und, was du vielleicht schon weißt, wir brauchen sie ganz besonders für den Muskelaufbau. Aber Vorsicht! Unser Essen enthält sehr viel Eiweiß, es befindet sich zum Beispiel in Käse, Wurst, Fleisch und Milch. Nehmen wir zu viel Eiweiß auf, wird es von unserem Körper in Fett umgewandelt und eingelagert. Dann nehmen wir zu.

Warum ist ballaststoffreiche Nahrung wichtig?

Ballaststoffe sind die Teile pflanzlicher Lebensmittel, die der Dünndarm nicht verdauen kann. Sie sind in Vollkornprodukten, Müsli, Obst und Gemüse enthalten. Obwohl Ballaststoffe unverdaut ausgeschieden werden, sind sie nicht überflüssig. Sie sorgen unter anderem dafür, dass die Blutzuckerwerte nach dem Essen nicht so rasch ansteigen, und dann hält das Essen länger vor.

Warum sollte ich nicht so fettreich essen?

Fett ist pure Energie. In einem Gramm Fett steckt doppelt so viel Energie wie in einem Gramm Kohlenhydrate. Wenn der Muskel aber zwischen den Energiequellen, die er anzapft, wählen kann, dann nimmt er lieber Kohlenhydrate. Isst man mehr Fett, als der Körper an Energie benötigt, speichert er es als Notreserve – so entstehen die „Fettpölsterchen". Trotzdem ist ein gewisser Anteil an Fett notwendig: Manche Vitamine sind beispielsweise fettlöslich, das heißt sie können ohne Fett nicht verwertet werden. Zum Beispiel das Vitamin A der Möhren!

Getreide enthält viele Ballaststoffe.

Wofür braucht unser Körper Mineralstoffe?

Wenn in unserer Nahrung Mineralstoffe fehlen, zum Beispiel Eisen oder Kalium, kommt es zu Mangelerscheinungen. Wer beispielsweise unter Eisenmangel leidet, ist oft müde und kann sich nur schlecht konzentrieren. Natrium und Kalium brauchen wir, damit unsere Nerven funktionieren. Um Mangelerscheinungen vorzubeugen und gesund zu bleiben, ist es wichtig, regelmäßig viel frisches Obst und Gemüse zu essen.

Was sind Mineralstoffe?

Mineralstoffe sind lebenswichtige Nährstoffe, die unser Körper nicht selbst herstellen kann. Wir müssen sie deshalb mit der Nahrung in Form von Salzen aufnehmen. Mineralstoffe sind nicht nur in Fleisch und Fisch enthalten, sondern vor allem auch in Obst, Gemüse und Wasser. Kalzium, Magnesium, Phosphor, Natrium, Chlor, Kalium und Schwefel werden Makromineralien (makro = groß) genannt, weil der Körper davon eine erhebliche Menge benötigt – mindestens 100 Milligramm täglich. Die übrigen Mineralstoffe nennt man Spurenelemente. Das sind zum Beispiel Jod und Eisen. Von den Spurenelementen benötigt man nur sehr kleine Mengen.

Wozu braucht man Kalzium?

Kalzium ist einer der wichtigsten Mineralstoffe. Es dient der Bildung und Erhaltung von Knochen und Zähnen. Außerdem ist es wichtig für die Blutgerinnung, die Muskeln und die Nerven. Kinder und Jugendliche brauchen besonders viel Kalzium, weil sie noch wachsen. Um Kalzium aufzunehmen, braucht unser Körper außerdem Vitamin D. Das kann er mithilfe von Sonnenlicht selbst herstellen. Also raus an die frische Luft! Kalzium ist vor allem in Milch und Milchprodukten wie Käse und Joghurt enthalten, aber auch in Gemüse wie Brokkoli oder Grünkohl und in Samen wie Mohn oder Sesam.

Was sind Spurenelemente?

Mineralstoffe, die in unserem Körper in nur ganz geringer Konzentration zu finden sind, nennt man Spurenelemente. Zu ihnen gehören unter anderem Eisen und Jod. Eisen ist notwendig, damit die roten Blutkörperchen unsere Körperzellen mit Sauerstoff versorgen können. Jod hingegen brauchen wir für die Funktion unserer Schilddrüse. Sie stellt Hormone her, die für den Energiehaushalt von Bedeutung sind. Obwohl der Anteil an Spurenelementen klein ist, würden wir ohne sie unter Mangelerscheinungen leiden. So ist Eisenmangel beispielsweise eine häufige Ursache von Müdigkeit und Leistungsschwäche.

Milchprodukte enthalten Kalzium.

Was sind Vitamine?

Als Vitamine bezeichnet man eine Gruppe von chemisch sehr unterschiedlichen Substanzen. Unser Körper braucht sie dringend, um gesund zu bleiben, kann sie aber selbst nicht ausreichend herstellen. Deshalb müssen wir diese lebensnotwendigen Stoffe mit der Nahrung aufnehmen. Produziert werden sie vor allem von Bakterien und Pflanzen. Bis heute sind den Wissenschaftlern 13 Vitamine bekannt. Viele Früchte und Gemüsesorten sind richtige Vitaminbomben, aber auch Nüsse. Diese sind jedoch zugleich fettreich.

Was passiert, wenn man keine Vitamine isst?

Unser Körper wird von den Vitaminen dabei unterstützt, Mineralstoffe und andere Bestandteile der Nahrung aufzunehmen. Außerdem stärken sie unser Immunsystem, das uns vor Krankheiten schützt. Früher bekamen Seeleute auf großer Fahrt oft lange Zeit kein frisches Obst und Gemüse. Davon wurden sie krank, es fielen ihnen zum Beispiel die Zähne aus oder sie bekamen Zahnfleischbluten. Das lag vor allem an einem Vitamin-C-Mangel. Heute tritt diese Krankheit noch bei hungernden Menschen auf.

Was sollte ich trinken?

Ohne Trinken könnten wir nur ein paar Tage überleben. Unser Körper braucht deshalb viel Flüssigkeit in Form von Getränken – mindestens 1,5 bis zwei Liter pro Tag, bei Fieber oder nach langer Anstrengung sogar noch mehr! Wasser ist natürlich sehr gesund, es reguliert die Körpertemperatur. Aber auch eine Saftschorle oder Früchte- und Kräutertee tun dem Körper gut.

Wie entsteht Mineralwasser?

Natürliches Mineralwasser entsteht aus Regenwasser, das beim Versickern durch verschiedene Gesteins- und Erdschichten gefiltert wird. Dabei wird das Wasser gereinigt. Dieser Vorgang kann Hunderte von Jahren dauern. Das Wasser löst Mineralien, Spurenelemente und Kohlensäure aus dem Gestein und sammelt sich dann in unterirdischen Quellen. Gelangt es von dort wieder an die Oberfläche, kann es in Flaschen abgefüllt werden. Da es viele Nährstoffe, aber keine Kalorien enthält, ist es ein sehr gesundes und erfrischendes Getränk!

Warum gießt man Tee mit heißem Wasser auf?

Wasser besteht aus vielen kleinen Teilchen, den sogenannten Wassermolekülen. Sie bewegen sich hin und her, stoßen sich gegenseitig ab und ziehen sich wieder an. Je mehr Energie diese Moleküle besitzen, desto schneller bewegen sie sich. Die Energie kann man ihnen durch Hitze zuführen. Weil sich Wassermoleküle also sehr schnell bewegen, wenn das Wasser heiß ist, werden die Teewirkstoffe in heißem Wasser viel schneller aus dem Teebeutel gelöst und verteilt.

Tee löst sich in heißem Wasser besser.

Warum ist Milch gesund?

Solange Milch in Maßen genossen wird, ist sie sehr gesund. Milch, Käse und Joghurt haben einen besonders hohen Kalziumgehalt. Kalzium unterstützt die Funktion der Muskeln und stärkt unsere Knochen und Zähne. Besonders Kinder, deren Knochen noch wachsen, sollten täglich ein Glas Milch zu sich nehmen. Weiter enthält Milcheiweiß Aminosäuren, die wir für den Aufbau und die Reparatur unserer Körperzellen benötigen. Und natürlich stecken besonders in der Frischmilch zahlreiche wichtige Vitamine.

Warum soll man nicht zu viel Cola trinken?

Cola enthält sehr viel Zucker, der in diesen Mengen ungesund ist. Er schädigt die Zähne und macht dick. Außerdem enthält normale Cola Koffein, das eine aufputschende Wirkung hat. Es ist auch in Kaffee enthalten. Deshalb gibt es extra Kinder-Cola, die kein Koffein enthält – und auch welche ohne Zucker. Trotzdem sind auch darin keinerlei Nährstoffe enthalten!

Was ist Coca-Cola?

Coca-Cola wurde von dem Apotheker John Pemberton im Jahre 1886 in Amerika erfunden. Pemberton entwickelte einen Sirup mit Sodawasser als Medizin gegen Müdigkeit, Kopfschmerzen und schlechte Stimmung. Das genaue Rezept ist bis heute ein Geheimnis. Man weiß nur, dass unter anderem Vanille, Nelkenöl, Zitronenöl, Zimtöl, Phosphorsäure und Zucker enthalten sind. Zwei weitere Zutaten gaben dem Getränk seinen Namen: das Kokablatt (engl. coca leaf) und die Kolanuss (engl. cola nut) – eben Coca-Cola. Das im Kokablatt enthaltene Kokain und das Koffein der Kolanuss bescherten dem Getränk seine aufputschende Wirkung. Später fand man jedoch heraus, dass Kokain eine Droge ist und süchtig macht. Deshalb werden seit 1910 nur noch Extrakte aus dem Kokablatt verwendet, denen das Kokain bereits entzogen wurde.

Zusatzinfo

Fanta
In Deutschland wird Coca-Cola seit 1929 hergestellt. Nach dem Zweiten Weltkrieg (1939–1945) wurde es schwieriger, die Rohstoffe für die Herstellung von Cola zu besorgen. Deshalb erfanden die deutschen Cola-Hersteller einfach ein neues Getränk: Fanta. Der Name ist eine Abkürzung von „Fantasie“. Anfangs war Fanta ein Milchgetränk, erst später wurde es zu der Orangenlimonade, die wir heute kennen.

Coca-Cola wurde in Amerika erfunden.

Warum sind Obst und Gemüse so wichtig?

In Obst und Gemüse sind sehr viele Stoffe enthalten, die unserem Körper helfen, gesund zu bleiben. Zum Beispiel Vitamine, Mineralstoffe und Spurenelemente. Sie helfen uns dabei, schneller zu denken und uns besser zu konzentrieren, außerdem sorgen sie dafür, dass wir uns fit fühlen. Und weil Kinder und Jugendliche noch wachsen und viel lernen müssen, fällt es ihnen leichter, wenn sie sich gesund ernähren.

Obst und Gemüse halten uns fit.

Tofu vor der Zubereitung

Was ist eigentlich Soja?

Soja ist eine Pflanze, aus der zum Beispiel Sojamilch, Sojasauce oder Tofu hergestellt werden. Für die Ernährung ist Soja interessant, da es alle lebenswichtigen Aminosäuren enthält. Diese brauchen wir, um in unserem Körper Zellen aufzubauen. Besonders bekannt ist Tofu. Man kann aus ihm alles Mögliche machen, ob Burger, Brotaufstrich oder eine süße Nachspeise. Keine Pflanze enthält so viele Nährstoffe wie Soja, deshalb sind alle Sojaprodukte sehr gesund. Außerdem sind sie kalorienarm und reich an Mineralstoffen, Vitaminen und Eiweiß.

Warum ist Spinat gesund?

Angeblich enthält Spinat besonders viel Eisen, das unser Körper für die Blutbildung braucht. Untersuchungen ergaben jedoch, dass Spinat nicht gesünder ist als anderes Gemüse. Der Irrglaube geht auf einen Schreibfehler zurück: In einer der ersten Untersuchungen war einfach ein Komma in der Mengenangabe zu weit nach rechts gerutscht. Nichtsdestotrotz ist jede Art von Gemüse, also auch Spinat, gesund. Und eine gesunde Ernährung ist wichtig, um kräftig und fit zu bleiben.

Gänseblümchen schmecken nussig.

Kann man Gänseblümchen essen?

Wie sehr viele Blumen kann man auch Gänseblümchen essen. Allerdings sollte man sie nicht in riesigen Mengen verzehren, denn das kann zu Übelkeit führen. Es gibt Rezepte, mit denen sich Gänseblümchen richtig lecker zubereiten lassen. Schmackhaft und auch gesund ist ein Salat aus Gänseblümchen und Löwenzahn. Man kann aber auch ein Frischkäsebrot mit gesäuberten Gänseblümchenköpfen belegen. Wenn die Blüten noch geschlossen sind, haben die kleinen Wiesenblumen ein nussiges Aroma und schmecken ganz besonders gut.

Was bedeutet Vollkorn?

Dass Vollkorn gesund ist, weiß jeder. Aber warum? Vollkornprodukte sind Erzeugnisse aus Getreide, zum Beispiel aus Weizen oder Roggen. Anders als beim sogenannten Weißmehl wird bei der Herstellung von Vollkornprodukten eben das ganze Korn verwendet. So bleiben alle wertvollen Inhaltstoffe des Getreidekorns, die vor allem in Keim und Schale sitzen, erhalten. Der Keimling enthält wichtige Vitamine und Mineralstoffe wie Magnesium und Eisen. Die Schale ist sehr reich an Ballaststoffen, die dem menschlichen Körper bei der Verdauung helfen und vor Darmkrankheiten schützen.

Schmecken Vollkornnudeln anders?

Geschmack ist eine Sache, die jeder anders empfindet. Was der eine gerne schmeckt, mag der andere noch lange nicht. Die meisten Menschen finden, Vollkornnudeln seien bissfester und hätten mehr Geschmack, da man die vielen Inhaltsstoffe schmecken könne. Doch das mag nicht jeder. Andere bezeichnen den Geschmack der Vollkornnudeln als pappig, sie bevorzugen die Nudeln aus reinem Hartweizengrieß. Auf jeden Fall machen Vollkornnudeln aber länger satt.

Was sind Bioprodukte?

Bioprodukte sind Lebensmittel, die nach bestimmten ökologischen Richtlinien hergestellt werden. Ein ökologischer Bauernhof arbeitet im Einklang mit der Natur. Er legt mehr Wert auf den Schutz der Umwelt als auf absolute Höchsterträge. Deshalb sind im ökologischen Landbau Tierhaltung und Ackerbau eng miteinander verbunden. Ein Teil der angebauten Pflanzen dient als Viehfutter und der Mist der Tiere liefert Nährstoffe für die Pflanzen auf dem Acker. Alle Höfe, die nach den Prinzipien des ökologischen Landbaus arbeiten, verzichten auf chemischen Dünger und Pflanzenschutzmittel. Damit unterscheiden sie sich klar von anderen Bauernhöfen. Alle Bauernhöfe im ökologischen Landbau werden streng auf die Einhaltung der Vorschriften kontrolliert.

Warum ist Reis gesund?

Reis ist ein Getreide mit vielen gesundheitsfördernden Eigenschaften: Er enthält so gut wie kein ungesundes Fett, aber jede Menge Vitamine, Mineralstoffe und viele sogenannte B-Vitamine. Vitamin B1 beispielsweise stärkt die Nerven und ist wichtig für den Stoffwechsel. Vitamin B6 ist gut für die Haut und an der Blutbildung beteiligt. Ebenfalls enthalten sind Biotin, Kalium und Zink. Biotin sorgt für gesunde Haare und Nägel, Kalium wirkt sich günstig auf den Blutdruck aus. Zink stärkt das Immunsystem. Viele Kohlenhydrate und – je nach Reissorte – auch viele Ballaststoffe halten außerdem lange satt.

Was ist Genmanipulation?

Manipulation meint in diesem Fall ein Verfahren zur Genveränderung. Das heißt, in einem Gen wird eine bestimmte Erbinformation verändert. Dies ist sehr kompliziert, da Gene unvorstellbar klein sind. Grundsätzlich kann man dies bei jedem Lebewesen machen, doch bei den meisten, auch beim Menschen, ist dies verboten. Bei Nutzpflanzen wird dieses Verfahren jedoch bereits eingesetzt, zum Beispiel bei Tomaten. Die Genmanipulation macht eine Pflanze dann zum Beispiel gegen einen bestimmten Schädling unempfindlich.

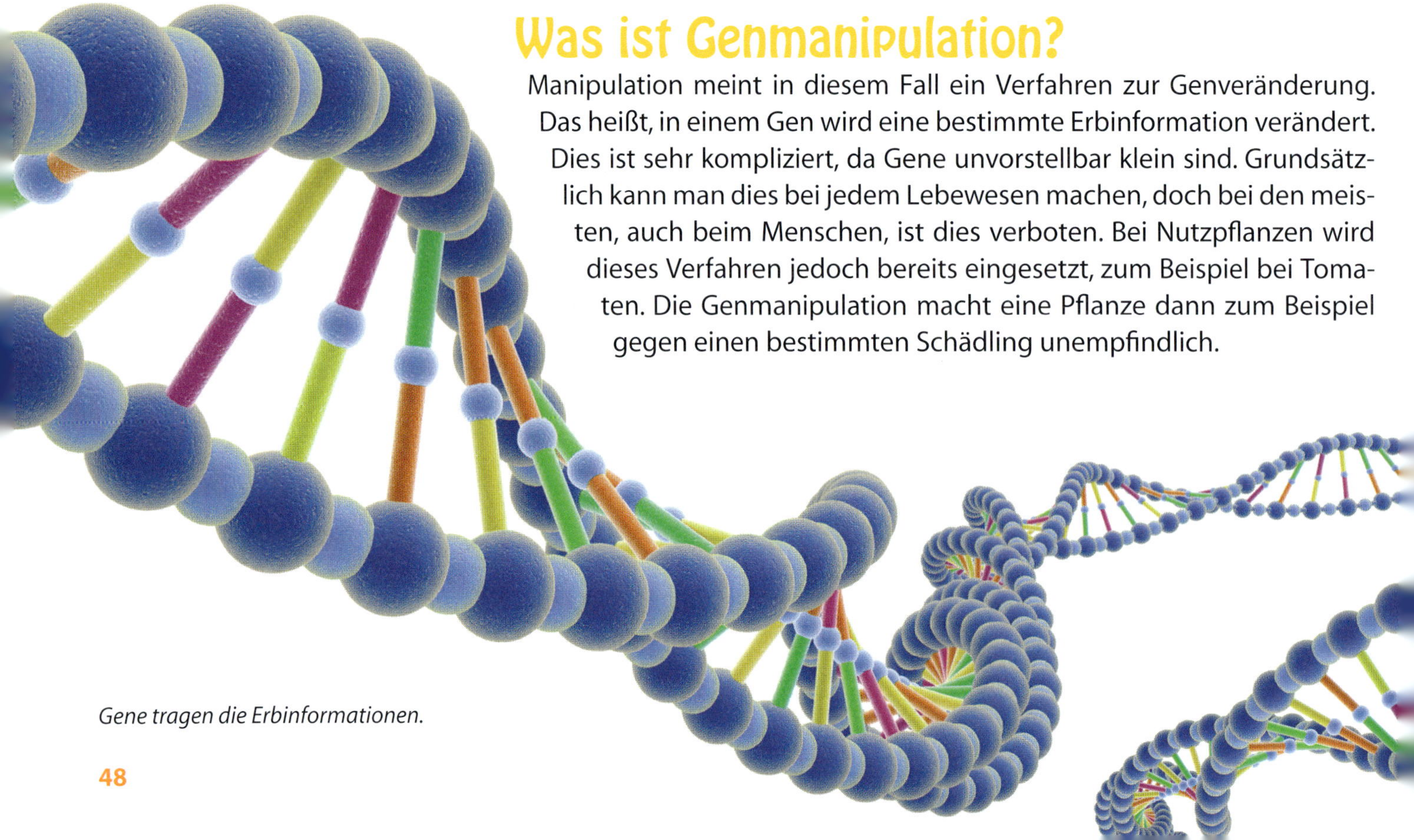

Gene tragen die Erbinformationen.

Warum könnten genmanipulierte Nahrungsmittel schädlich sein?

Mithilfe der Genmanipulation kann das Erbgut gezielt verändert werden. Weil die Technologie noch verhältnismäßig neu ist, kann man noch nicht vorhersehen, welche Wechselwirkung die neu hinzugefügten oder veränderten Gene mit den ursprünglichen Genen eingehen. So kann es durchaus sein, dass zum Beispiel ganz neue Gifte oder Allergieauslöser entstehen, die noch niemand kennt. Da sie unbekannt sind, kann auch niemand vorhersagen, welche Wirkung sie auf den menschlichen Körper haben.

Was ist Fast Food?

Der Begriff Fast Food kommt aus dem Englischen und meint schnell essbare, kleinere Gerichte. Es geht also eigentlich darum, im „Vorbeigehen" schnell etwas zu essen, weil keine Zeit für eine ruhige Mahlzeit da ist. Zu viel Fast Food ist jedoch ungesund, weil es wenig Nährstoffe und viel Fett enthält. Das liegt daran, dass man für die schnelle Zubereitung meist Fritteusen oder Mikrowellen benutzt und Fertiggerichte sozusagen nur erwärmt werden.

Woher hat der Hamburger seinen Namen?

Es gibt einige Erklärungen dafür, warum der Hamburger Hamburger heißt. Eine der beliebtesten ist jene von der Stadt Hamburg. Dort gab es früher einen Snack, der „Rundstück warm" hieß. Er bestand aus einem Brötchen, dem sogenannten Rundstück, belegt mit einer Frikadelle und warmer Soße. Einwanderer aus Hamburg sollen dies nach Amerika gebracht haben. Eine andere Geschichte erzählt von Davis Fletcher, der 1904 auf der Weltausstellung eine Frikadelle mit Senf und Zwiebeln im Brötchen serviert haben soll. Den Namen erklärt das allerdings nicht.

Wer erfand die Currywurst?

Die Erfindung der Currywurst wird Herta Heuwer (1913–1999) zugeschrieben. Herta Heuwer soll erstmals am 4. September 1949 an ihrem Imbissstand in Berlin-Charlottenburg gebratene Brühwurst mit einer Soße aus Tomatenmark, Currypulver und weiteren Zutaten verkauft haben. Im Jahr 1959 ließ sie den Namen ihrer Soße „Chillup" als Marke schützen. Seit dem 30. Juni 2003, Herta Heuwers 90. Geburtstag, befindet sich an dem ehemaligen Standort der Imbissbude eine Gedenktafel zu ihren Ehren.

Warum ist Curry gelb?

Curry ist eine indische Gewürzmischung, die aus zehn bis 20 verschiedenen Gewürzen hergestellt wird. Der Hauptbestandteil der Mischung ist ein Pulver, das aus der gelben Safranwurzel gewonnen wird. Die gelbe Farbe dieser Wurzel verfärbt das ganze Gericht. Außer Safran enthält die Currymischung noch Ingwer, Pfeffer, Muskatblüte, Nelken, Piment, Paprika oder Chili und Zimt.

Was ist Ketchup?

Ketchup ist eine Soße aus Tomaten, viel Zucker, Essig, Salz, Piment, Gewürznelken und Zimt. Manchmal werden auch Zwiebeln, Sellerie oder andere Gewürze verwendet. Und auch wenn es viele annehmen – er kommt nicht aus Amerika. Ursprünglich wurde er in China aus Fischlake, Kräutern und Gewürzen hergestellt. Erst im 17. Jahrhundert gelangte der Ketchup nach England. Eines der Rezepte für diese Tomatensoße wurde später in Amerika populär und hat mittlerweile die ganze Welt erobert.

Was haben die Menschen der Urzeit gegessen?

Die Urzeitmenschen konnten nur das essen, was in ihrer direkten Umgebung zu finden war. Sie ernährten sich von Früchten, Blättern und Wurzeln, manchmal aßen sie aber wahrscheinlich auch Fleisch. Das haben die Untersuchungen sehr alter Zahnfunde ergeben. Ebenso stand Fisch zu Zeiten unserer Vorfahren auf dem Speiseplan – wenn auch eher selten. Der gezielte Anbau von Getreide begann erst, als der Mensch sesshaft wurde.

Warum grillen wir so gerne?

Das Grillen und Braten über offenem Feuer ist vermutlich die älteste und ursprünglichste Methode des Kochens. Beim Grillen wird das Essen, meist Fleisch, durch Wärmestrahlung gegart und an der Oberfläche geröstet. Heutzutage werden Kohle- und Gasgrills oder elektrische Grills verwendet. Grillen ist besonders als Freizeitvergnügen in der warmen Jahreszeit beliebt. Neben der uralten romantischen Freude am Lagerfeuer kommt dazu die fast spielerische Art der gemeinsamen Nahrungszubereitung. Aber Vorsicht! Wegen der offenen Glut oder dem Gas ist Grillen gefährlich, und nur erlaubt, wenn deine Eltern dabei sind.

Was ist ein Vegetarier?

Ein Vegetarier isst kein Fleisch, meist auch keinen Fisch. Die meisten Vegetarier haben vor allem moralische Bedenken, Tiere zu essen, weil sie dafür geschlachtet werden müssen. Andere haben gesundheitliche, ökologische oder religiöse Argumente: Sie halten Fleisch für ungesund, fürchten negative Auswirkungen der Massentierhaltung auf sich und die Welt oder verzichten aus Glaubensgründen. Letzteres ist in Indien teilweise üblich, wenn der Glaube an Gewaltfreiheit auch auf Tiere bezogen wird.

Was ist ein Veganer?

Veganer sind Menschen, die vollkommen auf die Verwendung und den Verzehr von Tierprodukten verzichten. Sie meiden alle tierischen Nahrungsmittel, wie zum Beispiel Fleisch, Honig, Eier und Milch. Demzufolge essen sie nur Pflanzen, also Obst, Gemüse und Getreide. Sie verwenden auch keine anderen Tierprodukte wie etwa Wolle, Daunen, Bienenwachs, Leder und Seide. Vegan lebende Menschen wollen Tiere in keinster Weise nutzen, sie empfinden das Schlachten und Jagen, Tierversuche und Reiten ebenso als Unrecht wie Melken oder das Entwenden von Eiern. Veganer sind meist auch sehr engagierte Tierschützer. Ob diese Ernährung gesund ist oder nicht, darüber sind sich Wissenschaftler und Veganer bis heute uneins.

Warum gibt es verschiedene Esskulturen?

In anderen Ländern gibt es anderes Essen – aber warum? Das liegt daran, dass es überall verschiedene Pflanzen und Tiere gibt und daher die Bedingungen unterschiedlich sind. In Italien zum Beispiel sind das Klima und der Boden anders als in vielen Teilen Asiens. Das Klima Asiens eignet sich besonders gut für den Anbau von Reis, der dort eines der wichtigsten Nahrungsmittel ist. Dagegen ist die Viehzucht von nur geringer Bedeutung. Dazu kommt, dass sich die Menschen in Fernost nur selten Fleisch und Fisch leisten können. Italien dagegen ist ein wirtschaftlich starkes Land und liegt am Mittelmeer. Daher werden dort auch viel Fisch und Meeresfrüchte gegessen, außerdem gedeihen Obst und Gemüse sehr gut. In Asien dagegen wachsen andere Gemüsesorten besser – die Menschen essen also das, was bei ihnen am besten wächst.

In Asien wird viel Reis angebaut.

Warum sind regelmäßige Mahlzeiten wichtig?

Regelmäßige Mahlzeiten sorgen dafür, dass der Energiespeicher des Körpers immer wieder aufgefüllt wird. Die Reserven von Kindern sind schneller aufgebraucht als die von Erwachsenen. Energie brauchen wir, um leistungsfähig zu bleiben. Zwischen den Hauptmahlzeiten – dem Frühstück, dem Mittagessen und dem Abendessen – empfehlen die Experten, zwei weitere kleine Mahlzeiten einzunehmen. Das kann ein Stück Obst oder auch ein Joghurt sein. Wer regelmäßig isst, vermeidet auch ungesunde Heißhungerattacken.

Warum sind manchen Menschen dünn, obwohl sie viel essen?

Die Energie, die in der Nahrung enthalten ist, wird nicht von jedem in gleicher Weise umgesetzt. Man unterscheidet „gute" und „schlechte" Verwerter; zu welcher Gruppe man gehört, ist in der Erbsubstanz festgelegt. Was ist der Unterschied? „Gute" Verwerter legen Fettpölsterchen an, wenn sie zu viel Energie aufnehmen, „schlechte" Verwerter geben überschüssige Energie in Form von Wärme ab und bleiben schlank.

Warum kann ich nicht jeden Tag Schokolade essen?

Schokolade macht glücklich und hält fit, sagen die Wissenschaftler. Sie schmeckt köstlich, zart und süß, sagen diejenigen, die sie essen. Leider macht sie durch das viele Fett und den Zucker auch dick: Eine Tafel Schokolade enthält ein Viertel bis ein Fünftel des täglichen Kalorienbedarfs. Daher sollte man täglich höchstens 20 bis 40 Gramm Schokolade essen und dabei auf die Qualität achten. Je dunkler die Schokolade ist, desto besser ist sie, denn dann enthält sie viel Kakao. Und im Kakao stecken die Glücksstoffe, die dafür verantwortlich sind, dass wir uns gut fühlen, wenn wir Schokolade essen.

Der Kakao in der Schokolade macht glücklich.

Was passiert, wenn man über längere Zeit zu viel isst?

Zu viel zu essen bedeutet, dass man mehr Energie zu sich nimmt, als der Körper benötigt. Die überschüssige Energie wird nicht wieder ausgeschieden, sondern meistens in Form von Fett gespeichert. Erst füllen sich die vorhandenen Fettzellen, dann werden zusätzlich neue Fettzellen gebildet. Dabei werden wir immer dicker und schwerer.

Übergewicht ist ungesund.

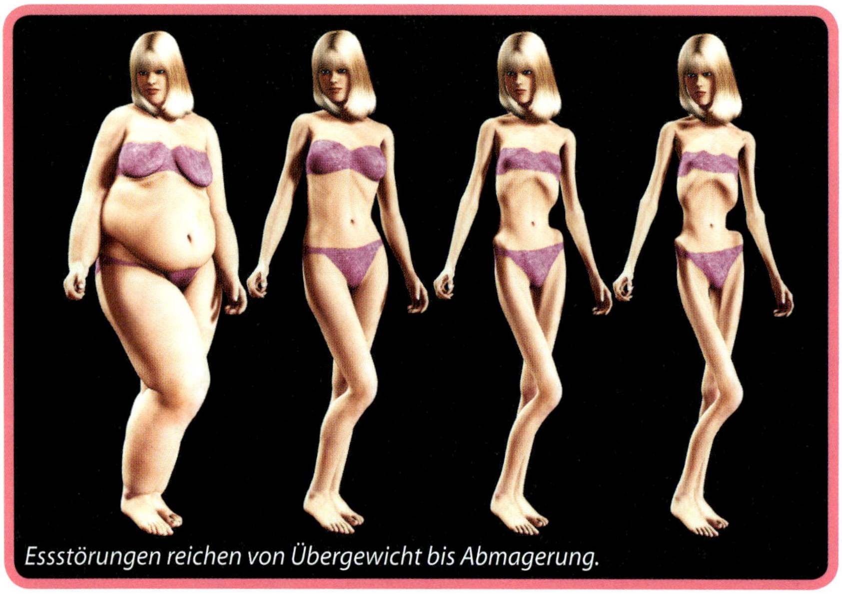

Essstörungen reichen von Übergewicht bis Abmagerung.

Was ist eine Essstörung?

Viele junge Menschen leiden unter Essstörungen. Das bedeutet, dass das Essverhalten keinem gesunden Maß mehr folgt. Man unterscheidet die Magersucht, die Esssucht und die Ess-Brech-Sucht. Während Magersüchtige kaum essen, haben Esssüchtige Fressattacken. Ess-Brech-Kranke schlingen viel Essen in sich hinein, das sie anschließend erbrechen. Essstörungen haben seelische Ursachen; wer darunter leidet, ist oft sehr unglücklich. Mit einer Therapie kann man diese Störungen heilen.

Was ist Esssucht?

Esssucht oder Fettsucht ist die deutsche Bezeichnung für Adipositas. Das ist eine Essstörung, die zu starkem Übergewicht führt und meistens eine seelische Ursache hat. Zum Beispiel, wenn jemand immer traurig ist, etwas Schlimmes erlebt oder keine Freunde hat. Manche Menschen neigen dazu, dann viel zu essen. Außerdem kommt es auch oft vor, dass sich die eigene Familie ebenso falsch ernährt wie der Betroffene und daher kein Vorbild, sondern auch übergewichtig ist. Oft unterstützt eine solche Familie auch den Esssüchtigen nicht, wenn dieser abnehmen möchte. Extremes Übergewicht macht krank und verkürzt die Lebenserwartung. Man kann also sogar daran sterben.

Oft ist die ganze Familie übergewichtig.

Ist Magersucht eine Sucht?

Magersüchtig sind Menschen, die fast nichts essen, um schlank zu sein. Auch wenn sie schon sehr abgemagert sind, haben sie das Gefühl, dick zu sein. Wenn sie etwas essen, haben sie deshalb Schuldgefühle. Dennoch rechnet man Magersucht nicht zu den Abhängigkeiten. Sie ist eine sehr gefährliche Essstörung. Oft kann nur noch ein Klinikaufenthalt vor dem Verhungern retten. Dennoch sterben schätzungsweise zehn bis 15 Prozent der Magersüchtigen. Es gibt auch verschiedene Ausprägungen der Magersucht. Manche machen zu dem Hungern zum Beispiel sehr viel Sport, um zusätzlich Energie zu verbrauchen.

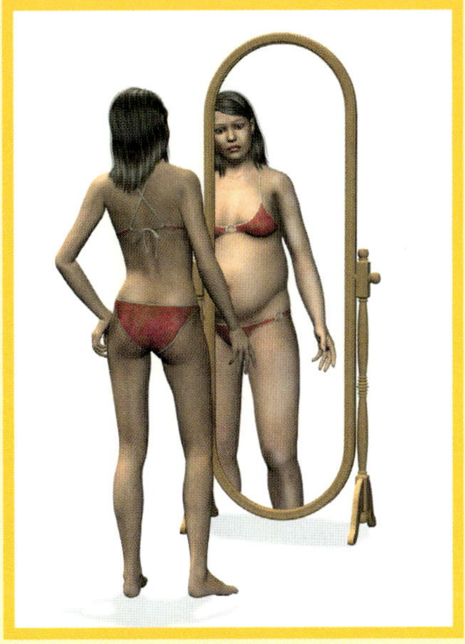

Magersüchtige haben ein falsches Bild von sich selbst.

Was ist Bulimie?

Bulimie ist die lateinische Bezeichnung für Ess-Brech-Sucht, sie ist ebenfalls eine Essstörung. Bulimische Personen wollen ebenfalls dünn werden. Sie versuchen, wenig zu essen, bekommen dann aber sogenannte Fressattacken. Dann stopfen sie alles Mögliche in sich hinein, bekommen jedoch ein schlechtes Gewissen und erbrechen dann alles wieder. Dabei schädigt die Magensäure zusätzlich auch noch die Speiseröhre.

Zusatzinfo

Wusstest du, dass die meisten Menschen durch eine Diät gar nicht abnehmen?
Das nennt man den Jojo-Effekt: Während der Diät nimmt man zwar ab, da man einen bestimmten Speiseplan einhält. Doch der Körper empfindet dies als Notzustand, also als Hungerphase. Wenn man nun wieder anfängt normal zu essen, beginnt der Körper noch mehr Fettreserven anzulegen als zuvor – so fühlt er sich für die nächste Hungerkur gewappnet.

Warum ist man hungrig oder satt?

Das Blut in unserem Körper hat einen bestimmten Zuckergehalt, der Blutzuckerspiegel genannt wird. In unserem Gehirn haben wir das sogenannte Hunger- und Sättigungszentrum, das den Blutzuckerspiegel überwacht. Wenn er zu niedrig wird, bekommst du Hunger, weil dein Körper nicht mehr genug Energie hat. Das Gehirn bekommt aber auch ständig Informationen, wie voll oder leer Magen, Darm und Fettspeicher sind. Ist der Magen gefüllt, gibt dir dein Körper das Gefühl, dass du satt bist, weil dann wieder Energie vorhanden ist.

Was passiert, wenn man hungert?

Ein gesunder Körper kommt, wenn er ausreichend Flüssigkeit erhält, ein bis zwei Monate ohne Essen aus. Dann wird es kritisch. Bei einem vollständigen Nahrungsentzug aktiviert der Körper seine Reserven. Zuerst wird aber der Energieverbrauch gesenkt, zum Beispiel, indem weniger Wärme produziert wird. Am Anfang verliert der Hungernde vor allem Flüssigkeit. Dauert der Entzug an, kommt es zu einem starken Abbau von Fettzellen und Muskelmasse. Schließlich werden auch innere Organe und besonders das Herz angegriffen. Die Belastung für den Körper ist beim Hungern so groß, dass man selbst Diäten nur unter Anleitung durchführen sollte.

Sollte ich eine Diät machen?

Die Gefahr bei Diäten ist, dass Diäten der Beginn gefährlicher Essstörungen sein können. Wenn die Gedanken den ganzen Tag nur ums Essen oder die Figur kreisen, dann kann das ein erster Hinweis sein, dass etwas nicht stimmt. Diäten sind außerdem total ungesund: Man ernährt sich einseitig oder isst insgesamt weniger. Doch gerade Kinder und Jugendliche brauchen ausreichend Nährstoffe für ihr Wachstum – also lieber gesund ernähren und viel Sport treiben!

Was sind Konservierungsstoffe?

Schon vor langer Zeit, als es noch keine Kühlschränke gab, entdeckten die Menschen Möglichkeiten, um Lebensmittel haltbar zu machen. Sie erfanden zum Beispiel das Pökeln. Hierbei wird Fleisch mit Salz eingerieben, sodass ihm die Flüssigkeit entzogen wird. Dann können es die Bakterien nämlich nicht mehr angreifen, das Fleisch ist konserviert – also haltbar. Salz ist also ein Konservierungsstoff. Heutzutage werden Konservierungsstoffe jedoch oft künstlich hergestellt und den Lebensmitteln beigemischt. Grundsätzlich sind sie ungefährlich, aber manche Menschen können allergisch auf sie reagieren. Deshalb müssen sie auch auf den Verpackungen aufgelistet werden. Um das einfacher zu machen, einigte man sich auf Abkürzungen. Beispielsweise sind E 249–252 Nitritpökelsalze, die man häufig in Wurst und anderen Fleischwaren findet.

Zusatzinfo

1810 erfand der Franzose Nicolas Appert eine neue Methode, um Lebensmittel haltbar zu machen. Er erhitzte sie, um die Bakterien abzutöten, und füllte sie in luftdichte Gläser. Ein Jahr später erweiterten zwei Engländer diese Methode und erfanden die Konservendose.

Kann Mineralwasser verderben?

Mineralwasser kann grundsätzlich eigentlich nicht schlecht werden. Es enthält kaum Nährstoffe, die Pilzen und Bakterien als Grundlage dienen könnten. Im Gegensatz zu Säften, die sehr viel Zucker enthalten. Außerdem wird Mineralwasser luftdicht verschlossen, sodass keine Organismen hineingelangen können. Auch der Sprudel hilft beim Konservieren. Wenn man eine Flasche Mineralwasser jedoch öffnet, sollte man sie bald verbrauchen. Denn nun können schädliche Bakterien und Pilze hineingelangen.

Zusatzinfo

Wenn man Wasser aus der Flasche trinkt, können Bakterien aus der Mundschleimhaut in die Flasche gelangen. Deshalb ist es hygienischer, das Wasser in ein Glas zu füllen oder, wenn man aus der Flasche getrunken hat, den Flaschenrand zu säubern beziehungsweise das Wasser möglichst schnell zu verbrauchen.

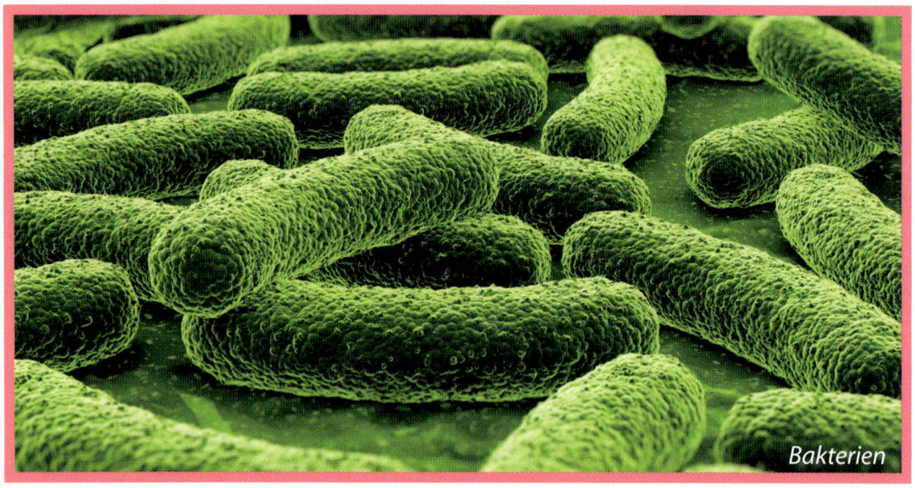

Bakterien

Wie macht man Milch haltbar?

Um Milch haltbar zu machen, gibt es zwei verschiedene Verfahren. Bei der Pasteurisierung – benannt nach ihrem Erfinder Louis Pasteur – wird die Milch kurz auf 72 bis 74 Grad Celsius erhitzt und wieder abgekühlt. So werden einige Krankheitserreger und Keime abgetötet. Die Milch ist dann sechs bis zehn Tage haltbar. Um die Haltbarkeit auf sechs Wochen zu verlängern, wird die Milch „ultrahocherhitzt". Dabei wird sie mehrere Sekunden auf 135 Grad Celsius erhitzt. So werden nahezu alle Keime abgetötet und die Milch ist sogar monatelang ohne Kühlung haltbar, solange man sie nicht öffnet.

Wie verderben Lebensmittel?

Lebensmittel verderben, wenn winzig kleine Organismen, vor allem schädliche Pilze und Bakterien, auf ihnen wachsen. Dadurch sehen die Nahrungsmittel nicht nur unappetitlich aus, sie werden zumeist auch ungenießbar. Deshalb bewahren wir heutzutage unsere Lebensmittel auch in Kühlschränken auf, denn bei diesen Temperaturen können die Organismen nicht so gut wachsen.

Wieso verdirbt Obst schneller, wenn ein Apfel daneben liegt?

Äpfel haben die Eigenschaft, auch nach dem Pflücken noch weiterzureifen. Deshalb kann man sie auch einlagern, und sie werden mit der Zeit noch süßer. Bei diesem Reifeprozess verströmen die Äpfel ein Gas: Ethylen. Dieses Gas sorgt dafür, dass nicht nur der Apfel, sondern auch das umliegende Obst weiterreift – tut es das zu lange, verdirbt es.

Warum soll man auf Obst kein Wasser trinken?

Diese Weisheit stammt noch aus früherer Zeit. Damals waren im Trinkwasser oft Bakterien oder Keime enthalten. Diese konnten im Magen dazu führen, dass das Obst anfing zu gären. Davon bekam man dann Durchfall oder Bauchweh. Heutzutage ist unser Wasser aber so sauber, dass es solche Probleme gewöhnlich nicht geben sollte.

Warum sind die Bakterien im Joghurt nicht schädlich?

Denkst du bei Bakterien gleich an Krankheiten und verdorbenes Essen? Natürlich gibt es Bakterien, die uns krank machen, aber auch solche, die wir brauchen. Sie helfen zum Beispiel in Magen und Darm bei der Verdauung, das heißt bei der Zersetzung der Nahrung. Einige der nützlichen Bakterien verwendet man, um aus Milch Joghurt zu machen. Sie machen die Milch sauer, die dann eindickt. Denn diese Milchsäurebakterien lassen das Eiweiß gerinnen. Uns selbst schaden diese Bakterien nicht, sondern sie helfen dem Körper beim Stoffwechsel.

EXPERIMENT

Joghurt selbst gemacht

Du brauchst einen Naturjoghurt und abgekochte H-Milch oder Vollmilch. Fülle dann drei Esslöffel Naturjoghurt in verschließbare Gläser und rühre die Milch ein. Stell die Gläser an einen warmen Ort. Dann vermehren sich die Milchsäurebakterien besonders schnell und du kannst schon nach zehn bis zwölf Stunden einen festen Joghurt vorfinden. Den Joghurt kannst du essen oder bis zu einer Woche im Kühlschrank aufbewahren.

Joghurt kann man auch selbst machen.

Was ist Schimmel?

Was wir als Schimmel bezeichnen, sind winzig kleine und schädliche Pilze. Betrachtet man diese Schimmelpilze unter dem Mikroskop, kann man erkennen, dass es sich um sehr feine Fäden handelt, an denen unzählige winzige Sporen sitzen. Diese werden durch den Wind oder einen Luftzug leicht fortgeweht, sodass oft innerhalb kürzester Zeit ein ganzes Brot oder ein feucht gewordenes Stück Tapete von einem dichten Belag aus Schimmelpilzen bedeckt ist. Diese Art von Schimmel macht uns krank.

Verschimmeltes Essen macht uns krank.

Zusatzinfo

Da sich die Schimmelfäden, beispielsweise in einem angeschimmelten Brot, schon viel weiter im Inneren ausgebreitet haben, als man sehen kann, muss man das ganze Brot wegwerfen. Außerdem verteilt sich der Schimmel sonst auf andere Lebensmittel und die Umgebung.

Warum kann man Schimmelkäse essen?

Schimmelkäse sind Käsesorten, die ihr besonderes Aussehen und ihren charakteristischen Geschmack durch Edelschimmel erhalten haben. Der Edelschimmel ist – anders als der gewöhnliche Schimmel – nicht schädlich und wird dem Käse schon bei der Herstellung zugesetzt. Das heißt, der Schimmel veredelt das Nahrungsmittel, es wird schmackhafter. Im engeren Sinne spricht man nur von Schimmelkäse, wenn nicht nur außen – wie bei Camembert – sondern auch innen Schimmel wächst. Dabei unterscheidet man Blau-, Weiß- und Rotschimmelkäse. Sehr bekannt und beliebt sind zum Beispiel Gorgonzola, Roquefort und Bavaria Blu.

Warum wird Brot hart?

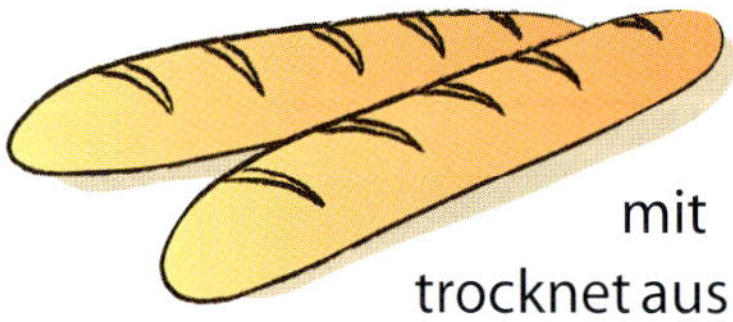

Brot besteht zu etwa 40 Prozent aus Wasser. Wenn man es einfach an der Luft liegen lässt, verliert es mit der Zeit diese Feuchtigkeit, trocknet aus und wird hart. In einem geschlossenen Behälter wird es nicht so schnell trocken, kann aber auch leichter schimmeln.

Wo wächst Schimmel am liebsten?

Schimmel wächst am liebsten an Orten oder auf Dingen, die feucht sind. Brot enthält zum Beispiel viel Feuchtigkeit, aber auch Obst ist sehr anfällig für Schimmel. Außerdem findet man auch im Badezimmer oft an den Wänden Schimmel, da dort eine hohe Feuchtigkeit herrscht, wenn man nicht ausreichend lüftet.

Schimmelkäse wird mit Edelschimmel verfeinert.

Was sind Salmonellen?

Salmonellen sind Bakterien, die Durchfall auslösen. Sie leben zum Beispiel in rohen Eiern oder befinden sich in tiefgefrorenen Hähnchen. Für gesunde Erwachsene sind sie nicht besonders gefährlich, aber für Ältere, Kranke und Kinder, deren Immunsystem schwächer ist, können sie lebensbedrohlich werden. Nur durch Braten, Backen oder Kochen sterben sie ab und sind dann harmlos.

Wie kommt das Salz auf die Salzstangen?

Zunächst braucht man natürlich die Stangen. Sie werden aus einem Teig gemacht, der Wasser, Hefe, Salz, Malz und Fett enthält. In der Fabrik wird der Teig in riesigen Bottichen vermischt und dann in eine Maschine gegeben. Diese drückt ihn durch kleine Löcher, sodass die Salzstangen jetzt aussehen wie Spaghetti. Ganz gerade liegen sie nebeneinander auf einem dünnen Netz aus Draht. Dann baden sie in Natronlauge, die ihnen Geschmack gibt, und werden auf die richtige Länge zugeschnitten. Nun werden sie auf ein Gitter gelegt und mit Salz bestreut. Weil der Teig noch feucht ist, bleiben die Salzkörner daran haften. Und zum Schluss kommt der Backofen: Bei 400 Grad Celsius dauert es nur ein paar Minuten, bis sie fertig sind.

Salzstangen werden mit Salz bestreut.

Machen Kartoffelchips süchtig?

Das kennst du bestimmt: Du hast angefangen, Chips zu essen, und kannst einfach nicht mehr aufhören. Vielleicht isst du sogar die ganze Tüte leer. Wie kommt das? Man vermutet, dass das an einem chemischen Stoff liegt, der den Chips als Geschmacksverstärker beigefügt wird. Dieser lässt beim Essen den Wunsch nach mehr entstehen. Spezielle Geschmacksknospen im Mund senden beim Kontakt mit diesem Stoff, dem Natriumglutamat, einen Reiz an das Gehirn, der dazu führt, dass der Organismus immer mehr davon verlangt.

Tipp

Es gibt auch Kartoffelchips ohne Natriumglutamat. Auf jeder Tüte sind kleingedruckt die Inhaltsstoffe abgedruckt. Auf jeden Fall gibt es sie im Reformhaus oder im Naturkostladen.

Woraus bestehen Gummibärchen?

Gummibärchen sind Fruchtgummis in ganz spezieller Form. Im Wesentlichen bestehen sie aus Wasser, Zucker, Glukosesirup, Fruchtsäuren und vor allem Gelatine. Das ist ein tierisches Eiweiß ohne Geschmack, das den Bärchen ihre besondere Beschaffenheit gibt. Außerdem werden Farb- und Aromastoffe beigemischt. Sie bestimmen, wie das Gummibärchen aussieht und schmeckt. Alle Zutaten werden zu einer warmen zähflüssigen Masse verarbeitet und dann in eine Form gegossen. Sobald sich die Gussmasse gefestigt hat, ist das Gummibärchen geboren. Zum Schluss werden die kleinen Leckerbissen noch mit pflanzlichem Öl zum Glänzen gebracht.

Gummibärchen bestehen vor allem aus Gelatine.

Woraus besteht Sahneeis?

Eines haben alle Sahneeissorten gemeinsam: Sie bestehen aus Milch, Sahne und Zucker. Dazu kommen dann noch die Zutaten der jeweiligen Geschmacksrichtung. Aufgrund der Milch können schon 100 Gramm Speiseeis den Tagesbedarf eines Erwachsenen an Kalzium decken. Leider enthält es aber auch viel Fett und Zucker. Erfunden wurde das Speiseeis übrigens in China: Schon vor 5000 Jahren stellte man es aus Schnee oder gefrorenem Wasser her, das mit Milch, Früchten und Gewürzen vermengt wurde.

Sahneeis enthält viel Fett.

Tipp

Der richtige Umgang mit Eis

Der richtige Umgang mit Eis fängt beim Einkauf an. Damit dein Eis auch gefroren bleibt, sollte es immer erst zum Schluss in den Einkaufswagen gelegt werden. Für den Transport bietet sich eine Kühltasche oder ein Kühlbeutel an. Zu Hause angekommen, muss das Eis bei mindestens minus 18 Grad Celsius gelagert werden, natürlich nur, wenn du es erst später essen willst. Eis, das gerade erst aus der Gefriertruhe genommen wurde, braucht übrigens etwas Zeit. Erst nach fünf bis zehn Minuten entfaltet es seinen vollen Geschmack. Einmal aufgetautes Eis darf übrigens nicht wieder eingefroren werden, da sich Bakterien darauf gesammelt haben könnten, die sich sehr schnell vermehren.

Zusatzinfo

Erfindung der Zuckerwatte

Die Zuckerwatte wurde kurioserweise von dem amerikanischen Zahnarzt Josef Delarose Lascaux im Jahr 1830 erfunden. Kurioserweise, weil Zuckerwatte natürlich nicht gut für die Zähne ist. In den USA wird für die Herstellung von Zuckerwatte oft auch Ahornsirup verwendet.

Wie wird Zuckerwatte gemacht?

Zuckerwatte ist tatsächlich gesponnener Zucker. Mittels einer speziellen Zuckerwattemaschine wird Zucker bei zirka 180 Grad Celsius erhitzt. Dadurch verflüssigt er sich und wird dann mithilfe der Zentrifugalkraft gesponnen. Das heißt, er wird mit hoher Geschwindigkeit durch eine Düse gepresst, die sich zugleich dreht. Die Fliehkraft und der Druck lassen die feinen Fäden entstehen. Die Farbe der Zuckerwatte erhält man übrigens durch Lebensmittelfarbe.

Seit wann gibt es in Deutschland Kekse?

Herrmann Bahlsen (1859–1919) aß furchtbar gerne das englische Teegebäck, die sogenannten cakes. Weil es in Deutschland leider so ein Feingebäck noch nicht gab, beschloss er, selbst welches zu backen. Am 1. Juli 1889 gründete Bahlsen die „Hannoversche Cakes-Fabrik H. Bahlsen“. Das Rezept für seine Butterkekse kannten nur er und seine Mutter. Und weil es damals üblich war, Lebensmittel nach berühmten Persönlichkeiten zu benennen – wie Bismarckhering oder Mozartkugel – taufte Bahlsen sein Gebäck nach einem berühmten Hannoveraner: Gottfried Wilhelm Freiherr von Leibniz. Schon 1905 wurden die Kekse am Fließband verpackt – eines der ersten in der europäischen Industrie. Und dann erfand Bahlsen auch noch das Wort Keks. Im Duden von 1915 stand dann zum ersten Mal „der oder das Keks, Mehrzahl: die Kekse“ als neues deutsches Wort.

Wie macht man Schaumküsse?

Der Schaumkuss besteht aus gezuckertem Eiweißschaum, der auf eine Waffel gesetzt und mit Schokolade überzogen wird. Erfunden wurde der Schaumkuss vor rund 200 Jahren in Frankreich. Das aufgeschäumte Eiweiß heißt auf Französisch „baiser" und bedeutet Kuss. Deshalb nennt man sie im Deutschen Schokoküsse oder Schaumküsse. In Deutschland gibt es sie seit 1950. Jedes Jahr essen die Deutschen rund eine Milliarde Schaumküsse.

EXPERIMENT

Bau dir ein Brauseboot

Du brauchst dazu eine leere Filmdose und eine Brausetablette. Bohre in den Deckel der Filmdose nahe dem Rand ein kleines Loch. Nun musst du die Filmdose von außen so beschweren, dass das Loch unter Wasser bleibt (zum Beispiel indem du mit einem Gummiband einen Stein befestigst). Lege nun eine halbe Brausetablette in die Dose und fülle sie mit Wasser auf. Wenn du die Dose nun sofort in eine Schüssel mit Wasser setzt, braust dein kleines Boot durch die Fluten. Im wahrsten Sinne des Wortes.

Was ist Lakritz?

Die schwarzen Schnecken, Stangen oder Pastillen sind sicherlich nicht jedermanns Geschmack. Sie werden aus den Wurzeln des Süßholzstrauches hergestellt. Der Saft dieser Wurzeln ist sehr zuckerhaltig. Er wird verschieden stark eingedickt und dann in entsprechende Formen gebracht.

Wie sprudeln Brausetabletten?

Brausetabletten enthalten zwei chemische Stoffe: Natriumhydrogenkarbonat und Zitrate. Zitrate sind die Salze der Zitronensäure. Wenn die Tablette nun in Wasser gegeben wird, wird aus den Zitraten wieder Zitronensäure. Zusammen mit dem Natriumhydrogenkarbonat und dem Wasser gibt es eine chemische Reaktion und es entsteht Kohlensäure. Diese entweicht in sprudelnden Bläschen, genauso wie in Sprudelwasser.

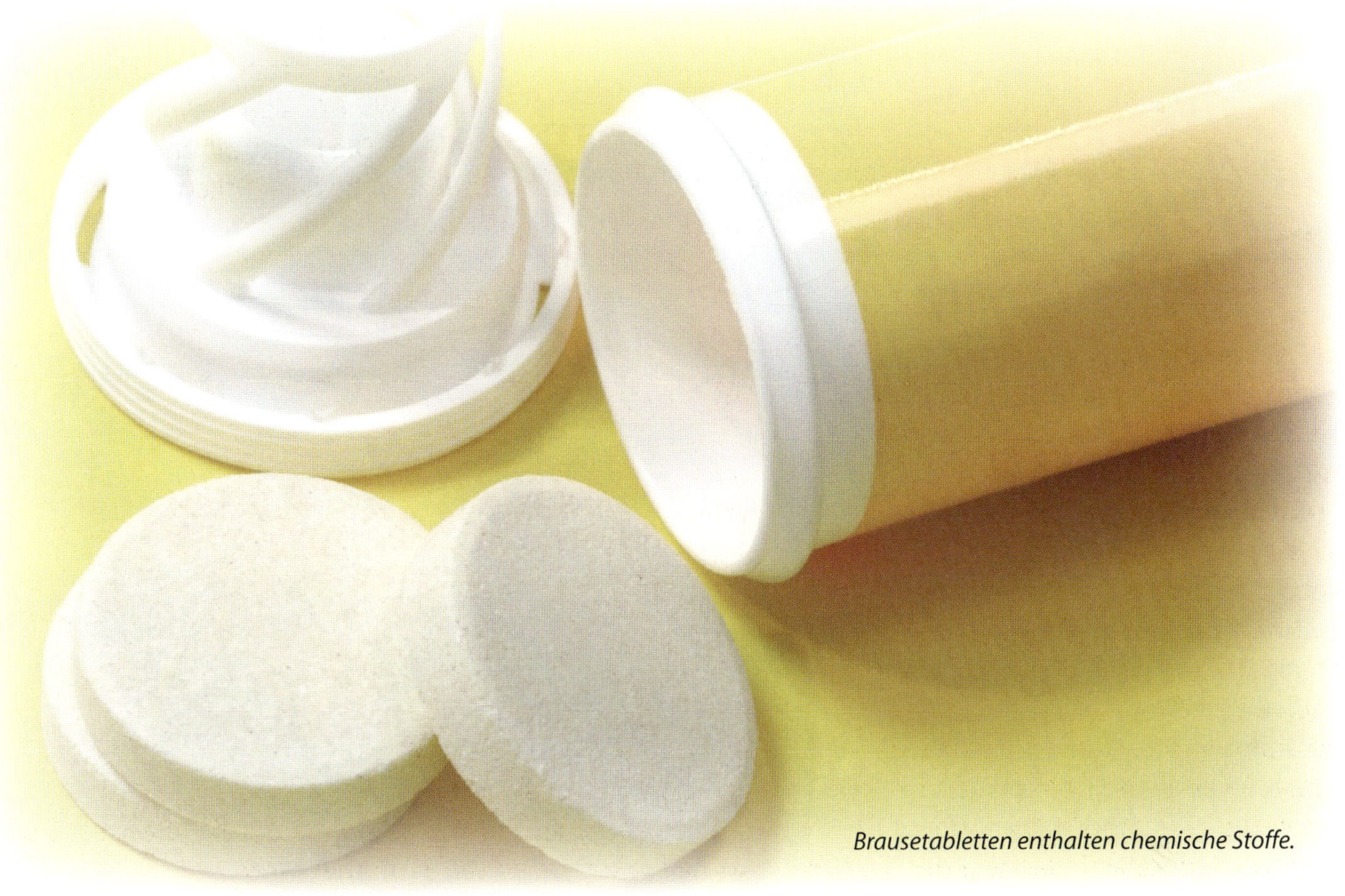

Brausetabletten enthalten chemische Stoffe.

Kann man Schwäne essen?

Wir essen Enten, Hühner und Truthähne – warum eigentlich keine Schwäne? Früher stand der Schwan sehr wohl auf dem Speisezettel. Schon in der Steinzeit aßen die Menschen Schwäne – aber auch im Mittelalter gab es häufig Schwanenbraten. Sein Fleisch ist allerdings ziemlich zäh und tranig. Außerdem dauert es sehr lange, einen Schwan zuzubereiten. Wegen ihrer majestätischen Haltung befanden sich Schwäne oft im Besitz von Fürsten und Königen. In England zum Beispiel gehören alle Schwäne der Königin. Sie hat eigens dafür zwei königliche Schwanenbetreuer eingestellt. In England wurde 1969 das letzte Mal ein Schwan anlässlich eines Staatsbanketts gereicht.

Wie viel Tee ist in der Teewurst?

In der Teewurst ist überhaupt kein Tee. Carl Müller, Besitzer einer Wurstfabrik in Rügenwalde, erfand um 1900 eine neue Wurst, die sehr fein und von einem besonderen Geschmack war. Die Leute der gehobenen Gesellschaft versammelten sich am Nachmittag oft zum Teetrinken, sie machten sozusagen eine Nachmittagspause. Dann tranken sie Tee und aßen dazu Gebäck – doch als sie diese Wurst entdeckten, aßen sie lieber kleine Wurstbrote zum Tee. Und so kam die Wurst zu ihrem Namen!

Schwäne sind majestätische Tiere.

Warum ist es gefährlich, Kugelfisch zu essen?

Zwar kann man Kugelfische essen, aber man muss bei der Zubereitung sehr aufpassen. Sie enthalten nämlich in bestimmten Organen ein Nervengift, an dem ein Mensch innerhalb von sechs bis 24 Stunden sterben kann. Deshalb muss der Koch genau wissen, wie er den Fisch zu säubern hat! In Japan ist der Kugelfisch eine Spezialität, doch nur besonders ausgebildete Köche dürfen ihn zubereiten. Er sieht übrigens ganz harmlos aus, denn oft ist er sehr bunt gefärbt. Das Besondere an ihm ist, dass er sich bei Gefahr mit Luft oder Wasser aufblähen kann und kugelrund wird. Dann glauben seine Feinde, er sei gefährlich!

Warum gibt es so viele verschiedene Nudelsorten?

Es gibt viele Nudelsorten.

Bereits im Mittelalter, genauer gesagt im zwölften Jahrhundert, wurden auf Sizilien Teigfäden aus Weizen hergestellt, gekocht und getrocknet. Weil sie gut schmeckten, lange haltbar waren und leicht transportiert werden konnten, waren die Nudeln von Anfang an sehr beliebt. Im Laufe der Jahrhunderte erfanden einfallsreiche Köche verschiedene Nudelsorten. Bei der Nudelproduktion steht Italien heute weltweit an der Spitze: Automatische Anlagen produzieren stündlich rund 3000 Kilogramm der Teigwaren. Allein in Italien gibt es über 400 verschiedene Nudelsorten. Für die meisten Nudelsorten werden die italienischen Namen verwendet, aus den Endungen kann man die Grobunterscheidungen herleiten.

Italienisch	Deutsch	Beispiel
-elle	breit	Tagliatelle
-ette	schmal	Lasagnette
-ine/ini	klein	Spaghettini, Tortellini
-oni	groß	Cannelloni, Tortelloni

Zusatzinfo

Nudeln sind ein Nahrungsmittel, das seit Tausenden von Jahren auf der ganzen Welt bekannt ist. Dennoch gibt es große Unterschiede: Asiatische Glasnudeln werden aus Mungobohnenstärke hergestellt, japanische Sobanudeln bestehen aus Buchweizenmehl und sind oft mit grünem Teepulver gefärbt. Reisnudeln werden aus Reismehl hergestellt. Die beliebten italienischen Nudeln werden meist aus Hartweizengrieß und Wasser zubereitet.

Wachsen Erdnüsse in der Erde?

Die Erdnuss stammt ursprünglich aus Südamerika. Sie ist ein Strauch, der etwa einen halben Meter hoch wird. Wenn seine Blüten bestäubt sind, wachsen die Zweige nach unten und bohren sich in den Boden. Dort bilden sich dann die Samen aus – die Erdnüsse. Man kann sie entweder selbst schälen oder schon geschält, gesalzen oder geröstet kaufen. Weil Erdnüsse zur Hälfte aus Öl bestehen, wird aus ihnen auch Öl und Margarine gewonnen.

Können Kartoffeln mit ihren Augen sehen?

Kartoffeln können natürlich überhaupt nicht sehen. Augen nennt man die kleinen, dunklen Stellen an der Kartoffel. Sieht man sich so ein Auge mal genauer an, stellt man fest, dass dort ein kleines Blatt entsteht. Lässt man die Kartoffel noch länger liegen, wächst daraus bald eine Knospe, die zu einem langen, weißen Stängel wird. Wenn du so eine Kartoffel einpflanzt, wächst daraus eine neue Pflanze!

Warum weinen wir beim Zwiebelschälen?

Küchenzwiebeln enthalten Allicin, eine schwefelhaltige Verbindung, die uns in die Augen steigt. Da diese Stoffe die Augen reizen, produzieren wir Tränenflüssigkeit, um diesen Stoff aus den Augen herauszuspülen.

Besteht Traubenzucker aus Trauben?

Traubenzucker ist eine Zuckerart, die zuerst in Trauben entdeckt wurde. Trotzdem wird er meistens aus Kartoffeln oder Mais gewonnen, indem die dort enthaltene Stärke gespalten wird. Den Namen hat er behalten, weil er sich im Aufbau von dem sogenannten Rohrzucker, den man aus Zuckerrohr herstellt, unterscheidet.

Warum ist Kalk im Leitungswasser?

Kalk ist eine natürliche Verbindung aus Kohlenstoff, Kalzium und Sauerstoff. Er ist hauptsächlich in Gesteinen abgelagert. Regenwasser enthält Kohlensäure. Wenn es nun regnet, wird der Kalk aus dem Gestein durch die Kohlensäure gelöst und vom Wasser weitergetragen. So gelangt er dann auch in unsere Wasserwerke, die das kalkhaltige Wasser etwas reinigen. Doch es bleiben Reste im Wasser, sodass auch unser Leitungswasser noch Kalk enthält. Wasser mit einem hohen Kalkanteil nennt man übrigens „hartes Wasser", es schmeckt besonders gut. Wenn du mal in verschiedenen Städten Deutschlands Leitungswasser trinkst, wird dir auffallen, dass es unterschiedlich schmeckt. Denn der Kalkanteil ist von Region zu Region verschieden.

Kalkablagerungen in einer Waschmaschine

Wie entstehen Kalkablagerungen?

Der Kalk wird aus dem Wasser wieder herausgelöst, wenn man es erhitzt. Dann lagert sich der Kalk ab, zum Beispiel in einem Wasserkocher oder in Waschmaschinen. Durch die Hitze verändert sich nämlich das Verhältnis zwischen Kalk und Kohlensäure. Die Folge ist, dass die lösende Wirkung der Kohlensäure vergeht und sich der Kalk wieder absetzt. Tut man nichts dagegen, verstopfen die Wasserleitungen von Wasch- oder Spülmaschine oder in der Dusche bekommen die Fliesen einen weißen Kalkfilm. Am besten löst man Kalkablagerungen mit Essig. Aber in Waschmitteln sind meistens schon bestimmte Stoffe enthalten, damit die Maschinen nicht so schnell kaputt gehen.

Warum blubbert Wasser, wenn es kocht?

Bei einer Temperatur von 100 Grad Celsius beginnt Wasser zu kochen. Aber warum fängt es dann an zu blubbern? Das liegt daran, dass sich das Wasser ab dieser Temperatur in Dampf verwandelt, es nimmt einen anderen Zustand an. Die Wasserteilchen am Topfboden steigen auf, entziehen dem Wasser so viel Wärme, dass es nicht noch heißer wird, und werden zu Dampf. Das Blubbern wird also von den aufsteigenden, dampfförmigen Wasserteilchen verursacht.

Heizstab in einem Wasserkocher

Wie entsteht Sahne?

Wenn man unbehandelte Milch stehen lässt, setzt sich mit der Zeit das enthaltene Fett an der Oberfläche ab. Das ist die Sahne oder der Rahm. Sahne hat noch die gleichen Bestandteile wie die Milch, aber einen höheren Fettgehalt. Man kann die Sahne dann abschöpfen und zum Beispiel Butter daraus machen oder Käse verfeinern. Sie wird aber auch frisch als Schlagsahne oder Saure Sahne zum Kochen verwendet.

Warum wird Sahne steif, wenn man sie schlägt?

Sahne besteht zu einem großen Teil aus Fett. Jedes einzelne Fetttröpfchen ist mit einem Mantel aus Eiweiß umhüllt, der bewirkt, dass sich die Fetttröpfchen gleichmäßig verteilen. Durch das Schlagen wird dieser Eiweißmantel zerstört und die Fetttröpfchen kleben zusammen. Gleichzeitig werden durch das Schlagen Luftbläschen eingerührt, die zwischen dem Fett kleben bleiben. Dadurch wird die Menge größer und stabiler: Die Sahne ist steif.

Wie entstehen Butter und Margarine?

Butter wird aus Milch oder Sahne hergestellt. Durch das Schlagen beim Butterungsvorgang ballt sich das in der Milch oder Sahne enthaltene Fett zusammen, man nennt das ausflocken. Als Nebenprodukt fällt Buttermilch an, sie besteht aus der übrig gebliebenen Flüssigkeit der Sahne oder Milch. Margarine dagegen besteht überwiegend aus pflanzlichen Ölen wie Rapsöl, Erdnussöl, Maisöl, Sojabohnenöl oder Sonnenblumenkernöl. Ob Margarine tatsächlich gesünder ist als Butter, darüber sind sich die Experten uneins. Sicher ist nur, dass es echte Butter- und echte Margarinefans gibt, die auf keinen Fall das eine gegen das andere eintauschen würden.

Warum ist Salat grün?

Die meisten Salatsorten, wie Feldsalat, Kopfsalat oder Eisbergsalat, sind grün. Dafür ist der Farbstoff Chlorophyll – auch Blattgrün genannt – verantwortlich. Mit seiner Hilfe können die Pflanzen Fotosynthese betreiben, das heißt aus Sauerstoff und Licht Kohlenhydrate herstellen. Es gibt aber auch Salate, die rot sind. Sie haben dann viel Karotin, so wie die Karotten. Dadurch leuchten die Blätter in einem kräftigen rötlichen Violett.

Salat enthält Blattgrün.

Wieso wird in der Mikrowelle das Essen schnell heiß?

Im Inneren einer Mikrowelle gibt es ein Teil, das Magnotron, das sehr energiereiche Wellen erzeugt. Diese Wellen breiten sich in der Mikrowelle aus und treffen auf das Essen.

In allen Nahrungsmitteln ist Wasser enthalten. Die Mikrowellen bringen nun das Wasser im Essen zum Schwingen. Dabei wird das Wasser warm und erhitzt so das ganze Essen. Weil der Mikrowellenherd aus Metall und fest verschließbar ist, können die Wellen nicht nach außen dringen. Deshalb sind sie für den Menschen nicht schädlich – es sei denn, das Gerät ist kaputt.

Aufbau einer Mikrowelle

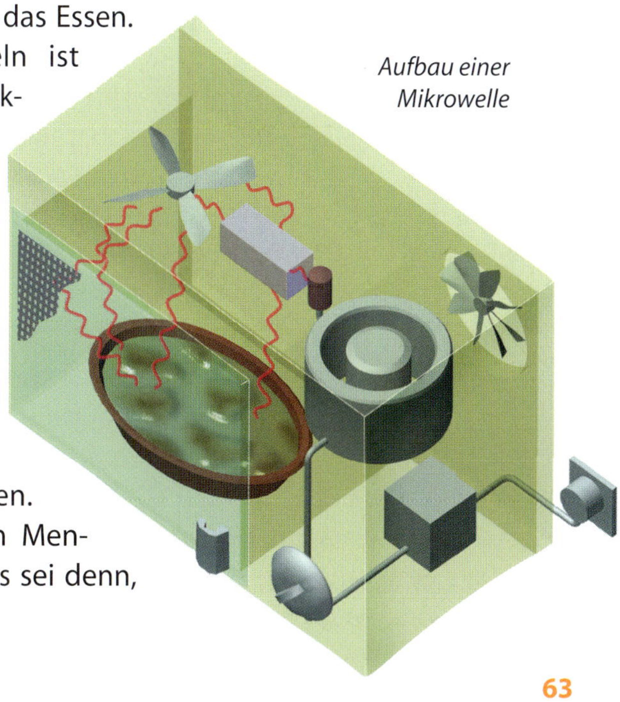

Was ist Astronomie?

Die wissenschaftliche Erforschung des Weltalls nennt man Astronomie oder auch Himmelskunde. Dazu gehört die Beschäftigung mit unserem Sonnensystem, mit der Milchstraße und allen anderen unbekannten und fernen Galaxien, die jenseits der Milchstraße liegen. Darüber hinaus versucht die Astronomie, Fragen zur Entstehung und zum Aufbau des Weltalls zu beantworten. Sie ist eine der ältesten Wissenschaften der Welt und für die Raumfahrt von großer Bedeutung, da sie die Grundlagen für die Reisen durch den Weltraum gelegt hat. Denn dank der Ergebnisse der Astronomie finden sich die Raumfahrer heute im All zurecht.

Seit wann gibt es Astronomen?

Bereits die ersten Sterngucker versuchten sich zu erklären, was sich am Himmel abspielt. Vor allem der Nachthimmel erschien ihnen als magischer Raum. Schon vor Tausenden von Jahren beobachteten sie den Himmel und versuchten, Figuren zu erkennen. Sie entdeckten die fünf Planeten, die mit bloßem Auge zu erkennen sind, und nutzten die Bewegung von Sonne und Mond, um die Zeit zu bestimmen. In Europa, Asien und Afrika entstanden Mythen über den Himmel und die Götter, die dort wohnen sollten. Vieles, was die Menschen am Himmel sahen, gab ihnen Rätsel auf – und sie fürchteten sich vor dem, was sie nicht verstehen konnten.

Darstellung unseres Universums

Was ist der Unterschied zwischen Astrologie und Astronomie?

Astronomen erkunden mit Teleskopen das Weltall.

Du darfst die Astrologie nicht mit der Astronomie verwechseln. Denn im Gegensatz zur Astronomie, die zu den Naturwissenschaften gehört, zählt die Astrologie nicht zu den Wissenschaften, denn ihre Aussagen sind nicht nachprüfbar. Astrologen nennt man auch Sternendeuter, denn sie erstellen Horoskope und versuchen anhand des Sternenverlaufs Ereignisse vorherzusagen. Früher waren Astronomie und Astrologie nicht so klar voneinander getrennt. Viele der frühen Astronomen waren daher auch gleichzeitig Astrologen.

Was ist der Unterschied zwischen Universum und Weltraum?

Die Begriffe „Universum", „Weltall" und „Kosmos" bedeuten dasselbe. Das Wort „Universum" stammt aus dem Lateinischen und heißt übersetzt „gesamt". Damit meint man die Gesamtheit aller Dinge, also alles, was du dir vorstellen kannst. Und dabei ist es egal, ob du Universum, Kosmos, Weltall oder Weltraum dazu sagst. Mit dem Begriff „Weltraum" wird aber manchmal auch nur der Raum außerhalb der Erdatmosphäre bezeichnet und dann gehört die Erde nicht dazu.

Wie stellte man sich früher das Universum vor?

Die Erforschung des Weltraums beschäftigt die Menschen seit jeher. Mit ihren geringen wissenschaftlichen Möglichkeiten konnten sie früher nur den Himmel mit der Sonne, dem Mond und den Sternen über sich sehen. Dennoch erkannten bereits die alten Griechen, dass die Erde eine Kugel ist. Insbesondere Claudius Ptolemäus (um 100 – um 175) stellte eine Theorie auf, die lange als richtig galt: das sogenannte Ptolemäische Weltbild. Diesem zufolge steht die Erde unbeweglich im Mittelpunkt des Weltalls. Alle Himmelskörper, wie die Sonne, der Mond und die Planeten, bewegen sich in Kreisbahnen um die Erde herum. Im alten Indien dagegen erkannte man schon sehr viel früher, dass die Sonne den Mittelpunkt bildet!

Was passierte beim Urknall?

Die meisten Wissenschaftler gehen davon aus, dass es am Anfang nur elektromagnetische Energie, das heißt Strahlung, gab. Diese Energie dehnte sich urplötzlich aus und es entstanden Raum und Zeit. Dann wandelte sich die Energie teilweise in kleinste Teilchen um. Aus diesen winzig kleinen Teilchen formten sich Atome, aus denen etwa 100.000 Jahre nach dem Urknall wiederum Galaxien, Sterne und Planeten hervorgingen. So entstand unser gesamtes Universum – mit dem Urknall entwickelte sich also das Weltall mit all seinen Himmelskörpern. Und seither dehnt es sich immer weiter aus.

Eine Sternenentstehungsregion

Wie werden Sterne geboren?

Sterne werden meist in heißen und nebligen Gaswolken geboren, manchmal Hunderte von Sternen auf einmal. Man nennt das Sternenentstehungsregion – ein ganz schön langes Wort – oder Sternenkindergarten. Die Gase in den Wolken verdichten sich und sehen dann aus wie eine sich drehenden Scheibe. Durch die Anziehungskraft ihrer großen Masse zieht sich diese Scheibe zu einer Kugel zusammen. Wenn der Druck daraufhin immer größer wird, kommt es zu einer Kernverschmelzung und ein Stern ist geboren.

Was ist ein Lichtjahr?

Ein Lichtjahr ist die Strecke, die das Licht im luftleeren Raum innerhalb eines Erdenjahres, also in etwa 365 Tagen, zurücklegt. Ein Lichtjahr entspricht knapp zehn Billionen Kilometern. Wegen des Namens könnte man vermuten, dass es sich bei einem Lichtjahr um eine Zeiteinheit handelt. Das Lichtjahr ist jedoch keine Zeitangabe, sondern eine Angabe für sehr große Entfernungen.

Was ist eine Galaxie?

Die Sterne sind nicht beliebig im Weltall verstreut, sondern gehören zu Galaxien. Galaxien sind also riesengroße Sternfamilien im unendlichen Universum, die von der Schwerkraft zusammengehalten werden. Jede Galaxie enthält unzählige alte und junge Sterne. Einige Galaxien sind spiralförmig, andere oval, manche haben aber auch keine bestimmte äußere Form. Im Weltall gibt es sehr viele Galaxien, von denen mehrere einen Galaxiehaufen (Cluster) bilden.

Eine spiralförmige Galaxie

Was ist die Milchstraße?

Die Milchstraße ist die Galaxie, in der wir leben. Sie wird auch Galaxis genannt. Wenn du Glück hast, kannst du im Spätsommer auf dem Land abends einen nebligen Streifen am Himmel erkennen – in der Stadt ist es zu hell. Das ist das Stück unserer Galaxie, das wir von der Erde aus sehen können. Den Namen bekam die Milchstraße, weil sie von der Erde aus wie ein milchiger Pinselstrich aussieht. Dass dieser Milchstrich in Wirklichkeit aus Milliarden von Sternen besteht, entdeckte erst Galileo Galilei (1564–1642) im Jahre 1609. Er betrachtete die Milchstraße als Erster durch eine Art Fernrohr.

Durch die Anziehungskraft bleiben die Sterne an ihrer Position.

Was sind Wurmlöcher?

„Wurmlöcher" ist eine Bezeichnung für theoretisch mögliche Tunnel zwischen Galaxien, die auch „Einstein-Rosen-Brücken" genannt werden. Auch mit anderen Universen könnten sie uns verbinden. Wenn sie tatsächlich existierten, könnte man sich darin unglaublich schnell fortbewegen. Nur hätten wir leider nicht viel davon, denn aufgrund der unglaublichen Anziehungskraft würden wir während unserer interstellaren Reise zerdrückt werden.

Warum fallen die Sterne nicht vom Himmel?

Zwei Kräfte sind im Weltraum ganz wichtig: die Anziehungskraft und die Fliehkraft. Wenn du etwas aus dem Fenster wirfst, fällt es zu Boden. Das liegt an der Anziehungskraft der Erde. Diese sorgt auch dafür, dass du nicht mehr als ein oder zwei Meter hoch springen kannst. Sterne wie die Sonne üben ebenso eine Anziehungskraft auf ihre Planeten aus. Und die Galaxien, also die verschiedenen Sternsysteme, ziehen wiederum ihre Sterne an. Gleichzeitig gibt es aber auch die Fliehkraft. Diese kennst du vom Kettenkarussell, wenn dich die Geschwindigkeit und die Drehung nach oben und außen drücken. So wirkt die Fliehkraft auch auf die Planeten, die um die Sonne kreisen, und auf die Sterne in den Galaxien, die um die Mitte der Milchstraße kreisen. Weil sich die Anziehungskraft und die Fliehkraft für jeden Stern, jeden Planeten und jede Galaxie eingependelt haben, bleiben alle in einem bestimmten Abstand zueinander.

Was sind Schwarze Löcher?

Schwarze Löcher entstehen aus Sternen, die mehr als dreimal so schwer sind wie die Sonne. Am Ende ihres Lebens fallen sie sozusagen zu einem Schwarzen Loch zusammen. Das bedeutet, sie werden immer kleiner und dichter. Je dichter sie sind und je näher etwas an sie herankommt, desto größer wird ihre Anziehungskraft. Sie ist so groß, dass sie sogar das Licht verschluckt – deshalb sind die Löcher auch schwarz oder unsichtbar. Dennoch konnten Forscher die Existenz der Schwarzen Löcher beweisen. Denn die einstürzende Materie kann aufgrund ihres Leuchtens und ihrer Geschwindigkeit beobachtet werden.

Ein Schwarzes Loch entsteht.

Was sind Sternbilder?

Weil der Himmel so unendlich groß ist und es unzählig viele Sterne gibt, bemühten sich die Menschen schon früh darum, ein wenig Ordnung zu schaffen. Sie erkannten am Himmel Gruppen von Sternen, die auffällige Muster bildeten. Diese Gruppen fassten sie zu Sternbildern zusammen, denen sie Namen gaben. Bei den Sternbildern unterscheidet man zwischen dem Nordhimmel und dem Südhimmel. Der Nordhimmel ist der Himmel über der Nordhalbkugel der Erde. Der Südhimmel ist der Himmel über der Südhalbkugel der Erde. Insgesamt gibt es heute offiziell 88 Sternbilder. Dazu kommen noch eine Reihe zusätzlicher Bilder, die aus Teilen der Sternbilder oder aus Sternen verschiedener Sternbilder gebildet werden.

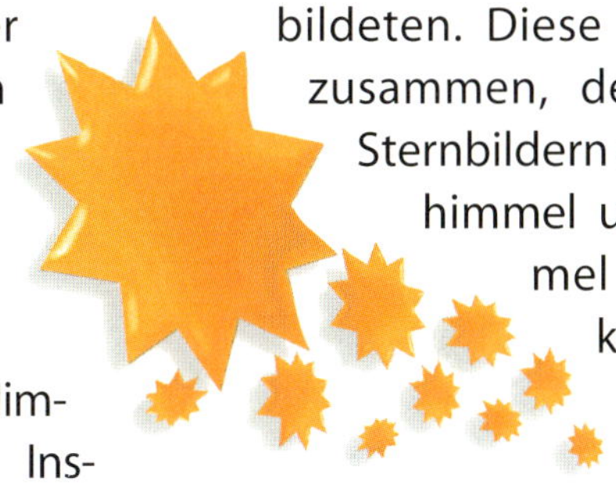

Wann gab es die erste Sternkarte?

Der erste Sternatlas mit der ersten genauen Sternkarte wurde 1603 von dem Astronomen Johann Bayer (1572–1625) herausgegeben. Man nannte ihn „Uranometria", was so viel wie „Himmelsvermessung" bedeutet. Weil das Teleskop damals noch gar nicht erfunden war, enthielten die Karten auch nur Sterne, die man mit bloßem Auge am Himmel erkennen konnte.

Darstellung der Tierkreise

Woher haben die Sternbilder ihre Namen?

Schon die Babylonier teilten die Sternformationen in zwölf Abschnitte ein, die nach Tieren benannt wurden – die Tierkreiszeichen. Diese werden bis heute in der Astrologie verwendet. Im antiken Griechenland wurde die Anzahl der Sternbilder auf 48 erweitert. Die Griechen versahen die neuen Bilder mit Namen aus ihren Legenden. Diese Sternbilder kannst du alle über dem Nordhimmel, also dem Himmel, der auch von Griechenland aus sichtbar ist, finden. Ab 1600 nach Christus wurden weitere Sternbilder eingeführt. Nun wurden auch die Sterne und Sterngruppen des Südhimmels benannt. Durch die Veränderung der Erdachse stimmen die Tierkreiszeichen der Babylonier heute aber nicht mehr mit den Sternbildern überein.

Was ist ein Fixstern?

Ein Fixstern ist ein Stern, der scheinbar am Himmel festgeklebt ist. So könnte man meinen, dass er im Verhältnis zu seinen Nachbarsternen jede Nacht an derselben Stelle steht. Aber auch die Fixsterne bewegen sich. Ihre Bewegung ist allerdings zu schwach, als dass wir sie bemerken könnten. Himmelskörper, die nicht zu den Fixsternen gehören, verändern ihre Position am Himmel deutlich sichtbar. Das sind dann die Planeten oder sogenannten Wandelsterne.

Eine alte Darstellung des Sonnensystems

Wie entstand unser Sonnensystem?

Die Erde gehört zu einer Familie von Planeten, Kometen und einigen Kleinplaneten, den Asteroiden, die alle um die Sonne kreisen. Unser Sonnensystem entstand vor etwa 4,6 Milliarden Jahren aus einer riesigen Wolke aus Gas und Staub. Diese Gas- und Staubwolke bestand aus Resten explodierter Sterne, die sich zu einem neuen Sonnensystem entwickelten. Der zentrale Himmelskörper in unserem Sonnensystem ist die Sonne. In früheren Zeiten hielt man unser Sonnensystem für den größten Bestandteil des Universums. Heute wissen wir aber, dass es im Vergleich zum gesamten Weltall nur winzig klein ist.

Wo liegt unser Sonnensystem im weiten Universum?

Unser Sonnensystem hat zwar keine direkte Postanschrift, aber solltest du einmal Post aus einem anderen Sonnensystem erwarten, ergeben dein Name, Galaxie Milchstraße und Planet Erde zusammen die korrekte Adresse. Unsere Galaxie, die Milchstraße, sieht eigentlich wie eine flache Scheibe im Universum aus. Sie hat einen Durchmesser von etwa 100.000 Lichtjahren, und so wird der intergalaktische Zustellservice ziemlich lange zu dir unterwegs sein.

Wie sieht unser Sonnensystem aus?

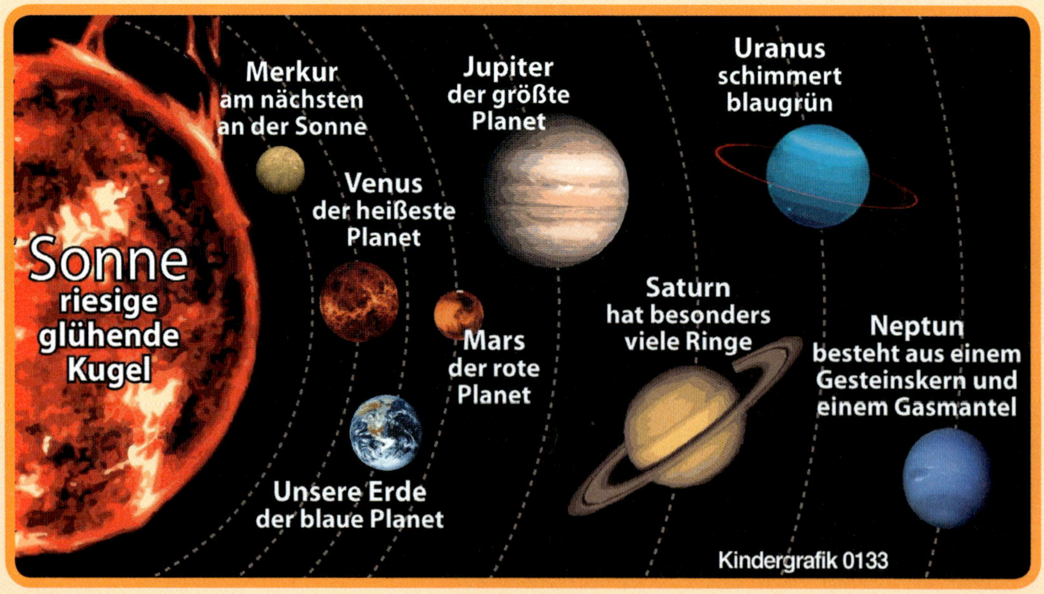

Unser Sonnensystem besteht aus den acht Planeten, ihren Monden, Kometen und Asteroiden, die alle auf festen Bahnen um die Sonne kreisen. Es erstreckt sich über etwa 20 Milliarden Kilometer. Der zentrale Himmelskörper, um den sich in unserem Sonnensystem alles dreht, ist die Sonne. Und nur ein einziger der acht Planeten steht in so günstiger Position zur Sonne, dass sich auf ihm Luft und Wasser sowie eine geeignete Atmosphäre bilden konnten: unsere Erde. Sie ist zur Heimat einer Vielfalt von Lebewesen geworden.

Was ist die Sonne?

Die Sonne ist ein Fixstern und das Zentralgestirn unseres Sonnensystems. Um sie kreisen die Erde und die anderen Planeten, Kometen und Asteroiden. Die Sonne ist mindestens 4,5 Milliarden Jahre alt und wird noch einmal so lange leben. In ihrem Inneren herrschen ein gewaltiger Druck und mehr als 15 Millionen Grad Celsius. Sie ist umgeben von einem sehr dünnen und sehr heißen Gas, das ständig in Bewegung ist und Fontänen in die Höhe schießt. Diesen Gasmantel nennt man Strahlenkranz oder Korona.

Unsere Sonne aus der Nähe

Zusatzinfo

Warum brauchen wir die Sonne?
Neben der Wärme schenkt uns die Sonne das Tageslicht. Das Sonnenlicht setzt zudem in den Blättern der Pflanzen einen Prozess in Gang, den man Fotosynthese nennt. Bei diesem Prozess entwickeln die Pflanzen Sauerstoff, das Gas, das Menschen und Tiere zum Atmen brauchen. Die Pflanzen produzieren außerdem mithilfe der Sonne Energie, damit sie wachsen können. Und schließlich ist die Sonne die natürliche Uhr der Menschheit. Sie ist in unserem Leben der Orientierungspunkt für Tag und Nacht, für die Jahreszeiten und den Kalender.

Aufbau der Sonne

Warum ist die Sonne warm?

Die Sonne besteht hauptsächlich aus dem Gas Wasserstoff. In jeder Sekunde werden durch die große Hitze in der Sonne sechs Millionen Tonnen Wasserstoff in das Gas Helium umgewandelt. Dabei entsteht Energie, die in Form von Wärme in den Weltraum abgegeben wird. Im Inneren der Sonne herrschen Temperaturen von mehr als 15 Millionen Grad Celsius. An der Oberfläche ist es immer noch 5507 Grad Celsius heiß!

Wie wärmt die Sonne die Erde?

Die warmen Sonnenstrahlen treffen auf die Oberfläche unserer Erde. Ein Teil davon wird wieder abgestrahlt und von der Erdatmosphäre, ähnlich wie in einem Gewächshaus, nochmals zurückgeworfen. So wird die Erde durch einen ganz natürlichen Treibhauseffekt erwärmt. Kannst du dir übrigens vorstellen, dass die Energie des Lichts, das du jetzt sehen kannst, 30.000 Jahre für ihren Weg aus dem Sonneninnern zur Sonnenoberfläche gebraucht hat? Sie ist also zur Zeit der Neandertaler entstanden. Aber von der Sonnenoberfläche bis zur Erde braucht sie nur acht Minuten.

Wo ist die Sonne in der Nacht?

Wir sehen das Sonnenlicht nur bei Tag, weil sich die Erde um sich selbst dreht. Man nennt das die Eigenrotation der Erde. Sie bewirkt, dass immer nur ein Teil der Erde der Sonne zugewandt ist. Die andere Seite liegt im Dunkeln. Du kannst dir das so vorstellen: Nimm einen Fußball und halte ihn vor eine Lampe. Die Lampe ist die Sonne. Der Fußball ist die Erde. Du siehst, dass die Hälfte, die zur Lampe zeigt, erhellt ist. Die andere ist dunkel. Wenn du den Ball drehst, wandert das Licht über den Ball – das sind Tag und Nacht.

Die Eigenrotation der Erde

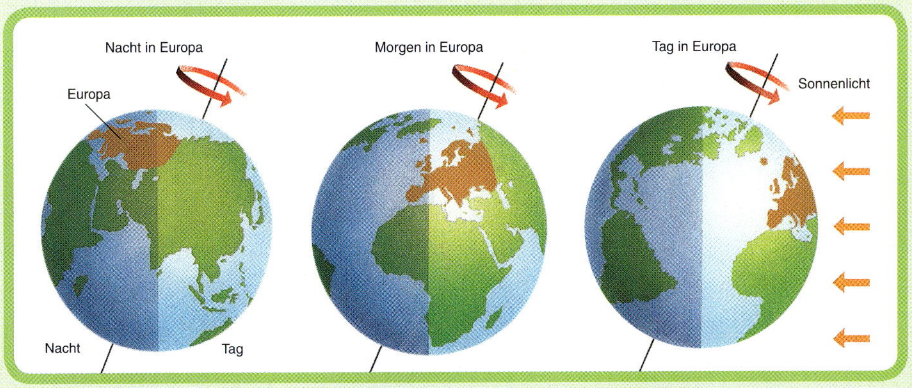

Was ist eine Sonnenfinsternis?

Am 11. August 1999 verschwand die Sonne in vielen Teilen Europas für ein paar Minuten einfach vom Himmel. Es wurde kühl und dunkel wie am späten Abend. Die Sonne war nicht etwa vom Himmel gefallen oder in den Urlaub gefahren, sondern es fand eine Sonnenfinsternis statt. Auch wenn es so aussieht, hört die Sonne währenddessen nicht auf zu scheinen. Die Erde liegt dabei nur im Schatten des Mondes und die Sonne wird durch den Mond verdeckt.

Eine Sonnenfinsternis

Warum braucht man bei einer Sonnenfinsternis eine Schutzbrille?

Blickt man bei einer Sonnenfinsternis direkt in die Sonne, dann sind die Augen einer Helligkeit ausgesetzt, die ungefähr 50.000-mal stärker ist als die hellsten natürlichen Dinge der Erde – zum Beispiel in der Sonne glitzernder Schnee. Man merkt es nur nicht, weil die Sonne vom Mond verdeckt ist und dunkel zu sein scheint. Die Sonnenstrahlen sind aber dennoch vorhanden. Hornhaut und Linse bündeln dieses Licht im Auge wie eine Lupe und lassen die Helligkeit im Auge noch einmal um das 40-fache ansteigen. So verursachen die Sonnenstrahlen auf der ungeschützten Netzhaut regelrecht winzige „Brandlöcher". Es entsteht ein blinder Fleck, der nicht mehr abheilt. Diese kleinen Flecken stören dann zum Beispiel beim Lesen. Im schlimmsten Fall kann man sogar völlig erblinden. Darum gibt es für die Beobachtung einer Sonnenfinsternis bei vielen Optikern für wenig Geld wirksame besondere Schutzbrillen.

Am Abend sehen wir vor allem das rote Licht.

Warum ist die Sonne am Abend rot?

Wenn die Sonne in der Nähe des Horizonts steht, also kurz davor ist unterzugehen, dann leuchtet sie bisweilen tiefrot. Das Sonnenlicht besteht aus vielen Farben, nämlich aus Rot, Orange, Gelb, Grün, Blau und Violett. Diese Farben werden sichtbar, wenn das Sonnenlicht auf die Teilchen der Luft trifft. Das blaue Licht wird durch diese Teilchen stärker gestreut als das rote, da es eine kürzere Wellenlänge besitzt. Das heißt, dass das rote Licht mit seinen langen Wellen auch über weite Entfernungen sichtbar ist. Auf diesem weiten Weg trifft es außerdem auf besonders viele Teilchen, die das Rot des Lichts noch verstärken. Da nun am Abend der Weg des Lichts zur Erde länger ist, weil sich die Erde von der Sonne wegdreht, sehen wir vor allem das rote Licht.

Was sind Planeten?

Die Sonne und ihre Planeten

Planeten sind Himmelskörper, die sich vor etwa 4,6 Milliarden Jahren aus dem Material bildeten, das bei der Entstehung der Sonne übrig geblieben war. Zu unserem Sonnensystem gehören acht Planeten: die Erde, der Mars, der Merkur, der Uranus, die Venus, der Jupiter, der Neptun und der Saturn. Der Begriff „Planet" kommt aus dem Griechischen und bedeutet „Wanderer". Der Planet, der der Sonne am nächsten ist, ist der Merkur. Der größte Planet unseres Sonnensystems ist der Jupiter. Bis vor kurzem zählten noch neun Planeten zu unserem Sonnensystem, denn auch der Himmelskörper Pluto wurde den Planeten zugerechnet. Mittlerweile gilt Pluto aber nur noch als Zwergplanet.

Was ist eine Umlaufbahn?

Alle Planeten unseres Sonnensystems umkreisen auf einer festgelegten Bahn, ihrer sogenannten Umlaufbahn, die Sonne. Da sie die Sonne in verschiedenen Abständen umkreisen, sind sie auch unterschiedlich schnell unterwegs. Sie brauchen also für eine Umrundung unterschiedlich viel Zeit. Unsere Erde wird von den Satelliten, das heißt sowohl von unserem Mond als auch von künstlichen Raumflugkörpern, ebenfalls auf einer festen Umlaufbahn umkreist.

Woher haben die Planeten ihre Namen?

Die Erde bekam ihren Namen von den Germanen. Alle anderen Planeten in unserem Sonnensystem erhielten ihre Namen aus der griechisch-römischen Mythologie. Mars ist dort der Gott des Krieges. Der gleichnamige Planet erhielt seinen Namen wohl wegen seiner roten Farbe. Merkur ist der Gott des Handels und der Planet wurde vermutlich nach diesem Gott benannt, weil er sich so schnell am Himmel fortbewegt. Venus ist die Göttin der Liebe und Schönheit, der Planet mit ihrem Namen scheint am hellsten und ist einfach hübsch anzusehen. Der Planet Neptun hat eine blaue Farbe und trägt daher den Namen des Meeresgottes. Uranus schließlich wurde nach dem Gott des Himmels benannt und der Planet Saturn ist der Namensvetter des Gottes der Landwirtschaft.

Galionsfigur des Meeresgottes Neptun

Warum ist die Erde ein besonderer Planet?

Bisher wurde im ganzen Weltraum kein anderer Planet gefunden, auf dem Leben existiert. Deshalb ist die Erde so wunderbar und einzigartig. Sie hat einen idealen Abstand zur Sonne, sodass es auf ihr nie zu heiß oder zu kalt wird. Den lebensnotwendigen Sauerstoff in der Luft verdanken wir den Pflanzen. Auf der Erde gibt es zudem viel Wasser. Gute 70 Prozent unseres Blauen Planeten sind nämlich Meere.

Was ist ein Asteroid?

Asteroiden sind übrig gebliebene Planetenbausteine aus der Anfangszeit unseres Sonnensystems, die sich nie zu einem größeren Körper zusammenfügen konnten. Sie werden auch „Kleinplaneten" oder „Planetoiden" genannt. Bislang sind 358.847 Asteroiden bekannt, aber es gibt vermutlich mehrere Millionen von ihnen. Die meisten Asteroiden umkreisen die Sonne in einem Gebiet zwischen Mars und Jupiter, dem Asteroidengürtel. Ein Asteroid kann übrigens von der Anziehungskraft eines Planeten aus seiner Bahn gezogen werden.

Ein Asteroid im Weltall

Sind Asteroiden eine Bedrohung?

Asteroiden, die der Erde sehr nahe kommen, das heißt näher als etwa 7,5 Millionen Kilometer, und dabei größer als 150 Meter sind, könnten ihr schon gefährlich werden. Allerdings gelangen nahezu täglich kleinere Asteroiden in Erdnähe, doch sie verglühen schon in der Atmosphäre. Nur ihr Staub rieselt auf die Erde. Größere Stücke können die Erdatmosphäre jedoch durchdringen und schlagen dann als Meteoriten auf der Erde auf. Allerdings sind solche Fälle sehr selten.

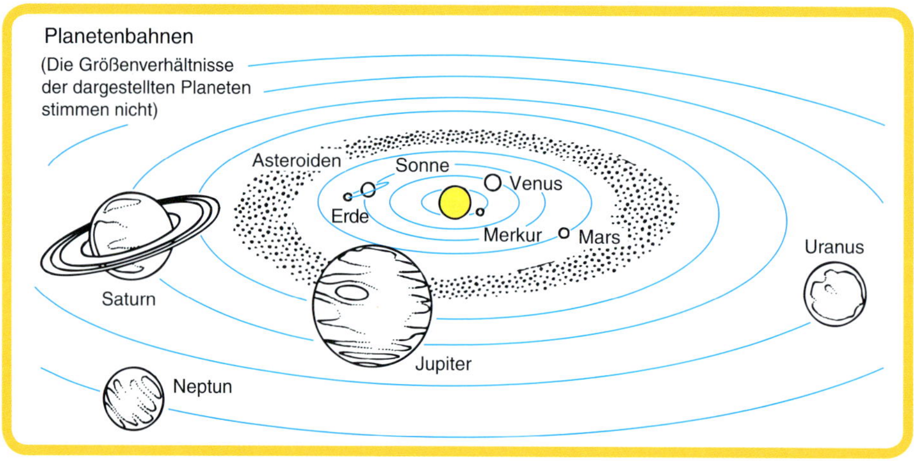

Der Asteroidengürtel und die Planeten

Wo liegt der Asteroidengürtel?

Der Asteroidengürtel befindet sich zwischen den Umlaufbahnen von Mars und Jupiter. Zehntausende felsiger Asteroiden kreisen dort umher. Die Größe dieser Himmelskörper bewegt sich zwischen nur wenigen Zentimetern und mehreren Hundert Kilometern. Aber nicht alle Asteroiden gehören zu diesem Gürtel. Es gibt außerdem zwei kleinere Asteroidenfamilien, die man Trojaner nennt. Manche Asteroiden kreuzen auch die Umlaufbahn der Erde, dann heißen sie „Erd-Crosser".

Was ist ein Meteorit?

Meteoriten sind kleine Asteroidenbruchstücke, welche die Erdatmosphäre durchdrungen haben und auf dem Erdboden aufgeschlagen sind. Sie kommen aus dem All, doch finden kann man sie nur auf der Erde. Manchmal sind auch kleine Stücke des Mondes dabei, allerdings nur sehr selten. Einige Wissenschaftler glauben, dass durch einen solchen Einschlag auf der Yucatán-Halbinsel in Mexiko eine Reihe von Ereignissen ausgelöst wurde, die zum Aussterben der Dinosaurier führte. Das war vor 65 Millionen Jahren. Durch die riesige Staubwolke, die der Einschlag bewirkte, konnte jahrelang kein Sonnenlicht mehr zur Erde vordringen und die Dinosaurier starben, wie man annimmt, aus diesem Grund aus – andere Tierarten überlebten jedoch.

Ein Komet auf seiner Bahn um die Sonne

Was sind Kometen?

Ein Komet ist ein kleiner Himmelskörper, dessen Kern meist nur zehn bis 100 Meter Durchmesser hat. Er ist von einer Hülle umgeben, die sich bis zu 100.000 Kilometer ausdehnen kann. Der Begriff „Komet" kommt aus dem Griechischen und bedeutet „Haarstern", denn alle Kometen haben einen Schweif. Dieser Schweif kann eine Länge von 30 bis 300 Millionen Kilometern erreichen. Kometen bewegen sich auf eiförmigen Bahnen um die Sonne. Deshalb kommen sie auch immer wieder an der Erde vorbei. Ein Komet verliert mit jedem Umlauf um die Sonne einen geringen Teil seiner Masse. Dadurch wird er immer kleiner und ist nach einigen Hundert Sonnenumläufen kaum noch als Komet zu erkennen.

Wie entstand der Mond?

Unser Mond entstand vor etwa 4,5 Milliarden Jahren. Eine der Theorien zur Entstehung des Mondes besagt, dass ein großer Himmelskörper im Vorbeiflug mit unserer Erde zusammenstieß. Dabei wurden Teile der Erdkruste und Teile aus dem Mantel des anderen Himmelskörpers herausgerissen und in die Erdumlaufbahn geschleudert. Dort ballten sie sich zusammen und formten den Mond. Trotz dieser Erklärung erforschen die Wissenschaftler weiterhin den Mond, um eines Tages alle Fragen zu seiner Entstehung beantworten zu können.

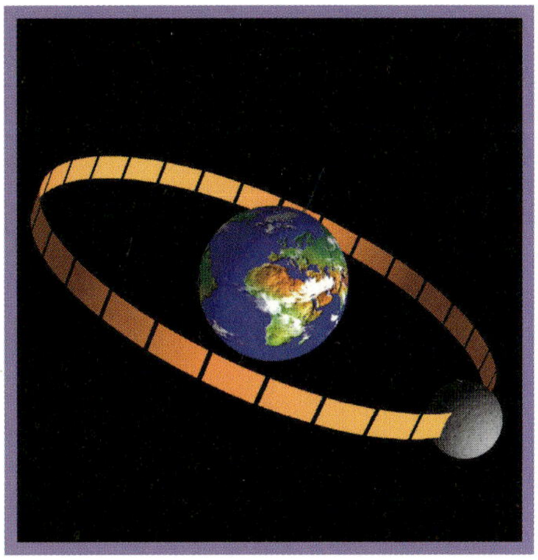

Die Umlaufbahn des Mondes um die Erde

Warum dreht sich der Mond um die Erde?

Die Erde hat mehr Masse als der Mond, daher zieht sie den Mond an. Aber der Mond hat ja auch selbst eine Masse und so zieht er die Erde ebenfalls an. Das ist ein bisschen so wie beim Tauziehen. Der Stärkere bei diesem Spiel ist in unserem Fall die Erde, da sie mehr Masse hat. Deshalb umrundet der Mond also die Erde. Durch die gegenseitige, wenn auch ungleiche Anziehungskraft umkreisen beide einen gemeinsamen Schwerpunkt. Die Ursache dieser Drehbewegung liegt in der Anfangszeit unseres Sonnensystems, als sich die Gas- und Staubwolke zu einer drehenden Scheibe zusammenzog. Dieser Dreheffekt bleibt für immer erhalten. Durch ihn wird eine nach außen gerichtete Fliehkraft erzeugt, ähnlich wie bei einem Kettenkarussell. Hielte man den Mond an, würde er nach einem kurzen Stillstand immer schneller auf die Erde zurasen und schließlich mit ihr zusammenstoßen.

Hat der Mond eine Wirkung auf die Erde?

Wenn du schon mal an der Nordsee warst, dann hast du dich vielleicht gewundert, warum sich das Meer plötzlich entfernt. Verantwortlich dafür ist der Mond. Die riesigen Wassermengen der Weltmeere werden von der Anziehungskraft des Mondes und der Sonne in Bewegung gebracht. Dadurch entsteht der tägliche Wechsel von Ebbe und Flut. Da aber der Mond näher an der Erde ist als die Sonne, ist er wichtiger für die sogenannten Gezeiten, wie man diesen Wechsel nennt.

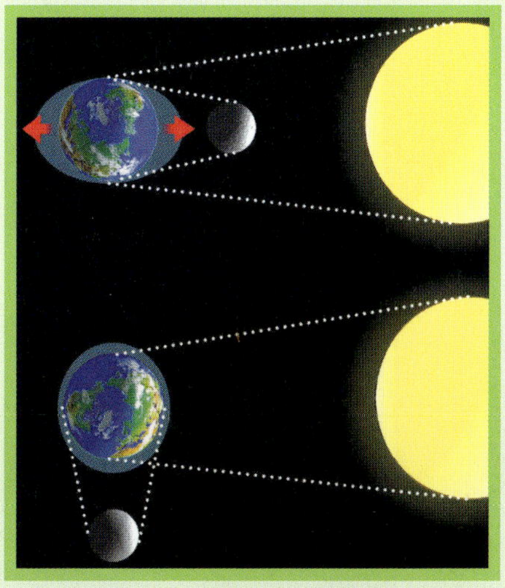

Der Mond beeinflusst Ebbe und Flut, indem er die Wassermassen anzieht.

Wie weit ist der Mond von der Erde entfernt?

Zeichnet man die Umlaufbahnen der Planeten auf, so erkennt man schnell, dass sie keine genauen Kreise um die Sonne ziehen, sondern eher ovalen Wegen folgen, den sogenannten Ellipsen. Daher gibt es immer einen Punkt, an dem sich ein Planet näher an der Sonne befindet, und einen, an dem er weiter von der Sonne entfernt ist. Ebenso verhält es sich mit dem Mond und seiner Umlaufbahn um die Erde. Der kleinste mögliche Abstand zwischen unserer Erde und dem Mond beträgt 356.400 Kilometer, der größte Abstand 406.700 Kilometer.

Was ist eine Mondfinsternis?

Manchmal kommt es vor, dass Sonne, Mond und Erde zur Zeit des Vollmondes nahezu eine Linie bilden. Dann verdeckt der Schatten der Erde den Mond, sodass das Sonnenlicht ihn nicht mehr erreicht und er sich langsam verdunkelt. Schließlich schimmert er nur noch schwach rötlich und es herrscht eine Mondfinsternis. Dann wandert der Mond wieder aus dem Erdschatten heraus und zieht weiter seine Bahnen.

Was macht der Mond am Tag?

Der Mond ist ein ständiger Begleiter unserer Erde. Einen Monat braucht er, um sie zu umkreisen. Der Mond ist kein Stern und leuchtet nicht von selbst. Wir können ihn nur sehen, weil er von der Sonne beschienen wird. Sogar tagsüber können wir ihn manchmal schwach erkennen. Da die Menschen früher nicht wussten, dass der Mond die Erde umkreist, glaubten sie, er gehe auf und unter.

Was sind die Mondphasen?

Wenn du den Mond von der Erde aus betrachtest, nimmt er immer wieder eine andere Gestalt an. Mal siehst du ihn als Sichel, mal als vollen Kreis. Das liegt an der Reise des Mondes um die Erde. Der Zyklus beginnt mit dem Neumond. Zu dieser Zeit steht der Mond zwischen der Erde und der Sonne. Dann wird sozusagen seine Rückseite beleuchtet, die wir nicht sehen können. Bei seiner Wanderung um die Erde wird immer mehr die Seite beleuchtet, die der Erde zugewandt ist – stückchenweise können wir mehr von ihm erkennen. Wenn dann die Erde zwischen Sonne und Mond steht, können wir den Vollmond sehen. Er wandert weiter und man sieht immer weniger von ihm, bis wieder Neumond ist.

Die Mondphasen

Wer war der erste Mann auf dem Mond?

Drei amerikanische Astronauten, Neil Armstrong (geb. 1930), Michael Collins (geb. 1930) und Edwin Aldrin (geb. 1930), wagten 1969 mit der Apollo-11-Mission den langen Weg zum Mond. Nach einigen anfänglichen Schwierigkeiten setzte Neil Armstrong am 21. Juli 1969 als erster Mensch seinen Fuß auf den Mond. Edwin Aldrin folgte Neil Armstrong, während Michael Collins in der Apollo-Kapsel Columbia blieb. Die beiden Astronauten traten auf felsiges und staubiges Geröll. Da es auf dem Mond keine Luft, keinen Wind und keinen Regen gibt, bleiben die Fußstapfen der Astronauten für immer sichtbar. Um ein Risiko für die Männer zu vermeiden, war das Programm von Armstrong und Aldrin auf zwei Stunden begrenzt. Während dieser Zeit stellten sie die amerikanische Flagge auf, installierten eine Kamera, einen Seismografen sowie einen Laserreflektor und sammelten 22 Kilogramm Gesteinsproben ein.

Neil Armstrong war als Erster auf dem Mond.

Wann wurde die erste Rakete gebaut?

Schon im Jahr 1903 berechnete der russische Mathematiker und Physiker Konstantin Ziolkowski (1857–1935) Flugbahnen und Konstruktionen für Raketen, die den Weltraum erreichen sollten. Er schuf damit die Grundlage für die moderne Raumfahrttechnik. Mehr als zehn Jahre später schlug der amerikanische Physiker Robert Hutchins Goddard (1882–1945) vor, unbemannte Forschungsraketen zum Mond zu schicken. Doch erst am 4. Oktober 1957 gelang der Menschheit der erste Schritt hinaus in den Weltraum. An diesem Tag sorgte die Sowjetunion für eine Weltsensation: Der erste Satellit namens Sputnik 1 wurde mit einer Rakete ins All geschossen. Sputnik 1 erreichte die Umlaufbahn der Erde und verglühte nach 57 Tagen im All.

Eine Rakete startet ins All.

Was ist ein Satellit?

Als Satelliten bezeichnet man zunächst Himmelskörper, die einen Planeten umkreisen. Der Mond ist zum Beispiel der Erdsatellit. Nach diesem Vorbild haben die Menschen künstliche Satelliten gebaut. Sie werden mit einer Menge Technik ausgestattet und im All in eine Erdumlaufbahn gebracht. Von dort aus können sie Fotos machen, die sogenannten Satellitenbilder, aber auch Fernsehsender übertragen und Telefongespräche auf der ganzen Welt vermitteln. Sie steuern auch alle Navigationssysteme.

Ein Satellit auf seiner Umlaufbahn im All

Wie essen Astronauten?

Das Essen und Trinken im Weltall ist wegen der Schwerelosigkeit gar nicht so einfach. Bestecke, Tische, Stühle werden überflüssig, da nichts liegen bleibt. Ein Wurstbrot würde in Einzelteilen durch das Raumschiff schweben und wäre eine Gefahr für die empfindlichen Geräte. Deswegen ist das Astronautenessen in Tuben und Tüten verpackt und wird von den Raumfahrern direkt in den Mund gedrückt. Trinken ist einfacher: Die Getränke werden aus fest verschlossenen Dosen mit einem Strohhalm getrunken.

Wie funktioniert ein Navigationssystem?

1973 hat das amerikanische Verteidigungsministerium sehr viel Geld ausgegeben, um 24 Satelliten in die Umlaufbahn der Erde zu schicken und ein weltweit funktionierendes Navigationssystem aufzubauen. Dieses System heißt GPS, englisch „Global Positioning System“. Diese Satelliten schicken ununterbrochen Signale zur Erde. Um die genaue Position eines Empfängers auf der Erde zu bestimmen, muss die Entfernung zu mindestens drei Satelliten ermittelt werden. Wenn ein GPS-Empfänger diese Signale erhält, kann er seine Position mit einer Genauigkeit von 100 Metern bis zu einigen Zentimetern angeben. Das Navigationsgerät gleicht nun dieses Ergebnis mit den Daten einer Landkarte ab und kann so die gewünschte Fahrstrecke ermitteln.

Die internationale Raumstation ISS

Was sind Raumstationen?

Raumstationen sind bemannte Raumflugkörper, die in der Erdumlaufbahn eingerichtet werden und dort für längere Zeit verbleiben. In solchen festen Stationen halten sich Astronauten oft Wochen oder Monate auf, um beispielsweise zu erforschen, wie Menschen auf die Bedingungen im Weltall reagieren oder wie Pflanzen und Tiere sich in der Schwerelosigkeit verhalten. Die Astronauten erreichen die Raumstation mit Raumfähren, mit denen sie auch auf die Erde zurückkehren. Ebenso werden die Versorgungstransporte für die Raumstation von Raumschiffen und Raumfähren übernommen.

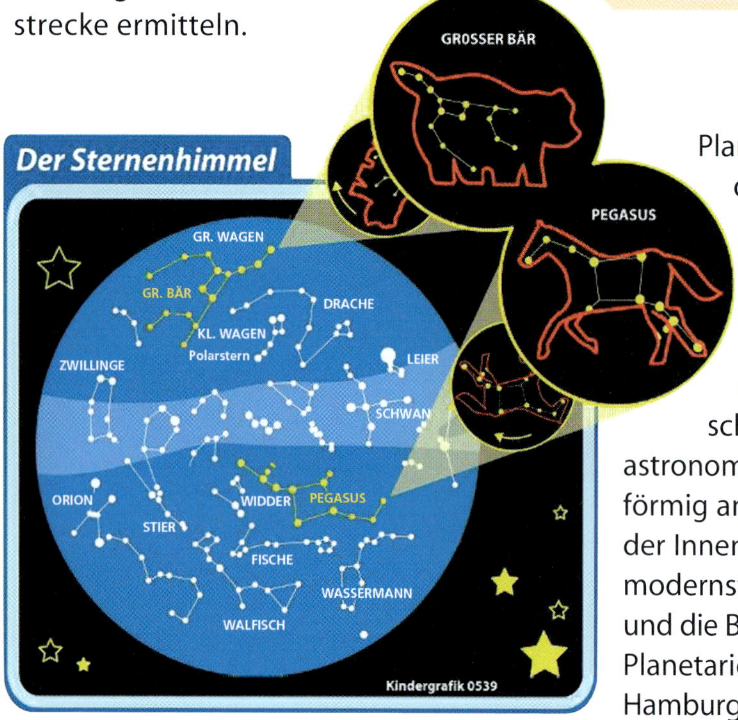

Der Sternenhimmel

Was ist ein Planetarium?

Planetarien sind Gebäude mit einer großen Kuppel, auf deren Innenseite durch einen Projektor Sternbilder abgebildet werden. Sie sind nicht mit Sternwarten, die der echten Himmelsbeobachtung dienen, zu verwechseln, da in ihnen der Himmel künstlich erzeugt wird. Ein Besuch im Planetarium ist ein eindrucksvolles Erlebnis. Es gibt Präsentationen für verschiedene Altersklassen und zu unterschiedlichen astronomischen Themen. Die Zuschauer nehmen auf kreisförmig angeordneten Sesseln Platz, um der Inszenierung auf der Innenseite des gewölbten Kuppeldachs zu folgen. Durch modernste Technik können zum Beispiel ein Sternenhimmel und die Bewegung der Sterne dargestellt werden. Die größten Planetarien Deutschlands befinden sich in Berlin, Bochum, Hamburg, Jena, Mannheim, Münster, Nürnberg und Stuttgart.

Sind Zeitreisen möglich?

Wohin soll es denn gehen: in die Vergangenheit zu den Rittern oder Indianern oder in die Zukunft? Natürlich kannst du in der Zeit reisen, wohin und wann immer du willst. Aber nur in deiner Fantasie! Eine echte Reise in die Zukunft ist nicht möglich. Denn das würde das sogenannte Ursache-Wirkungs-Prinzip verletzen. Dies besagt, dass jede Wirkung eine Ursache hat. Wenn wir aber nun in die Vergangenheit reisten und eine Ursache veränderten, wäre die Wirkung auch verändert. Und dann wäre ja die Gegenwart nicht mehr so, wie sie ist. Das funktioniert also nicht.

Wie ist unsere Erde aufgebaut?

Die Erde besteht aus drei Schichten: dem Kern, dem Erdmantel und der Erdkruste. Der Erdkern besteht vor allem aus Eisen und Nickel, das sind Metalle. Das Innere des Kerns ist fest. Umgeben ist er von geschmolzenem Metall, das etwa 2900 Grad Celsius heiß ist. Dann folgt der Erdmantel aus flüssigem Gestein, dem Magma. Und zum Schluss die Erdkruste. Sie ist zwischen fünf und 100 Kilometer dick und besteht aus Fels, Stein und Sand.

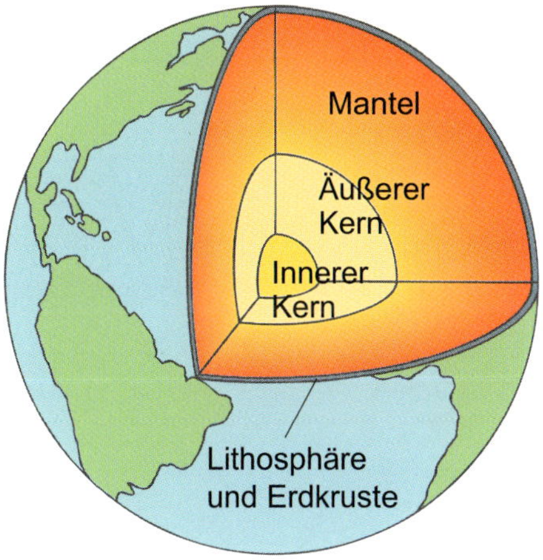

Aufbau unserer Erde

Wie entstanden die Kontinente?

Vor etwa 300 Millionen Jahren gab es nur einen einzigen Kontinent, den sogenannten Urkontinent Pangäa (= Ganzerde). Vor 150 Milliarden Jahren begann er zu zerbrechen und die Teilstücke drifteten auseinander. Die einzelnen Kontinente, die wir heute kennen, sind so an ihre heutige Position gelangt. Und noch immer treiben sie auseinander, doch so langsam, dass wir es gar nicht bemerken.

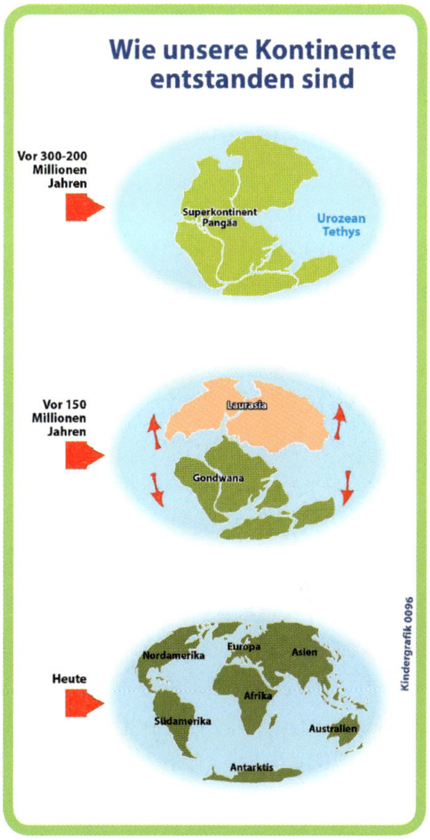

Wann entstand die Erde?

Wenn du dir die Entstehung der Erde und die lange, lange Zeit bis heute vorstellst, ist das ganz schön schwierig. Allein die Zahl 4.600.000.000 (4,6 Milliarden) – vor so vielen Jahren entstand die Erde nämlich – ist schon fast unvorstellbar groß. Deshalb machen wir das einmal etwas einfacher. Stell dir vor, für jedes Jahr, das die Erde existiert, rechnen wir nur eine einzige Sekunde. So werden die Zahlen viel kleiner und es passiert etwas Erstaunliches: Wir merken, welch unglaublich kurze Zeit wir Menschen erst auf der Erde sind. Nach unserem Rechenspiel ist die Erde dann etwa 114 Jahre alt. Vor 90 Jahren entstanden erste Lebensformen wie Pilze und Algen. Vor ungefähr 18 Jahren existierten dann Schwämme, Quallen und Würmer. Die ersten Wirbeltiere gab es vor elf Jahren. Vor sechs Jahren entwickelten sich die Dinosaurier und Vögel und vor einem Jahr die Affen. Erst vor zwei Wochen entwickelten sich die ersten Vormenschen und vor 16 Stunden kam der Homo sapiens, also der heutige Mensch, auf die Erde. Vor etwa drei Stunden ging die letzte Eiszeit zu Ende. Ach ja, Amerika ist vor acht Minuten von Kolumbus entdeckt worden. Vor 63 Sekunden war der Zweite Weltkrieg zu Ende. Und, wann bist du geboren?

Was sind Kontinentalplatten?

Die äußere feste Schale der Erde besteht aus der Erdkruste und dem oberen Erdmantel (Lithosphäre). Sie ist in viele starre Platten (tektonische Platten) zerbrochen, die auf einer heißen, zähflüssigen Zwischenschicht (Asthenosphäre) ständig in langsamer Bewegung sind. Du kannst dir die Erde also wie ein riesiges Puzzle vorstellen, das sich aus sieben sehr großen und mehreren kleinen Platten zusammensetzt. Eine Platte kann sowohl Ozeane als auch Kontinente tragen oder nur einen Kontinent beziehungsweise nur einen Ozean.

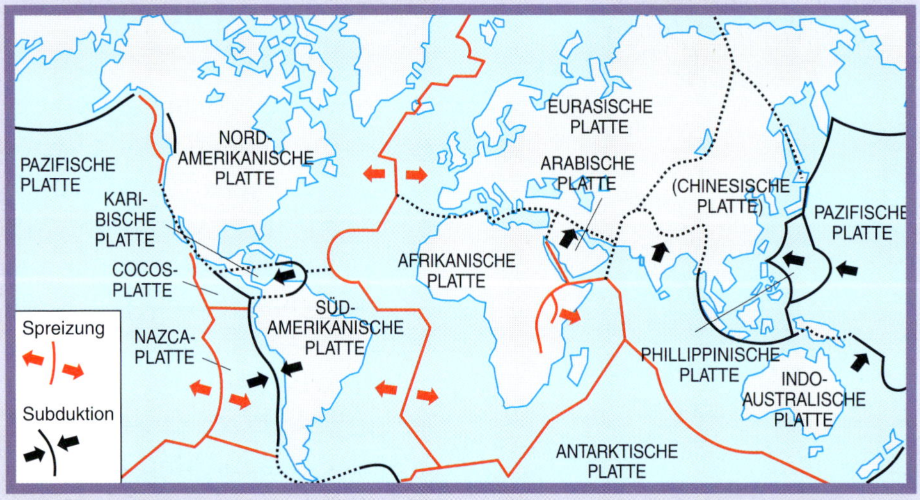

Die Kontinentalplatten

Wer zeichnete die erste Weltkarte?

Schon vor langer Zeit entwarfen Menschen die ersten Weltkarten. Dazu mussten sie eine Vorstellung vom Aussehen der Landschaften und Gebiete haben und eine Perspektive einnehmen, als ob sie von oben oder vom Weltall auf die Erde schauten. Allerdings kannten die Menschen damals viele Kontinente noch nicht, denn Amerika war beispielsweise noch gar nicht entdeckt. Daher konnte man auf diesen frühen Karten nur einen Teil der Erde erkennen. Erst als im 16. Jahrhundert Seefahrer um die ganze Welt segelten und bewiesen, dass die Erde tatsächlich rund ist, wurden auch die Karten genauer. Eine der besten Karten zeichnete Gerhard Mercator (1512–1594), der sowohl Mathematiker als auch Geograf und Kartograf war.

Wann stellte man fest, dass die Erde rund ist?

Die Menschen früher Kulturen waren davon überzeugt, dass unsere Erde eine Scheibe sei. Sie dachten dies, weil sie die Kugelform unseres Planeten nicht mit eigenen Augen erkennen konnten. Aber bereits die alten Griechen hatten erste Zweifel an diesem Weltbild. So war der Gelehrte Aristoteles (384–322 vor Christus) bereits vor mehr als 2000 Jahren davon überzeugt, die Erde sei eine Kugel. Er hatte nämlich beobachtet, dass man von Schiffen aus der Entfernung zunächst nur die Mastspitze sehen konnte. Erst wenn sich das Schiff näherte, konnte man mehr von ihm erkennen. Wie hätte man sich eine solche Beobachtung auf einer scheibenförmigen Erde erklären sollen?

Alte Darstellung der Welt als Scheibe

Die Drehung der Erde um sich selbst

Wer entdeckte, dass sich die Erde dreht?

Nikolaus Kopernikus (1473–1543), in Krakau geboren, studierte Medizin und Jura, interessierte sich aber auch sehr für die Astronomie. Zu seiner Zeit glaubte man, die Erde sei der Mittelpunkt des Alls und alle Planeten und die Sonne drehten sich um sie. Durch seine Himmelsbeobachtungen stellte Kopernikus aber fest, dass sich die Erde erstens um sich selbst und zweitens um die Sonne dreht. Er wagte aber nicht, seine Theorie zu veröffentlichen, weil er glaubte, man würde ihn für verrückt erklären. Erst im Alter von 70 Jahren veröffentlichte er endlich seine Erkenntnisse.

Wie schnell dreht sich die Erde?

Die Erde dreht sich an einem Tag um sich selbst, also in 24 Stunden. Stellen wir uns die Erdachse vor, so tritt sie am Nord- und am Südpol aus. An diesen beiden Endpunkten dreht man sich nur um sich selbst. Ganz anders ist es am Äquator. Das ist die Linie, die von den beiden Polen am weitesten entfernt ist und die die Erde in eine obere und eine untere Halbkugel teilt. Wer hier steht, legt pro Tag über 40.000 Kilometer zurück, das bedeutet 1670 Kilometer pro Stunde.

Was sind Längen- und Breitengrade?

Wenn du dir die Erde als Kugel vorstellst, laufen von Norden nach Süden die Längengrade und von Osten nach Westen die Breitengrade. Dieses Gradnetz aus Längen- und Breitengraden ist ein künstlich geschaffenes System, also nur ein gedachtes Netz, und dient zur geografischen Ortsbestimmung. Besonders in der Schiff- und Luftfahrt sind genaue Positionsangaben von größter Bedeutung. Die Position der Schiffe oder Flugzeuge ist dann dort, wo sich die entsprechenden Längen und Breitengrade kreuzen.

Warum ist Norden immer oben?

Eigentlich gibt es auf der Erde kein Oben und Unten – denn das richtet sich ganz danach, in welche Richtung man schaut. Dennoch hat man sich vor vielen Jahren darauf geeinigt, dass auf Landkarten der Norden immer oben ist. Die Idee dazu hatte schon im alten Griechenland der Astronom und Mathematiker Ptolemäus. Er richtete seine Landkarten nach dem Polarstern oder Nordstern aus, der auch den Seefahrern als Orientierungspunkt diente.

Was ist Magnetismus?

Bestimmte Materialien haben die Eigenschaft, Metalle anzuziehen und sich nach dem Magnetfeld der Erde auszurichten. Jeder Magnet hat zwei Pole, von denen einer abstößt und einer anzieht. Die Pole nennt man wie bei der Erde Nord- und Südpol. Je zwei gleiche Pole stoßen sich ab, unterschiedliche ziehen sich an.

Weshalb sind Nord- und Südpol magnetisch?

Im Inneren der Erde befindet sich flüssiges Metall, das vermutlich für den Erdmagnetismus verantwortlich ist. Er entsteht, wenn sich diese Metallschicht hin- und herbewegt, denn das Metall leitet elektrische Ströme. Sie bilden eine elektrische Ladung, die ein Magnetfeld mit Nord- und Südpol ausbildet. Diese magnetischen Pole sind nicht mit den geografischen Polen identisch! Tatsächlich liegen sie zurzeit etwa 2000 Kilometer von den geografischen Polen entfernt. Außerdem liegt der magnetische Südpol im Norden und andersherum!

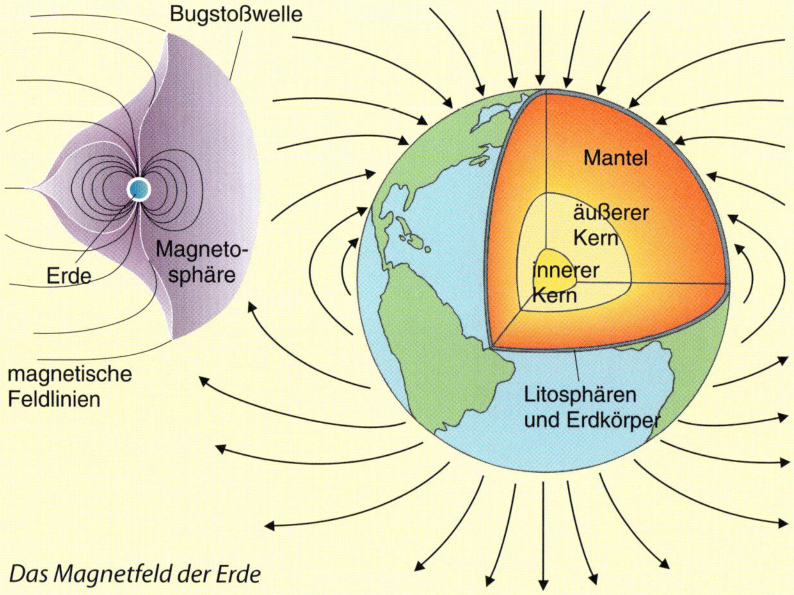

Das Magnetfeld der Erde

Zusatzinfo

Kompass

In einem Kompass befindet sich ebenfalls ein Magnet mit Nord- und Südpol. Der Nordpol des Kompasses wird nun vom magnetischen Südpol der Erde angezogen – denn nur ungleiche Pole ziehen sich an! Da der magnetische Südpol der Erde eher im Norden liegt, zeigt die Nadel in Richtung Norden – zumindest in etwa.

Die Kompassnadel zeigt den magnetischen Nord- und Südpol an.

Wie schnell dreht sich die Erde um die Sonne?

Um die Sonne bewegt sich die Erde mit einer Durchschnittsgeschwindigkeit von 29,78 Kilometern pro Sekunde, also mit rund 107.000 Kilometern pro Stunde. Dafür braucht sie etwa 365,25 Tage – das heißt ein Jahr.

Seit wann gibt es Kalender?

Den ersten Kalender erstellten die Ägypter 2270 vor Christus. Als Grundlage diente ihnen der Auf- und Untergang bestimmter Sterne im Jahresverlauf. Als Fixpunkt für ihren Kalender nutzten sie dabei den hellen Stern Sirius aus dem Sternbild Großer Hund. Das erste Auftauchen von Sirius in der Morgendämmerung nach seiner Unsichtbarkeitsperiode bestimmten die alten Ägypter als Jahresanfang – das ist Ende August. Auch die Babylonier, die vor 4000 Jahren in Vorderasien lebten, besaßen schon einen Kalender. Von den Azteken, die vor rund 500 Jahren in Mittelamerika heimisch waren, ist ebenfalls ein Kalender erhalten. Es ist ein großer Stein, auf dem in Kreisform die Tage und Monate eingraviert sind. Im Mittelpunkt des Kreises befindet sich eine Abbildung des Sonnengottes.

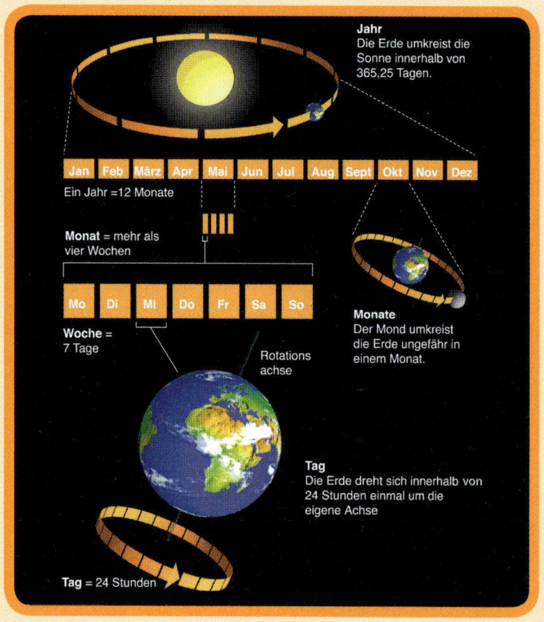

Grundlagen eines Sonnenkalenders

Was wussten die alten Babylonier?

Die Babylonier besaßen ein erstaunliches Wissen, denn sie teilten schon damals das Jahr in zwölf Monate zu je 30 Tagen ein. Dabei richtete sich die Dauer eines Jahres nach der Sonne und die Dauer eines Monats nach dem Lauf des Mondes. Jeder Monat begann mit dem zunehmenden Mond. Wenn es zu große Unterschiede zwischen Mond- und Sonnenjahren gab – das Mondjahr ist zehn bis zwölf Tage kürzer als das Sonnenjahr – schoben sie zum Ausgleich einfach Schalttage ein.

Der Lauf der Erde um die Sonne

Warum haben wir Schaltjahre?

Man sagt, ein Jahr habe 365 Tage. In Wirklichkeit ist die Erde jedoch etwas langsamer und braucht für eine Sonnenumrundung 365,25 Tage. Um den Unterschied auszugleichen, addiert man alle vier Jahre diese Vierteltage (etwa sechs Stunden) zu einem ganzen Tag, dem Schalttag. Dieses Jahr hat dann 366 Tage und wird Schaltjahr genannt. Dann gibt es einen 29. Februar. Man stellte jedoch fest, dass die Erde noch ein wenig langsamer ist. Um dieses kleine Bisschen noch auszugleichen, gibt es einen weiteren Schalttag in Jahren, die sich durch 100 und 400 teilen lassen. So zum Beispiel das Jahr 2000. Dies führte Papst Gregor XIII. (1502–1585) 1582 ein. Denn damals hatten sich wichtige Termine im Jahr schon stark verschoben: Der Frühlingsanfang lag zum Beispiel nicht mehr auf dem 21. März, sondern auf dem 11. März. Daher bestimmte Gregor XIII., dass im Jahre 1582 auf den 4. Oktober der 15. Oktober folgen solle – es wurden also 10 Tage weggelassen. So rutschen die Termine wieder auf den festgelegten Zeitpunkt. Noch heute richten wir uns nach dem sogenannten gregorianischen Kalender.

Warum ist es bei uns Nacht, wenn in Amerika die Sonne aufgeht?

Grundsätzlich liegt das daran, dass sich die Erde in 24 Stunden einmal um ihre eigene Achse dreht. Darum ist immer nur eine Hälfte der Erde der Sonne zugewandt. Da Amerika und Europa sich sozusagen gegenüberliegen, ist dort Nacht, wenn bei uns Tag ist.

Wie funktioniert eine Sonnenuhr?

Die alten Babylonier wussten schon vor über 3000 Jahren, wie sie sich das Licht zunutze machen konnten, um die Zeit zu bestimmen. Sie kannten nämlich bereits die Funktionsweise einer Sonnenuhr. Ein Stab wird in die Erde gesteckt und wirft dann einen Schatten. Das funktioniert natürlich nur, wenn der Himmel klar ist. Im Laufe des Tages wandert der Schatten mit der Sonne. Sein Stand ist also abhängig davon, wo die Sonne gerade steht. Rund um den Stab kann man ein Ziffernblatt anlegen und dann die Stunden ablesen, bis die Sonne untergeht.

Was sind die Zeitzonen?

Obwohl nicht überall auf der Erde gleichzeitig Tag oder Nacht ist, ist es überall auf der Welt dann zwölf Uhr mittags, wenn die Sonne ihren jeweils höchsten Stand erreicht hat. Das funktioniert, weil die ganze Erde in Zeitzonen eingeteilt wurde. In einer Zeitzone gilt eine bestimmte Uhrzeit. Wenn man nun reist und von einer in die andere Zone wechselt, muss man seine Uhr auf die neue Zeit umstellen. Das ist in Europa zum Beispiel der Fall, wenn du von Deutschland oder Frankreich nach England hinüberfährst – da gibt es eine Stunde Unterschied. Es gibt noch eine Grundregel: Wandert man in Richtung Osten, muss man die Uhr vorstellen. Geht man in Richtung Westen, stellt man sie zurück.

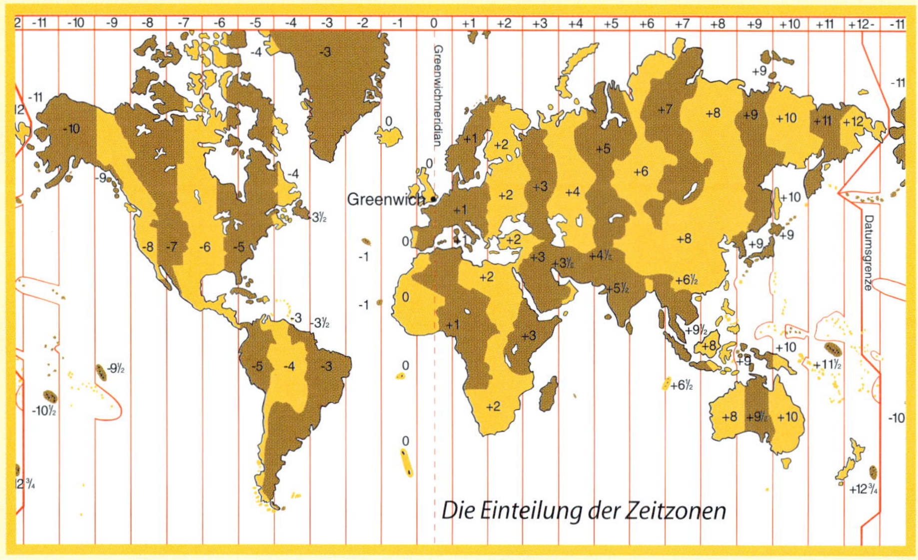

Die Einteilung der Zeitzonen

Zusatzinfo

Zeitzonen

Die unterschiedlichen Uhrzeiten auf der Welt führten bereits Ende des 19. Jahrhunderts zu Problemen mit den Fahrplänen der Eisenbahn. Wollte man mit dem Zug quer durch ein sehr großes Land fahren, dann herrschte überall eine andere Uhrzeit. Weil das für ein großes Durcheinander sorgte, schlug erstmals 1879 der kanadische Eisenbahningenieur Sir Sandford Fleming (1827–1915) die Einführung der Zeitzonen vor. Als Ausgangspunkt für die Berechnung legte man einen Punkt auf dem sogenannten Nullmeridian fest. Dieser läuft genau durch den Stadtteil Greenwich in London. Nach dieser Zeit errechnen sich alle Zeitzonen der Welt. Man nennt das darum auch „Greenwich Mean Time" oder kurz GMT.

Warum wird es im Winter früher dunkel als im Sommer?

Die Erde wandert innerhalb eines Jahres einmal um die Sonne herum. Da sie aber nicht senkrecht, sondern etwas schief steht, wird sie nicht immer gleichmäßig beschienen. Ist die Nordhalbkugel nun der Sonne zugeneigt, bekommt sie länger die Sonnenstrahlen ab. Deshalb sind die Tage länger! Im Winter dagegen erreichen die Sonnenstrahlen die Erde nicht mehr so gut und die Tage werden kürzer. Den kürzesten und den längsten Tag des Jahres, die Sonnenwenden, haben übrigens schon unsere Vorfahren erkannt. Den längsten Tag nennt man die Sommersonnenwende, danach werden die Tage wieder kürzer. Sie fällt auf den 21. Juni. Bei der Wintersonnenwende ist der Tag am kürzesten. Sie findet immer am 21. oder 22. Dezember statt. Danach werden die Tage wieder länger, bis sie am 21. Juni ihren Höhepunkt erreichen.

Die Sonnenstrahlen treffen im Jahresverlauf unterschiedlich auf der Erde auf.

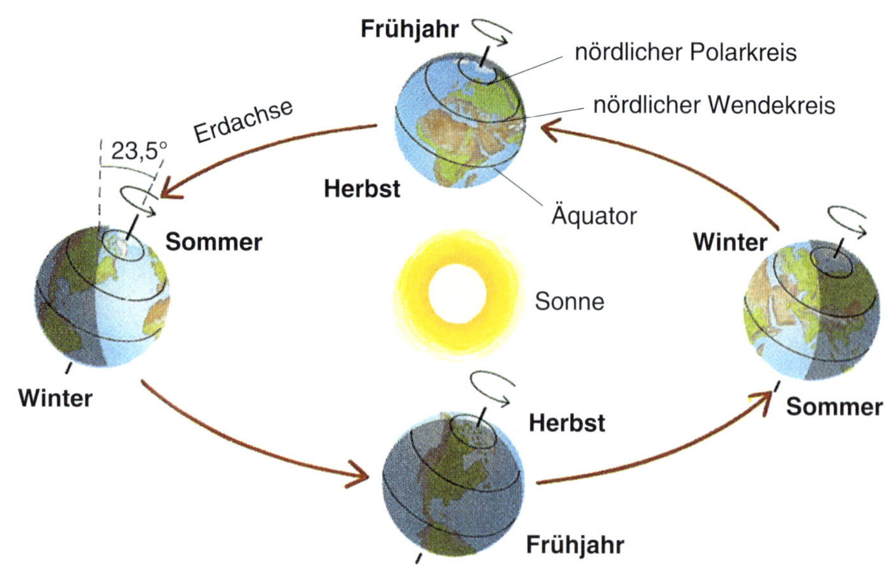

Was ist eine Atmosphäre?

Atmosphäre nennt man die schützende Hülle aus Gasen, die einen Himmelskörper umgeben kann. Unsere Erde ist von einer Atmosphäre umgeben, die hauptsächlich aus Stickstoff, Sauerstoff, Argon und Kohlendioxid besteht. Sie enthält also unsere Atemluft und bewahrt unseren Planeten ebenso vor Überhitzung wie vor starker Auskühlung. Sogar vor kleineren Meteoriten beschützt uns die Atmosphäre.

Was ist ein Ozonloch?

Dort, wo vorher eine schützende Ozonschicht war, ist nun ein großes Loch. Dieses Loch liegt über der Antarktis und Australien. Der Mensch hat durch die Verwendung von FCKW, das ist die Abkürzung für Fluorchlorkohlenwasserstoff, dieses Ozonloch verursacht. FCKW wurde lange Zeit in Spraydosen oder auch in Kühlschränken eingesetzt. Da das Ozonloch immer größer und die gesamte Ozonschicht immer dünner werden, ist das FCKW inzwischen fast überall verboten.

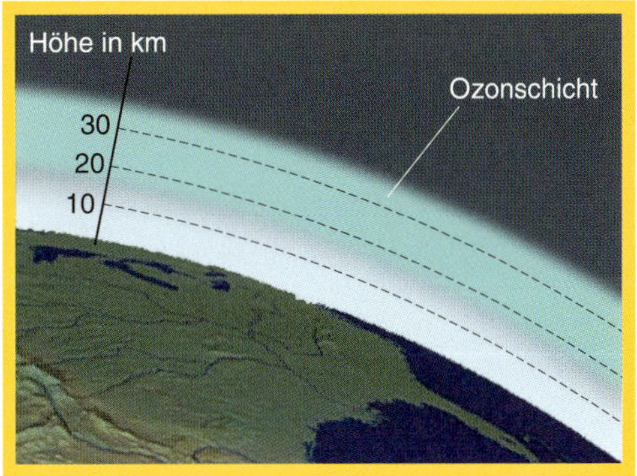

Was ist Luft?

Ohne Luft könnte der Mensch nicht leben, auch wenn man sie weder sehen, hören, riechen, fühlen noch schmecken kann. Die Luft, die unsere Erde umgibt, ist ein Gemisch aus verschiedenen Gasen. Die Teilchen, aus denen das Gas besteht, bezeichnet der Wissenschaftler als Moleküle. Sie sind winzig klein und können sich frei bewegen. Stickstoff bildet mit 78 Prozent den Hauptbestandteil der Luft. Der Anteil an Sauerstoff, den wir alle zum Leben brauchen, beträgt lediglich 21 Prozent.

Wo befindet sich die Ozonschicht?

Die Stratosphäre – das ist eine der Schichten unserer Erdatmosphäre – beginnt etwa 15 Kilometer über dem Erdboden und endet in ungefähr 50 Kilometern Höhe. In der Stratosphäre befindet sich eine dünne Schicht Ozon. Diese Ozonschicht schützt uns vor den Strahlen der Sonne. Genauer gesagt filtert sie die ultravioletten Anteile, auch UV-Licht genannt, aus dem Sonnenlicht heraus. Das sind die Anteile, von denen wir Sonnenbrand und Hautkrebs bekommen.

Wie kam das Wasser in die Ozeane?

Es dauerte lange, bis die Meere gefüllt waren.

Bisher hat noch niemand herausgefunden, wie das Wasser auf die Erde kam. Einige glauben, dass die Erde anfangs von riesigen Wolken aus Dampf und Gas umgeben gewesen sei. Diese Wolken seien im Laufe von Jahrtausenden abgeregnet. Andere dagegen meinen, es seien Meteoriten auf die Erde niedergegangen, die Eis mitgebracht hätten. Das sei dann geschmolzen und habe die Meere gefüllt. Denn am Anfang prallten sehr viele kleinere Körper auf unsere Erde. Fest steht nur, dass sich Wasser aus zwei Gasen zusammensetzt, nämlich Wasserstoff und Sauerstoff.

Warum nennt man die Erde den Blauen Planeten?

Du hast sicher schon Bilder gesehen, auf denen unser Planet vom Weltraum aus wie eine blaue Kugel aussieht. Der Grund dafür ist, dass die Meere und Ozeane mehr als 70 Prozent der Erdoberfläche bedecken. Da uns das Meerwasser meist blau erscheint, bezeichnen wir die Erde als den Blauen Planeten.

Was ist die Arktis?

Am nördlichsten Punkt der Erde befindet sich die Arktis. Sie besteht jedoch nicht aus einem Kontinent, sondern umfasst ein riesiges zugefrorenes Meer zwischen Skandinavien, Russland und Kanada sowie Teile dieser Länder. Nur im Sommer taut die Eisfläche an den Rändern etwas ab. Dann beginnen die Pflanzen zu sprießen und es kommen auch Tiere in diese Gegend, um ihre Jungen aufzuziehen.

Was ist die Antarktis?

Der Kontinent Antarktika befindet sich am Südpol. Er ist eine der kältesten Regionen der Erde und von Schnee und Eis bedeckt. Dieses Festland, das umliegende Meer und dessen Eisschicht nennt man Antarktis. Der Kontinent ist etwa so groß wie Europa, die Eisschicht darauf ist bis zu vier Kilometer dick! Die tiefste Temperatur, die man dort jemals gemessen hat, beträgt minus 89 Grad Celsius. Auch im Sommer steigen die Temperaturen kaum über den Gefrierpunkt.

Die Antarktis ist immer eisbedeckt.

Polarlichter entstehen durch Sonnenwinde.

Wie entstehen Polarlichter?

Polarlichter oder Nordlichter leuchten in Grün, Gelb oder Rot. Gasexplosionen auf der Sonne sind die Ursache für das farbige Lichterspiel am polaren Nachthimmel. Denn herausgeschleuderte Teilchen sausen als Sonnenwinde durchs All. Erreichen sie das Magnetfeld unserer Erde, rasen sie auf die Pole zu. In 400 bis 80 Kilometern Höhe prallen sie mit voller Wucht auf die Luftteilchen und bringen diese zum Leuchten.

Warum ist es am Nord- und Südpol so kalt?

Die Pole bekommen wegen ihrer Lage relativ wenig Sonne ab. Einige Monate lang geht die Sonne dort gar nicht mehr auf! Während der anderen Zeit sind die Strahlen zu schwach, um die Pole richtig zu erwärmen. Zusätzlich reflektieren die großen Eisflächen das Licht, sodass noch weniger Wärme am Boden ankommt – es bleibt kalt.

Was ist eine Eiszeit?

Als Eiszeit bezeichnen wir einen Zeitraum, in dem die Temperaturen auf der Erde absinken und Millionen Jahre lang niedrig bleiben. Es ist dann so kalt, dass auch im Sommer Schnee und Eis kaum abtauen, stattdessen breiten sie sich aus. Ebenso breitet sich das Polareis weiter aus. Große Gebiete von Land und Wasser sind dann folglich mit Eis überzogen. Für den weltweiten Temperaturrückgang während einer Eiszeit gibt es wohl verschiedene Gründe, doch die Klimaforscher sind sich noch uneins, welche am wichtigsten sind.

Wann war die letzte Eiszeit?

Die letzte Eiszeit oder Kaltzeit begann vor etwa 2,5 Millionen Jahren. Damals fielen die Temperaturen durchschnittlich um fünf bis sechs Grad Celsius. Das Eis der Gletscher und der Pole breitete sich daher weiter aus. Zeitweise waren mehr als 30 Prozent der Erdoberfläche von Eis bedeckt, darunter auch viele festländische Gebiete. Da soviel Wasser als Eis gebunden war, lag der Meeresspiegel zeitweise mehr als 100 Meter niedriger als heute. Diese Kaltzeit endete vor ungefähr 12.000 Jahren.

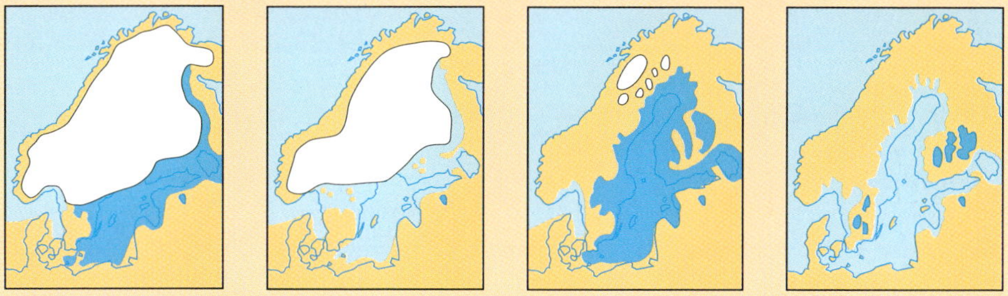

Das Abtauen der Eisfläche Skandinaviens nach der letzten Eiszeit

Warum ist das Polareis so wichtig?

Die Polkappen sind das ganze Jahr eisbedeckt, lediglich die Größe der Eisfläche schwankt zwischen Sommer und Winter. Diese enorme weiße Fläche ist wichtig für unser Klima: Denn der Schnee wirft die Sonnenstrahlen wieder zurück – der eisfreie Teil der Erde hingegen nimmt die Sonnenstrahlen und damit die Wärme auf. Durch diese Wechselwirkung wird die Temperatur der Erde auf einem bestimmten Maß gehalten. Schmilzt das Eis der Polarregionen jedoch, wird die Erde immer wärmer und das Klima ändert sich. Außerdem würde bei einer vollständigen Schmelze der Meeresspiegel um sieben Meter steigen! Viele Küstenregionen würden dann überschwemmt.

Kann es eine neue Eiszeit geben?

Auf der Erde gab es schon mehrere Eiszeiten. Kaltzeiten und Warmzeiten wechseln einander immer ab. Allerdings dauern diese Perioden viele Jahrtausende. Bohrungen in der Antarktis lassen Forscher vermuten, dass die derzeitige Warmzeit noch 15.000 Jahre andauern wird. Andere glauben aber, uns stehe eine „kleine Eiszeit" bevor, wie es sie bereits nach dem Mittelalter gab. Demnach müssten wir uns auf kühle Sommer und lange Winter einstellen – allerdings nur, wenn wir die selbstverschuldete Klimaerwärmung stoppen können.

Was ist ein Gletscher?

Gletscher sind Eisströme oder Eisfelder. Sie entstehen in Hochgebirgen und Polarländern dort, wo das ganze Jahr über Schnee liegt. Die obere Schicht eines Gletschers besteht aus Schnee. Temperaturschwankungen lassen den Schnee antauen und wieder gefrieren. Der Schnee wird dann zu Eis. Dieser Prozess wiederholt sich immer wieder, sodass der Gletscher wächst und wächst. Durch das große Gewicht wird etwas Eis auf der Unterseite des Gletschers verflüssigt. So entsteht ein dünner Gleitfilm aus Wasser, auf dem der Gletscher langsam Richtung Tal oder Meer rutscht.

Ein schmelzender Gletscher

Wie formten Gletscher die Landschaft?

Während der Eiszeit breiteten sich die Gletscher aus und bedeckten große Gebiete Europas, Asiens und Nordamerikas. Durch die Gletscher wurde nicht nur Eis, sondern auch Schutt und Geröll bewegt. Dieses Gesteinsmaterial, Schmelzwasser, Wind und Wetter formten unsere Landschaft. Es entstanden Hügel, Seen, Ebenen und Senken. Als die Gletscher der Eiszeit zu schmelzen begannen, stieg der Meeresspiegel an und überflutete ganze Landstriche. Dadurch wurden auch Inseln, wie Großbritannien oder Irland, vom Festland getrennt.

Der Gletscher fließt langsam zu Tal.

Was versteht man unter Klima?

Trotz aller Launenhaftigkeit des Wetters gibt es eine gewisse Regelmäßigkeit. So weiß man zum Beispiel, wie viel Regen in einem bestimmten Gebiet fällt, wie warm es in einem Land normalerweise ist oder wie stark der Wind gewöhnlich weht. Diese durchschnittlichen Wetterbedingungen nennen wir Klima. Man unterscheidet verschiedene Klimazonen auf der Erde.

Was ist ein Fjord?

Als Fjorde bezeichnet man schmale Meeresbuchten oder -arme mit steilen Küsten, die tief in das Land (meist in Gebirge) hineinreichen. Während der letzten Eiszeit gruben Gletscher tiefe Täler in die Gebirge. Am Ende der Eiszeit wurde es wärmer und die Eismassen schmolzen ab. Dadurch stieg der Meeresspiegel und die unteren Bereiche der Täler wurden geflutet. So entstanden die Fjorde, die man hauptsächlich im Küstengebiet Norwegens und Islands findet.

Ein norwegischer Fjord

Welche Klimazonen gibt es?

Nicht überall auf der Erde ist das Klima gleich. Grob lässt sich die Erdoberfläche in vier Klimazonen einteilen. Es gibt die tropische, die subtropische, die gemäßigte und die kalte Zone. In Deutschland ist das Klima gemäßigt. Die Sommer sind schön warm, die Winter richtig kalt. Wer von uns aus zum Äquator reist, kommt durch die subtropische in die tropische Zone. Dort ist es immer heiß, Regenzeiten wechseln sich mit Trockenperioden ab. Frieren muss man hingegen in der Nähe von Nord- und Südpol, dort liegt nämlich die kalte Klimazone. Dennoch ist es in Sibirien (Nordrussland) durchschnittlich am kältesten, nicht an den Polen!

Was macht die Tropen aus?

Parallel zum Äquator – der Linie, die mittig rund um die Erdkugel reicht – verlaufen die Wendekreise. Die Zone zwischen dem nördlichen und südlichen Wendekreis nennt man Tropen. Die Sonne steht hoch am Himmel, die Tage und Nächte sind etwa gleich lang. Dadurch sind die Temperaturen und die Luftfeuchtigkeit relativ hoch. Besonders entlang des Äquators, den „Inneren Tropen", regnet es oft. In diesem feuchtwarmen Klima konnte sich eine einzigartige Landschaft entwickeln: Der tropische Regenwald mit seiner unglaublichen Tier- und Pflanzenwelt.

Welches Wetter herrscht in den Subtropen?

Den Übergang von der tropischen zur gemäßigten Klimazone bilden die Subtropen. Die Sommer in den Subtropen sind heiß, die Temperaturen liegen im Durchschnitt deutlich über 20 Grad Celsius. In vielen Gebieten der Subtropen herrscht dann Wasserknappheit. Dagegen sind die Winter kühler, jedoch immer noch mild und meist auch feucht. Subtropisches Klima ist auch in Europa in den südlichen Gegenden Italiens, Spaniens oder Griechenlands zu finden.

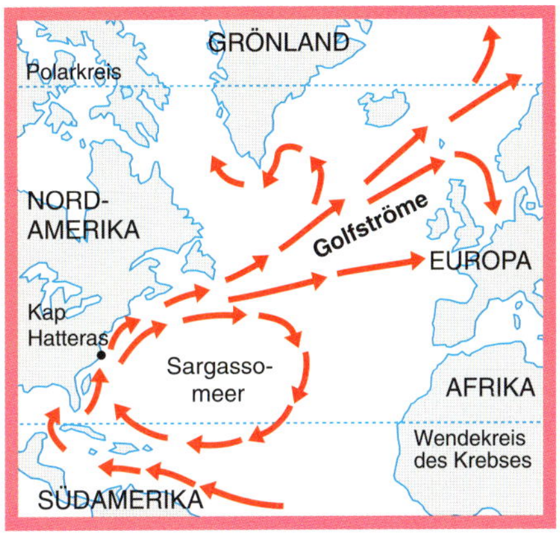

Die Pfeile zeigen, wohin der Golfstrom fließt.

Was ist gemäßigtes Klima?

In großen Teilen Europas herrscht gemäßigtes Klima. In dieser Klimazone gibt es ausgeprägte Jahreszeiten mit warmen Sommern und einer Durchschnittstemperatur über zehn Grad Celsius. Es folgen kühle Winter, in denen die Sonne ganz tief steht. Das Gebiet der gemäßigten Zone ist relativ groß. Deshalb wird noch einmal unterschieden zwischen warmgemäßigtem, kühlgemäßigtem und kaltgemäßigtem Klima. Letzteres ist in Europa beispielsweise in Skandinavien zu finden.

Warum ist der Golfstrom so wichtig?

Der Golfstrom ist eine warme Meeresströmung. Sie bewegt sich entlang der amerikanischen Ostküste nordwärts und überquert als nordatlantischer Strom den Atlantik. So transportiert sie subtropisches salziges Wasser zu den europäischen Küsten. Der Golfstrom ist also wichtig für unser Klima, weil sein warmes Wasser und die darüber erwärmte Luft wie eine Art Heizung wirkt. Gerade in Nord- und Westeuropa wäre es sonst viel kälter.

Wie entstehen die Jahreszeiten?

Durch die leichte Schrägstellung der Erde können die Sonnenstrahlen nicht das ganze Jahr über gleichmäßig auf alle Stellen der Erde treffen. Im Sommer ist die Nordhalbkugel der Sonne zugeneigt, daher bekommt sie mehr Wärme ab. Im Winter dagegen ist sie etwas von der Sonne abgewandt und es wird kälter. Die Übergangszeiten zwischen Sommer und Winter sind Frühling und Herbst. Übrigens ist auf der Südhalbkugel Winter, wenn bei uns auf der Nordhalbkugel Sommer ist – deswegen sagt man auch Nordsommer und Südwinter! Um die Mitte der Erde herum, den Bauch sozusagen, gibt es keine Jahreszeiten. Denn dort ist die Sonneneinstrahlung relativ gleichmäßig.

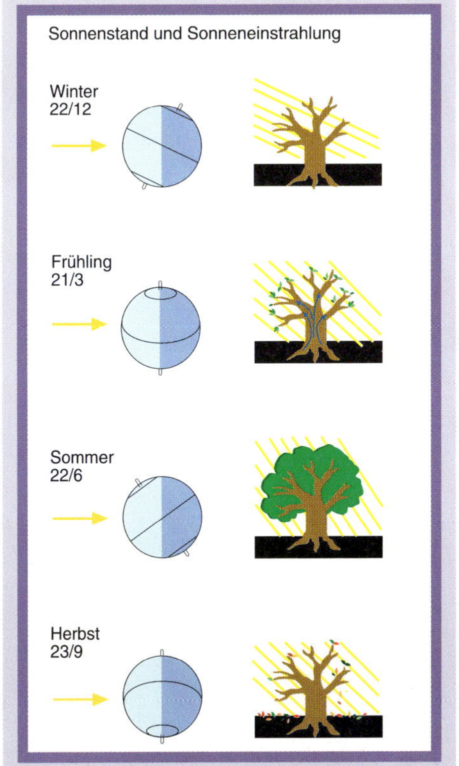

Darstellung der Sonneneinstrahlung im Jahresverlauf

Was ist der Treibhauseffekt?

Kennst du ein Treibhaus? In den Glasbauten ist es ziemlich warm, deshalb können Blumen oder Gemüse auch im Winter darin wachsen. Die Sonne scheint durch die großen Glasscheiben hinein und die Wärme wird in dem Treibhaus gespeichert. So ähnlich ist das auch mit dem Treibhauseffekt auf der Erde. Die Sonne scheint auf unsere Erde und erwärmt sie. Das ist prima, denn sonst gäbe es hier kein Leben. Aber leider ist das Vorkommen von sogenannten Treibhausgasen auf der Erde stark angestiegen. Dadurch heizt sich die Atmosphäre künstlich auf und es wird immer wärmer – zu warm, um unser Leben so weiterzuführen wie bisher.

Was bewirkt der Treibhauseffekt?

Die Menschen haben in den letzten 150 Jahren vor allem durch die Industrie dafür gesorgt, dass sich die Anzahl der Treibhausgase in der Atmosphäre etwa verdoppelt hat. Diese zusätzlichen Gase haben den natürlichen Treibhauseffekt, der für uns lebenswichtig ist, verstärkt. Deshalb steigt die Temperatur unserer Lufthülle langsam an. Wissenschaftler konnten diesen Effekt sogar schon messen: Im 20. Jahrhundert stieg die Temperatur der Erdoberfläche um mehr als ein halbes Grad Celsius an. Das klingt wenig, hat aber ungeheure Auswirkungen – es kommt beispielsweise vermehrt zu Unwettern. Zudem schmilzt das Eis der Pole und der Gletscher immer schneller, sodass mehr Wasser in die Ozeane gelangt. Dadurch steigt der Meeresspiegel. Zudem wird es in den gemäßigten Zonen feuchter, die Sommer kälter und die Winter wärmer. In den wärmeren Zonen dagegen wird es immer trockener, sie verwüsten mit der Zeit.

Wer macht eigentlich das Wetter?

Das Wetter, das an einem bestimmten Ort zu einer bestimmten Zeit herrscht, wird stets von mehreren Dingen beeinflusst. Dies sind Sonne, Wasser und Luft. Sie alle zusammen sorgen für Wärme und Kälte, Wind oder Sturm, Regen, Hagel, Schnee und Sonnenschein. Da überall auf der Erde unterschiedliche Bedingungen vorherrschen, ist das Wetter an anderen Orten eben immer anders.

Das Wetter hat viele Gesichter.

Wie funktioniert der Wasserkreislauf?

Durch die Sonneneinstrahlung verdunstet das Wasser auf der Erdoberfläche. Der Wasserdampf steigt nach oben, kühlt dort ab und es kommt zur Wolkenbildung. Die Wolken werden immer schwerer, bis es zu regnen beginnt. Das Regenwasser gelangt in Flüsse, Seen und Meere, teilweise versickert es auch im Boden. Aber selbst dann kommt es irgendwann durch eine Quelle wieder an die Oberfläche und der Kreislauf beginnt von Neuem. So geht das Wasser nicht verloren.

Die Pfeile zeigen den Weg des Wassers.

Warum ist die Wettervorhersage so oft falsch?

Die Wettervorhersage ist ein heikles Thema. Die Daten über den aktuellen Zustand der Atmosphäre kommen von vielen Bodenmessstationen, die Windgeschwindigkeit, Temperatur, Luftdruck und Luftfeuchtigkeit sowie Niederschlagsmengen messen. Zusätzlich werden auch Daten von Wettersatelliten verwendet. Dies ist besonders wichtig für Gebiete, in denen nur wenige Messstationen existieren, wie auf dem Ozean. Da der aktuelle Zustand nur ungenau erfasst werden kann, ist eine Vorhersage maximal für drei Tage möglich. Denn kleinste Veränderungen erzeugen größte Wirkungen – das nennt man ein chaotisches System.

Was sind Hoch- und Tiefdruckgebiete?

Die Hoch- und Tiefdruckgebiete entstehen durch die unterschiedlichen Temperaturzonen der Erde. Den größten Unterschied gibt es zwischen den heißen Tropen und den kalten Polen. In Tiefdruckgebieten herrscht ein niedriger Luftdruck. Dorthin strömt die warme Luft, die mit Wasserdampf behaftet ist und abregnet. Nun strömt die abgekühlte Luft in ein Hochdruckgebiet, in dem eben ein hoher Luftdruck herrscht. Hier ist die Luft trocken, daher bilden sich keine Wolken! Daher ist bei einem Hoch schönes Wetter.

Warum haben Hochs und Tiefs Namen?

Im Wetterbericht heißt es häufig „Hoch Erwin sorgt für Sonnenschein“ oder „Tief Anna beschert uns Regen“. Begonnen hat mit der Namensgebung Clement L. Wragge. Er gab tropischen Wirbelstürmen Frauennamen, Orkanen außerhalb der Tropen Männernamen. Jedes Land hat heutzutage seine eigene Namensliste, die es für die Hoch- und Tiefdruckgebiete verwendet. Doch bald wurden Proteste laut, weil die Tiefs immer weibliche Namen hatten. Daher wechselt man dies zum Beispiel in Europa Jahr für Jahr ab.

Diese Karte zeigt die Luftdruckgebiete der Erde.

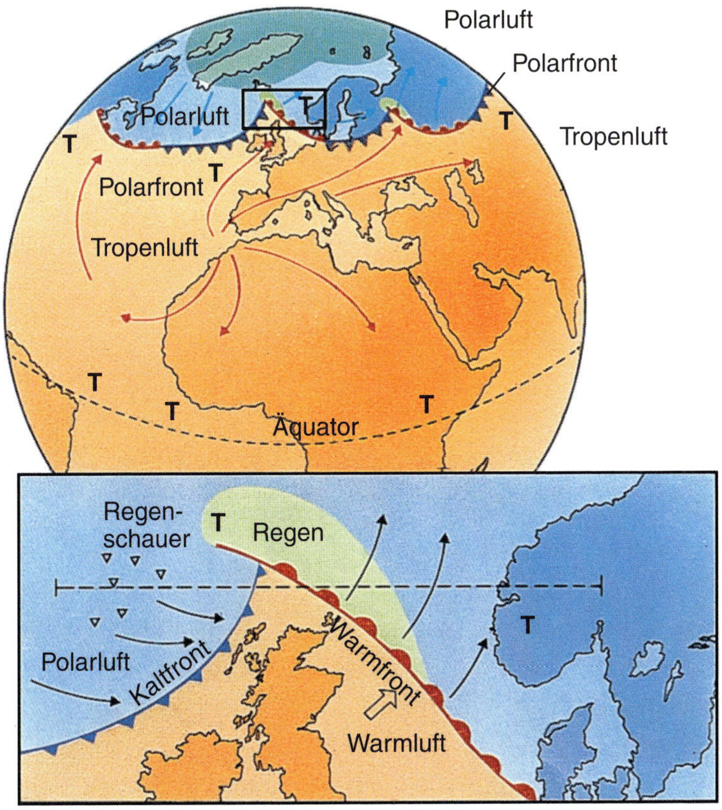

Wie entsteht Wind?

Wind ist nichts anderes als bewegte Luft und entsteht in der Atmosphäre. Wenn die Sonne scheint, wird die Luft über dem Land schneller erwärmt als über dem Meer. Da warme Luft leichter ist als kalte, steigt die warme Luft nach oben und die kühlere strömt unten nach. So entsteht eine Luftbewegung, der Wind. Er kommt in Bewegung, weil Warmluft und Kaltluft nicht den gleichen Druck haben. Absinkende Kaltluft hat einen höheren Druck als aufsteigende Warmluft – daher gibt es Hoch- und Tiefdruckgebiete. In einem ständigen Kreislauf strömt die Luft von Hochdruck- in Tiefdruckgebiete, es weht also ein steter Wind.

Ein Kind im Wind

Wie entsteht ein Tornado?

Tornados sind tropische Wirbelstürme. Sie entstehen im Spätsommer, wenn die Wassertemperatur der Ozeane in den Tropen mindestens 27 Grad Celsius beträgt. Dann verdunsten aufgrund der Sonneneinstrahlung gewaltige Wassermassen über dem Meer. Mit der warmen Luft steigt der Wasserdampf schnell auf. In Bodennähe strömt von allen Seiten kühlere Luft nach. Durch die Erddrehung fängt diese Luft an, sich spiralförmig zu drehen. In der Mitte, die auch Auge genannt wird, ist es völlig ruhig, doch außen herum toben fürchterliche Stürme. Tornados reißen alles mit sich, was ihnen in die Quere kommt: Menschen, Tiere, Autos und Häuser. Sie bewegen sich mit 35 bis 50 Kilometern pro Stunde und stoppen erst, wenn ihnen auf dem Festland oder über kühlerem Wasser die „Puste“ ausgeht. Das heißt, wenn ihnen der Nachschub an feuchtwarmer Luft fehlt.

So sieht ein Tornado vom All betrachtet aus.

Was ist Föhn-Wetter?

Als Föhn bezeichnet man einen trockenen und milden Wind, der häufig im Süden Deutschlands vorkommt. Damit er entstehen kann, müssen die Luftströmungen auf ihrem Weg von Süden über die Alpen bereits ihre Feuchtigkeit abgeben. Kaum hat die nun trockene Luft das Gebirge überwunden, steigt sie wieder abwärts und erwärmt sich dabei sehr schnell. Der Wind, der nun weht, ist warm und trocken – ähnlich wie die Luft aus einem Haartrockner. Durch den Föhn ist es möglich, dass selbst im Winter die Temperaturen plötzlich stark ansteigen und für Frühlingswetter sorgen.

Warum fällt der Regen vom Himmel?

Wenn die Erdoberfläche von den Sonnenstrahlen erwärmt wird, verdunstet das Wasser und steigt als Wasserdampf auf. Sobald dieser in kühlere Luftschichten gelangt, schlägt er sich nieder und es entstehen Wolken. Ab einer bestimmten Temperatur kann der Wasserdampf auch gefrieren. In einer Wolke sammelt sich immer mehr Wasserdampf, bis sie zu schwer wird. Dann löst sie sich auf und es regnet, schneit oder hagelt.

Sind alle Wolken gleich?

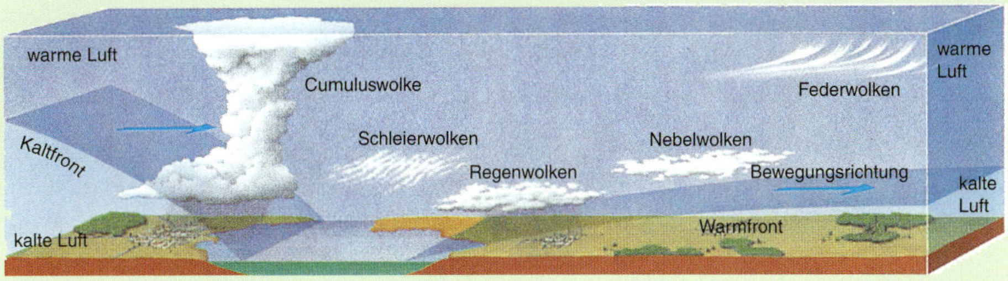

Diese Grafik zeigt die verschiedenen Wolkenarten.

Ein Blick in den Himmel genügt, um festzustellen: Wolken sehen sehr unterschiedlich aus. Je nachdem, in welcher Höhe sie sich befinden, unterscheidet man verschiedene Typen: Die höchsten Wolken bestehen aus Eiskristallen, weil es oben am kältesten ist – es sind die Federwolken. In der Mitte befinden sich die sogenannten mittelhohen Wolken. Sie bestehen aus Eiskristallen und Wassertröpfchen. Der Erde am nächsten sind Wasserwolken, die oft als Cumulus- oder Haufenwolken auftreten. Wir können sie an schönen Sommertagen wie Blumenkohl am blauen Himmel sehen, während sie entstehen. Unter besonderen Bedingungen können auch ungewöhnliche Wolken entstehen: An der windabgekehrten Seite von Gebirgszügen schweben manchmal sogenannte Linsenwolken, die wegen ihrer Form oft für Fliegende Untertassen gehalten werden. Und an der Unterseite von Gewitterwolken kann man gelegentlich blasenförmige Wolken sehen. In Mittelamerika kündigen sie manchmal einen Tornado an.

Was ist der Monsun?

Der Monsun ist eine großflächige Luftbewegung in den Tropen und Subtropen. Diese Monsunwinde sind so stabil, dass sie nur zweimal im Jahr die Richtung ändern. Das arabische Wort Monsun bedeutet soviel wie Jahreszeit. Im Sommer bringt der Monsunwind sehr viel Feuchtigkeit, im Winter dagegen trockene Luft. Dann regnet es monatelang nicht. Der indische Monsun ist besonders bekannt, doch auch in anderen Gebieten gibt es ihn. In sehr heißen Gegenden sorgt der Monsunregen für die Versorgung mit Trinkwasser und Wasser für die Landwirtschaft. Es kommt aber auch zu Überschwemmungen, weil der Boden das viele Wasser nicht aufnehmen kann.

Warum sind Gewitterwolken dunkel?

Vor einem Gewitter herrschen in der Luft starke Aufwinde. So werden die Wasser- oder Eisteilchen in den Wolken immer wieder nach oben getrieben anstatt abzuregnen. Die Wolken werden so immer größer und schwerer, sie können sich bis zu zehn Kilometer hoch auftürmen! Solche Wolken enthalten dann bis zu 100.000 Tonnen Wasser – und diese Menge ist so groß, dass das Sonnenlicht kaum noch durch die Wolke durchscheinen kann. Daher sieht sie von unten dann so dunkelgrau aus! Erst wenn die Wolke so schwer ist, dass die Aufwinde sie nicht mehr oben halten können, regnet sie ab.

Wie entsteht ein Gewitter?

Auslöser für Gewitter sind die sogenannten Cumuluswolken. Sie sammeln sehr viel Wasser und werden zu Gewitterwolken. Die Wasserteilchen in den Wolken werden von Winden, die sehr schnell aufsteigen und wieder abfallen, hin- und hergeschleudert. Dabei geraten sie aneinander und laden sich elektrisch auf. Wie dein Kamm zum Beispiel, wenn du dir die Haare kämmst. Irgendwann entlädt sich die Spannung. Dann knallt es plötzlich, es kommt zu einer Kettenreaktion und es blitzt. Da der Blitz sehr heiß ist (fast 30.000 Grad Celsius), erwärmt er die Luft ziemlich stark. Die dehnt sich in Windeseile aus, durchbricht mit ihrer Geschwindigkeit die Schallmauer und es donnert.

Der Sommermonsun in Indien bringt Trockenheit.

Wie entstehen Flutkatastrophen?

Es gibt landschaftliche und wetterbedingte Gründe für Flutkatastrophen. Aber auch das menschliche Eingreifen in die Natur kann eine Ursache sein. Durch starke Regenfälle oder die Schneeschmelze in den Bergen vermehrt sich das Wasser manchmal so schnell, dass es nicht mehr wie gewöhnlich durch die Flüsse abfließen kann. Durch das Abholzen von Waldflächen wird zudem der lose Boden abgetragen, sodass er viel weniger Wasser aufnehmen kann. Es fließt dann unaufhaltsam zu Tal. Außerdem wurden viele Flüsse begradigt, das heißt in ihrem Bett eingeschränkt. Sie laufen einfach über, wenn sie zu viel Wasser führen und überschwemmen die Umgebung.

Ein Fluss bei Hochwasser

Wenn die Sonne lacht, geht es uns gut.

Warum kann nicht immer die Sonne scheinen?

Menschen, Tiere und Pflanzen brauchen Wasser, um existieren zu können. Wie karg unsere Landschaft aussieht, wenn fast nur die Sonne scheint, kann man in den Wüsten sehen. Wegen der Trockenheit ist dort kaum Leben möglich, es gibt nur wenige Pflanzen und Tiere, die sich den harten Bedingungen angepasst haben. Der Kreislauf der Natur braucht alle seine Bestandteile, damit das Leben erhalten werden kann. Deshalb müssen sich Sonne und Regen immer abwechseln.

Warum sind Flutkatastrophen so gefährlich?

Abgesehen von der unmittelbaren Zerstörung durch die Wassermassen bergen Flutkatastrophen noch andere Gefahren. Insbesondere in ärmeren, warmen Ländern vermehren sich Krankheitserreger in dem stehenden Wasser und verunreinigen das Trinkwasser. Außerdem funktionieren die Abwassersysteme nicht mehr. Deswegen besteht die Gefahr, dass Seuchen, also gefährliche ansteckende Krankheiten, ausbrechen und sich schnell verbreiten.

Gibt es „Regenmacher"?

Ob die „Regentänze" von Medizinmännern oder die Rituale bestimmter Indianerstämme tatsächlich Regen auslösen können, ist wissenschaftlich nicht bewiesen. Es gibt aber heutzutage andere Regenmacher. Wenn eine Dürreperiode droht und die Ernte vertrocknen könnte, kann man mit einem Spezialflugzeug Silberverbindungen in die Wolken blasen. Der Wasserdampf kühlt dann ab und wird zu Wassertröpfchen, die abregnen. Oder wenn große Gefahr besteht, dass starker Hagel niedergeht, kann man mithilfe einer Chemikalie vom Flugzeug aus Regen auslösen. Das macht man aber nur, wenn ein Unwetter wirklich große Schäden verursachen würde, denn dies ist ein starker Eingriff in die Natur.

Wo fängt der Regenbogen an?

Einen Regenbogen können wir sehen, wenn die Sonne Regentropfen bescheint. In den Tropfen bricht sich das Sonnenlicht und schillert in allen Farben. Demzufolge entsteht ein Regenbogen immer nur dort, wo es regnet und zugleich die Sonne scheint. Und weil er lediglich eine optische Erscheinung am Himmel ist, können wir niemals seinen Anfang oder sein Ende erreichen.

Ein Regenbogen ist selten zu sehen.

Wie tief ist das Meer?

Heute gibt es drei große Weltmeere: den Pazifischen, den Atlantischen und den Indischen Ozean. Im Pazifik, dem größten aller Ozeane, ist der Meeresgrund von besonders vielen Gräben durchzogen. Ein Tiefseegraben liegt südöstlich von Japan und heißt Marianengraben. Dort ist das Meer 11.034 Meter tief. Er gibt keinen so hohen Berg und kein so hohes Gebäude an Land! Im Mittel sind die Ozeane etwa 4000 Meter tief, nahe den Küsten sind es nur 200 bis 400 Meter.

Wie entstehen Inseln?

Inseln können auf mehrere Arten entstehen: Manche Inseln in Küstennähe gehörten früher einmal zum Festland, wurden aber dann durch den Anstieg des Meeresspiegels abgetrennt. Deshalb ist Großbritannien heute eine Insel. Andere Inseln – zum Beispiel der Nordseeküste – gehörten nie zum Festland. Sie entstanden aus dem Sand, der von der Brandung und den Meeresströmungen abgelagert wurde. Andere Inseln wiederum sind Vulkaninseln, wie Island und Hawaii. Wenn Vulkane vom Ozeanboden bis über die Wasseroberfläche hinausragen, entsteht dort eine Insel. Viele große Inseln, die weit von den Küsten entfernt liegen, entstanden auf dieselbe Weise wie das Festland. Sie wurden entweder mit anderen Gebirgen zusammen gebildet oder haben sich vor langer Zeit von den Landmassen gelöst. Madagaskar zum Beispiel wurde vor etwa 165 Millionen Jahren von Afrika und dann vor 90 Millionen Jahren von Indien abgetrennt.

Eine Insel ist immer von Wasser umgeben.

Ein Atoll

Zusatzinfo

Atolle

Ein Atoll ist eine ringförmige Insel, die ein flaches Gewässer umschließt. Sie entsteht, wenn sich um eine Vulkaninsel herum ein Korallenriff bildet. Die Vulkaninsel verschwindet im Laufe der Zeit, weil sie vom Meer abgetragen wird oder der Meeresspiegel steigt. Das Korallenriff wächst jedoch immer weiter in die Höhe. Ist die Insel ganz verschwunden, bleibt nur das ringförmige Riff übrig. Es schließt jetzt ein flaches Gewässer ein, das vom Meer abgetrennt ist. Dieses Gewässer nennt man Lagune.

Gibt es auch unter Wasser Gebirge?

Auch unter Wasser gibt es Berge und Täler.

Lange Zeit nahmen die Forscher an, der Boden der Tiefsee sei so flach und gerade wie eine Tischplatte. Aber inzwischen weiß man, dass die Unterwasserlandschaft nicht nur aus Ebenen, sondern auch aus Bergen, Tälern, Schluchten und sogar ganzen Gebirgszügen besteht. Diese riesigen, lang gestreckten Gebirgszüge werden ozeanische Rücken genannt. Sie entstehen – ebenso wie die Gebirge an Land – durch die Verschiebung der Erdplatten. Denn wenn sie sich voneinander wegbewegen (Kontinentaldrift), reißt der Meeresboden auf und es entsteht ein Graben, der mehrere Tausend Kilometer lang ist. Aus diesem Graben steigt in bestimmten Abständen Magma auf. Dieses geschmolzene Gesteinsmaterial schiebt wiederum die ozeanischen Platten – das sind Platten der Erdkruste unter den Ozeanen – auseinander. Dieser Vorgang läuft sehr langsam ab: Pro Jahr werden die Platten nur um wenige Zentimeter auseinandergedrückt.

Was ist Atlantis?

Atlantis ist ein sagenumwobener Kontinent, der vor langer Zeit im Meer versunken sein soll. Niemand weiß, ob es ihn tatsächlich jemals gegeben hat. Der griechische Gelehrte Platon berichtete vor 2500 Jahren als Erster von Atlantis. Er erzählt, diese Insel sei größer gewesen als Asien und habe im Atlantik gelegen. Ihre Bewohner hätten fast die ganze Welt beherrscht, doch nach ihrer Niederlage gegen die Griechen habe es ein gewaltiges Erdbeben und eine mächtige Flutwelle gegeben. Dadurch sei die ganze Insel für immer im Meer versunken. Obwohl es keine Belege für diese Sage gibt und Platon sie sich wahrscheinlich nur ausdachte, um etwas zu erklären, suchen noch heute Menschen nach dem Ort, an dem Atlantis gelegen haben könnte. Denn bis heute glauben einige daran, dass es diese Insel wirklich gegeben hat. Vielleicht gelingt es den Forschern ja tatsächlich eines Tages, einen wissenschaftlichen Beweis dafür anzutreten! Bis dahin bleibt Atlantis allerdings ein Mythos.

Woher kommt der Name Atlantis?

Der Name stammt von Atlas, einer Figur der alten griechischen Sagenwelt. Der Sage nach gehörte er zu den Titanen, die einen Krieg gegen die Götter anzettelten. Zur Strafe für seine Beteiligung musste Atlas für immer und ewig den Himmel auf seinen Schultern tragen. Die alten Griechen benannten auch eines der großen Meere nach ihm, den Atlantischen Ozean. Und da der König von Atlantis auch Atlas geheißen haben soll – nach dem Meer, in dem das Land lag –, bekam auch die Insel diesen Namen.

Atlantis soll im Meer versunken sein.

Das Tote Meer von oben gesehen

Ist das Tote Meer tot?

Das Wasser des Toten Meeres ist sehr salzig. Eigentlich ist es auch kein Meer, sondern ein Salzsee. Der Salzgehalt ist mit 33 Prozent zehnmal so hoch wie der des Mittelmeeres. Nur in geringen Mengen gelangt Süßwasser über den Fluss Jordan ins Tote Meer, denn ihm wird zuvor schon viel Wasser entnommen, da er durch ein wasserarmes Gebiet fließt. Hohe Temperaturen sorgen zudem dafür, dass eine Menge Wasser verdunstet. So steigt der Salzgehalt. Dennoch gibt es ein paar wenige Algen und Bakterien, die unter diesen Bedingungen überleben können!

Was sind Gezeiten?

Ebbe und Flut wechseln sich regelmäßig ab: Auf die Ebbe folgt die Flut, die dann wieder von der nächsten Ebbe abgelöst wird. Den höchsten Stand, den das Meereswasser bei der Flut erreicht, bevor die Ebbe wieder einsetzt, nennt man Hochwasser. Der niedrigste Stand des Meereswassers, der bei der Ebbe auftritt, bevor die Flut wieder beginnt, heißt Niedrigwasser. Den Zyklus, also den regelmäßig wiederkehrenden Ablauf, von einem Hochwasser über die Ebbe, das Niedrigwasser und die Flut bis zum nächsten Hochwasser, nennt man Tiden oder aber auch Gezeiten. Dieser Zyklus dauert ziemlich genau 12 Stunden und 25 Minuten. Das bedeutet, dass wir die Gezeiten zweimal täglich erleben können.

Was ist das Wattenmeer?

Als Wattenmeer bezeichnet man das Flachwassergebiet im Küstenbereich, das von den Gezeiten beeinflusst wird. Es liegt bei Niedrigwasser im Trockenen und ist nur noch von Prielen (wasserführenden Gräben) durchzogen. Wattenmeere kommen in allen Teilen der Welt vor. Vor allem in den sogenannten gemäßigten Zonen, das sind die Klimazonen zwischen den warmen, tropischen Gebieten und den Polarkreisen. Ganz bekannt ist das Wattenmeer im Bereich der Nordseeküste Deutschlands und der Niederlande. Diese Landschaft ist etwa 450 Kilometer lang und bis zu 20 Kilometer breit. Vielleicht hast du dort schon einmal Urlaub gemacht und eine Wattwanderung unternommen.

Das Wattenmeer bei Ebbe

Wofür braucht man Deiche?

Ein Deich an der Nordseeküste

Deiche sind Dämme, die der Mensch entlang von Flüssen oder Küsten gebaut hat. Durch sie soll das Land vor einströmendem Wasser geschützt werden. Errichtet werden Deiche schon seit ein paar Hundert Jahren, weil Sturmfluten und Hochwasser immer wieder auch besiedelte Gebiete unter Wasser setzten und großen Schaden anrichteten. Im Kern bestehen Deiche aus Sand, der von einer Kleischicht umhüllt wird. Klei ist eine Bodenart, die sich dadurch auszeichnet, dass sie nur wenig Wasser durchlässt.

Was ist ein Seebeben?

Ein Seebeben ist ein Erdbeben, das am Meeresgrund auftritt. Kontinentalplatten, die in Bewegung sind, können aufeinander stoßen oder aneinander reiben. Dabei kommt es zu einer immer größer werdenden Spannung, die sich schließlich ruckartig löst und die Erde beben lässt. Findet das Ganze unter Wasser und weit vom Festland entfernt statt, nimmt der Mensch es meist nicht so stark wahr. Trotzdem sind Seebeben genauso stark wie Erdbeben. Die meisten Seebeben werden im Pazifischen Ozean registriert.

Warum sind Eisberge gefährlich?

Der größte Teil eines Eisberges liegt unter Wasser.

Eisberge bestehen hauptsächlich aus Süßwasser, das vom Festland Grönlands und der Antarktika (Südpolarkontinent) stammt und zu Eismasse geworden ist. Sie entstehen, indem große Stücke eines Gletschers oder des anschließenden Eises (Schelfeis) abbrechen. Diesen Vorgang nennen Wissenschaftler „kalben“. Die Eisberge gelangen mit den Meeresströmungen in viele Gebiete, unter anderem auch in wärmere, wo sie schließlich schmelzen. Die Eisberge können bis zu 100 Meter hoch aus dem Wasser ragen. Der größte Teil (bis zu 90 Prozent) der Eisbergmasse befindet sich jedoch unter der Wasseroberfläche und ist nicht zu sehen. Deshalb stellen sie eine große Gefahr für Schiffe dar. Es gibt eine internationale Überwachung der Eisberge. Treiben zu viele in den Meeren, werden die Schifffahrtswege verlegt.

Was ist ein Tsunami?

Als Tsunami (japanisch: „Meereswelle“) bezeichnet man eine gewaltige Meereswelle, die ganz plötzlich auftritt. Sie wird durch ein Seebeben oder unterseeische Vulkanausbrüche verursacht. Solche Riesenwellen kommen am häufigsten am Rand des Pazifischen Ozeans, im sogenannten Feuerring, einer Vulkankette, vor. Im Atlantischen und Indischen Ozean sind sie hingegen selten.

Zerstörung durch einen Tsunami

Wie breitet sich ein Tsunami aus?

Tsunamis breiten sich vom Zentrum eines Seebebens ringförmig aus. Sie durchlaufen den gesamten Ozean mit ungeheuren Geschwindigkeiten und können bis zu 800 Kilometer in der Stunde erreichen. Wie schnell sie sich ausbreiten, hängt von der Wassertiefe ab. Bei 4000 Metern Tiefe sind es etwa 700 Kilometer in der Stunde, im flacheren Küstenbereich 20 bis 100 Kilometer in der Stunde. Doch auf See ist ein Tsunami kaum zu erkennen. Gelangt er jedoch in flache Küstengewässer, zieht er das dortige Wasser an und türmt sich immer weiter auf. Das Wasser zieht sich deshalb in kurzer Zeit Hunderte Meter vom Strand zurück! Der Tsunami wird zu einer riesigen Wasserwand und kann eine Höhe von bis zu 30 Metern erreichen. Er bricht mit gewaltiger Kraft in das Festland ein und reißt alles mit sich.

Zusatzinfo

Frühwarnsysteme für Tsunamis
Im Pazifischen Ozean wurden bereits zwischen 1950 und 1965 Sensoren am Meeresboden angebracht, die alle relevanten Daten messen und an ein Überwachungszentrum weiterleiten. Auch im Indischen Ozean wurde 2005 ein Frühwarnsystem eingeführt. So können die Staaten ihre bedrohten Städte rechtzeitig warnen und die Bewohner in Sicherheit bringen – zumindest, wenn sie an das System angeschlossen sind.

Gibt es wirklich Monsterwellen?

Lange Zeit glaubten die Wissenschaftler, Monsterwellen seien Seemannsgarn, es gebe sie nicht. Erst vor etwas mehr als zehn Jahren entdeckte man sie und begann mit der Erforschung. Man fand heraus, dass diese Monsterwellen – auch Freak Waves genannt – an der Wasseroberfläche entstehen. Bei starken Stürmen können sich mehrere Wellen zu einer einzigen Riesenwelle auftürmen. Sie kann sogar einen Ozeandampfer zum Kentern bringen.

Warum ist Meerwasser salzig?

Wer schon einmal im Meer gebadet hat, weiß, dass Meerwasser salzig ist. Das kommt daher, dass darin Salze gelöst sind. Als die Erde vor Milliarden von Jahren entstand, regnete es lange ununterbrochen. Der Regen löste gewaltige Mengen Salz aus dem Gestein der Erdkruste, die von Strömen und Sturzbächen ins Meer gespült wurden. Damals wie heute verdunstet das Meerwasser zu einem gewissen Teil. Das Salz bleibt jedoch im Meer zurück. So speicherten die Ozeane im Laufe der Zeit 48 Billiarden (das ist eine 48 mit 15 Nullen!) Tonnen Salz.

Wellen können riesig werden.

Wo ist das Meer am wärmsten?

Am wärmsten ist das Wasser an der Oberfläche des Meeres, weil diese Wasserschicht von der Sonne besonders gut erwärmt wird. In der Nähe des Äquators – das ist der gedachte Kreis, der gleich weit vom Nord- und vom Südpol entfernt ist und die Erde in eine obere und eine untere Halbkugel teilt – beträgt die Wassertemperatur an der Oberfläche beispielsweise während des ganzen Jahres etwa 25 Grad Celsius. Darunter liegt eine Zwischenschicht. In ihr fällt die Temperatur immer stärker ab. Diese Wasserschicht bezeichnen Wissenschaftler als die Temperatursprungschicht. Darunter, in 300 bis 800 Metern Tiefe, liegt die Temperatur nur noch bei etwa vier Grad Celsius. Am Meeresgrund ist das Wasser ein bis zwei Grad kälter. Solche Temperaturstufen gibt es auch in kühleren Regionen der Erde, nur ist dort das Wasser an der Oberfläche natürlich nicht so warm.

Nur in den Polarregionen friert das Meer zu.

Warum friert das Meer nicht zu?

Gewöhnliches Wasser gefriert normalerweise bei einer Wassertemperatur von null Grad Celsius. Da Meerwasser jedoch Salz enthält, ist der Gefrierpunkt, also der Punkt, an dem das Wasser zu Eis gefriert, niedriger. Auf den Weltmeeren bildet sich Eis erst bei einer Wassertemperatur von minus 1,9 Grad Celsius und einem durchschnittlichen Salzgehalt von 3,5 Prozent. In Nebenmeeren kann der Gefrierpunkt etwas höher sein, da diese Meere einen geringeren Salzgehalt als die Ozeane haben. Die Ostsee gefriert zum Beispiel schon bei etwa minus 0,5 Grad Celsius.

EXPERIMENT

Wasserdichte

Nimm ein Glas und fülle mindestens bis zur Hälfte Leitungswasser hinein. Dann nimm ein rohes Ei und gib es ins Wasser. Du siehst, das Ei sinkt auf den Boden. Streue nun Salz ins Wasser. Was geschieht? Das Ei steigt auf, weil das Wasser schwerer geworden ist. Seine Dichte hat sich verändert.

Am Meer entsteht viel Wind.

Warum ist es am Meer immer windig?

Das hat folgende Ursache: Die Sonne erwärmt das Land schneller als das Wasser. Die warme Luft vom Land steigt auf und die kalte Luft vom Wasser strömt nach. Und schon hast du Wind! Weht dieser vom Wasser aufs Land, nennt man ihn Seewind oder auflandigen Wind. Weht er vom Land aufs Wasser, heißt er Landwind oder ablandiger Wind.

Was ist das Bermudadreieck?

Das Bermudadreieck liegt zwischen den Bermudainseln, Puerto Rico und Florida (USA) im Atlantischen Ozean. Immer wieder sollen dort Schiffe oder auch Flugzeuge spurlos verschwunden sein. Manche glauben an geheimnisvolle Kräfte, die dafür verantwortlich sind. Nach wissenschaftlichen Erklärungsversuchen sollen starke Meeresströmungen und die große Wassertiefe in dieser Region die Ursache für die Ereignisse sein. Auch Theorien wie starke Magnetfelder oder Methangase, die vom Meeresboden aufsteigen und an der Luft zu Explosionen in den Maschinen führen, versuchen das geheimnisvolle Verschwinden von Schiffen und Flugzeugen zu erklären. Vermutlich spielt aber die Fantasie der Menschen dabei die größte Rolle, denn viele dieser Ereignisse fanden nicht direkt in diesem Bereich statt. Einmal verschwand jedoch nur die Mannschaft eines Schiffes spurlos, das Schiff selbst war noch da – die „Mary Celeste" im Jahre 1872. Man fand das Schiff auf dem Atlantik treibend, mitsamt der Ladung und der gesamten Ausrüstung, nur die Seeleute waren verschwunden. Dieses Rätsel wurde nie gelöst.

Wie entstehen Flüsse?

Damit das Wasser beginnt, in Flüssen Richtung Meer zu fließen, muss es zunächst regnen. Und das am besten regelmäßig und so viel, dass das Wasser nicht im Boden versickern kann. Zusätzlich bekommt ein Fluss aber auch Wasser aus Quellen. Viele kleine Bäche fließen dann zu einem Fluss zusammen. Das Wasser sucht sich immer den Weg des geringsten Widerstandes, deshalb schlängeln sich Flüsse durch die Landschaft. Ein Fluss reißt auch immer Teile des Bodens mit, sodass sein Bett immer tiefer wird. So sucht er sich seinen Weg über Land, an Bergen vorbei und durch Täler, bis er irgendwann in einen anderen Fluss oder ein Meer mündet.

Wie entsteht am Meer neues Land?

Wenn Ströme und Flüsse ins Meer oder in einen See münden, werden in diesem Mündungsgebiet Schlamm und Sand (Sedimente) abgelagert. Es entsteht die charakteristische dreieckige Mündungsform, die an den griechischen Buchstaben Delta erinnert. Daher nennt man das Mündungsgebiet eines solchen Flusses Delta. Die dreieckige und breite Form entsteht, weil die vielen abgelagerten Sedimente die Mündung blockieren. Der Fluss muss daher seitlich immer neue Arme bilden, um ins Meer fließen zu können. Das Delta breitet sich fächerförmig immer weiter aus und wächst in das Meer hinein. Das Delta des Mississippi (USA) beispielsweise mündet in den Golf von Mexiko und schiebt sich jedes Jahr um 40 bis 1000 Meter vor.

Flussdelta mit Verzweigungen

Was ist ein Flussdelta?

Wenn ein Fluss ins Meer mündet, wird die Landschaft flacher und der Fluss fließt langsamer. So beginnen sich mitgetragene Sedimente wie Sand und Steine abzulagern. Manchmal zwingen diese Ablagerungen den Fluss, sich zu spalten und in mehreren Armen weiter Richtung Meer zu fließen. So entstehen besondere Landschaften, die vielen Tier- und Pflanzenarten eine Heimat geben.

Bergsee

Wie entstehen Seen?

Seen können auf unterschiedliche Arten entstehen. Seit es die Erde gibt, hat sich ihre Kruste häufig verändert. Es bildeten sich immer wieder Risse und Gräben. Darin konnte sich Regen- und Schmelzwasser zu großen Seen sammeln. Die Becken vieler Seen wurden auch von Gletschereis ausgeschürft. Es gibt jedoch auch solche, die der Mensch geschaffen hat. Dort, wo beispielsweise Kies abgebaut wurde, blieben Gruben zurück. Aus vielen Kiesgruben wurden Baggerseen, in denen die Menschen im Sommer baden können. Zu den künstlichen Seen zählen auch die Stauseen.

Warum ist ein Wasserfall so laut?

Ein Wasserfall erzeugt Schall.

Wasser besteht aus unzähligen kleinen Wasserteilchen. In einem Wasserfall sind diese Wasserteilchen in Bewegung und stoßen beim Sturz in die Tiefe heftig aneinander. Dadurch stoßen sie auch Luftteilchen an – und das erzeugt Schall. Weil die Wasserteilchen in so großer Zahl und durcheinander fallen, entsteht ein ohrenbetäubender Lärm – nicht etwa, weil die Wassermassen auf den Boden auftreffen. Das erzeugt zwar zusätzliches Donnern und Grollen – aber der Wasserfall wäre auch sehr laut, wenn er nicht auf den Boden auftreffen würde.

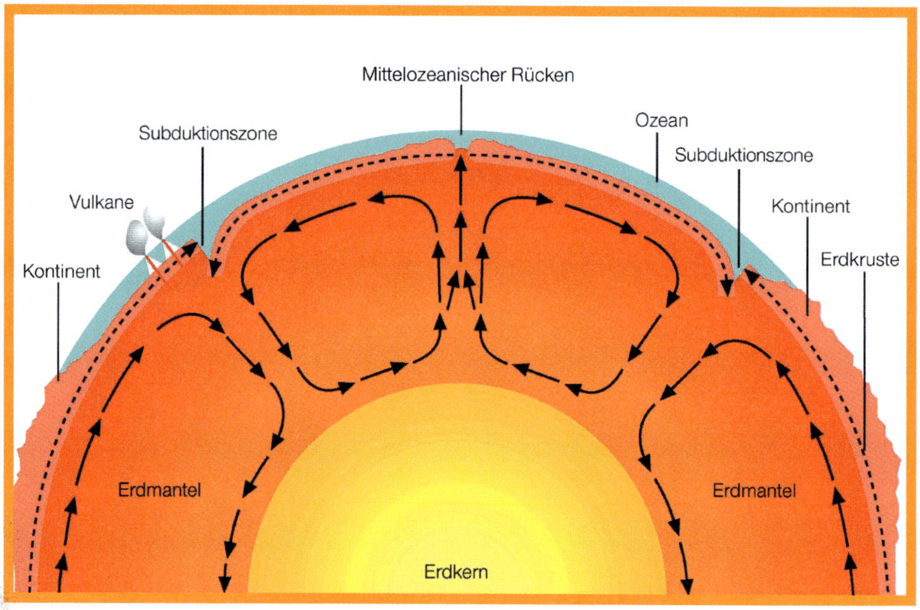

Warum verschieben sich Erdplatten und Kontinente?

Die Erdplatten sind zehn bis 200 Kilometer dick und starr und schwimmen auf einer beweglichen Schicht. Diese Schicht, auf der sich die Erdkruste befindet, ist sehr zähflüssig. Das liegt an der großen Hitze, die aus dem Inneren der Erde kommt. Manchmal steigt auch noch etwas von diesem flüssigen Material, dem Magma, an die Erdoberfläche. Dort, wo es herauskommt, drückt es die Erdplatten auseinander, sie verschieben sich.

Wodurch entstehen Erdbeben?

Da die Erdplatten sehr groß und schwer sind, gibt es mächtige Erschütterungen, wenn sie sich verschieben. Die Erde beginnt deshalb zu beben! Je nachdem, wie stark sich die Platten verschieben, verändert sich auch die Stärke eines Erdbebens. In manchen Gebieten der Erde kommen die Beben häufiger vor und sind stärker als in anderen. Das sind die Zonen, die direkt über den „Kanten" der Kontinentalplatten liegen. Die Stelle, von der das Beben ausgeht, nennt man übrigens Epizentrum.

Gibt es auch bei uns Erdbeben?

Auch in Deutschland gibt es ab und zu Erdbeben. Die stärksten sind auf der Schwäbischen Alb (zwischen Stuttgart und dem Bodensee) beobachtet worden, aber auch im Oberrheingraben (zwischen Basel und Frankfurt) und in der Niederrheinischen Bucht (zwischen Köln und Aachen) kommt es immer wieder zu fühlbaren Erdbeben. Doch insbesondere im Ruhrgebiet und im Saarland hat dies seine Ursache nicht in natürlichen Vorgängen! Hier sind große Gebiete durch den Bergbau unterhöhlt. Deshalb kann der Boden hier absacken und die Erschütterung kommt einem Erdbeben gleich. Dabei können sogar Häuser zerstört werden.

Wie misst man die Stärke eines Erdbebens?

Um die Anzeichen für ein Beben möglichst rechtzeitig zu erkennen, gibt es fast überall auf der Welt ausgeklügelte Frühwarnsysteme. Gemessen werden die Erdbewegungen mit einem Seismografen. Dieser funktioniert folgendermaßen: Hängt man einen sehr schweren Gegenstand – etwa eine Stahlkugel – an einem Seil freischwingend auf, dann bewegt sich diese Kugel nicht. In einem Seismografen befindet sich so eine Kugel, die an einem Drahtseil oder einer Feder aufgehängt ist. Unten an der Kugel ist eine Schreibspitze befestigt. Unter dieser Schreibspitze befindet sich eine Trommel mit Papier, die auf eine Platte montiert ist. Diese Platte ist fest mit dem Boden verschraubt. Wenn sich die Erde nur ein kleines bisschen bewegt, dann bewegt sich mit ihr das Papier – die Stahlkugel bleibt aber stehen. Das Papier reibt an der Schreibspitze entlang und zeichnet so eine Kurve auf. Daran erkennt man die Bewegungen der Erde. Diesen Papierstreifen nennt man „Seismogramm". Es gibt immer ein Seismogramm, das die waagerechten, und eins, das die senkrechten Bodenbewegungen aufzeichnet. Je größer die Ausschläge sind, umso stärker ist das Beben. Den Schweregrad eines Erdbebens misst man mit der sogenannten Richterskala. Sie beginnt bei Null und ist nach oben hin unbegrenzt. Ein Erdbeben der Stärke acht auf der Richterskala kann eine Stadt völlig verwüsten. Alle 30 Sekunden bebt irgendwo die Erde, doch meist zum Glück so schwach, dass es kaum bemerkt wird.

Woher kommen die Berge?

Die höchsten Berge unserer Welt sind schon viele Hundert Millionen Jahre alt. Entstanden sind die meisten Gebirge durch die Bewegung der Kontinentalplatten. Die einzelnen Kontinentalplatten bewegten sich mal voneinander weg, mal aufeinander zu. Teilweise kam es dabei zu heftigen Zusammenstößen. Bei diesen Kollisionen wirkten so heftige Kräfte, dass sich riesige Berge auffalten konnten – das dauerte aber Millionen von Jahren! Die höchsten ragen mehr als 8000 Meter hoch in den Himmel.

Berge entstehen durch Zusammenschiebungen oder Vulkane.

Ein Vulkan entsteht.

Wie sind die Alpen entstanden?

Auch die Alpen entstanden dadurch, dass sich zwei Kontinentalplatten aufeinander zubewegten. Zuerst löste sich Afrika vom Urkontinent Pangäa, zwischen die Platten strömte Meerwasser. Schlamm, Kalk und Geröll lagerten sich auf dem Meeresgrund ab. Dann schob sich der afrikanische Kontinent wieder gegen Europa. Unter dem Druck wurden die Ablagerungen am Boden des Meeres übereinandergeschoben und nach oben zu Bergen gefaltet. Das Erscheinungsbild hat sich allerdings durch die Eiszeit nochmals erheblich verändert.

Wie entstehen Höhlen?

Eine Höhle ist ein großer Hohlraum im Gestein. Die Höhlen, die nicht von Menschen geschaffen wurden, unterscheidet man in zwei Typen. „Primäre Höhlen" entstehen zusammen mit dem Muttergestein, zum Beispiel durch Gasblasen in vulkanischem Gestein. Die „Sekundären Höhlen" bildeten sich erst im Laufe vieler Jahre. Das Gestein wurde dann von Wasser und Wind im wahrsten Sinne des Wortes ausgehöhlt. Wasser formte auch die längste Höhle Deutschlands. Sie heißt Hölloch, liegt in Bayern und misst rund 10.000 Meter.

Wie entsteht ein Vulkan?

Unterhalb der Erdoberfläche gibt es Stellen, die sehr heiß sind. Hier liegt das geschmolzene Gestein, das Magma, sehr dicht unter der Erdoberfläche. Wenn nun Risse entstehen, kann das Magma an die Erdoberfläche gelangen. Das geschieht entweder durch einen Krater in einem Berg oder auch durch Risse direkt an der Erdoberfläche. Diese heißen Stellen bezeichnet man als Hotspots (deutsch: Heiße Flecken). Diese gibt es jedoch hauptsächlich unter Wasser. Während dort dann der Vulkan wächst, bewegt sich die Platte der Erdkruste weiter und der Vulkan wird langsam von der heißen Stelle weggetragen. Dieser Vorgang dauert Millionen von Jahren. Irgendwann ist der Vulkan nicht mehr mit dem Hotspot verbunden. Es steigt kein Magma mehr auf und der Vulkan erlischt. Doch über der heißen Stelle bildet sich ein neuer Vulkan. Durch die ständige Plattenbewegung bilden die Hotspots so meist eine geradlinige Kette von Vulkanen. Auf diese Weise entstand zum Beispiel die Inselkette Hawaii im Pazifischen Ozean.

Was ist Magma?

Magma ist ein im Inneren der Erde geschmolzenes Gestein. Damit Magma entstehen kann, müssen innerhalb der Erdkruste bestimmte Druck- und Hitzebedingungen aufeinander treffen. Kommt die glühende flüssige Gesteinsmischung durch einen Vulkanausbruch an die Erdoberfläche, wird Magma als Lava bezeichnet. Je nach Beschaffenheit kann Magma bis zu 1200 Grad heiß sein. An der Luft kühlt sich die Lava wieder ab und erstarrt. Daraus entsteht dann das sogenannte magmatische Gestein.

Das Magma wird herausgeschleudert.

Was sind heiße Quellen?

Heiße Quellen oder Thermalquellen sind Quellen, deren Wassertemperatur um einiges höher ist als die Umgebungstemperatur. Sie entstehen, wenn das Wasser unterirdisch durch einen nahen Vulkan erhitzt wird. Oder auch, wenn das Wasser in solchen Tiefen fließt, dass es sich durch die Hitze des Erdinnern erwärmt. Es gibt nämlich Bereiche, in denen die Erdkruste noch aus festem Gestein besteht, aber die Temperatur durch die Nähe zur flüssigen Magmaschicht die Steine bereits erhitzt. Das Wasser steigt nach oben und kommt dort blubbernd oder in Fontänen an die Oberfläche. Es kann aber auch einfach nur eine Art warmer Teich sein, in dem man sogar noch baden kann.

Auswirkungen eines Vulkanausbruches

Wann wird ein Vulkan gefährlich?

Oft brechen Vulkane Tausende von Jahren nicht aus und man glaubt, sie seien erloschen. Werden sie aber wieder aktiv, kann es in der Nähe schnell ungemütlich werden. Und in der Nähe heißt dann, in einigen Kilometern Umkreis. Fließt die Lava aus einem Berg in Richtung Tal, überrollt sie alles, was ihr in den Weg kommt. Sie ist mehrere Tausend Grad heiß! Und wenn der Vulkan gar explodiert, kann er Asche und Gestein hinausschleudern, die auf die Umgebung niederprasseln. Durch die Asche kann man nicht mehr atmen und erstickt im schlimmsten Fall. Liegt eine große Stadt in der Nähe, kann so ein Vulkanausbruch zahlreichen Menschen schaden.

Was geschah in Pompeji?

Pompeji war eine schöne Stadt am Rande des Vulkans Vesuv in Italien. Da der Vulkan lange Zeit ruhig geblieben war, hatten die Leute keine Angst, ihre Häuser dort zu bauen. Doch 79 Jahre nach Christi Geburt brach der Vesuv ohne Vorwarnung aus. Zuerst regnete es Asche und Geröll wurde durch die Luft geschleudert. Danach rollte eine Lawine aus heißer Lava auf die Stadt zu und begrub die Einwohner unter sich. Pompeji wurde an nur einem Tag ausgelöscht und nie wieder aufgebaut.

Pompeji nach den Ausgrabungen

Gibt es auch bei uns Vulkane?

Die letzten Vulkanausbrüche in Deutschland fanden vor etwa 10.000 Jahren in der Eifel statt. Seit dieser Zeit kam es zu keinem Ausbruch mehr, alle Vulkane sind inzwischen erloschen. Der Vulkanismus hat aber überall Spuren hinterlassen, wie schwarze Strände, erstarrtes Magma und herausgeschleudertes Gestein. Vor etwa 30 Millionen Jahren begann die Lava an die Erdoberfläche zu treten. Dadurch ist unter anderem der Vogelsberg in Hessen entstanden, die mit 2500 Quadratkilometern größte Basaltmasse auf dem ganzen europäischen Festland.

Wie entsteht Sand?

Wenn sich Steine an der Erdoberfläche befinden, sind sie dem Wetter ausgesetzt. Durch die Einwirkung von Temperatur, Wind und Niederschlag wird Gestein gelockert und zerstört. Diesen Vorgang nennt man Verwitterung. Regen und die Schwerkraft sorgen dafür, dass die Gesteinsbrocken bewegt werden und in Flüssen oder im Meer landen. Durch das Wasser reiben die Steine aneinander, zermalmen und zersplittern zu Kies. Haben die Körnchen einen Durchmesser von unter zwei Millimetern, bezeichnet man sie als Sand.

Gibt es schwimmende Steine?

Jedes Kind weiß, dass Steine nicht schwimmen können, nicht wahr? Dennoch gibt es eine Ausnahme: den Bimsstein. Bimssteine entstehen bei Vulkanausbrüchen. Die Lava, die vom Vulkan ausgespuckt wird, vermischt sich zum Teil mit Gasen zu einer Art Schaum. Erkaltet dieser Schaum später, ist er mit Löchern durchsetzt, die Luft enthalten. Diese Luftbläschen geben ihm im Wasser Auftrieb – wie ein Schwimmreifen sozusagen.

Wie entstanden die Wüsten?

Einige Wüsten entstanden, weil sie hinter Gebirgen liegen. Die Wolken schaffen es nicht über den Berg, geben ihren Niederschlag schon vorher ab. Dahinter strömt trockene Luft abwärts, die sich erwärmt und das Land austrocknet. Auch kalte Meeresströmungen können eine Wüstenbildung verursachen. Sie bringen die Wolken zum Regnen, bevor diese das Festland erreicht haben. Schließlich gibt es noch die sogenannten Wendekreiswüsten. Sie entstehen dadurch, dass feuchtheiße Luft der Tropen abkühlt und austrocknet. Dort, wo diese Luftmassen absinken, ist es besonders trocken – zum Beispiel in der Sahara.

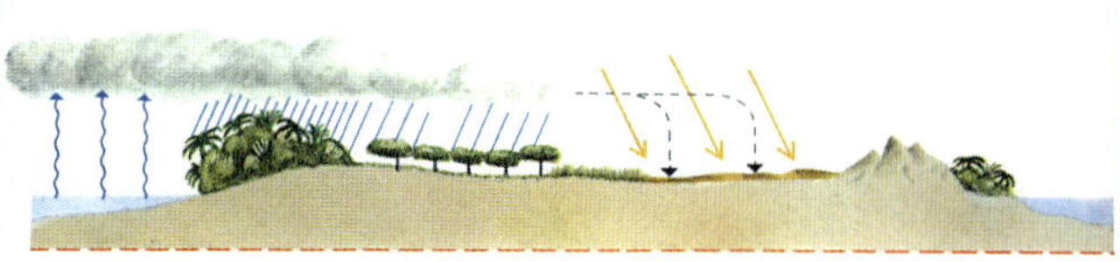

So entsteht eine Wüste.

Was ist eine Oase?

Eine grüne Insel in der Wüste, in der Pflanzen wachsen, nennt man Oase. Natürlich braucht man dafür Wasser. Manche Oasen haben eine Quelle, bei anderen ist das Grundwasser so hoch, dass man es mithilfe eines Brunnens oder einer Pumpe an die Oberfläche befördern kann. Es gibt Menschen, die in einer Oase wohnen. Sie können das Gebiet bewirtschaften, Obst und Gemüse anbauen. Früher waren Oasen wichtige Versorgungsstellen für Reisende. Händler kamen in Karawanen und brachten Waren und damit Reichtum.

Eine Oase

Warum ist es in der Wüste nachts kalt?

Obwohl tagsüber in der Wüste Temperaturen von 50 bis 60 Grad Celsius herrschen können, ist es in der Nacht sehr kalt. Denn der trockene Wüstenboden kann Wärme nicht gut speichern. Außerdem gibt es in der Wüste kaum Wolken, die wie eine schützende Decke die Wärme halten würden. Die Erde strahlt daher sehr viel Wärme ab und kühlt aus.

EXPERIMENT

Sahara-Effekt

Stelle ein Glas mit trockenem Sand und ein Glas mit Wasser für ein paar Stunden in die Sonne und miss die Temperatur der beiden Stoffe. Stelle sie anschließend in den kühlen Schatten und miss nach einer Stunde noch einmal nach. Du wirst sehen, dass der Sand schneller abkühlt als das Wasser.

Kann man in der Sahara ertrinken?

In der Sahara regnet es sehr selten. Wenn es jedoch regnet, dann füllen die Wassermassen in Sekundenschnelle die ausgetrockneten Fluss- und Bachläufe, die sogenannten Wadis. Da das Wasser nicht so schnell im trockenen Boden versickern kann, entstehen reißende Fluten. Sobald der Regen vorbei ist, verdunstet das Wasser genauso schnell wie es gekommen ist. Deshalb schlagen die Nomaden ihre Zelte niemals in den Wadis auf!

Die Sandwüste Sahara

Wie kommt Sand aus der Sahara zu uns?

In der Sahara entstehen jährlich 400 bis 700 Millionen Tonnen Staub. Durch den Wind gelangt der Wüstenstaub manchmal bis zu 5000 Meter hoch in die obersten Schichten der Luft. Der Wind sorgt dafür, dass die kleinen Partikel Tausende Kilometer weit befördert und somit über die ganze Welt verteilt werden. Wenn sich der Staub wieder absenkt, bedeckt er die betroffene Gegend mit einer rötlich gelben Schicht, die sich wie ganz feiner Sand anfühlt. Besonders gut zu sehen ist der Saharastaub auf den Autos und im Schnee.

Welches ist die heißeste Gegend der Erde?

Den neuesten Hitzerekord hält die Lut-Wüste im Iran, der in Vorderasien liegt. Dort wurden im Jahre 2005 sage und schreibe 70,7 Grad Celsius gemessen! Zuvor waren die Rekordhalter das amerikanische Death Valley (Tal des Todes) und El Aziziyah in Libyen mit etwa 68 Grad Celsius.

Ein Sumpfgebiet

Was ist ein Lehmboden?

Als Boden wird die oberste Schicht der Erdkruste bezeichnet, auf der pflanzliches und tierisches Leben zu finden ist. Sie besteht aus Mineralkörnchen, Wasser, Humus und Luft. Mehrere Faktoren bestimmen, wie der Boden in den verschiedenen Gebieten unserer Erde aussieht. Wichtig dabei ist, welches Ausgangsgestein auf welche Wetter- und Klimaverhältnisse trifft. Der Lehmboden ist ein Gemisch aus Sand, Schluff (Zwischenschritt zwischen Sand und Ton) und Ton. Lehmböden sind sehr fruchtbar, da sie sehr gut Wasser speichern können. So werden die Pflanzen besser versorgt als zum Beispiel auf Sandböden.

Wie entsteht ein Sumpf?

Sümpfe entstehen vorwiegend in Flusstälern oder in der Nähe von Seen. Dort ist der Boden entsprechend undurchlässig oder der Grundwasserspiegel sehr hoch. So kann das Wasser nur langsam versickern und steht lange. Durch Pflanzen- und Tierreste, die sich am Grund ablagern, entsteht ein schlammiger Boden, in dem schwere Dinge oder Tiere versinken können. Nur wenige Pflanzen können hier überleben – doch wie fast überall auf der Erde haben sich einige diesen Bedingungen angepasst.

Venedig

Wie kann Venedig im Wasser stehen?

Im Wasser steht die italienische Stadt eigentlich nicht. Der Untergrund Venedigs setzt sich nämlich aus mehr als 100 Inseln zusammen, zwischen denen kleine Kanäle verlaufen. Um an den Inselrändern einen festen Boden und eine Abgrenzung zum Wasser zu haben, wurden dicke Baumpfähle in den Boden gerammt. Zwischen die Pfähle fügte man Lehm und Schlick, um eine stabile Grundlage zu haben. Doch da der matschige Untergrund dem Gewicht der Häuser langsam nachgibt, sackte Venedig in den letzten 100 Jahren um etwa 23 Zentimeter ab.

Wie sieht eine Savanne aus?

Die Savanne ist eine Graslandschaft in den tropischen und subtropischen Gebieten zwischen Regenwald und Wüste. Neben riesigen Grasflächen sind in der Savanne auch vereinzelt Bäume, wie zum Beispiel der Affenbrotbaum mit seinem dicken Stamm und schirmartigen Geäst, zu finden. Besonders faszinierend ist jedoch die bunte Tierwelt: Je nach Gegend leben hier Elefanten, Giraffen, Löwen, Zebras und Antilopen. Eine sehr bekannte und besonders tierreiche Savanne heißt Serengeti und liegt in Ostafrika.

Wer lebt in der Pampa?

Wenn man über jemanden sagt, er lebe in der Pampa, bedeutet das selten, dass derjenige wirklich dort lebt. Vielmehr bezeichnet man so sehr abgeschiedene Orte, die weit weg vom Großstadttrubel liegen. Und das nicht ohne Grund, denn eigentlich ist die Pampa eine einsame Grassteppe in Argentinien. Nur wenige Menschen leben dort. Dafür weiden in der Pampa Millionen von Rindern. Die Steppenlandschaft ist außerdem Heimat der Pampashasen, die zwar wie Hasen aussehen, aber biologisch gesehen Meerschweinchen sind.

Gibt es die Prärie wirklich?

In fast allen Filmen, die im Wilden Westen spielen, jagen Cowboys auf ihren Pferden über die weite Prärie. Diesen Landstrich gibt es tatsächlich. Die Prärie ist eine große und fast baumlose Graslandschaft. Sie liegt im Norden Amerikas östlich der Rocky Mountains. Einst war die Prärie von den Ureinwohnern Amerikas bevölkert. Doch sie wurden von den Europäern vertrieben und getötet, ebenso wie die vielen Bisons, die früher das Bild der Prärie prägten. Der amerikanische Präsident Theodore Roosevelt richtete erst Anfang des 20. Jahrhunderts Schutzgebiete für Bisons ein, um deren Ausrottung zu verhindern.

Was ist die Taiga?

Die Taiga ist ein riesiges Waldgebiet, das sich durch mehrere Länder zieht. In Form eines Gürtels verläuft sie von Sibirien über Skandinavien nach Schottland und setzt sich in Nordamerika fort. In dieser Gegend dauern die kalten Winter sehr lange, sodass dort kaum Laubbäume wachsen können. Nadelhölzer, wie beispielsweise Fichten und Tannen, kommen mit diesen Bedingungen besser zurecht. Deshalb sind in der Taiga, die auch als größter Wald der Welt bezeichnet wird, überwiegend Nadelbäume zu finden.

In der Taiga wachsen viele Nadelbäume.

Wie sieht die Tundra aus?

Nördlich an die Taiga schließt sich die karge Tundra an. Hier, nahe der Arktis, ist es so kalt, dass der Boden selbst im Sommer nur an der Oberfläche auftaut. Deshalb gibt es in der Tundra keine Bäume mehr, sondern nur Zwergsträucher, Moose, Gräser und Flechten. In diesem Gebiet können auch nur bestimmte Pflanzenfresser, wie zum Beispiel Schneehasen, Lemminge und Karibus leben. Diese Tiere müssen wiederum vor Polarfüchsen und Wölfen auf der Hut sein, die ebenfalls in der Tundra beheimatet sind.

Was sind Minerale?

Minerale sind die Bausteine lebloser Stoffe wie der Erdkruste oder auch des Mondes. Unsere Erde besteht größtenteils aus Mineralen, zu denen Gestein, Kohle, Erze oder auch Zement und Glas zählen. Ebenso Metalle wie Gold und Silber oder Diamanten. Minerale kommen vor allem als Kristalle vor und können aus unterschiedlichen Stoffen bestehen. In Kristallen sind die einzelnen Teilchen regelmäßig angeordnet.

Kohle entsteht aus Holz.

Wie entstanden die ersten Lebewesen?

Zu der Entstehung der ersten Lebewesen auf der Erde gibt es mehrere Theorien: Einige Wissenschaftler meinen, das Leben sei im Süßwasser entstanden. Andere dagegen sagen, dies sei im Meerwasser geschehen. Einig sind sich allerdings alle Wissenschaftler darüber, dass sich die Urform des Lebens im Wasser entwickelt hat. Es waren winzig kleine Bakterien!

Was ist ein Diamant?

Ein Diamant ist ein Mineral aus reinem Kohlenstoff. Kohlenstoff ist auch das Material, aus dem Kohle oder Ruß bestehen. Im Laufe der Erdgeschichte kam es vor, dass dieser Kohlenstoff in bis zu 150 Kilometern Tiefe einem gewaltigen Druck ausgesetzt wurde. Diesen Bereich nennt man den Erdmantel, dort herrschen Temperaturen von 1400 bis 1500 Grad Celsius. In dieser Hitze und unter dem gewaltigen Druck wurde der Kohlenstoff so stark zusammengepresst, dass sogenannte Diamanten entstanden. Sie sind das härteste Material der Welt! Durch Vulkanausbrüche wurden sie an die Erdoberfläche befördert und unter erkaltetem Magma begraben. Heutzutage kann man sie in bestimmten Gebieten, vor allem in Südafrika, aus tieferen Gesteinsschichten ausgraben. Diamanten dienen übrigens nicht nur als Schmuck, sondern werden auch zum Beispiel zum Schneiden von Glas oder Fliesen verwendet. Wertvoll sind sie, weil es sehr wenige davon gibt. Ein Rohdiamant sieht übrigens sehr unscheinbar aus. Erst wenn er geschliffen wurde, tritt seine Schönheit zu Tage.

Zusatzinfo

Der größte Diamant
Der bislang größte Diamant, der je gefunden wurde, wog 621 Gramm – also ein bisschen mehr als sechs Tafeln Schokolade. Er heißt „Cullinan I" und wurde in 105 Teile zerlegt. Das größte Stück davon wiegt 103 Gramm und wurde in die Krone des englischen Königshauses eingesetzt.

Ein Diamant muss geschliffen werden.

Wie sahen die ersten Lebewesen aus?

Das Zeitalter der Erde, das am längsten zurückliegt, heißt Präkambrium. In dieser Zeit bildete sich die Erdkruste. Und hier begann auch die Entstehung des Lebens auf der Erde – vor vier Milliarden Jahren. Die ersten Lebewesen waren winzige Bakterien und Algen, die nur aus einer Zelle bestanden. Erst gegen Ende des Präkambriums gab es dann mehrzellige Lebewesen, wie Schwämme oder Nesseltiere. Auch die Quallen haben sich in dieser Zeit entwickelt. Sie gehören damit zu den ältesten mehrzelligen Tieren, die heute noch auf der Erde zu finden sind.

Quallen gehören zu den ältesten Lebewesen der Erde.

Was ist der Kreislauf des Lebens?

Das Leben aller Menschen, Tiere und Pflanzen ist zeitlich begrenzt. Auch wenn ein Lebewesen gerade erst geboren wurde, so steht trotzdem schon fest, dass es zuerst wächst, dann altert und irgendwann sterben muss. Trotzdem stirbt die Bevölkerung nicht aus, denn alle Lebewesen pflanzen sich immer weiter fort. Alte Leute sterben, kleine Babys kommen dafür auf die Welt. Aus altem Leben entsteht neues Leben – diesen Zyklus nennt man den Kreislauf des Lebens.

Woher kommen die Menschen?

Viele Menschen glauben, wir stammten vom Affen ab. Das stimmt so nicht ganz, doch wir haben gemeinsame Vorfahren. Der gemeinsame Ahn war ein affenähnliches Lebewesen. Vor ungefähr sechs Millionen Jahren trennte sich dann die Entwicklung von Mensch und Affe. Und obwohl fast 99 Prozent des Erbgutes von Menschen und Schimpansen gleich sind, gibt es große Unterschiede. Sie zeigen sich besonders im aufrechten Gang und den Fähigkeiten des Gehirns. Die Wiege der Menschheit, also ihr Ursprungsort, ist übrigens Ostafrika!

Die Neandertaler waren eine frühe Menschenart.

Wer ist der Homo sapiens?

Homo ist der lateinische Begriff für Mensch. Das Wort sapiens bedeutet weise. Der Begriff Homo sapiens meint also den weisen oder modernen Menschen. Diese Art entstand vor etwa 100.000 Jahren wiederum in Afrika und zeichnete sich durch ein besonders großes Gehirn aus. Er verbreitete sich über Asien und Europa und traf dort auch auf andere Menschenarten – doch nur der Homo sapiens überlebte. Der Mensch ist demnach der einzige seiner Art.

Wer waren die Neandertaler?

Die Neandertaler waren eine frühe Menschenart, die vor etwa 100.000 Jahren lebte. Sie waren etwa 1,60 Meter groß und hatten einen viel größeren Kopf als die heutigen Menschen. Man vermutet, dass sie die ersten Lebewesen waren, die Kleidung anfertigten. Und sie hatten wohl auch schon eine einfache Sprache. Die Neandertaler sind jedoch nicht unsere Vorfahren, denn sie starben in der letzten Eiszeit aus ungeklärten Gründen aus.

Waren die Tiere schon immer so, wie sie jetzt sind?

Nein, das waren sie nicht. Die heutigen Tiere haben sich im Laufe vieler Jahrtausende zu ihrer heutigen Form entwickelt. Früher glaubte man, alles sei schon immer so gewesen wie heute. Doch anhand von Versteinerungen, den Fossilien, stellte man fest, dass es früher andere Tierarten gab als heute. Sie sind oftmals die Urahnen heutiger Tiere. Früher bedeutet aber nicht einige Jahre, sondern Tausende und Abertausende von Jahren. So hat man auch entdeckt, dass es einmal Dinosaurier gab.

Versteinerter Ammonit

Welches waren die ersten richtigen Tiere?

Die Erde ist schon etwa 4,5 Milliarden Jahre alt. Aber erst vor 700 Millionen Jahren entwickelten sich die ersten Tiere. Sie entstanden aus Einzellern im Wasser, die vermutlich wurmartig waren. Viele Millionen Jahre brauchte es dann, bis fischartige Lebewesen entstanden. Aus ihren flossenartigen Gliedern bildeten sich Beine und die Tiere gingen schließlich an Land. Sie waren die ersten Amphibien, auch Lurche genannt, die sowohl im Wasser als auch an Land leben können. Aus ihnen entwickelten sich alle anderen Tierarten.

Versteinerter Mammutbackenzahn

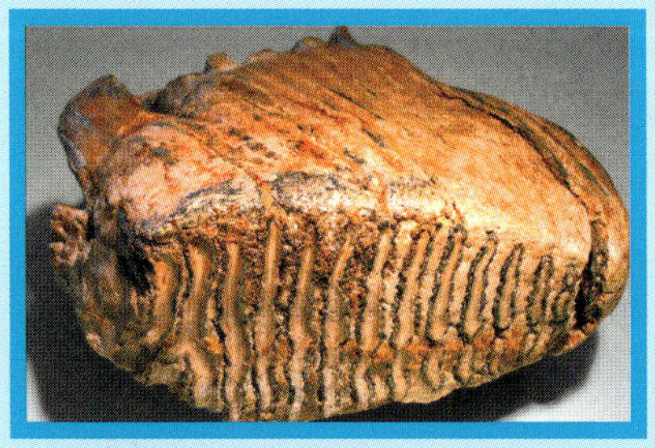

Was sind Fossilien?

Fossilien sind Überreste von Pflanzen und Tieren, die vor sehr langer Zeit gelebt haben. Knochen, Schalen oder Zähne verstorbener Tiere haben sich so abgelagert, dass sie versteinern konnten. Meist passierte so etwas im Meeresboden oder durch einen Einschluss im Gestein. Durch die Veränderungen der Landschaft findet man heutzutage bei Ausgrabungen an bestimmten Orten besonders viele Fossilien. Doch es gibt auch sogenannte lebende Fossilien – von ihnen gibt es sowohl Versteinerungen als auch noch lebende Exemplare!

Warum ist der Quastenflosser berühmt?

Die Vorfahren des Quastenflossers lebten schon vor 400 Millionen Jahren. Man glaubte, dass diese Fische vor etwa 65 Millionen Jahren ausgestorben seien. 1938 jedoch wurde ein totes Exemplar in einem Fischernetz an der Küste Südafrikas entdeckt. 1952 konnte man erstmals einen lebenden Quastenflosser fangen. Dieser bis zu zwei Meter lange und 100 Kilogramm schwere Fisch hat fast unverändert bis in die heutige Zeit überlebt. Deshalb bezeichnet man ihn als lebendes Fossil und dafür ist er berühmt.

Wann lebten die Dinosaurier?

Vor über 225 Millionen Jahren gab es die ersten Dinosaurier, eine große Reptiliengruppe, die vor 65 Millionen Jahren ausgestorben ist. Diese Zeit nennt man das Erdmittelalter. Damals sah die Erde noch ganz anders aus als heute: Es gab einen riesigen Urkontinent, der während dieser Zeit langsam auseinanderbrach. Die Teile begannen auseinanderzudriften. Die Dinosaurier waren über alle Erdteile verteilt und ernährten sich von Pflanzen oder anderen Tieren.

Welches war der größte Dinosaurier?

Der größte Dinosaurier war wahrscheinlich der Argentinosaurus mit über 40 Metern Länge und 100 Tonnen Gewicht. Er zählte zu den Sauropoden, die alle gigantisch waren und in der späten Jura- und Kreidezeit, vor etwa 150 bis 65 Millionen Jahren, lebten. Der Pflanzenfresser hatte einen winzigen Kopf und einen sehr langen Hals, der aus 18 Halswirbeln von jeweils 1,70 Meter Länge bestand. Im Jahre 2000 wurden in Argentinien (Südamerika) Wirbel- und Oberschenkelknochen eines Sauropoden gefunden, dessen Länge man auf über 50 Meter schätzt!

Gibt es noch Saurier?

Darüber streiten sich die Wissenschaftler. Bewiesen ist, dass es Tiere gibt, deren Erbgut auf das der Dinosaurier zurückgeht. So zeigen neue Forschungen, dass sich die heutigen Reptilien aus überlebenden, kleineren Dinosaurierarten entwickelt haben – und auch die Vögel! Es gab nämlich kleine, zweibeinige Dinosaurier, aus denen die Vögel hervorgegangen sind.

Größenverhältnisse

Warum sind die Dinosaurier ausgestorben?

Die gängigste Theorie über das Aussterben der Dinosaurier ist, dass ein gewaltiger Meteorit aus dem All auf die Erde herabgestürzt ist. Er soll so viel Staub aufgewirbelt haben, dass die Sonne lange Zeit verdunkelt war und nahezu alle Lebewesen ausstarben. Betroffen waren auf jeden Fall die großen Landdinosaurier, doch einige kleine Arten überlebten. Eine andere Theorie geht davon aus, dass eine Reihe von Vulkanausbrüchen die Atmosphäre so sehr verdreckte, dass kaum noch Sonnenstrahlen auf die Erde trafen und das Leben daher fast unmöglich wurde.

Woher kommen die Sagen von den Drachen?

In alten Sagen und Legenden hört man immer wieder von Drachen, riesigen reptilartigen Tieren mit Flügeln, die auch noch Feuer spucken können. Vermutlich haben die Menschen schon vor langer Zeit und auf allen Kontinenten fossile Dinosaurierskelette gefunden. Doch damals konnten sie sich die Herkunft dieser monströsen Knochen nicht erklären. Deshalb vermutet man heute, dass die Drachensagen daraus entstanden sind. Die Menschen begannen, Geschichten zu erzählen, in denen solche Wesen vorkamen – gemeinsam mit Helden, um sie zu bekämpfen.

Ein Teich ist ein empfindliches Ökosystem.

Was ist ein Ökosystem?

Als Ökosystem bezeichnet man das Zusammenspiel aller Lebewesen in ihrem unbelebten Lebensraum. Die Lebewesen leben in einer Lebensgemeinschaft oder Biozönose. Sie besiedeln den unbelebten Lebensraum, das Biotop. Das sind Gestein, Mineralstoffe, Niederschlag und Ähnliches. Biotop und Biozönose bilden also gemeinsam ein Ökosystem. Das kann beispielsweise ein Wald, eine Wiese oder ein Gewässer sein. Sie funktionieren nur, solange ihr kompliziertes Gleichgewicht erhalten bleibt, denn sie alle sind voneinander abhängig. Dieses Gleichgewicht kann durch Eingriffe in die Natur sehr leicht gestört werden, zum Beispiel wenn eine Tierart ausstirbt oder eine fremde Art hinzukommt. Deshalb müssen Ökosysteme bestmöglich geschützt werden.

Was ist die Evolution?

Durch Fossilien und Naturbeobachtungen erkannte man, dass sich Lebewesen immer weiterentwickeln, um in ihrer Umgebung bestmöglich überleben zu können. Im 19. Jahrhundert veröffentlichte ein britischer Naturforscher namens Charles Darwin (1809–1882) seine Erkenntnisse zu diesem Thema. Er nannte die Veränderung der Lebewesen im Laufe der Jahre Evolution. Evolution bedeutet, dass sich eine Tierart auf bestimmte Art entwickelt, um sich ihrer Umgebung anzupassen. Diese Anpassung an bestimmte Lebensbedingungen erhöht ihre Überlebenschancen und ihre Verbreitung.

Was ist das Besondere an den Galapagosinseln?

Die Galapagosinseln sind einzigartig auf der Erde. Sie befinden sich mitten im Pazifik, weit entfernt von allen Kontinenten. Deshalb leben dort nur wenige Tierarten, die sich aber besonders vielfältig weiterentwickelt haben. Viele von ihnen kommen nirgendwo anders auf der Welt vor. Berühmt wurden die Inseln durch den englischen Forscher Charles Darwin (1809–1882).

Lage der Galapagosinseln

Was sind die Darwinfinken?

Die Darwinfinken sind natürlich nach Charles Darwin (1809–1882) benannt. Sie sind eine Gruppe eng verwandter Singvogelarten. Das Besondere an ihnen ist, dass alle 14 heutigen Arten von einem gemeinsamen Vorfahren abstammen. Sie haben im Laufe der Zeit verschiedene Lebensweisen angenommen, um sich ihren Lebensräumen optimal anzupassen. Die Farben der Finken unterscheiden sich genauso wie die Formen ihrer Schnäbel, mit denen sie verschiedene Nahrung aufnehmen.

Was ist an Beuteltieren besonders?

Beuteltiere, zu denen zum Beispiel das Känguru gehört, unterscheiden sich von anderen Säugetieren vor allem darin, dass die Jungtiere in einem sehr frühen, noch nicht voll entwickelten Stadium geboren werden. Anschließend wachsen sie in einem Beutel der Mutter heran. Dort werden sie auch mit Milch versorgt. Das Junge kommt durch einen Geburtskanal zur Welt. Seine vorderen Gliedmaßen sind so stark, dass es in den Beutel der Mutter klettern kann. Heute leben in Australien und Amerika etwa 320 Beuteltierarten.

Was sind Säugetiere?

Säugetiere sind warmblütige, behaarte Wirbeltiere. Sie haben meistens vier Gliedmaßen, außerdem ein Herz, das in zwei Vorkammern und zwei Herzkammern geteilt ist. In der Regel gebären sie lebende Junge, die sie aus Milchdrüsen ernähren (deshalb heißen sie Säugetiere). Weltweit gibt es heute rund 5500 Arten, die in drei Unterklassen eingeteilt werden: die Eier legenden Ursäuger (Schnabeltier), die Beutelsäuger (Känguru) und die höheren Säugetiere, zu denen übrigens auch wir Menschen zählen.

Ein Muttertier säugt sein Junges.

Ein Känguru macht Pause.

Warum gibt es Kängurus nur in Australien?

Im Laufe der Entwicklung der Erde gab es Beuteltiere wie das Känguru auf fast allen Kontinenten. Durch die Veränderungen der Lebensbedingungen starben sie in einigen Regionen aus und heute gibt es sie nur noch im nordamerikanischen und australischen Raum. Zur Familie der Kängurus gehören elf verschiedene Gattungen. Sie leben nicht nur in Australien, sondern auch auf Tasmanien und Neuguinea. Dort bewohnen sie unterschiedliche Lebensräume, von der Steppe bis zum Bergland.

Gibt es Säugetiere, die Eier legen?

Ja, aber nur zwei Arten, den Ameisenigel und das Schnabeltier in Australien. Weil ihre Harn- und Geschlechtsorgane in den letzten Darmabschnitt, die „Kloake", münden, heißen sie auch Kloakentiere. Die Jungen des Ameisenigels werden nach dem Schlüpfen in einer Bauchfalte der Mutter gesäugt, also mit Muttermilch ernährt. Das Schnabeltier legt seine Eier in bis zu 20 Meter lange Erdröhren, die mit Blättern ausgepolstert sind. Nach etwa zehn Tagen schlüpfen die Jungen. Das Schnabeltier hat sogenannte Milchfelder: Das sind Hautbereiche, die Milch ins Fell absondern. Dort lutschen es die Jungen dann heraus.

Welche Säugetiere leben im Meer?

Säugetiere sind Warmblüter, die unter Wasser nicht atmen können. Dennoch gingen einige von ihnen vor Millionen von Jahren auf Nahrungssuche ins Meer. Ihre Nachkommen passten sich an die Lebensbedingungen im Meer an und entwickelten sich zu hervorragenden Schwimmern. Dennoch atmen sie noch immer mit Lungen und müssen dazu an die Oberfläche kommen. Zu den Meeressäugern zählen die Wale (mit den Delfinen), die Robben, die Seekühe und die Seeotter.

Robben sind Meeressäuger.

Welches sind die kleinsten Säugetiere der Welt?

Als kleinste Säugetiere der Erde gelten die Hummel- oder Schweinsnasenfledermaus und die Etruskerspitzmaus. Die winzige Fledermaus ist etwa so groß wie eine Hummel: 2,9 bis 3,3 Zentimeter lang, mit einer Flügelspannweite von 13 bis 15 Zentimetern. Die Etruskerspitzmaus hat eine Kopf-Rumpf-Länge von drei bis 3,5 Zentimetern, eine Schwanzlänge von 2,5 bis drei Zentimetern und ein Gewicht von zwei Gramm. Sie lebt vor allem im Mittelmeerraum, in Asien und vereinzelt in Afrika.

Gibt es Tiere, die nicht trinken?

Kein Lebewesen kann ohne Wasser existieren. Dennoch gibt es Tiere, die weniger trinken als andere. Die Koalabären, diese putzigen Baumbewohner Australiens, müssen fast nie trinken. Die Flüssigkeitsmenge, die sie benötigen, erhalten sie normalerweise über die Eukalyptusblätter – ihre nahezu einzige Nahrung. Ein erwachsener Koala verspeist am Tag etwa 400 Gramm Eukalyptusblätter. Sind diese frisch, enthalten sie sehr viel Wasser. In der Trockenzeit müssen allerdings auch die Koalas ganz normal Wasser zu sich nehmen.

Koalas fressen nur Eukalyptus.

Können Tiere einen Sonnenbrand bekommen?

Obwohl Tiere durch ihr dichtes Fell eigentlich vor Sonnenbrand geschützt sein müssten, können auch sie einen Sonnenbrand bekommen. Normalerweise ziehen sie sich bei großer Hitze in den Schatten zurück, wenn sie können. Geht man aber mit seinem Hund in der Sonne spazieren, kann er sich tatsächlich die Nase verbrennen. Auch bei Walrossen rötet sich die Haut, wenn sie zu lange in der Sonne liegen. Und auch bei Tieren gilt: Helle Haut ist empfindlicher als dunkle.

Haben alle Tiere Augen?

Es gibt eine ganze Reihe von Tieren, die keine Augen haben. Der Regenwurm beispielsweise hat kein Skelett, keine Beine – und auch keine Augen. Wahrscheinlich braucht er sie auch gar nicht, denn schließlich lebt er ja in der Erde. Und dort ist es sowieso dunkel. Auch andere Würmer bevorzugen finstere Orte. Es gibt auch einige Meerestiere ohne Augen: Korallen, Seesterne und Muscheln, aber auch Quallen oder Seegurken. Sie alle haben ihre eigenen Methoden entwickelt, um sich auch so zurechtzufinden.

Regenwürmer haben keine Augen.

Warum müssen sich Tiere nicht die Haare schneiden?

Die Haare der Wildtiere fallen aus, wenn sie eine bestimmte Länge erreicht haben, oder sie werden abgescheuert. In unseren Breitengraden wechseln die Tiere zudem zwischen Sommer- und Winterfell. So tauschen sie zweimal im Jahr die Haare fast vollständig aus. Erst durch Züchtungen bestimmter Tierrassen – wie bei Hunden oder Katzen – sind die Haare manchmal so unnatürlich lang, dass man sie schneiden muss. Und Tieren wie den Yaks im kalten Himalaja ist ihr langes Fell sehr lieb, denn es schützt sie bestens vor Wind und klirrender Kälte.

Leoparden sind Großkatzen.

Welche Tiere gehören zu den Katzen?

Katzen gehören zur Ordnung der Raubtiere. In Aussehen und Verhalten ähneln sie alle unseren Hauskatzen und die meisten sind Einzelgänger. Sie haben ein weiches Fell und einen Schwanz, bewegen sich elegant und geschmeidig, können sehr gut sehen und hören, haben Krallen und Tasthaare und können schnurren. Es gibt sehr viele unterschiedliche Arten, die allgemein in folgende Gruppen eingeteilt werden: die Geparden bilden eine Unterfamilie, und Löwe, Jaguar, Leopard, Tiger, Schneeleopard, Nebelparder sowie Marmorkatze gehören zu den Großkatzen. Die übrigen Arten zählen zu den Kleinkatzen.

Warum leuchten Katzenaugen im Dunkeln?

Katzen, die ja bekanntlich am liebsten nachts herumstreunen, haben besondere Augen, mit denen sie auch im Dunkeln noch gut sehen können. Die Netzhaut des Katzenauges ist etwa sechsmal empfindlicher als die des Menschen, sodass schon dadurch das Licht besser genutzt wird. Zudem haben Katzen eine Art Spiegel im Auge, der das einfallende Licht zurückwirft. Es ist eine reflektierende Schicht, die das Licht zurückstrahlt, wie auch das Licht zurückgeworfen wird, wenn du mit einer Taschenlampe in einen Spiegel leuchtest. So können Katzenaugen doppelt so viel Licht einfangen wie ein normales Auge. Und wenn man sie anstrahlt, werfen die Augen das Licht zurück und leuchten.

Gibt es noch Wildkatzen?

Ja, es gibt sie tatsächlich noch in freier Wildbahn. Zum Beispiel in Schottland und Westeuropa, Mittel- und Osteuropa bis Zentralasien, Indien und großen Teilen Afrikas. Da sie als Raubtiere schon immer von den Menschen gejagt wurden, waren sie vom Aussterben bedroht. Heute ist die Wildkatze in Europa fast überall geschützt, aber versehentlich werden noch immer viele von Jägern getötet, die sie für verwilderte Hauskatzen halten. Unsere Hauskatzen stammen übrigens von der afrikanischen Wildkatze ab.

Unsere Hauskatzen stammen von den Wildkatzen ab.

Katzen fressen manchmal Gras.

Warum kriegen Haustiere Flöhe?

Flöhe sind sehr widerstandsfähige, blutsaugende Tierchen. Sie leben auf warmblütigen Tieren, vornehmlich Säugetieren, und ernähren sich von deren Blut. Am häufigsten sind bei uns Katzen-, Hunde- und Menschenflöhe. Da es unheimlich viele von ihnen gibt und sie so winzig sind, kann man sie sich fast überall unerwartet einfangen. Also sollte man tunlichst darauf achten, Hunde und Katzen davor zu schützen. Denn haben sich die Haustiere erst infiziert, können die Flöhe auch auf den Menschen überspringen. Ihre Larven sitzen dann in Decken und Teppichen, und man muss manchmal das ganze Haus ausräuchern, um sie wieder loszuwerden.

Von wem stammen die Haushunde ab?

Studien haben ergeben, dass unsere Hunde vom Gemeinen oder Eurasischen Wolf abstammen. Wann genau es den Menschen gelungen ist, den Wolf zu zähmen, ist allerdings bei Forschern umstritten. Einige meinen, dass es vor 14.000 bis 18.000 Jahren war, andere vermuten, dass es bereits vor 135.000 Jahren gelang. Der Hund und der Wolf sind einander so ähnlich, dass sie gemeinsam Nachkommen zeugen können.

Warum fressen Katzen Gras?

Katzen, aber auch Hunde, fressen manchmal frisches Gras. Man nimmt an, dass sie es fressen, weil sie sich davon übergeben müssen. Denn durch die Fellpflege gelangen bisweilen zu viele Haare in den Magen. Diese werden sie durch das Erbrechen wieder los.

Hunde und Katzen können sich auch vertragen.

Warum können sich Hunde und Katzen nicht leiden?

Katzen und Hunde können sich grundsätzlich eigentlich schon leiden. Aber da sie verschiedene „Sprachen" sprechen, missverstehen sie sich ständig. Schnurrt eine Katze, denkt der Hund, sie knurrt. Wedelt der Hund mit dem Schwanz, fühlt sich die Katze bedroht. Wenn Hunde und Katzen jedoch länger zusammenleben oder gemeinsam aufwachsen, lernen sie sich irgendwann zu verstehen. Sie können sozusagen die Sprache des anderen erlernen.

Können Hunde uns verstehen?

In gewissem Sinne können Hunde uns verstehen. Sie lernen unser Verhalten einzuschätzen, wenn wir mit ihnen zusammenwohnen, und auch die Befehle, die wir ihnen beibringen. Durch ständige Wiederholung lernt der Hund eine bestimmte Tonfolge einem Ereignis oder Befehl zuzuordnen. Zudem reagiert er auf den Tonfall: Er merkt, ob man schimpft oder lobt. Und er erkennt an unserem Tonfall und dem Verhalten, wie wir gelaunt sind, ob fröhlich, traurig oder ängstlich und darauf reagiert er.

Was machen Lawinenhunde?

In den Bergen gibt es sogenannte Lawinen. Sie entstehen, wenn an den Hängen zu viel Schnee gefallen ist und ins Tal hinabrutscht. Manchmal können diese Lawinen Menschen unter sich begraben. Da Hunde so gute Nasen haben – Millionen Mal besser als die der Menschen – kann man sie darauf trainieren, unter dem Schnee begrabene Menschen zu finden. Sie können die Verschütteten durch eine meterdicke Schneedecke riechen. Neben der „Schulung" der Nase stehen auf dem Ausbildungsprogramm der Lawinenhunde vor allem die Bewegung im Tiefschnee und der Transport in Liften, Gondeln, Pistenfahrzeugen oder Hubschraubern. Ganz wichtig sind auch Übungen mit dem Hundeführer, wie das Abseilen von einer Klippe.

Hunde sind sehr gelehrig.

Können nur Hunde bellen?

Warst du vielleicht im Sommer abends einmal draußen auf dem Land? Vielleicht hast du dann aus dem Wald ein Bellen gehört und dich über die vielen Hunde gewundert? Tatsächlich sind es aber Rehe, die man abends bellen hören kann! Ihre Laute klingen so ähnlich wie ein Hundebellen.

Wie schwitzen Schweine?

Schweine können nicht wie die Menschen Schweiß über bestimmte Drüsen absondern, um den Körper zu kühlen. Sie haben nur am Rüssel einige Schweißdrüsen. Wenn ihnen im Sommer nun besonders heiß wird, suhlen sie sich im feuchten Dreck oder Schlamm. So wird ihre Haut von einer kühlenden Dreckschicht überzogen.

Was ist BSE?

BSE ist die Abkürzung für eine tödliche Rinderkrankheit, den Rinderwahnsinn, der vor allem durch belastetes Futter übertragen wird. Diese Krankheit zerstört langsam das Gehirn der Tiere und sie benehmen sich merkwürdig. Der Krankheitserreger tauchte erstmals in den 1970er-Jahren in England auf. Dort wurde nämlich Tiermehl an die Rinder verfüttert. Tiermehl wird aus Schlachtabfällen hergestellt. Vermutlich kann diese Krankheit auch auf Menschen übertragen werden, wenn sie infiziertes Fleisch essen. Damals gab es einen großen Skandal und auch in den 1990er-Jahren wieder. Daher sind die Bestimmungen noch einmal verschärft worden, und das Fleisch wird nun besser kontrolliert.

Warum sind Schweine dreckig?

Die Haut unserer Hausschweine ist spärlich mit Borsten bedeckt. Darunter liegt eine dicke Speckschicht, die Schwarte, die das Schwein vor Kälte schützt. Das Schwein pflegt nun seine Haut durch Wühlen im Dreck – so kann es sich von Ungeziefer befreien, sich im Sommer abkühlen und seine Haut vor der Sonne schützen.

Schweine schützen sich durch eine Dreckschicht.

Warum reizt ein rotes Tuch den Stier zum Angriff?

Stiere sind farbenblind, sie können folglich nur Schwarz, Weiß und Grau sehen. In der Arena wird der Stier nur durch das Tuch gereizt, das der Torero herumschwenkt. Für den Stier würde es keinerlei Unterschied machen, welche Farbe das Tuch hat. Aber bei einem Auftritt macht sich Rot eben ziemlich gut.

Wie nennt man die Mägen der Kuh?

Kühe sind Wiederkäuer.

Kühe haben einen mehrteiligen Magen, der aus den drei Vormägen Pansen, Netzmagen (oder Haube) und Blättermagen (oder Buchmagen) und dem eigentlichen Magen, dem Labmagen, besteht. Diese ganzen Mägen braucht sie, um aus dem energiearmen Gras möglichst viel Kraft zu gewinnen.

Was machen die Kuhmägen?

Zunächst landet der Grasbrei im Pansen. Dort helfen Milliarden Bakterien, die Nahrung zu zersetzen. Nach etwa einer halben Stunde kommt der Grasbrei wieder zurück ins Maul und wird noch einmal gekaut. Dann landet er im Netzmagen. Dort wird er zu kleinen Ballen verarbeitet und wieder ins Maul zurückbefördert. Diese Ballen werden jetzt wieder kräftig durchgekaut. Dann ist der Blättermagen dran. Hier wird dem durchweichten Brei das Wasser entzogen. Erst im letzten Magen, dem Labmagen, beginnt die Verdauung. Da der Brei immer wieder gekaut wird, nennt man sie auch Wiederkäuer, ebenso wie Ziegen, Hirsche oder Giraffen.

Wie wurde das Wildpferd zum Haustier?

Jahrtausendelang jagten die Menschen Pferde ebenso wie andere Tiere, um ihr Fleisch zu essen. Außerdem fertigten sie aus den Fellen Kleidung und Zelte. Manchmal wurden die Pferde auch lebendig den Göttern geopfert. Um 8000 vor Christus jedoch begannen die Menschen, Pferde, Kühe, Schweine und andere Tiere zu zähmen und am Haus zu halten. Da die Tiere sich bald auch in Gefangenschaft vermehrten, waren die Menschen kaum noch von der Jagd abhängig. Ein paar Jahrhunderte später entdeckten sie auch den Nutzen der Pferde als Last- und Reittiere.

Warum sind Shetlandponys so klein?

Shetlandponys haben ein Stockmaß von höchstens 107 Zentimetern. Benannt sind die „Shettys", wie sie liebevoll genannt werden, nach ihrem Herkunftsland, den Shetlandinseln. Diese liegen nördlich von Schottland. Dort ist das Klima kalt, regnerisch und stürmisch. Der einzige Schutz, der sich den Ponys dort bietet, sind niedrige Felsvorsprünge – und außer hartem Gras und Heidekraut gibt es nicht viel zu beißen. All diese äußeren Umstände führten dazu, dass die Shetlandponys im Laufe der Jahrhunderte nicht größer wurden. Ihre Größe ist also kein bewusst herbeigeführtes Zuchtergebnis, sondern die Folge ihrer natürlichen Lebensbedingungen.

Warum brauchen Pferde Hufeisen?

Ein Schmied beschlägt die Hufe.

Die äußere Schicht eines Pferdehufes besteht aus Horn, ähnlich wie unsere Fingernägel. Da durch das Horn keine Nerven oder Blutbahnen laufen, ist das Pferd dort relativ unempfindlich. Normalerweise reicht dieser Schutz aus. Deshalb lassen viele Pferdebesitzer ihre Tiere „barfuß" laufen. Wenn sie aber zum Beispiel Kutschen ziehen oder viel geritten werden, nutzt sich das Horn schneller ab als sonst – zum Beispiel durch Teerstraßen. Dann werden die Hufe empfindlicher und die Pferde können schlechter laufen. Deshalb bekommen sie vom Schmied Hufeisen. Sie sind übrigens nicht mehr immer aus Eisen, es gibt auch schon welche aus speziellen Kunststoffen. Die sind dann nicht so schwer und auch nicht so rutschig auf der Straße. Das Beschlagen tut den Pferden übrigens nicht weh, da die Nägel nur in das Horn geschlagen werden.

Können sich Pferde übergeben?

Der Spruch „Ich hab' auch schon Pferde kotzen sehen" besagt, dass es die ungewöhnlichsten Sachen gibt. Pferde können sich nämlich nicht übergeben. Sie haben zwischen Magen und Speiseröhre einen sehr kräftigen Muskel, der verhindert, dass der Brei aus dem Magen zurückbefördert werden kann. Da der Pferdemagen verhältnismäßig klein und kaum dehnbar ist, überfressen sich die Tiere leicht. Da sie sich aber nicht übergeben können, bekommen sie heftige Bauchschmerzen, Kolik genannt. Wenn der Darm des Pferdes aus Krankheitsgründen verschlossen ist, dann gelangt der Magenbrei im schlimmsten Fall durch die Nase wieder nach draußen.

Wieso sind Fohlen von Schimmeln dunkel?

Die Fellfarbe eines Pferdes ist von seinen Genen abhängig. Schimmel haben in ihren Farbgenen einen Graufaktor, der dafür sorgt, dass die eigentliche Farbe mit der Zeit verblasst. Das nennt man Ausschimmeln. Deshalb kommen die Fohlen als Braune, Füchse oder Rappen – also mit einem dunklen Fell – zur Welt. So sind sie auch als Jungtiere noch besser getarnt. Das war für das Leben in freier Wildbahn sehr wichtig. Im Laufe der Zeit, genauer gesagt mit jedem Fellwechsel, wird das Fell immer stärker von weißen Haaren durchzogen. Manche werden irgendwann ganz weiß, andere behalten graue, braune oder rötliche Flecken, die unterschiedlich groß sein können.

Schimmel werden mit dem Alter immer heller.

Schlafen Pferde im Stehen?

Nein, zum Schlafen müssen sich auch Pferde hinlegen. Aber sie schlafen keine acht Stunden wie die Menschen. Nur ungefähr eine halbe Stunde pro Tag liegen sie im Tiefschlaf. In einer Herde gibt es dafür auch immer einen Wachposten, der nach Gefahren Ausschau hält. Daher schlafen sie meist morgens, wenn es schon hell ist. Im Stehen können sich Pferde aber auch ausruhen, sie dösen dann vor sich hin.

Warum haben Schafe Hörner?

Wildschafe brauchen ihre Hörner zum Kämpfen.

Nicht alle Schafe haben noch Hörner: Besonders bei vielen Hausschafrassen wurden sie über Jahrhunderte weggezüchtet. Bei frei lebenden Tieren dienen die Hörner zur Revierverteidigung: Die Männchen, Widder genannt, kämpfen mit Rivalen um ihr Gebiet und die Weibchen. Bei heutigen Wildschafen wie den Mufflons sind die Hörner mal schneckenförmig gekrümmt, mal lang und spiralig gedreht oder kurz und leicht gebogen. Die Weibchen haben kleinere Hörner oder gar keine.

Wie wird das Schaffell zur Wolle?

Erst einmal werden die Schafe natürlich geschoren. Sie werden also zu einer bestimmten Jahreszeit zusammengetrieben und in Gruppen eingeteilt. Diese Einteilung richtet sich nach Geschlecht, Alter und Qualität der Wolle. Die Schafscherer brauchen nur zwei bis drei Minuten, um ein Schaf von seiner Wolle zu befreien! Sie packen das Schaf dafür am Rücken, drehen es um und halten die Beine fest. Dann scheren sie das ganze Fell, Vlies genannt, in einem Stück ab. Die Vliese werden in Ballen gepresst und verkauft. Sie kommen in Kämmereien und Spinnereien. Dort wird die Wolle gewaschen und gereinigt, bevor sie zu Fäden gesponnen und als Wollknäuel weiterverkauft wird.

Sind Esel stur?

Nein, und ebenso wenig sind Esel dumm oder faul. Das ist ein Vorurteil der Menschen aus der Antike. Während ihre Verwandten, die Pferde, reine Fluchttiere sind und manchmal kopflos davonrennen, liegt das nicht in der Natur der Esel. Wildesel stammen aus bergigen, wüstenartigen Gebieten. Sie sind aufgrund ihrer schmalen Hufe dafür geschaffen, auf unebenem, steinigem Boden langsam zu gehen. Esel sind also nur vorsichtig und prüfen, ob eine Strecke für sie gangbar ist. So kommt es, dass sie manchmal einfach stehen bleiben. Esel sind außerdem genügsam, geduldig und zäh.

Esel sind schlau und genügsam.

Warum haben Esel so lange Ohren?

Die großen Ohren sind eine Anpassung an die ursprünglichen Lebensräume der Esel, sie können damit in unübersichtlichem Gelände Gefahren wie Steinschlag oder Feinde gut hören. Außerdem zeigen sie mit den Ohren ihre Stimmung: Hängende Ohren bedeuten Entspanntheit, aufrecht stehende Ohren Neugier und Wachsamkeit. Zur Seite gedrehte Ohren zeigen Angst, angelegte Ohren Unzufriedenheit, Drohung und Kampfbereitschaft.

Warum bewegt sich die Kaninchennase ständig hin und her?

Kaninchen haben einen ausgezeichneten Geruchssinn. Weil sie viele Feinde haben, zum Beispiel Füchse, Greifvögel oder Jäger, müssen sie stets auf der Hut sein. Damit ihnen ja nichts entgeht, schnuppern sie ständig in alle Richtungen.

Kaninchen sind immer auf der Hut.

Zusatzinfo

Sommerruhe
Es gibt auch Tiere, die eine Sommerruhe oder einen Sommerschlaf halten: Bestimmten Echsen, Schnecken, Fröschen und Insekten ist es in den Wüstengebieten im Sommer zu heiß und zu trocken. Darum graben sie sich zum Beispiel im Boden ein, um auf die kühlere Jahreszeit zu warten.

Warum sagt man „Bärenhunger“?

Bären sind echte Allesfresser. Sie fressen genauso gerne süße Beeren, Honig und Früchte wie Insekten, zum Beispiel Ameisen, und deren Larven. Nüsse, Eicheln oder Bucheckern stehen ebenso auf ihrer Speisekarte wie Fische, Vögel, Mäuse, Erdhörnchen oder Aas. Im Frühjahr ernähren sie sich auch von Gras, Wurzeln, Kräutern oder frischen Trieben. Und bei schlechter Futterlage müssen Bären auch auf Blätter oder Rinde zurückgreifen. Weil sie aber so groß sind, müssen sie sehr viel fressen: Ein Fisch ist für einen 300 Kilogramm schweren Bären nur ein Appetithappen! Um seinen Bärenhunger zu stillen, müsste ein Grizzly etwa 180.000 Beeren am Tag fressen.

Braunbär

Warum halten Bären Winterruhe?

Im Herbst sinken die Temperaturen und viele Tiere verlieren ihre Nahrungsquelle. Auch für Bären wäre es sehr beschwerlich, wach über den Winter zu kommen. Deshalb fressen sie sich im Sommer ordentlich Fett an. Wenn ihnen im Herbst ihre innere Uhr sagt, dass es Zeit zum Schlafen ist, ziehen sie sich in eine Höhle zurück. Dort fallen sie innerhalb von zwei Wochen in eine Art Dämmerzustand, der bis zu sieben Monate anhalten kann. Sie leben während dieser Zeit einzig und allein von ihren Fettreserven. Außerdem wird die Anzahl der Herzschläge heruntergefahren, sodass der Körper weniger Energie zur reinen Lebenserhaltung braucht. Sogar Eisbären halten in Eishöhlen zirka vier Monate Winterruhe. Leben sie im Zoo, machen sie das übrigens nicht – dort ist es schließlich warm und es gibt genug zu fressen.

Warum haben Hasen so große Ohren?

Auch Hasen haben wie die Kaninchen viele Feinde. Das sind zum Beispiel Wölfe, Füchse, Wildkatzen und Luchse. Diese Tiere gibt es übrigens noch in freier Wildbahn! Hasen können ihre Ohren in alle Richtungen drehen und so die Geräusche ihrer Umgebung sehr genau wahrnehmen. Die Ohren nennt man auch Löffel, weil sie so groß sind.

Mit den langen Ohren hören Hasen besonders gut.

Brauchen Igel unsere Hilfe beim Winterschlaf?

Igel gehören zu den geschützten Tierarten. Deshalb darf man sie auch nur in Ausnahmefällen mitnehmen, das heißt, wenn sie krank oder zu klein sind. Irrt ein Igel bei Dauerfrost tagsüber allein umher, ist er meist krank. Auch Jungtiere, die zu spät im Jahr geboren wurden, wiegen manchmal noch weniger als 500 Gramm. Sie haben meist noch nicht genügend Fettreserven für den Winterschlaf. Findest du einen solchen Igel, dann bring ihn zum Tierarzt oder Tierschutzverein. Sie können dir sagen, wie du ihn am besten über den Winter bringst.

Tipp

Wenn du einen Garten hast, kannst du den Igeln auch anders helfen: Harke im Herbst das Laub der Bäume zusammen. Unter Büschen und Sträuchern kannst du es aufschichten, so viel wie möglich. Igel kriechen für ihren Winterschlaf gerne in solche Laubhöhlen, die sie vor der Kälte schützen!

Warum bauen Biber Dämme?

Biber brauchen Wasser, um sich wohlzufühlen, es bietet ihnen Schutz und Nahrung. Sie leben zusammen mit einem Partner und ihren Jungen. Dazu brauchen sie ein großes Revier, in dem es mehrere Wohnbaue gibt. Ist die Uferböschung steil genug, gräbt der Biber eine Höhle hinein und vernetzt sie mit Röhren. Der Eingang zum Wohnbau liegt immer unter dem Wasserspiegel, der Bau selbst liegt über Wasser. Wenn der Wasserspiegel nicht hoch genug ist, beginnt der Biber mit dem Dammbau, damit die Eingänge unter Wasser bleiben.

Biber im Wasser

EXPERIMENT

Dammbau

Du kannst auch einen Biberdamm bauen. Suche dir einen kleinen Bach. Dann sammle Äste und Zweige, Strauchbüschel und Moosstücke. Die legst du dann quer in den Bach, von einem Ufer zum anderen. Das Wasser wird sich am Hindernis stauen und tiefer werden, wenn der Damm stabil genug ist.

Gibt es bei uns noch Füchse?

Ein junger Rotfuchs

Die Füchse, die es bei uns gibt, sind Rotfüchse. Sie sind sehr genügsam, leben in Wäldern, im Grasland und auf Äckern. In letzter Zeit trifft man sie sogar in unseren Vorstädten an. Rotfüchse sind weitverbreitet, sie kommen auch in Nordamerika, Irland, Nordeuropa und Nordasien vor. Sie leben in Familiengruppen in Fuchsbauen, die sie unter der Erde graben. So entsteht ein richtiges Röhrensystem mit mehreren Ein- und Ausgängen.

Warum stehlen Füchse Gänse?

Füchse sind anspruchslose Allesfresser. Sie fressen, was ihnen vor die Schnauze kommt und leicht zu erbeuten ist. Früher hielten die Menschen auf dem Land Gänse draußen in abgezäunten Gehegen. So kam es vor, dass hungrige Füchse dort einbrachen und sich den einen oder anderen Leckerbissen holten. Auf diesem Weg kam er auch in die Kinderlieder! Doch heutzutage kommt so etwas nur noch sehr selten vor.

Gibt es Dachse nur im Märchen?

Nein, natürlich nicht. Dachse sind Waldbewohner und in Europa, Russland, China und Japan verbreitet. Da sie aber nachtaktiv sind, bekommt man sie nur selten zu Gesicht. Im Märchen treten sie als weise Helfer auf. Dachse leben wie Füchse in Familienverbänden in unterirdischen Bauen. Sie sind Allesfresser. Weil ihre Baue früher vom Menschen ausgeräuchert wurden, waren sie stark bedroht.

Woher hat der Siebenschläfer seinen Namen?

Der Siebenschläfer gehört zu den Bilchen oder Schlafmäusen. Wahrscheinlich geht sein Name darauf zurück, dass er ungefähr sieben Monate lang Winterschlaf hält. In der Sprache des Mittelalters bedeutete Siebenschläfer noch dazu soviel wie Langschläfer. Und wenn man über die Hälfte des Jahres verschläft, dann ist man ein echter Langschläfer! Das Tierchen ist übrigens nachtaktiv, etwa 16 Zentimeter lang und von grauer Farbe. Es lebt in den Baumwipfeln ganz Europas.

Wie kommt das Eichhörnchen über den Winter?

Schon im Herbst sammelt das Eichhörnchen fleißig Nüsse und legt in seinem Baumnest und in der Erde einen Vorrat an. Wird es sehr kalt, zieht es sich in sein Nest zurück und verlässt es nur noch selten. Nur um sich etwas von seinen Vorräten zu holen, kommt es dann heraus. An einem schönen sonnigen Wintertag wagt es sich manchmal auch länger heraus und sieht sich nach neuen Vorräten um.

Ein Eichhörnchen sammelt Vorräte.

Stürzen sich Lemminge in den Tod?

Die landläufige Meinung, Lemminge schlössen sich zu riesigen Pulks zusammen, um sich von den Klippen zu stürzen, ist falsch. Lemminge sind in etwa so groß wie Goldhamster und gehören zu den Wühlmäusen. Sie leben in den kalten Regionen der Nordhalbkugel. Man hat beobachtet, dass es etwa alle drei bis fünf Jahre plötzlich unglaublich viele von diesen flauschigen Pelzkugeln gibt. Sie müssen sich dann neue Lebensräume suchen und unternehmen Massenwanderungen. Da sie dann wirklich in großen Gruppen unterwegs sind, können schon einmal welche eine Klippe hinabstürzen. Aber das ist dann sicher keine Absicht!

Wo leben Tiger?

Der Tiger ist die größte Raubkatze der Erde und lebt in Asien: in Indien, China, Sibirien und auf der Insel Sumatra. Tiger sind Waldbewohner, die sich meist im Unterholz verstecken, wobei ihnen ihre Streifen eine gute Tarnung bieten. Sie brauchen auch Seen und Flüsse, da sie gerne schwimmen. Früher waren Tiger weiter verbreitet, doch da sie Menschen Furcht einflößten, wurden sie gejagt. Und ihr Lebensraum wird immer kleiner: Zwischen 1995 und 2005 hat er sich fast um die Hälfte verringert.

Wieso haben weiße Tiger blaue Augen?

Zunächst einmal ist es schon ungewöhnlich, dass es weiße Tiger gibt. Denn normalerweise sind sie bräunlich gelb mit schwarzen Streifen. Die fehlende Fellfarbe entsteht durch eine sogenannte Mutation. Unter Mutation versteht man eine plötzliche Veränderung des Erbgutes. Bei den Tigern handelt es sich meist um sogenannte Teilalbinos. Das heißt, ihnen fehlen nicht alle Farbpigmente. Deshalb haben sie auch oft noch schwarze Streifen und eben blaue Augen. Ein vollständiger Albino dagegen ist reinweiß und hat rote Augen – das liegt daran, dass durch die farblosen Augen das rote Blut durchschimmert.

Weiße Tiger sind Teilalbinos.

Wer ist der König der Tiere?

Der Löwe hat in vielen Kulturen den Ruf des „Königs der Tiere", weil die Menschen ihn schon immer aufgrund seiner besonderen Eigenschaften verehrten. Seine Kraft und sein Gebrüll sind schon sehr beeindruckend. Deshalb ist der Löwe auch ein beliebtes Wappentier und Symbol für Mut und Stärke. Anders als andere Katzen lebt er in Rudeln. Das Männchen ist an seiner Mähne leicht zu erkennen. Löwen leben heute in Afrika und Indien. Wie fast alle Großkatzen sind sie durch Wilderer bedroht.

Der König der Tiere ist der Löwe.

Was ist ein Gnu?

Gnus sind große Antilopen, die in der afrikanischen Savanne leben. Äußerlich ähneln sie sehr den Rindern, Männchen und Weibchen haben kurze, kräftige Hörner. Ihre Körperlänge kann bis zu zwei Meter betragen, die Höhe 1,30 Meter und sie wiegen bis zu 200 Kilogramm. Gnus leben in großen Herden und unternehmen lange Wanderungen. Denn sie ziehen immer dem Regen hinterher, um neue Weidegründe und Wasser zu finden.

Welches ist die kleinste Antilopenart der Erde?

Dikdiks sind die kleinsten Antilopen der Erde.

Die kleinsten Antilopen der Welt stammen aus Afrika und heißen Dikdiks. Diese Zwergantilopen werden nur etwas größer als ein Hase. Sie sind zwischen 50 und 70 Zentimeter lang, 30 bis 40 Zentimeter hoch und wiegen drei bis sieben Kilogramm. Den lustigen Namen verdanken diese Tiere den Lauten, die sie bei Gefahr ausstoßen – dik dik, dik dik!

Warum haben Zebras Streifen?

Dazu gibt es mehrere Theorien: Zebras leben meistens in der Steppe, deshalb nimmt man an, dass die Streifen zur Tarnung im hohen Gras dienen. Bei flirrendem Licht über dem heißen Boden sind von weitem die Körperumrisse der Tiere nicht mehr zu erkennen. Möglich ist, dass sich ein Räuber dadurch schwerer ein einzelnes Tier heraussuchen kann. Dann gibt es noch die Annahme, dass die Streifen vor dem Stich der Tsetsefliege schützen, die die Schlafkrankheit überträgt. Mit ihren Facettenaugen kann sie das Zebra nämlich nicht erkennen!

Zebras gehören zu den Pferden.

Kann man Zebras reiten?

Zebras gehören zur Gattung der Pferde und leben in Herden in Afrika. Oft bilden sie auch mit Gnus und Giraffen zusammen Verbände, denn dann schützt die gemeinsame Aufmerksamkeit besser vor Feinden. Und was das Reiten angeht: Es ist zwar gelungen, Zebras zu fangen und an den Menschen zu gewöhnen, sie können Wagen und landwirtschaftliche Geräte ziehen. Doch Zebras sind – anders als Pferde – noch immer Wildtiere. Daher sind sie schwer zu zähmen. Außerdem wird vermutet, dass ihre Wirbelsäule zu schwach ist, um dauerhaft einen Reiter zu tragen. Dennoch gibt es eingerittene Zebras, zum Beispiel im Zirkus.

Warum haben Giraffen so einen langen Hals?

Die Giraffe hat, wie die meisten Säugetiere, sieben Halswirbel. Diese sind jedoch jeweils etwa 40 Zentimeter lang und werden von sehr starken Halsmuskeln gestützt. Entwickelt hat sich der lange Hals wahrscheinlich, weil sich Giraffen auf das Fressen junger Blätter in den Baumwipfeln spezialisiert haben. Sie brauchen täglich mehr als 80 Kilogramm pflanzliche Nahrung. Sogar dornige Pflanzen können sie fressen, weil sie eine dicke Schicht harter Hautzellen im Gesicht haben. Durch diese Spezialisierung müssen sie nicht mit anderen Pflanzenfressern um Nahrung wetteifern. Die Giraffenmännchen können bis zu sechs Meter hoch werden! Sie leben übrigens in den Savannen Afrikas.

Wo leben Elefanten?

Heute gibt es noch drei Arten von Elefanten: den Afrikanischen und den Asiatischen Elefanten sowie den Waldelefanten. Der Afrikanische Elefant lebte früher auf dem gesamten Kontinent, durch die Jagd auf sein Elfenbein gibt es ihn jedoch nur noch in den Savannen im Osten und Süden sowie in der Wüste Namib in Westafrika. Der kleinere Asiatische Elefant hat kürzere Stoßzähne und lebt hauptsächlich in Indien und Sri Lanka. Der Waldelefant ist der kleinste und in den Urwäldern Zentralafrikas beheimatet.

Haben Elefanten ein gutes Gedächtnis?

Elefanten sind sehr intelligente Tiere. Was sie einmal gelernt haben, vergessen sie so gut wie nie. Sie wissen ganz genau, wer zu ihrer Herde gehört und merken, ob ein Mensch ihnen wohlgesinnt ist. Ihre Intelligenz wird nicht nur in Zoos und Zirkusmanegen zur Schau gestellt, auch Filmemacher setzen hervorragend trainierte Tiere ein. In Indien sind sie außerdem beliebte Arbeitstiere. Doch eigentlich brauchen Elefanten ihr Gedächtnis für die langen Wanderungen, die oft über Tausende von Kilometern führen.

Elefanten haben ein gutes Gedächtnis.

Welche Elefanten waren die kleinsten der Urzeit?

Elephas falconeri, eine Zwergform der Vorfahren des heutigen Asiatischen Elefanten, waren wahrscheinlich die kleinsten Elefanten. Dieser Minielefant hatte eine Schulterhöhe von höchstens 90 Zentimetern und lebte vor 120.000 bis 11.000 Jahren auf Mittelmeerinseln. Seine größeren Vorfahren konnten während der Eiszeiten aufgrund des niedrigen Meeresspiegels Inseln erreichen. Dort entwickelte sich diese Zwergform.

Was ist ein Wauwau?

Was ein Wauwau ist, weiß doch jedes Kind – könnte man meinen. Schließlich werden Hunde oft so bezeichnet. Doch echte Wauwaus sind Affen. Sie leben in den Urwäldern der Insel Java und anderen benachbarten Inseln. Das Fell der Wauwaus ist silbergrau, kann aber von Insel zu Insel verschieden sein. Daher hat der Wauwau auch noch einen zweiten Namen: Silbergibbon. Aufgrund ihrer Zutraulichkeit wurden sie auch oft von Seefahrern auf andere Inseln mitgenommen. Das Besondere an ihnen ist, dass sie keinen Schwanz haben.

Zusatzinfo

Trinkgewohnheiten der Wauwaus
Gibbons trinken, indem sie sich mit ihren langen Armen an Zweigen hängend zum Wasser hinunterlassen. Dann tauchen sie den Handrücken ein und saugen sich das Wasser aus dem Fell. Offenbar haben sie vor Wasser großen Respekt. Und das aus gutem Grund: Sie können nicht schwimmen! Im Wasser saugt sich das Fell voll und der arme Affe ertrinkt jämmerlich.

Wozu ist das Lausen gut?

Schimpansen und andere Affen sitzen oft zusammen und kraulen sich das Fell. Das nennt man lausen. Früher glaubte man nämlich, sie würden sie gegenseitig von Läusen befreien. Inzwischen weiß man, dass sie meist nach salzigen Hautschuppen suchen. Dies erhält den freundschaftlichen Umgang mit den anderen Affen und pflegt zugleich Haut und Fell. Das Lausen ist für die Affen so eine Art „Small Talk", ein oberflächliches Gespräch, das den Gruppenzusammenhalt stärkt. Eine ähnliche Funktion hat das Spiel. Dabei spielen nicht nur die Affenkinder miteinander, sondern auch die Erwachsenen. So werden Spannungen in der Gruppe abgebaut.

Schimpanse

Warum grinsen Schimpansen?

Wenn Schimpansen grinsen, sind ähnlich wie bei uns Ober- und Untergebiss bei geöffnetem Kiefer sichtbar. Das Grinsen bedeutet aber nicht, dass der Schimpanse etwas sehr lustig findet. Im Gegenteil: Er grinst, wenn er sich erschreckt oder sehr aufgeregt ist. Oft wird dies noch von lautem Kreischen begleitet.

Wieso fällt ein Kängurubaby nicht aus dem Beutel?

Wenn die Kängurubabys größer werden, kann es tatsächlich passieren, dass sie aus dem Beutel fallen. Am Anfang sind sie aber so winzig, dass sie sich in dem Beutel sogar noch fertig entwickeln müssen. Deshalb hat das Junge auch seine Nahrungsquelle, die Muttermilch, im Beutel. Erst nach einem halben Jahr, wenn es Fell hat und sehen kann, reckt es den Kopf aus dem Beutel. Indem die Mutter ihre Bauchfalte anspannt oder lockerlässt, kann sie den Beutel verschließen oder öffnen. Ist das Kängurubaby zu groß geworden, fällt es immer öfter aus dem Beutel heraus. Aber dann kann es eigentlich auch schon alleine hüpfen. Und irgendwann lässt es die Mutter auch gar nicht mehr rein.

Wer ist der Tasmanische Teufel?

Der Tasmanische Teufel, auch Beutelteufel genannt, gehört zur Familie der Raubbeutler. Er lebt in Tasmanien, einer großen Insel südwestlich von Australien. Seinen Namen bekam er wegen seines schwarzen Fells und der Ohren, die rot werden, wenn er sich aufregt. Außerdem verströmt er bei Aufregung einen sehr unangenehmen Körpergeruch und kreischt laut. Sein Verhalten ist insgesamt sehr aggressiv. Männchen sind etwa 65 Zentimeter lang und wiegen etwa acht Kilogramm. Weibchen sind kleiner und leichter. Sie haben sehr starke Zähne, um die Knochen ihrer Beute zu zerbrechen.

Tasmanischer Teufel

Warum werden Faultiere so selten von ihren Feinden gefressen?

Das Faultier entkommt seinen Feinden buchstäblich durch seine Faulheit. Die meisten Tiere flüchten vor ihren Feinden. Doch das Faultier bewegt sich kaum, um keine Energie zu verbrauchen. Es frisst nämlich nur Blätter. Dadurch, dass es sich – wenn überhaupt – so unglaublich langsam bewegt, wird es von Raubtieren selten als Beute wahrgenommen.

Faultiere sind gut getarnt.

Was sind Wüstenschiffe?

Kamele werden auch Wüstenschiffe genannt. Denn so wie Schiffe große Warenmengen über das Meer befördern, so transportierten die Wüstenbewohner mithilfe der Kamele ihre Waren durch die Wüste, von Oase zu Oase. Die Kamele sind sehr genügsam, was ihren Wasserverbrauch angeht: In ihrer Magenwand haben sie spezielle Zellen, die das Wasser längere Zeit speichern können. Außerdem verbraucht der Kamelkörper insgesamt sehr wenig Wasser. Doch wenn welches vorhanden ist, kann es in zehn Minuten mehr als 100 Liter trinken! Und davon kann es bis zu zwei Wochen zehren. Außerdem können Kamele mit ihren besonderen Füßen, den „Schwielensohlen", problemlos durch den heißen Sand laufen, auch wenn sie schwere Lasten tragen müssen.

Warum können Vögel fliegen?

Die wichtigste Voraussetzung für das Fliegen ist das geringe Gewicht der Vögel. Sie haben teilweise hohle Knochen! Außerdem spielen die Federn, die Flügel und der stromlinienförmige Körperbau eine Rolle. Vögel können ihre Flügel in verschiedene Richtungen verstellen und so verschiedene Anstellwinkel wählen. Durch das Flügelschlagen kommen zwei wichtige Mechanismen in Gang: der Auf- und Vortrieb sowie ein Druckunterschied. Ersteres wird durch Bewegung des Flügels erzeugt, der Druckunterschied durch die abgerundete Form der Flügel.

Können Vögel mit vollem Schnabel zwitschern?

Ja, das können sie. Zumindest, wenn sie nur etwas transportieren wollen. Vögel haben nämlich zwei Kehlköpfe, einen oberen und einen unteren. Doch nur der untere ist zum Zwitschern geeignet, deshalb können sie auch noch singen, wenn sie Zweige für den Nestbau oder Futter im Schnabel haben.

Wie verbringt der Panda seine Zeit?

Große Pandas, auch Bambusbären genannt, verbringen die meiste Zeit mit Fressen. Sie leben in China. Ihre Hauptnahrungsquelle ist der Bambus, wobei sie die Bambusschösslinge bevorzugen. Da Bambus jedoch sehr nährstoffarm und die Verdauung der Pandas nicht einmal besonders gut an diese Nahrung angepasst ist, müssen sie große Mengen davon fressen, um ihren Bedarf zu decken. Sie brauchen jeden Tag zehn bis 20 Kilogramm Bambus. Außerdem fressen sie auch Enziane, Schwertlilien, Krokusse und Bocksdorn, selten auch Raupen und kleine Wirbeltiere.

Wo lebt der Klapperstorch?

Weißstörche auf ihrem Nest

Hinter diesem Namen verbirgt sich der Weißstorch. Klapperstorch nennt man ihn, weil seine Stimme schwach ausgeprägt ist und er sich deshalb durch Schnabelklappern mit seinen Artgenossen verständigt. Zudem klappern der männliche und weibliche Storch beim gemeinsamen Balzritual. Weißstörche brüten in Europa von Spanien bis Russland, in Nordafrika, der Türkei und im Kaukasus. Sie nisten meist jahrelang auf demselben Nest, dem sogenannten Horst.

Woher wissen Zugvögel, wann der „Abflugtermin" ist?

Alle Zugvögel – wie Störche, Stare oder manche Gänse – besitzen eine Art innere Uhr. Sie zeigt ihnen, wann die richtige Zeit für etwas gekommen ist. Daher wissen sie instinktiv, wann Paarungszeit ist und wann sie in den Süden oder Norden fliegen müssen. Zusätzlich zu diesem angeborenen Zeitgefühl orientieren sie sich an der Tageslänge. Werden die Tage kürzer und kälter, ist es Zeit für den Flug nach Süden.

Wenn die Tage kürzer werden, fliegen die Zugvögel nach Süden.

Woher wissen Brieftauben, wohin sie fliegen müssen?

Tauben können selbst über Tausende Kilometer hinweg ohne Umwege zu ihrem Heimatschlag zurückfinden. Wie sie das machen, haben die Forscher noch immer nicht herausgefunden. Sie vermuten aber, dass Tauben eine Art Kompass haben. Denn ebenso wie ein Kompass wird der Orientierungssinn der Tauben vom Magnetfeld der Erde beeinflusst. Die Stärke des Magnetfeldes der Erde ist an jedem Ort ein wenig anders. Die Taube kennt die Magnetfeldumgebung ihrer Heimat und man nimmt an, dass sie eine magnetische Eisenverbindung in ihrer Schnabelhaut hat. Dieser „Kompass" verändert sich offenbar, wenn sich die Taube von ihrem Heimatschlag entfernt. Über Nervenbahnen erhält dann das Gehirn die Information, auf welchem Weg es zurückgeht.

Warum ziehen Vögel im Winter in den Süden?

Ganz einfach: Weil es dort wärmer ist. Sie finden dort genügend Futter und können so besser überleben. Im Frühling kehren Millionen von Zugvögeln aus den Überwinterungsgebieten in ihre Sommerlebensräume zurück. Denn dort können sie ihre Jungen besser großziehen, dank des reichen Nahrungsangebotes. Im Spätsommer und Herbst treten sie dann wieder die lange und gefahrvolle Reise in die warmen Regionen Südeuropas, Afrikas und Westasiens an. Zu den bekanntesten Zugvögeln zählen Kraniche und Weißstörche.

Welche Zugvögel legen den weitesten Weg zurück?

Kein Vogel fliegt so weit wie die Küstenseeschwalbe: Sie brütet in Kolonien am Rande der Arktis, manchmal auch an der Nord- und Ostsee. Ihre Winterquartiere liegen aber in der Antarktis. Dort bleibt sie etwa zwei Monate, um dann wieder die Rückreise anzutreten. Das ist eine Zugstrecke von 35.000 bis 40.000 Kilometern, von einem Pol zum anderen. Erkennen kannst du sie an ihrem tiefroten Schnabel und der schwarzen Haube auf dem Kopf. Sie werden etwa 38 Zentimeter lang und leben hauptsächlich am Meer.

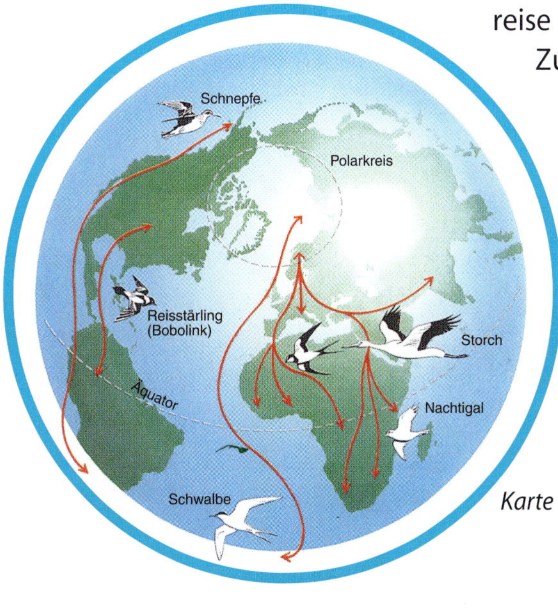

Karte der weltweiten Flugrouten

Zugvögel

Woher kennen Zugvögel ihre Route?

Jeder Vogel kennt seine Reiseroute von Geburt an, sie ist sozusagen angeboren. Vögel haben also eine Art genetisch vorgegebenen Reiseweg. Zusätzlich können sich die Tagzieher, die tagsüber reisen, am Sonnenstand orientieren. Diejenigen, die nachts fliegen, können sich am Sternenhimmel orientieren. Außerdem vermutet man auch bei den Zugvögeln, dass sie sich am Erdmagnetfeld orientieren können – ähnlich wie die Brieftauben. Sehen kann man die Vögel leider meist nicht so gut, denn sie fliegen in bis zu 9000 Meter Höhe über den Wolken!

Soll ich einem aus dem Nest gefallenen Jungvogel helfen?

Sicherlich hast du schon öfter einen Jungvogel gefunden, der jämmerlich piepste und noch flugunfähig auf dem Boden saß. Doch ist er wirklich aus dem Nest gefallen und von seinen Eltern verlassen worden? Manche Jungvögel verlassen das Nest nämlich schon, bevor sie fliegen können. Gerade wenn die Nester in niedrigen Sträuchern und Büschen liegen, kommen sie dann auch auf den Boden. Trotzdem werden sie aber von ihren Eltern gefüttert! Ein einzelnes Vöglein im Geäst fällt viel weniger auf. Also beobachte einen gefundenen Vogel erst einmal aus sicherer Entfernung, bevor du etwas unternimmst. Dann siehst du, ob er noch gefüttert wird. Wenn lange nichts passiert, kannst du ihn auf einen Ast im Gebüsch setzen, dort ist er sicherer. Findest du aber ein Küken, das noch fast nackt ist und nicht hüpfen kann, versuche sein Nest zu finden und es wieder hineinzulegen.

Vogelkinder werden auch außerhalb des Nestes noch gefüttert.

Können Papageien wirklich sprechen?

Papageien können lediglich lernen, Sätze nachzusprechen, doch sie verstehen nicht ihre Bedeutung. Deshalb können sie auch keine eigenen Sätze bilden. Je nach Talent können sie die menschliche Stimme sehr gut nachahmen oder bekommen nur einzelne Wörter zusammen. Manche Papageien können das Geräusch nachahmen, das du beim Naseputzen machst oder klapperndes Besteck. Oft lernen sie auch, bestimmte Ereignisse mit Geräuschen zu verbinden: Sie rufen dann „Telefon“, wenn das Telefon klingelt.

Papageien sind gute Nachahmer.

Warum singt die Nachtigall nachts?

Die Nachtigall erhielt ihren Namen, weil die Männchen im Frühjahr tatsächlich in der Nacht ihre wohltönenden Gesänge verlauten lassen. Sobald sie jedoch ein Weibchen gefunden haben, singen sie auch tagsüber und man hört nachts nur noch die einsamen Männchen. Ihr Gesang ist wahrlich außergewöhnlich schön.

Warum klopft der Specht an Bäume?

Der Specht hat eine besondere Art der Nahrungssuche entwickelt: Er klopft mit seinem harten Schnabel die Rinde der Bäume auf, um die darunterliegenden Insekten zu erreichen. Die mag er nämlich besonders gern! Er hat auch eine extra lange und klebrige Zunge, um sie aus ihrem Versteck herauszuziehen. Außerdem zimmert er richtige Baumhöhlen, in die er sein Nest baut.

Können Vögel rückwärts fliegen?

Normalerweise können Vögel nicht rückwärts fliegen. Nur ein einziger kleiner Vogel bildet eine Ausnahme: der Kolibri. Er ist der kleinste Vogel der Welt und lebt in allen Gebieten Amerikas, von Alaska im Norden bis Feuerland im Süden. Nur in der Nähe der Pole ist es ihm zu kalt. Er hat besonders bewegliche Flügel mit denen er – wie ein Hubschrauber – vorwärts, rückwärts und seitwärts fliegen kann. Und sogar auf der Stelle! So kann er vor einer Blüte in der Luft anhalten und mit seinem langen, schmalen Schnabel den Nektar trinken. Und auch die Flugtechnik ist besonders: Ein Kolibri schafft 40 bis 50 Flügelschläge pro Sekunde! Das ist so schnell, dass man es nur mit ganz bestimmten Kameras fotografieren kann.

Ein Kolibri im Standflug

Können Vögel trauern?

Das Gefühlsleben der Vögel zu erforschen ist ziemlich schwierig. Ob sie sich nach dem Tod eines Gefährten so fühlen wie Menschen, kann man nicht wissen. Klar ist nur, dass sie unglücklich sein können. Bei vielen Tieren hat man beobachtet, dass sie aufhören zu fressen oder krank werden, wenn es ihnen seelisch nicht gut geht. Papageienbesitzer haben auch beobachtet, dass zurückgebliebene Tiere nicht mehr sprechen oder aber schreien. Allerdings ist dieses Phänomen nicht so ausgeprägt, wenn noch andere Artgenossen da sind.

Was sind Greifvögel?

Greifvögel erhielten ihren Namen, weil sie aus dem Flug ihre Beute mit den scharfen Krallen greifen. Zu den Greifvögeln gehören Adler, Falken und Bussarde, Habichte, Geier, Sperber, Milane und Weihen. Alle zeichnen sich durch scharfe Schnäbel und einen stark ausgeprägten Sehsinn aus. So können sie aus der Höhe Mäuse und andere Kleintiere erkennen und sich im Sturzflug auf sie stürzen, um sie zu fangen.

Adler gehören zu den Greifvögeln.

Wie können Eulen nachts jagen?

Da die meisten Eulen in der Dämmerung oder in der Dunkelheit auf Beutefang gehen, brauchen sie ein ausgezeichnetes Gehör und ein gutes Sehvermögen. Die Augen sind besonders lichtempfindlich und nehmen rund ein Drittel des Kopfes ein. Sie sind starr nach vorne gerichtet, was ihnen ein gutes räumliches Sehen ermöglicht. So haben sie zwar nur ein kleines Sichtfeld, können aber dafür ihren Kopf fast ganz herumdrehen. Möglich wird diese Beweglichkeit durch 14 Halswirbel. Durch die besonders große Hornhaut im Auge wird auch wenig Licht noch optimal ausgenutzt. Aber bei völliger Dunkelheit können auch Eulen nichts mehr sehen, dann müssen sie sich ganz auf ihr Gehör verlassen.

Was ist ein alter Kauz?

Mit diesem Begriff bezeichnet man Menschen, die etwas merkwürdig scheinen oder eigenbrötlerisch sind. Das kommt daher, dass den Menschen Käuze früher unheimlich waren. Der Kauz war im Volksglauben ein Unglücks- und Todesvogel, den man meiden musste. Da Käuze nachtaktiv sind, kam es vor, dass sie von draußen in die hellen Räume flogen und die Leute erschreckten. Im 16. Jahrhundert entwickelte sich dann die Bezeichnung „komischer“ oder „alter Kauz“ für sonderbare Menschen.

Frisst der Mäusebussard nur Mäuse?

Der Mäusebussard ist der häufigste unserer Greifvögel. Sein Name verweist auf sein Lieblingsessen: Mäuse. Tatsächlich frisst er auch andere kleine Tiere, wie zum Beispiel Kaninchen. Mäusebussarde sind sehr verschieden gefärbt: Von nahezu weißen Vögeln bis hin zu fast einheitlich dunkelbraunen gibt es alle Übergänge. Im Sommer sieht man ihn oft hoch am Himmel kreisen, oder er sitzt auf einem Zaunpfahl und lauert dort auf Beute.

Wo kann ich einen Falken beobachten?

Falken sind fast auf der ganzen Welt anzutreffen, es gibt 38 Arten. Besonders an ihnen ist der hakenförmig nach unten gebogene Oberschnabel. Alle heimischen Falkenarten haben recht lange, spitz zulaufende Flügel und dunkle Augen. Bei uns gibt es vor allem Turmfalken, selten sieht man noch Wanderfalken und Merline. Der kleine, rotbraune Turmfalke ist der zweithäufigste heimische Greifvogel. Man sieht ihn häufig in offener Landschaft mit schnellen Flügelschlägen und gespreiztem Schwanz gegen den Wind „auf der Stelle stehen“ oder auf einem Zaunpfahl sitzend nach Beute spähen.

Turmfalke

Sind Raben schlechte Eltern?

Kennst du den Begriff „Rabeneltern"? So werden Eltern genannt, die sich nicht genug um ihre Kinder kümmern. Doch woher kommt dieser Ausdruck? Raben kümmern sich ebenso um ihre Jungen wie andere Vögel. Die Jungen verlassen zwar relativ früh das Nest, werden aber weiterhin gefüttert. Die Leute glaubten früher, sie seien schon früh auf sich allein gestellt. Raben sind auch noch ausgesprochen treue Eltern. Sie bleiben meist ihr ganzes Leben zusammen. Die wahren „Rabeneltern" sind eigentlich die Kuckucke.

Raben sind fürsorgliche Eltern.

Was sind Kuckuckskinder?

Kuckuckskinder nennt man Kinder, die den Eltern sozusagen „untergeschoben" wurden. Sie halten sie für ihre eigenen, obwohl sie es nicht sind. Meistens sind davon Väter betroffen, denn da eine Mutter ihr Kind zur Welt bringt, weiß sie ja, dass es ihres ist. Bei Vögeln ist das etwas anderes, weil sie Eier legen. Denn das Kuckucksweibchen sucht sich ein Nest mit Eiern, die dem ihren gleichen. Dann frisst sie eines der fremden Eier auf und legt ihr eigenes in das Nest. Die „Pflegeeltern" oder Wirtsvögel brüten das Kind des Kuckucks mit aus. Das Junge schlüpft nach zwölf Tagen – das ist meist früher als die anderen. Der junge Kuckuck schubst dann als Erstes die anderen Eier aus dem Nest. Da er größer ist als die eigentlichen Jungen, braucht er mehr Futter und schreit besonders laut. Nach 21 bis 23 Tagen ist das Junge flügge und verlässt das Nest. Dennoch füttern es die Altvögel noch zirka drei Wochen weiter. Nur selten bemerken die Wirtsvögel den Betrug, doch wenn, verlassen sie den jungen Kuckuck.

Kuckuckskind

Warum krähen Hähne?

Das Krähen der Hähne dient dazu, das Revier gegen andere Männchen abzugrenzen. Je lauter ein Hahn kräht, desto stärker erscheint er. Frühmorgens hört man es besonders gut, weil es noch nicht von so vielen anderen Geräuschen überdeckt wird. Hähne haben wie alle Vögel eine innere Uhr, die sich nach der Helligkeit richtet. Junghähne krähen übrigens erst später am Tag, weil sie von den älteren Hähnen eingeschüchtert sind.

Haushühner

Warum gibt es weiße und braune Hühnereier?

Die Farbe eines Hühnereis wird durch die Gene der Henne bestimmt. Das hat nichts mit der Farbe der Federn zu tun, sondern höchstens mit der Farbe der Ohrscheibe. Hühner mit weißen Ohrscheiben legen weiße Eier, Hühner mit roten legen braune. Aber wenn es sich um Mischrassen handelt, stimmt das auch nicht mehr. Da weiß man es erst, wenn das Ei gelegt wird.

Können Hühner fliegen?

Eigentlich können Hühner schon fliegen, aber nicht besonders gut. Laufen gefällt ihnen viel besser. Um die Geschwindigkeit zu steigern, schlägt ein Huhn während des Rennens schnell mit den kurzen, breiten Flügeln. Nur Tiere in höchster Not fliegen laut gackernd in geringer Höhe bis zu 20 Meter weit. Zum Schlafen allerdings flattern sie gerne auf ihre erhöhte Sitzstange. Unsere Haushühner haben jedoch alle gestutzte Flügel, damit sie nicht wegfliegen können.

Wie entwickelt sich ein Küken im Ei?

Wurde eine Henne vom Hahn begattet, verschmelzen Samen- und Eizelle zu einem Keim. Nun bildet sich in der Henne der Eidotter, das Eiklar und schließlich die Schale um das Ei. Auch eine Luftblase ist darin enthalten. Das dauert nur 24 Stunden, dann legt die Henne das Ei und beginnt, es auszubrüten. Zuerst ist auf dem Eidotter nur eine kleine Keimscheibe zu erkennen, doch dann bildet sich am zweiten Tag bereits das Herz. Dann entstehen Organe, Beine, Augen, Gehirn und alle anderen Teile, aus denen so ein Huhn besteht. Ganz zum Schluss werden Schnabel und Federn oder Flaum gebildet. Nach 21 Tagen schlüpfen die Küken und können sehr bald mit der Mutter mitlaufen.

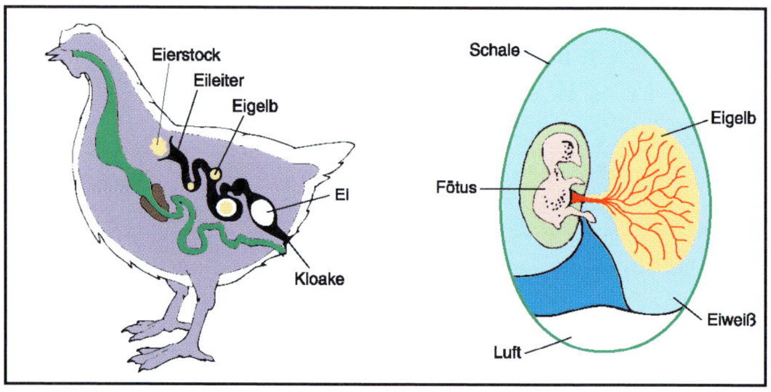

Entwicklung eines Kükens

Sind alle Küken gelb?

So erstaunlich es klingen mag: Die wenigsten Küken sind leuchtend gelb. Doch das gelbe Hühnerküken ist ein Symbol für das Leben. Deshalb wird es auf allen möglichen Sachen abgedruckt. So sehen wir meistens nur gelbe Küken – sie sind ein typisches Bild. Normalerweise sind sie jedoch eher hellgelb oder bräunlich. Schwanenküken sind sogar grau, Entenküken oft braun. So werden sie von Fressfeinden schlechter gesehen. Die gelbe Farbe kommt übrigens von dem Stoff Karotin, der auch in Karotten enthalten ist. Der Eidotter, von dem sich das Küken ernährt, enthält eben dieses Karotin. Dadurch werden manche Küken gelber als andere.

Bräunliches Küken

Wie schlüpft ein Küken?

Das Küken liegt normalerweise in Richtung der Luftblase im Ei, den Kopf unter dem Flügel und die Beine angewinkelt. Will das Küken schlüpfen, holt es den Kopf unter dem Flügel hervor. Es hat zu dieser Zeit einen speziellen Hornhöcker, den sogenannten Eizahn, auf dem Schnabel. Damit kann es die Eierschale aufklopfen. Gleichzeitig stemmt es sich mit den Beinen gegen die Unterseite des Eis. Ist es die Schale losgeworden, trocknet es recht schnell und sieht bald aus wie ein kleiner Federball.

Haben Hühner Ohren?

Ja, Hühner haben Ohren. Sie besitzen jedoch keine Ohrmuschel, so wie wir. Stattdessen haben sie eine Art Ohrloch. Das Ohr befindet sich komplett im Inneren des Hühnerkopfes. Sichtbar sind nur die Ohrläppchen, die sogenannten Ohrscheiben.

Zusatzinfo

Woher weiß ich, was für ein Ei ich kaufe?

Seit dem 1. Januar 2004 muss jedes Ei einen Stempel haben, der zeigt, aus welchem Land, welchem Betrieb und welcher Haltung die Eier stammen. Bereits auf der Verpackung muss deutlich erkennbar sein, ob die Eier aus Käfig-, Boden- oder Freilandhaltung stammen oder von einem Biohof kommen.

Was ist eine Legebatterie?

Legebatterien sind Ställe, in denen Hühner zur Eierproduktion in Käfigen gehalten werden. Jedes Huhn hat einen Käfig, in das es gerade eben hineinpasst. Diese Käfige stehen in langen Reihen neben- und übereinander. Die Tiere sitzen auf Gittern und die Eier rollen durch ein Gefälle automatisch auf ein Laufband. Dies bringt die Eier zur Verpackstation. Glücklicherweise ist diese Haltung seit Ende 2008 in Deutschland und Österreich verboten. Ab dem Jahr 2012 ist die Käfighaltung in der gesamten Europäischen Union nicht mehr erlaubt. Die Schweiz war übrigens das erste Land, das etwas unternommen hat: Bereits seit 1992 sind die Käfige dort verboten.

Was ist eine Galapagosscharbe?

Die Galapagosscharbe gehört zur Familie der Kormorane. Ihr Körper ist doppelt so schwer wie jener der anderen Kormorane, die Flügel sind viel kürzer. Im Laufe der Zeit verlor sie ihre Flugfähigkeit, weil sie auf den Galapagosinseln – ihrem Lebensraum – nicht von anderen Tieren bedroht wird. Sie ist ein guter Schwimmer, hat Schwimmhäute an den Füßen und kraftvolle Beine. Die Galapagosscharbe zählt zu den seltensten Meeresvögeln der Welt, es gibt nur etwa 1500 von ihnen.

Was sind Paradiesvögel?

Paradiesvögel sind für ihr besonders schönes Gefieder bekannt. Es gibt über 40 verschiedene Arten. Sie leben auf Neuguinea und einigen Nachbarinseln. Die Weibchen und Jungtiere sind unauffällig gefärbt und leben in Gruppen zusammen. Es sind die Männchen, die durch ihre bunten Federn auffallen. So hat zum Beispiel der Göttervogel, der etwa 46 Zentimeter lang wird, ein gelbes Rückengefieder, eine leuchtend grüne Kehle und sehr lange, rote Schwanzfedern.

Hühner in einer Legebatterie

Wie überleben Hochseevögel?

Hochseevögel zeichnen sich dadurch aus, dass sie eben auch auf hoher See überleben können. Sie können auf dem Wasser landen, sie fischen und tauchen. Auch ein kräftiger Sturm macht ihnen nichts aus! Nur zum Brüten suchen sie sich Küstengebiete, denn sie müssen ja ein Nest bauen. Albatrosse beispielsweise können Monate über dem Meer verbringen, ohne an Land zu müssen. Sie fliegen zudem Hunderte Kilometer am Tag!

Albatrosse leben monatelang auf hoher See.

Warum sind Flamingos rosa?

Flamingos ernähren sich von Algen, Insektenlarven und Würmern, die alle nicht größer als sechs Millimeter sind. Für das rosa Federkleid verantwortlich ist jedoch ein kleiner Krebs! Denn in ihm ist der Farbstoff Karotin enthalten – diesen nehmen die Flamingos mit der Nahrung auf und die Federn werden rosa. Fressen sie diese Krebse nicht, verblassen sie wieder. Deshalb sind sie auch alle unterschiedlich gefärbt, je nachdem, wie viele Krebse sie regelmäßig fressen.

Flamingos fressen rote Krebse.

Welcher Vogel hat die größte Flügelspannweite?

Der Wanderalbatros bringt es auf bis zu 3,60 Meter Flügelspannweite. Dieser Vogel gehört mit 1,10 bis 1,30 Meter Gesamtlänge und seiner gewaltigen Spannweite zu den größten Vögeln überhaupt, dicht gefolgt vom Marabu, einem afrikanischen Storchenvogel, der genau wie der Andenkondor, einem Neuweltgeier, eine Flügelspannweite von bis zu 3,25 Metern erreichen kann.

Bekommen Pinguine kalte Füße?

Pinguine haben sehr wohl kalte Füße. Aber sie haben einen speziellen Blutkreislauf, der die Wärme ausgleicht. Die Wärme des Blutes wird in den Füßen sofort an die Blutbahnen abgegeben, die in den Körper hineinführen. So geht die Wärme nicht verloren. Der Körper pumpt also ständig kühles Blut in die Füße, das aber noch über null Grad Celsius liegt. So friert der Pinguin nicht am Eis fest und zugleich schmilzt ihm das Eis nicht unter den Füßen weg.

Wie ernährt sich der Blauwal?

Der Blauwal ist das größte Säugetier der Welt. Er wird bis zu 35 Meter lang und etwa 135 Tonnen schwer. Dieser gewaltige Riese ist aber ganz harmlos und ernährt sich von kleinen Meereskrebsen, die man Krill nennt. Er muss eine Menge davon vertilgen, um überhaupt satt zu werden – im Sommer bis zu vier Tonnen täglich! Die Krebse filtert der Blauwal mithilfe seiner bis zu 4,50 Meter langen Barten aus dem Meerwasser. Barten sind feine Hornplatten, die vom Oberkiefer anstelle von Zähnen herabhängen.

Sind Delfine verspielt?

Delfine sind sehr intelligente Tiere und schnelle Schwimmer. Sie erreichen Spitzengeschwindigkeiten von 55 Kilometern pro Stunde. Dabei springen sie oft aus dem Wasser und vollführen akrobatische Figuren. Das sieht für uns aus, als würden sie spielen. Doch dadurch steigern sie ihr Tempo oder sie jagen. Sie leben in Familienverbänden zusammen, die man Schulen nennt. Delfine verständigen sich untereinander mit Klicklauten, Pfeifen und Schnattern.

Delfine sind unglaublich schnell.

Sind Killerwale gefährlich?

Killerwal ist ein alter Name für den Schwertwal oder Orca. Sie bekamen diesen Namen, da man in gestrandeten, toten Schwertwalen unglaubliche Mengen gefressener Tiere gefunden hat. Dabei sind Orcas so etwas wie die Gesundheitspolizei des Meeres. Neben Fischen fressen sie auch kranke, schwache oder leichtsinnige Delfine, Wale und Robben. Sie machen sich aber auch über Vögel her. Schwertwale sind die größten Exemplare aus der Familie der Delfine. Sie gehören zu den Zahnwalen und verfügen über ein durchaus Furcht einflößendes Gebiss, das aus 40 kräftigen Zähnen besteht. Zahme Orcas sind neugierig und zugänglich.

Was ist ein Heuler?

Heuler sind Seehundjunge, die ihre Mutter verloren haben. Seehunde sind die am weitesten verbreitete Robbenart der Nordseeküste. Nach einer Tragzeit von elf Monaten wird meistens nur ein Jungtier geboren, das bei der Geburt etwa zehn Kilogramm schwer und 85 Zentimeter lang ist. Manchmal werden die Jungen von den Müttern verlassen, zum Beispiel, wenn ein Mensch es berührt hat. Die Heuler heißen so, weil sie so jämmerlich nach ihren Müttern rufen. Es gibt an der Nordsee mehrere Aufzuchtstationen, die sich um diese Jungtiere kümmern.

Wie schläft ein Delfin?

Delfine gehören zu den Walen und sind Säugetiere. Das heißt, sie müssen zum Atmen an die Wasseroberfläche kommen. Hätten Delfine nun die gleichen Schlafgewohnheiten wie du, könnten sie nicht regelmäßig Luft holen. Deshalb schläft bei einem Delfin immer nur eine Gehirnhälfte. Er dümpelt dann dicht unter der Wasseroberfläche und bewegt sich kaum. Nur die Luftblasen vom Atemloch kann man sehen.

Zusatzinfo

Verständigung bei Delfinen

Delfine sind sehr intelligente Tiere. Sie „sprechen“ miteinander, mithilfe von Klicklauten, Pfeifen und Schnattern. Zudem verständigen sie sich über Körperkontakt. Ihre Bindungen untereinander sind außergewöhnlich stark und sie kümmern sich um kranke oder alte Gruppenmitglieder. Deshalb eignen sie sich auch gut für Therapien mit Menschen. Menschen reagieren sehr stark auf Delfine und können mit ihrer Hilfe zum Beispiel große Ängste abbauen.

Heuler sind verlassene Seehundbabys.

Ist der Seehund ein Hund?

Der Seehund ist eine Robbenart und gehört zu den Meeressäugetieren. Er macht lediglich Geräusche, die sich anhören wie Hundegebell. Das ist aber auch das Einzige, was ihn mit Hunden verbindet.

Was sind Fische?

Fische sind wechselwarme Wirbeltiere. Das heißt, sie haben ein inneres Skelett und eine wechselnde Körpertemperatur. Sie leben im Wasser und atmen durch Kiemen, die den Sauerstoff aus dem Wasser filtern. Desgleichen haben sie Flossen. Man teilt sie in Knochen- und Knorpelfische ein.

Wie atmen Fische?

Fische brauchen Sauerstoff zum Atmen, ebenso wie wir. Weil es unter Wasser keine Luft gibt, haben Fische ein besonderes Atmungsorgan: die Kiemen. Bei den meisten Fischen sitzen sie unter den Kiemendeckeln an beiden Seiten des Kopfes. Die Kiemen selbst sehen wie kleine Kämme aus. Zum Atmen werden die Kiemendeckel vor- und zurückbewegt. Dadurch entsteht ein Sog und Wasser strömt durch das offene Fischmaul. Deshalb machen die Fische beim Schwimmen ständig das Maul auf und zu. Das Wasser enthält gelösten Sauerstoff, der von den Kiemen aufgenommen und ins Blut abgegeben wird. Das sauerstoffreiche Blut fließt dann durch den Körper. Wenn der Sauerstoff verbraucht ist, muss der Fisch wieder frisches Wasser aufnehmen.

Wie unterscheiden sich Rochen und Haie von anderen Fischen?

Haie und Rochen sind Knorpelfische, das heißt, sie haben ein Skelett, das aus Knorpel besteht. Alle anderen Fischarten besitzen ein Skelett aus Knochenmaterial und werden daher Knochenfische genannt. Von den heute lebenden Fischarten gehören nur 600 zu den Knorpelfischen. Fast alle sind Meeresbewohner.

Können Fische schlafen?

Um sich zu erholen, brauchen auch Fische Schlaf. Da sie aber keine Augenlider haben, können sie die Augen auch nicht schließen. So kann man ihnen nicht so recht ansehen, ob sie schlafen oder wach sind. Sie sind aber auch nie völlig entspannt, denn auch beim Ausruhen müssen sie sich immer vor Feinden hüten! Manche klemmen sich mit der Schwanzflosse in Riffspalten, damit sie nicht abdriften. Kleine Riffbarsche ziehen sich nachts in das Geäst der Korallen zurück. Andere Fische, die Muränen beispielsweise, ziehen sich tagsüber in Höhlen zurück und jagen in der Nacht.

Auch Fische müssen schlafen.

Warum werden Fische nicht vom Wasserdruck zerquetscht?

Je tiefer ein Taucher im Meer taucht, desto höher wird der Druck des Wassers auf seinen Körper. Auf eine Taucherkugel, die in elf Kilometern Tiefe taucht, wirkt ein Druck, der etwa dem Gewicht von 100.000 Autos entspricht. Fische haben damit kein Problem, denn der Wasserdruck drückt nur Luft zusammen. Da die Zellen, aus denen Fische bestehen, mit Wasser gefüllt sind, kann ihnen der Wasserdruck nichts anhaben.

Haben Fische Durst?

Ja, auch Fische müssen Flüssigkeit aufnehmen. Salzwasserfische müssen das Salz aus dem Wasser herausfiltern, bevor es von ihrem Körper genutzt werden kann. Deshalb wird das Salz über die Nieren und spezielle Zellen der Kiemen herausgefiltert und ausgeschieden. Süßwasserfische hingegen nehmen Wasser durch die sogenannte Osmose auf. Das bedeutet, ihr Körper hat einen höheren Salzgehalt als das Wasser der Umgebung – daher wird Wasser über die Zellen aufgenommen. Osmose bedeutet nämlich, dass eine Zelle den Salzgehalt von innen und außen gleichhält, indem Wasser aufgenommen oder abgegeben wird.

Welche Arten von Raubfischen gibt es?

Raubfische sind Fisch- und Fleischfresser. Wie alle Raubtiere ernähren sie sich von der Jagd. Es gibt solche, die im Süßwasser leben, wie Forellen und Hechte. Viel berühmter sind aber jene aus dem Meer, wie Haie und Rochen. Die Menschen hatten schon immer Angst vor ihnen, weil sie so groß sind. Und es sieht tatsächlich beeindruckend und gefährlich aus, wenn ein Hai eine Robbe jagt! Aber Menschen sind davon sehr selten betroffen – und man muss so einem Hai ja auch nicht in die Quere kommen.

Haie sind Raubfische.

Sind alle Fische stumm?

Viele Fische können sich sehr wohl durch Geräusche verständigen. Ihre Ohren sitzen in kleinen Kapseln hinter den Augen. Tigerfisch, Knurrhahn, Katzenwels oder auch der Trommelfisch können sogar selbst relativ laute Geräusche erzeugen.

Was ist ein Rochen?

Rochen gehören zu den sogenannten Knorpelfischen. Sie haben einen platten, rautenförmigen Körper und große Brustflossen, die mit dem Kopf verwachsen sind. Das Maul, die Nasenlöcher und die fünf Kiemenspalten befinden sich auf der Unterseite, die Augen dagegen liegen auf der Oberseite. Der Schwanz wird zum Ende hin immer dünner. Die meisten Rochen sind Meeresfische, aber es gibt auch einige Arten, die im Süßwasser leben. Die Oberseite kann sandfarben, gesprenkelt oder schwarz sein.

Rochen sind Knorpelfische.

Hat der Hammerhai einen Hammer?

Der Hammerhai schlägt natürlich keine Nägel in die Wand. Er hat nur einen merkwürdigen Auswuchs am Kopf, sodass er aussieht, als habe er einen Hammer. Dort befinden sich auch seine Augen. Da sie so weit auseinander stehen, hat er einen hervorragenden Rundumblick. Außerdem sind dort auch die Nasenlöcher, weshalb er ebenso gut riechen wie sehen kann. Hammerhaie werden bis zu 4,20 Meter lang.

Plattfische sind auf dem Grund kaum zu erkennen.

Sind Tintenfische auch Fische?

Trotz ihres Namens sind Tintenfische keine Fische, sondern zählen zu den Weichtieren. Der Gemeine Tintenfisch oder Sepia hat einen abgeflachten Körper und ist von einem durchsichtigen Flossensaum umgeben, der sich im Wasser wellenartig bewegt. Seine Arme benutzt er ähnlich wie ein Kalmar. Umgangssprachlich werden alle Kopffüßer als Tintenfische bezeichnet. Das liegt vermutlich daran, dass die meisten Kopffüßer einen sogenannten Tintenbeutel haben und bei Gefahr einen schwarzen, tintenähnlichen Stoff ausstoßen. Dadurch können sie ihren Feinden entkommen, während diese eingenebelt zurückbleiben.

Warum sind Plattfische platt?

Was ist so besonders an einem Plattfisch? Ein junger Plattfisch trägt – wie jeder andere Fisch auch – auf jeder Kopfseite ein Auge. Während des Wachstums passiert aber etwas Seltsames: Eines der Augen wandert über die Stirn auf die Körperoberseite. Bestimmte Arten, zum Beispiel Schollen, haben beide Augen auf der rechten Seite, andere wie der Steinbutt auf der linken. In dieser Zeit flacht der Körper ab und wird platt (daher der Name!). Warum diese Verwandlung passiert, ist bis heute ein Rätsel.

Gibt es Tiere mit Düsenantrieb?

Die Kopffüßer, zu denen die Oktopoden, Kalmare und Sepien gehören, können sich durch eine Rückstoßbewegung fortbewegen. Sie können sich zwar auch mithilfe der Tentakeln bewegen, doch bei Gefahr ginge das zu langsam. Daher haben sie einen eingebauten „Düsenantrieb“: Am Körper befindet sich ein Trichter. Aus ihm wird das zuvor eingeatmete Wasser ausgestoßen und der Tintenfisch ist blitzschnell weggeschwommen. Dieser Rückstoß hat solche Kraft, dass die Tiere sogar über die Wasseroberfläche hinaus „geschossen“ werden können!

Sepia

Was macht der Tintenfisch mit seinen vielen Armen?

Tintenfische haben je nach Art acht oder zehn Arme, die direkt am Kopf sitzen. Achtarmige nennt man Oktopoden oder Kraken, die zehnarmigen Kalmare. Die Arme oder Tentakeln sind mit Haken und Saugnäpfen versehen und dienen als Fangarme, um Beutetiere zu fangen, aber auch der Fortbewegung. Das Männchen besitzt zudem noch einen „Begattungsarm“, mit dem es seine Samenpakete in die Mantelhöhle des Weibchens legt.

Gibt es Fische, die angeln?

Tatsächlich gibt es Fische, die angeln: Anglerfische. Sie haben eine besondere Technik entwickelt, um ihre Beute zu fangen. Ein Teil der Rückenflosse hat sich zur „Angel" umgebildet. Daran befindet sich ein Köder, der je nach Art wie ein Wurm oder kleiner Beutefisch aussieht. Andere Fische nähern sich diesem Köder und – schwups, werden sie in das Maul des Anglerfisches gesaugt!

Gibt es wirklich Riesenkraken?

Ja, tatsächlich gibt es sogenannte Riesenkraken. Und auch Riesenkalmare – es gibt also Riesen mit acht und solche mit zehn Armen. Ganz schön unheimlich, oder? Lange Zeit glaubte man daher auch, sie seien nur Seemannsgarn. Schon früh berichteten nämlich Seeleute von ihnen, doch sie konnten ihre Existenz nie beweisen. Denn diese Tiere leben in der Tiefsee und lassen sich selten oben blicken. Die größten, die man bisher gesichtet hat, waren insgesamt etwa fünf Meter lang!

Riesiger Oktopus

Clownfische leben in Anemonen.

Erzählen Clownfische Witze?

Nein, natürlich nicht. Schließlich sind es ja Fische! Sie haben ihren Namen von der außergewöhnlichen Färbung: Sie sind orange mit weißen Streifen. Eigentlich heißen sie Anemonenfische, denn sie leben in Anemonen. Die auffallend bunten Farben haben auch einen besonderen Sinn. Sie leben in Korallenriffen, wo es viele bunte Fische gibt. Damit sich alle untereinander unterscheiden können, hat jede Art ein eigenes besonderes Muster.

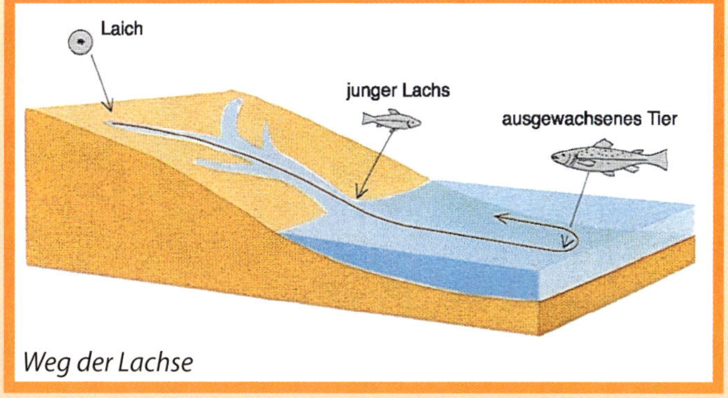

Weg der Lachse

Wieso schwimmt der Lachs gegen den Strom?

Lachse verbringen den größten Teil ihres Lebens im Meer. Doch wenn sie sich fortpflanzen wollen, kehren sie zu ihren Laichgebieten in den Flüssen zurück. Dort wurden auch sie selbst geboren! So treten jedes Jahr erwachsene Lachse die Reise aus dem Meer zurück in die Flüsse an. Da diese immer in Richtung Meer fließen, müssen die Fische gegen den Strom schwimmen. Sie legen dabei oft Hunderte Kilometer zurück! Durch den Eingriff des Menschen in die natürlichen Flussläufe können die Lachse aber manchmal nicht zurück. Deshalb hat man ihnen sogenannte Treppen gebaut. So können sie auch an Wasserkraftwerken oder Schleusen vorbei in ihre Laichgebiete ziehen. Erstaunlich ist, dass sie im Süß- und Salzwasser leben können.

Was sägt der Sägefisch ab?

Der Sägefisch benutzt seine Säge für die Jagd. Er fährt blitzschnell in einen Fischschwarm und tötet seine Beute mit der Säge. Auf dieselbe Weise macht er Jagd auf Fische, die ahnungslos zwischen Seetang herumschwimmen. Der Sägefisch gehört zu den Rochen und kann bis zu zehn Meter lang werden. Wegen seiner Säge wirkt er sehr gefährlich – für den Menschen ist er es aber nicht. In großen Aquarien werden Sägefische sogar zahm und fressen Tauchern aus der Hand.

Kann man Seegurken essen?

Seegurken haben nur eines mit einer Gartengurke gemeinsam: ihr Aussehen. Tatsächlich handelt es sich aber um Tiere. Sie bestehen aus einem länglichen Muskelschlauch und kriechen mit ihren winzigen Füßchen am Meeresboden entlang. Seegurken ernähren sich, indem sie kleine Teile vom Meeresboden mit ihren Mundfüßchen aufsammeln und sich in den Mund an der Kopfseite stecken. Hierzulande findet man die Seegurke so gut wie gar nicht auf der Speisekarte – in China hingegen gilt sie als Delikatesse.

Kann der Fliegende Fisch wirklich fliegen?

Fliegende Fische haben im Verhältnis zu ihrem Körper sehr große Flossen. Auch wenn die Flossen Flügeln ähneln, so kann der Fisch damit nicht richtig fliegen, aber immerhin segeln. Fliegende Fische schwimmen sehr dicht unter der Wasseroberfläche. Wenn Raubfische nach ihnen jagen, schießen sie aus dem Wasser und gleiten manchmal bis zu 50 Meter weit durch die Luft! Daher nennt man sie Fliegende Fische. Dabei schlagen sie etwa 50-mal pro Sekunde mit der Schwanzflosse. Manchmal landen sie auch nur ganz kurz und schnellen dann sofort wieder in die Höhe.

Wie sind Muscheln aufgebaut?

Du hast sicherlich am Strand schon Schalen von toten Muscheln gefunden. Eine lebende Muschel hat zwei abgeflachte Schalenhälften, die immer zusammenhängen. Sie sind durch ein bewegliches Band verbunden, das wie ein Türscharnier funktioniert. Muscheln haben sehr starke Muskeln, mit denen sie die Schalenhälften schließen und öffnen. Wenn du bei einer lebenden Muschel versuchst, die Schale mit der Hand zu öffnen, wird dir das mit Sicherheit nicht gelingen – so stark ist sie! Der weiche Muschelkörper hat weder einen Kopf noch Arme oder Beine, dafür aber einen fleischigen Fuß zum Kriechen und Graben. Es gibt sogar Muscheln, die ihren Fuß benutzen, um kleine Sprünge zu machen!

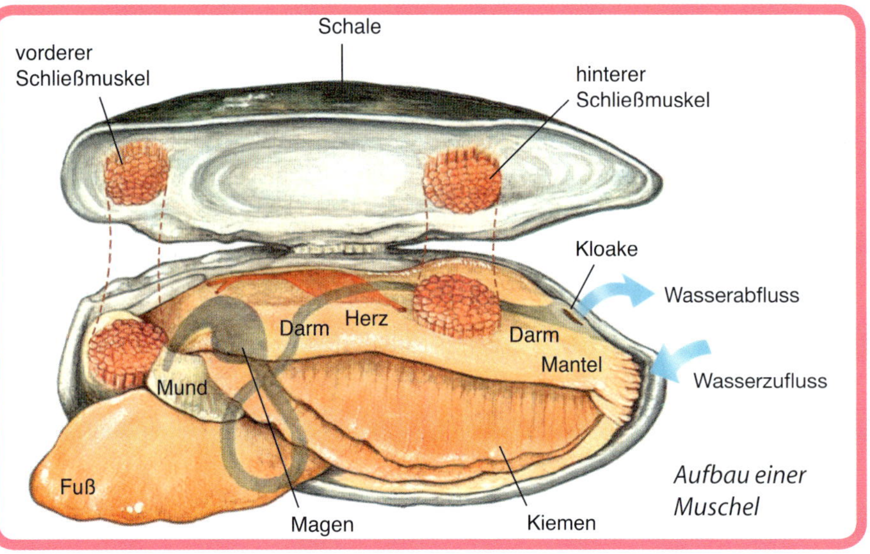

Aufbau einer Muschel

Zusatzinfo

Wie züchtet man Muscheln?
Austernzüchter zum Beispiel hängen viele Plastikstreifen, die an einer Leine hängen, ins Meer. Dort setzen sich die Muschellarven fest und können dann von den Züchtern an Plätze gebracht werden, wo sie in Ruhe heranwachsen.

Können Muscheln schwimmen?

Nur sehr wenige Muscheln können schwimmen. Aber diejenigen, die es können, haben eine tolle Technik entwickelt. Sie klappen ihre beiden Hälften ganz schnell auf und zu. Dadurch wird das Wasser am Rand herausgepresst und bewirkt den Antrieb. Die Pilgermuschel schwimmt zum Beispiel bei Gefahr davon.

Mördermuschel

Zusatzinfo

Die größte Muschel, die es gibt, ist die Mördermuschel. Sie wird bis zu 1,40 Meter lang und kann etwa 500 Kilogramm schwer werden. Angeblich kann sie sogar die Beine von Tauchern einklemmen.

Rauscht in Muscheln wirklich das Meer?

Muscheln, die eine Art Schneckengehäuse haben, rauschen, wenn man sie sich ans Ohr hält. Es ist jedoch nicht das Meer, das wir da hören. In der Muschel befindet sich eine Luftsäule – genau wie in einer Trompete oder Tuba. Diese Luft schwingt und erzeugt so ein Eigengeräusch. Durch die Geräusche, die von außen auf die Muschel einwirken, werden bestimmte Töne verstärkt. Somit rauscht in jedem hohlen Gegenstand etwas, wenn man ihn sich ans Ohr hält. Aber es ist leider nicht das Meer.

Wächst der Panzer eines Krebses mit?

Krebse sind wirbellose Tiere, sie haben also kein Skelett. Damit ihr weicher Körper geschützt ist, ist er von einem harten Panzer umgeben. Dieser Panzer besteht wie bei vielen Insekten aus Chitin. Das ist ein Zuckerstoff, der zusammen mit Eiweißstoffen den Panzer der Krebse und Insekten bildet. Krebse müssen wie Insekten ihren Panzer abstoßen, wenn er ihnen zu eng wird, denn er wächst nicht mit. Das nennt man Häutung. Die Tiere bilden einfach einen neuen Panzer, der zunächst noch weich ist, aber bald hart wird.

Wo wohnen Einsiedlerkrebse?

Der Einsiedlerkrebs besitzt keinen eigenen Panzer wie andere Krebsarten. Um seinen weichen Hinterleib zu schützen, versteckt er ihn in einem verlassenen Schneckenhaus, das er ständig mit sich herumträgt. Wird er bedroht, zieht er sich in „sein Haus" zurück. Wenn das Tier wächst, wird ihm seine Behausung zu klein. Dann sucht es sich ein größeres Schneckenhaus. Man hat sogar schon Einsiedlerkrebse gefunden, die sich in Plastikbehältern niedergelassen haben!

Einsiedlerkrebse leben in leeren Schneckenhäusern.

Was ist ein Palmendieb?

Der Palmendieb ist ein Krebstier aus der Familie der Landeinsiedlerkrebse. Er lebt auf Inseln im westlichen Pazifik und im Indischen Ozean. Ausgewachsene Tiere können bis zu 40 Zentimeter lang und vier Kilogramm schwer werden. Sie haben rote, abstehende Augen und einen violetten Körper. Zur Herkunft seines Namens gibt es zwei Geschichten: Einerseits soll er so heißen, weil Palmendiebe metallisch glänzende Gegenstände einsammeln, andererseits klettert er tatsächlich auf Palmen hinauf und frisst Kokosnüsse.

Leguane sind Reptilien.

Was sind Reptilien?

Reptilien, auch Kriechtiere genannt, gehören zur Klasse der Wirbeltiere. Sie haben einen Schwanz und vier Beine – außer den Schlangen und einigen Echsen. Ihre Haut hat Hornschuppen. Sie legen Eier oder bekommen lebende Junge und sie atmen über Lungen. Reptilien sind wechselwarm, das heißt, ihre Körpertemperatur hängt von der Umgebung ab. Viele wärmen sich zum Beispiel durch Sonnenbaden auf.

Wo lebt die größte Schildkröte der Welt?

Die größte Schildkröte der Welt ist eine gewaltige Meeresschildkröte namens Lederschildkröte. Sie kommt in allen wärmeren Weltmeeren vor. Ihren Namen trägt sie aufgrund ihrer dicken, lederartigen Haut, die sie anstelle eines Panzers besitzt. Die Lederschildkröte kann bis zu 2,50 Meter lang und 600 Kilogramm schwer werden. Dafür muss sie sehr viele Fische, Kopffüßer und Weichtiere fressen, die auf ihrem Speiseplan stehen.

Wie alt werden Schildkröten?

Riesenschildkröten erreichen unter allen Tieren der Erde das höchste Lebensalter. Das Mindestalter liegt bei 150 Jahren, das höchste Alter dürfte bei etwa 200 Jahren liegen. Darüber hinaus sind Riesenschildkröten mit einem Gewicht von rund 250 Kilogramm auch die schwersten Landschildkröten der Erde. Man findet sie nur auf einigen wenigen Inseln, nämlich auf den Galapagosinseln oder den Seychellen. Zum Vergleich: Der bisher älteste bekannte Mensch war eine Frau – Jeanne Calment starb 1997 im Alter von 122 Jahren.

Galapagosriesenschildkröte

Klapperschlange

Warum klappert die Klapperschlange?

Klapperschlangen haben an ihrem Schwanzende mehrere harte Hautringe, die sie aneinanderschlagen können. Das Klappern dient als Warnung für Feinde, dass sie einem gefährlichen Gegner gegenüberstehen. Wie alle Schlangen muss sich auch die Klapperschlange häuten, wenn sie wächst. Jedes Mal entsteht ein neuer Hautring. So kann man bei ihr das Alter an der Klapper erkennen!

Sterben Giftschlangen, wenn sie sich selbst beißen?

Es ist eher unwahrscheinlich, dass Schlangen sich selbst beißen. Wenn sie aber tatsächlich so ungeschickt sind, wird ihnen nichts passieren. Schlangen sind ihrem eigenen Gift gegenüber nämlich vollkommen unempfindlich.

Wo lebt die Anakonda?

Anakonda

Die Anakonda ist eine Riesenschlange und lebt in den Regenwäldern Südamerikas. Es gibt vier Arten, am bekanntesten ist die Große Anakonda. Sie kann bis zu neun Meter lang und über 150 Kilogramm schwer werden, zudem gilt sie als größte Schlange der Welt. In der Nähe von Seen, langsam fließenden Flüssen oder in Sumpflandschaften ist sie zu Hause. In Brasilien sind Anakondas überall anzutreffen, sogar in der Nähe von Großstädten. Sie fressen Nagetiere, Vögel, Schildkröten, Wasserschweine und Fische.

Warum weinen Krokodile?

Wenn jemand heuchlerisch weint, sagt man: „Er weint Krokodilstränen." Krokodile weinen nämlich nicht, weil sie traurig sind, sondern ihnen tränen die Augen, wenn sie zu schnell gefressen haben. Dann schnappen sie nach Luft, und das drückt auf die Tränendrüsen.

Krokodil

Wie bewegt sich eine Schlange?

Das Geheimnis der Schlange ist das Schlängeln. Da sie keine Füße hat, bewegt sie sich durch diese wellenförmige Bewegung fort. Einige ziehen sich auch wie eine Ziehharmonika zusammen und strecken sich dann wieder. Dann gibt es noch die Baumschlangen, die extra stabile Bauchschuppen haben, um sich an der Rinde festzuhalten. Und die Wüstenschlangen schlängeln sich seitwärts durch den Sand.

Was kann eine Boa verschlingen?

Boas sind riesige Würgeschlangen, die alle Tiere fressen, die sie von der Größe her bewältigen können: Ratten, Mäuse, Leguane, manchmal sogar kleine Kaimane. Sie leben hauptsächlich in den Tropen, kleinere Arten aber auch in gemäßigten Klimazonen. Alle überwältigen ihre Beute durch Umschlingen. Sie bekommen lebende Junge. Die bekannteste Art ist die sogenannte Abgottschlange, die Boa constrictor. Die größte, die je vermessen wurde, war 4,50 Meter lang.

Sind Blindschleichen blind?

Blindschleichen können ganz hervorragend sehen. Sie heißen auch nicht Blindschleichen, weil sie blind sind. Ihr Name ist aus dem altdeutschen Wort „plintsicke" entstanden, was soviel wie „blendende Schleiche" heißt. Unsere Vorfahren hatten sie wegen ihres hellen Körpers so genannt. Blindschleichen sind übriges auch keine Schlangen, sondern gehören zu den Eidechsen.

Eine Meerechse in der Abendsonne

Was sind Meerechsen?

Meerechsen leben ausschließlich auf den Galapagosinseln. Den Namen tragen sie, weil sie die einzigen Echsen sind, die ihre Nahrung im Meer suchen. Sie sind wechselwarme Tiere, die sich nach der Futtersuche im kalten Meer schnell wieder in der Sonne aufwärmen müssen. Bis zu 15 Meter tief tauchen sie, um Algen und Tang zu fressen. Ihre Grundfarbe ist schwarz, jedoch ändert sich die Farbe der Männchen mit den Jahreszeiten. Zur Fortpflanzungszeit sind sie rot und grün.

Wie laufen Geckos an der Decke?

Geckos können an Wänden laufen.

Scheinbar mühelos laufen Geckos Wände hoch, über Spiegel oder an der Zimmerdecke entlang. Wie sie das machen, war lange ein Rätsel. Doch inzwischen weiß man, dass diese kleinen Tierchen unzählige feine Haare an den Füßen haben. Diese ergeben insgesamt eine sehr große Oberfläche. Setzt der Gecko nun einen Fuß auf eine Glasscheibe, haben alle diese Härchen Kontakt mit der Scheibe. Die Moleküle, also die winzigsten Bausteine der Gecko-Fußhaare, gehen bei jedem Schritt eine Verbindung mit den Molekülen der Glasscheibe ein. Dieser Vorgang wird auch Van-der-Waals-Kraft genannt. Diese Kraft sorgt dafür, dass alle vier Geckofüße eine Haftkraft von 140 Kilogramm haben. Das heißt, zwei ausgewachsene Männer könnten theoretisch mit vier Geckofüßen an einer Wand entlanglaufen, ohne herunterzufallen.

Was ist an Amphibien so besonders?

Amphibien, auch Lurche genannt, zeichnen sich dadurch aus, dass sie an Land und im Wasser leben. Sie sind wechselwarme Tiere, ihre Körpertemperatur passt sich der Umgebung an. Lurche haben eine nackte, drüsenreiche, glatte bis warzenreiche Haut. Ihre Zehen haben keine Krallen. Die meisten Amphibien leben zuerst als Larven im Wasser. Dann vollziehen sie eine Verwandlung, die sogenannte Metamorphose, und können auch an Land leben. Es gibt Froschlurche, Schwanzlurche und Schleichenlurche.

Frösche leben an Land und im Wasser.

Wie leben Frösche?

Frösche, Unken und Kröten zählen zu den Froschlurchen. Sie leben in Sumpfgebieten und an Gewässern. Ihre feuchte und kaum verhornte Haut schützt sie nur unzureichend vor Austrocknung. Aber unter Wasser können sie sogar durch die Haut atmen. Ausgewachsene Frösche ernähren sich von Insekten und Kleintieren. Sie fangen ihre Beute mit der langen Zunge, die sie plötzlich herausschleudern und damit die Beute, die an der Zunge kleben bleibt, überrumpeln. Jede Froschart hat ihre eigene Stimme, mit der sie quakt.

Haben Insekten Ohren?

Die meisten Insekten können sehr gut hören – nur sitzen ihre Ohren meist an unvermuteten Orten. Mücken haben ihr Hörorgan zum Beispiel im Saugrüssel. Bei den Nachtfaltern sitzen sie am Bauch. Und Raupen hören mit den Enden kleiner Härchen, die auf ihrem ganzen Körper verteilt sind. Insekten sind übrigens die artenreichste Tiergruppe!

Warum bleibt die Spinne nicht in ihrem eigenen Netz hängen?

Die Spinne spannt beim Netzbau zuerst einen Rahmen. Dann webt sie die Mitte des Netzes. Um diese Mitte herum legt sie kreisförmig spezielle Klebefäden, die nach außen hin immer größer werden. In diesen Klebefäden bleibt ihre Beute hängen. Sobald sich ein Insekt oder ein Käfer dort verfangen hat, schreitet die Spinne auf den Rahmenfäden zu ihrer Beute und saugt sie aus. Sie muss aber sehr vorsichtig zu ihrem Essen laufen, denn sonst verfängt sie sich tatsächlich selbst in ihrem eigenen Netz.

Wie kamen die Spinnen zu den Netzen?

Eine Spinne in ihrem Netz

Spinnen haben im Verlauf ihrer Entwicklung ausgefeilte Techniken entwickelt, um mit ihren Netzen auf Insektenfang zu gehen. Senkrechte Radnetze entwickelten die Spinnen erst, als ihre Hauptbeute – die Insekten – zu fliegen begann. Die Ausrichtung der Netze im Raum ist eine sehr komplizierte Leistung für Tiere, die ihre Umwelt hauptsächlich per Tastsinn erfahren und nur mit einem sehr einfachen Nervensystem ausgestattet sind. Und so ein Netz ist erstaunlich ergiebig: Eine Spinne frisst pro Tag durchschnittlich 15 Prozent ihres eigenen Gewichts an Insekten. Dazu erneuert sie das Netz bis zu fünfmal am Tag.

Stimmt es, dass Spinnenweibchen ihre Männchen auffressen?

Das Liebesleben der Spinnen ist sehr sonderbar. Für das Weibchen ist jedes Tier Nahrung, das die Größe einer Beute hat. Darum sind oft sogar die eigenen Männchen gefährdet – vor allem weil sie bei den meisten Spinnenarten viel kleiner sind als ihre Partnerin. Nicht wenige Männchen werden bei der Paarung vom Weibchen verletzt. Die Schwarze Witwe und die Wespenspinne fressen ihre Männchen sogar auf. Manche Spinnenmännchen, die mit nur vier oder fünf Beinen herumlaufen, wurden von einem Weibchen verstümmelt. Um das zu vermeiden, muss das Männchen bei der Paarung erst den starken Beutetrieb des Weibchens überwinden. Die Natur hat verschiedene Formen der vorsichtigen Annäherung – also der „Brautwerbung" – entwickelt, um das Weibchen friedlich zu stimmen. Sonst wären die Spinnen wohl ausgestorben.

Kreuzspinne

Wie leben Spinnen im Wasser?

Die auch bei uns heimische Wasserspinne atmet Luft, verbringt aber ihr ganzes Leben unter Wasser und ist völlig an das Wasserleben angepasst. Sie bewohnt in stehenden und langsam fließenden, klaren Gewässern mit reichlich Pflanzenbewuchs eine seidene Taucherglocke, die sie mit Luft auffüllt. Besonders oft kann man diese Spinne an den sogenannten Wasserlinsen finden – vor allem in Teichen, Tümpeln und Moorgräben. Ihre Beute fängt sie von der Luftglocke aus oder auf ihren Streifzügen zwischen den Wasserpflanzen.

Welches ist die gefährlichste Spinne der Welt?

Die gefährlichste Spinne der Welt ist die australische Trichternetzspinne. Ihr Biss endet nach kürzester Zeit tödlich. Lange Zeit dachte man, Trichternetzspinnen hielten sich nur im Süden Australiens auf, aber kürzlich wurden sie dort auch im Norden entdeckt. Hier bei uns gibt es keine so gefährlichen Spinnen, die meisten sind vollkommen harmlos.

Ameisen vor ihrem Bau

Warum bilden Ameisen Staaten?

Das Erfolgsmodell der Ameisen ist: „Einigkeit macht stark." Da sie so klein sind, haben einzelne Tiere kaum eine Überlebenschance. Ihren großen Erfolg verdanken sie ihrem Sozialleben. Viele Arten bilden hochentwickelte und perfekt organisierte Staaten mit oft Hunderttausenden von Bürgern – oder besser: Bürgerinnen, denn Ameisenmännchen spielen keine große Rolle. Ameisen leben in Nestkuppeln aus Fichtennadeln und kleinen Zweigen. Im Inneren befindet sich ein verästeltes System aus Gängen und Nestkammern, das sich auch unterirdisch weiter fortsetzt. Gewöhnlich bekommt man nur Arbeiterinnen zu Gesicht. Sie pflegen die Brut und die Königin, bauen und reparieren die Burg und ziehen auf duftmarkierten Straßen zur Nahrungssuche aus. Ihr Jagdgebiet erstreckt sich bis in die Baumwipfel. Besonders andere Insekten und deren Larven werden mit vereinten Kräften überwältigt und nach Hause getragen. Zur Beute gehören auch viele Schädlinge, weshalb Förster Ameisen sehr schätzen. An manchen Sommertagen drängen plötzlich auch geflügelte Königinnen und Männchen aus dem Nest und starten zum Hochzeitsflug, der mit der Gründung neuer Staaten endet.

Spinne mit Beute

Wo haben Spinnen ihre Ohren?

Über Ohren, so wie wir Menschen, verfügen Spinnen nicht. Aber dennoch können sie hören, und zwar mit speziellen Borsten und Tasthaaren. Der wichtigste Sinn der Spinnen ist der Tastsinn. Tausende von Tasthaaren sind überall auf dem Körper der Spinnen verteilt. Und auf den Beinen liegen spezielle Härchen, besondere „Hörhaare". Diese reagieren auf Schwingungen und Schall, also auch auf Geräusche. In der Nähe der Beingelenke befinden sich bei zahlreichen Spinnen auch schlitzförmige Sinnesorgane, die registrieren, wenn sich der Außenkörper verformt. Solche Reize entstehen auch durch Schall oder wenn ein Beutetier im Netz zappelt. Die verschiedenen Sinnesorgane und Tasthaare nehmen selbst kleinste Vibrationen wahr und helfen den Spinnen, Beutetiere zu orten.

Wozu sind Ameisen gut?

Die Hautflügler – dazu zählen Bienen, Wespen und Ameisen – sind eine der wichtigsten Insektenordnungen. Ihre wertvollen Dienste in Natur und Landwirtschaft sind für das ökologische Gleichgewicht unverzichtbar. Ohne die Bestäubungsdienste der Blütenbesucher wären viele Pflanzen vom Aussterben bedroht und ohne die unterirdischen Baue der Ameisen würde der Boden nicht gedüngt und durchlüftet werden. Mit wenigen Ausnahmen sind die in Europa lebenden Ameisen nützlich, indem sie zahlreiche Pflanzenschädlinge vernichten. Ameisen wurden bereits sehr früh zur biologischen Schädlingsbekämpfung eingesetzt, zum Beispiel im zwölften Jahrhundert in Mandarinen- und Orangenkulturen in China. Leider kann aus dem Nützling, wenn er dann in Wohnungen oder Betriebe eindringt, schnell ein Schädling werden.

Warum zwicken Ameisen?

Zur Verteidigung und zum Angriff besitzen viele Ameisenarten Drüsen, mit denen sie giftige Stoffe (zum Beispiel Ameisensäure) produzieren können. Zahlreiche Arten besitzen auch Stacheln. Bei den Soldatinnen ist der Kopf vergrößert und die Beißwerkzeuge sind besonders ausgeprägt. So können sie Zugänge zum Nest bewachen und verschließen.

Warum sind in der Nähe von Blattläusen immer so viele Ameisen?

Ameisen sind kleine Leckermäuler. Sie stehen auf Süßes. Blattläuse ernähren sich von dem Saft der Pflanzen. Wenn sie diesen Saft verdaut haben, scheiden sie eine klebrige, süße Masse aus. Diese Masse ist sehr schädlich für die Pflanze, weil sie ihre Poren verstopft. Die Ameisen jedoch lieben die kleinen Blattlausknödelchen und essen sie gerne. Auf diese Weise helfen sie auch der Pflanze.

Ohrwurm

Klettern Ohrwürmer in die Ohren?

Ohrwürmer sind Insekten. Sie würden niemals auf die Idee kommen, in unsere Ohren zu krabbeln. Sie fressen nur Blätter. Ihren Namen bekamen sie, weil sie lange Zeit zu medizinischem Pulver verarbeitet wurden – damit wurden Ohrkrankheiten behandelt. Und auch Lieder, die uns nicht mehr aus dem „Ohr" gehen, nennt man Ohrwürmer!

Warum fliegen Wespen auf Süßes?

Ausgewachsene Wespen und Bienen ernähren sich von Kohlenhydraten. Die finden sie im Blütennektar – oder eben in der Marmelade. Wespenlarven brauchen hingegen Proteine; das erklärt, warum Wespen auch auf Fleisch und Wurst fliegen.

Tipp

Wespen stechen nur, wenn sie sich angegriffen fühlen. Also ruhig bleiben und nicht nach ihnen schlagen!

Werden Grillen vom Zirpen taub?

Wenn eine Grille zirpt, dann ist das für die Grille selbst ungefähr so laut, als würden wir neben einem Presslufthammer stehen oder auf der Tanzfläche einer Disco. Weil sich die Grille schlecht Ohrenschützer aufsetzen kann, hat sich die Natur einen Trick einfallen lassen: Die Nerven, die für das Zirpen zuständig sind, senden gleichzeitig ein Signal an die Grillenohren. Dadurch wird die Wahrnehmung gemindert – die Grille schaltet praktisch auf Durchzug. Macht sie eine kurze Zirppause, dann funktioniert ihr Ohr wieder einwandfrei.

Wasserläufer nutzen die Oberflächenspannung.

Wie können Wasserläufer auf dem Wasser laufen?

Wasserläufer sind Insekten, die tatsächlich auf dem Wasser laufen können. Das funktioniert in erster Linie deshalb, weil sie sehr leicht sind. Sie haben sechs Beine, wobei die hinteren länger sind als die vorderen. Die vier Hinterbeine liegen so leicht auf der Wasseroberfläche auf, dass sie sie nicht durchstoßen. Denn auf der Wasseroberfläche herrscht eine sogenannte Oberflächenspannung. Und ein Wasserläufer ist so leicht, dass er diese nutzen kann. Beine und Körper des Wasserläufers sind mit winzigen silbernen Haaren überzogen. Diese Schicht wird oft geputzt und mit einem wasserabweisenden Fett versehen. Die vier Hinterbeine des Wasserläufers bilden ein riesiges X, damit das Gewicht besser auf dem Wasser verteilt wird. Mit den Mittelbeinen rudert er, mit den Hinterbeinen steuert er. Deshalb macht er auch so ruckartige Bewegungen.

Zusatzinfo

Wasserläufer können sich zwar sehr schnell und geschickt auf dem Wasser fortbewegen – auf dem Land aber stellen sie sich eher ungeschickt an und werden deshalb schnell von anderen Tieren gefressen.

Warum ekeln wir uns vor Kakerlaken?

Kakerlaken sind Allesfresser. Vom Essenskrümel bis zu Tapeten, der Plastikisolierung von Stromleitungen und manchmal sogar kranken oder alten Artgenossen vertilgen sie alles. In schlechten Zeiten können sie sogar monatelang hungern. Auf ihrer Suche nach Leckerbissen durchstreift die Kakerlake jeden Winkel einer Wohnung, auch den Müll. Dadurch wird sie zu einem gefährlichen Krankheitsüberträger. Aus diesem Grund werden Kakerlaken sofort bekämpft, sobald sie irgendwo auftauchen. Und deshalb sind sie auch als Schädlinge bekannt, vor denen wir uns ekeln.

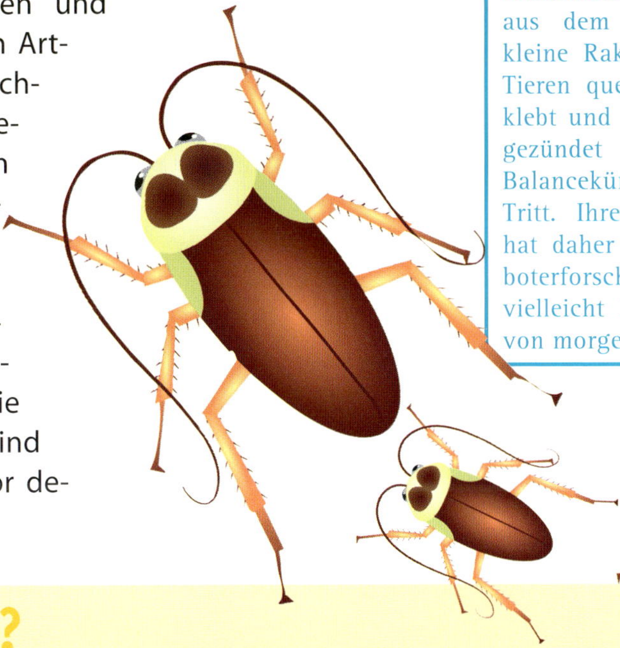

Zusatzinfo

Kakerlaken in der Wissenschaft

Kakerlaken bringt so leicht nichts aus dem Gleichgewicht. Selbst kleine Raketentreibsätze, die den Tieren quer auf den Rücken geklebt und beim Kakerlakenrennen gezündet wurden, brachten die Balancekünstler nicht aus dem Tritt. Ihre optimale Straßenlage hat daher das Interesse von Roboterforschern geweckt. Wer weiß, vielleicht hat ja der Laufroboter von morgen Kakerlakenformat.

Was sind Kakerlaken?

Kakerlaken oder Küchenschaben bilden eine eigene Insektenordnung. Sie sind recht flach, mit langen Fühlern und sechs flinken Beinen. Ihre Deckflügel liegen dicht am Körper und überlappen sich in der Körpermitte. In Mitteleuropa leben 16 Arten, von denen die Mehrzahl ein unauffälliges Dasein in zerfallenem Laub führt. Drei Schabenarten sind jedoch auf menschliche Nahrungsquellen angewiesen: die Küchenschabe, die Amerikanische und die Deutsche Schabe. Viele Schabenarten lebten ursprünglich in wärmeren Zonen, verbreiteten sich aber durch den Welthandel über die ganze Erde. In unseren Breiten sind sie überwiegend in Gebäuden anzutreffen. Bäckereien, Restaurants, Großküchen, Gewächshäuser, aber auch der heimische Herd stehen ganz oben auf der Schabenliste. Nur hier finden sie neben einem oftmals paradiesisch anmutenden Nahrungsangebot auch Wohlfühltemperaturen zwischen 25 und 29 Grad Celsius. In freier Natur sind sie nicht überlebensfähig. Da die kleinen Plagegeister nachtaktiv sind, wissen wir oft gar nichts von ihrer Existenz. Erst wenn auch tagsüber die eine oder andere Schabe zu sehen ist, werden wir auf sie aufmerksam. Dies weist jedoch meist auf einen starken Befall hin, denn keine Kakerlake geht freiwillig bei Tageslicht spazieren.

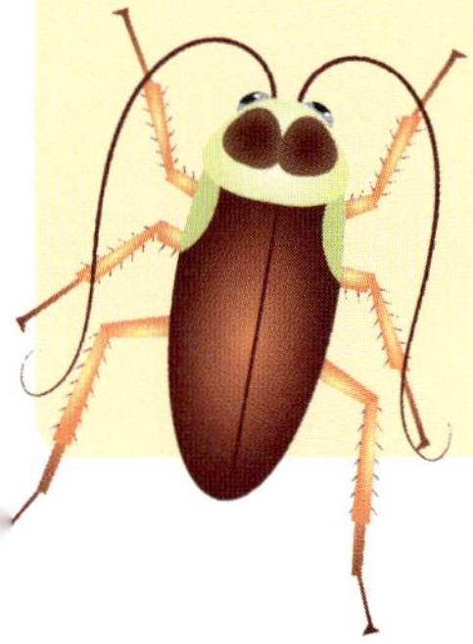

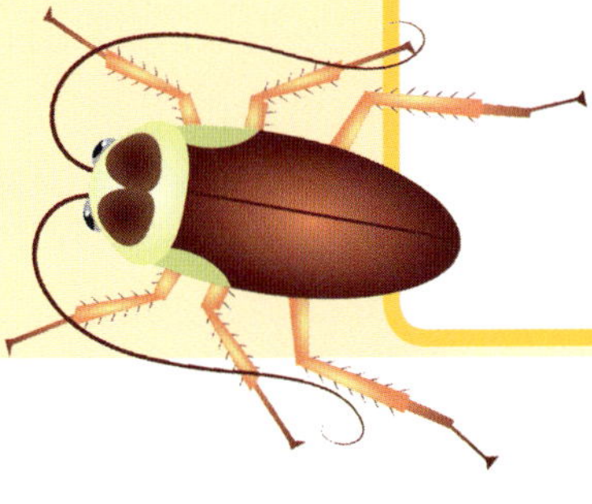

Mögen Mücken süßes Blut?

Der Geschmack des Blutes ist den Mücken – entgegen der weitverbreiteten Auffassung, sie würden süßes Blut bevorzugen – ziemlich egal. Aber sie legen Wert auf den Geruch des Menschen. Deshalb werden manche Menschen häufiger von Mücken gestochen als andere. Ausschlaggebend dafür, ob Mücken zustechen oder nicht, sind folgende Faktoren: Schweiß, Kosmetika, Parfüm und auch Medikamente. Aber auch die Körpertemperatur entscheidet darüber, ob man häufiger gestochen wird als andere. Mücken bevorzugen nämlich Menschen mit höherer Körpertemperatur.

Wie fressen Fliegen?

Da Fliegen keine Beißwerkzeuge haben, müssen sie ihre Nahrung regelrecht aufsaugen. Wenn eine Fliege auf unserem Essen landet, dann erbricht sie sich zunächst darauf. So befördert sie ihre Verdauungssäfte auf das Essen und dieses verflüssigt sich. Dann kann sie es aufsaugen. Da sie auf diese Weise aber auch Krankheitserreger von einem Ort zum anderen transportiert, ist das ziemlich unappetitlich. Außerdem legen Fliegen ihre Eier gerne in Hundehaufen, Pferdeäpfel, Kuhfladen oder vergammeltes Fleisch, weil ihre Maden dort viel Nahrung haben, wenn sie schlüpfen. An ihren klebrigen Füßen bleibt immer etwas von dem Unrat hängen, den sie dann wieder auf unserem Essen verteilt.

Zusatzinfo

Es gibt weltweit etwa 100.000 verschiedene Fliegenarten – sogar in der Antarktis leben welche!

Warum fliegen Motten ins Licht?

Motten sind Nachtfalter und orientieren sich an natürlichen Lichtquellen wie Sonne und Mond. Und weil es eben Motten sind, können sie eine Glühbirne oder Kerze nicht vom Mond unterscheiden und fliegen hinein!

Motten orientieren sich an Sonne und Mond.

Was ist Bionik?

Bionik ist eine Technik, die sich an Vorbildern aus der Natur orientiert. Tiere und Pflanzen haben viele ganz erstaunliche Fähigkeiten, welche die Menschen nachahmen möchten. Es gibt zum Beispiel eine Pflanzenart, die Lotosblume, die durch die Bionik berühmt wurde. An ihren Blättern perlt das Regenwasser einfach ab, das ist der sogenannte Lotoseffekt. Er diente als Vorlage für extrem schmutzabweisende Lacke. Als Bestandteil von Reinigungsmitteln soll er auch Kalkablagerungen eindämmen. Aus dem Prinzip der Klebkraft der Geckofüße entwickeln Forscher gerade einen neuen Klebstoff. Die Haut der Haifische diente als Modell für eine Beschichtung von Flugzeugen, die sehr viel Treibstoff spart. Und nicht zuletzt war auch der Klettverschluss eine Erfindung der Natur: Nach dem Vorbild der pflanzlichen Klette schließen wir heute Turnschuhe, Skianzüge und Sporttaschen. Der Klettverschluss ist aus unserem Leben gar nicht mehr wegzudenken.

Was ist ein Zoo?

Zoo ist die Abkürzung für Zoologischer Garten. Zoologie bedeutet Tierkunde. Früher war ein Zoo vor allem dafür gedacht, exotische Tiere auch außerhalb ihrer Heimat lebend zeigen zu können. Doch heutzutage dient er vor allem der Erforschung und Erhaltung von Tierarten. Außerdem zeigt er der Öffentlichkeit die Vielfalt der Tierwelt. Inzwischen werden die Tiere auch so artgerecht wie möglich gehalten und tagsüber beschäftigt, zum Beispiel mit Spielen, damit ihnen nicht langweilig wird. Außerdem können sie sich zurückziehen, wenn sie ihre Ruhe haben wollen.

Wer erfand den Zoo?

Der älteste Zoo der Welt ist der Tiergarten Schönbrunn in Wien, der auf einen Wildpark auf dem Schönbrunner Gelände zurückgeht. Die eigentliche Tierschau wurde von Kaiser Franz I. Stephan von Lothringen (1708–1765) gegründet. Der älteste wissenschaftlich geführte Zoo befindet sich in London, er wurde 1828 eröffnet.

Warum haben Pflanzen Blätter?

Blätter sind ein wichtiger Bestandteil der sogenannten höheren Pflanzen. In den Blättern laufen chemische Prozesse ab, mit denen die Pflanze aus dem Kohlendioxid der Luft und mithilfe der Sonnenenergie Sauerstoff und Kohlenhydrate herstellen kann. Die Kohlenhydrate dienen ihr als Energielieferant, der Sauerstoff ist eigentlich nur ein Abfallprodukt. Diesen Vorgang nennt man Fotosynthese, da er nur mithilfe des Lichtes (griechisch photos) funktioniert. Außerdem kann die Pflanze über die Blätter Wasser verdunsten, damit sie über die Wurzeln neues, mit Mineralstoffen angereichertes Wasser aufnehmen kann.

Funktion eines Blattes

Pflanzen machen aus Sonnenlicht Energie.

Warum sind Pflanzen so wichtig?

Von den Pflanzen unserer Erde hängt das Leben aller anderen Lebewesen ab. Obwohl die meisten von uns sie unscheinbar finden, könnten wir ohne sie einfach nicht überleben. Denn als Einzige können sie aus Sonnenlicht Energie gewinnen – die Pflanzenfresser ernähren sich von ihnen und die Fleischfresser wiederum von den Pflanzenfressern. Außerdem produzieren sie Sauerstoff und verarbeiten das Kohlendioxid, das Menschen und Tiere ausatmen und die Industrie ausstößt!

Viele Pflanzen werfen zum Überwintern die Blätter ab.

Gibt es Pflanzen, die im Schnee überleben?

Es gibt sogenannte einjährige Pflanzen, die nur einen Sommer lang leben. Im nächsten Jahr wachsen aus ihren Samen neue Pflanzen. Doch die meisten Pflanzen, wie die Bäume, haben ein raffiniertes System entwickelt: Sie werfen die Blätter ab und reduzieren ihren Energieverbrauch – sie halten also eine Art Winterschlaf. Aber es gibt auch die sogenannten immergrünen Pflanzen: Tannen zum Beispiel. Sie überleben dank ihrer Widerstandsfähigkeit auch den Frost. Denn dieser ist das eigentlich Gefährliche. Schnee legt sich dagegen eher wie eine schützende Decke auf Boden und Pflanzen.

Müssen Pflanzen auch schlafen?

Sicher hast du schon einmal beobachtet, dass manche Pflanzen abends und morgens ganz seltsame Bewegungen machen. Ganz deutlich kannst du das bei Kleegewächsen und Hülsenfrüchten (wie Bohnen) sehen. Sie lassen abends ihre Blätter ganz müde hängen und am Morgen strecken und recken sie sich der Sonne entgegen. Der Klee faltet zum Schlafen seine dreiteiligen, herzförmigen Blätter zierlich zusammen. Auch viele Blumen schließen ihre Blüten über Nacht, um sie vor Tau und Kälte zu schützen.

Warum haben manche Pflanzen Dornen und Stacheln?

Die meisten Pflanzen tragen Dornen und Stacheln vor allem, damit sie nicht gefressen werden. Sie erfüllen also zunächst eine Schutzfunktion. Übrigens unterscheidet man sehr genau zwischen Stacheln und Dornen und wir benutzen meistens das falsche Wort: Denn Kakteen haben Dornen und Rosen haben Stacheln! Dornen wachsen aus dem Körper der Pflanze und sind verkümmerte Kurztriebe – so etwas wie ein spitzer, kleiner Ast. Stacheln sind Auswüchse der Haut der Pflanze. Sie haben keinen Holzkern und bestehen aus Rinde. Diese haben mehrere Funktionen: Sie schützen die Pflanze vor Fressfeinden, aber auch vor dem Austrocknen.

Wieso wachsen Wurzeln nach unten?

Mit den Wurzeln verankern sich die Pflanzen im Boden, damit sie nicht umfallen. Außerdem ziehen sie aus dem Boden Wasser und wichtige Nährstoffe, die sie nicht selbst herstellen können. Alle Pflanzen enthalten übrigens einen Stoff, der durch die Anziehungskraft der Erde immer wieder in den unteren Teil eines Samenkorns sinkt. Und dieser Stoff gibt das Kommando, Wurzeln zu treiben. So treibt ein Samenkorn immer nach unten aus, in die Erde. Die Zellen, aus denen der Stängel wächst, reagieren umgekehrt und wachsen in einem Bogen nach oben.

Wurzeln geben der Pflanze Halt.

Warum hat die Kastanie Stacheln?

Die Kastanie ist der Samen des Kastanienbaumes. Die braune Frucht ist umhüllt von einer stacheligen Schale. Diese Schale versorgt den Samen mit Nährstoffen, damit er wachsen kann. Um ihn nicht vor der Zeit zu verlieren, hat die Schale Stacheln, die Pflanzenfresser abschrecken sollen.

Kastanien am Baum

Was sind Heilpflanzen?

Eine Heilpflanze ist eine Pflanze, die aufgrund ihrer Wirkstoffe zu Heilzwecken und zur Linderung von Krankheiten verwendet werden kann. „Heilpflanze" ist ein Sammelbegriff. Er umfasst hauptsächlich Kräuter, wie Kamille und Thymian, aber auch andere Pflanzen, die der Heilung dienen, wie zum Beispiel Eukalyptus.

Was sind Sprossen?

Sprossen oder Keime nennt man Pflanzen, die entstehen, wenn man Samen durch Zugabe von Wasser keimen lässt. Das geht ganz einfach, schmeckt und ist auch noch sehr gesund, weil in ihnen viele Vitamine enthalten sind. Aus fast allen Samen kann man Sprossen ziehen. Besonders gut geht es aber mit Mungobohnen, Senfsamen, Alfalfa und Kichererbsen.

EXPERIMENT

Sprossen züchten

Sprossen züchtet man ganz einfach: in einem Glas!
Du brauchst dazu:

- Papiertaschentücher
- Alfalfa- oder Mungobohnen oder andere Samen
- 1 Glas mit großer Öffnung

Fülle einen Esslöffel voll Samen in das Glas. Bedecke die Samen mit Wasser und stelle das Glas über Nacht in den Kühlschrank, damit sich die Samen mit Wasser vollsaugen können. Gieße am nächsten Tag das Wasser sorgfältig ab und lege ein mehrfach gefaltetes, nasses Papiertaschentuch über die Glasöffnung. Jetzt musst du die Sprossen jeden Tag zwei- bis dreimal mit Wasser spülen. Nach drei Tagen kannst du ernten.

Woher hat der Löwenzahn seinen Namen?

Löwenzahn ist nur eine von vielen Bezeichnungen für diese Pflanze. Die gezackten Blätter erinnern ein wenig an das Gebiss eines Löwen – daher der Name. Andere nennen ihn aber auch Bärenzahnkraut oder Milchschreck. Löwenzahn wächst in Europa, Asien und Nordamerika und sogar im Hochgebirge. Gartenfreunde finden ihn manchmal eher lästig, weil er sich so rasend schnell verbreitet. Seine Samen verstreut er nämlich nach der Blüte als „Pusteblume" in alle Winde. Das geht schnell und ist sehr wirkungsvoll.

Was kann man aus Löwenzahn alles machen?

Der Löwenzahn ist schon lange als Nahrungs- und Heilmittel sehr beliebt. Besonders in Frankreich wusste man schon früh den Löwenzahnsalat zu schätzen. Die jungen Blätter schmecken ähnlich wie grüner Salat. Mit dem weißen Saft aus den Stängeln hat man früher auch Augenkrankheiten behandelt. In der Volksheilkunde sagt man dem Löwenzahn nach, er reinige das Blut und helfe daher bei Gicht, Ekzemen, Rheuma und Lebererkrankungen. Angeblich soll der Saft sogar Warzen verschwinden lassen. Die Indianer rauchten bei schamanischen Ritualen die getrockneten Blätter.

Blühende Gräser

Welche Besonderheit haben Wasserpflanzen?

Wasserpflanzen haben eine Vielfalt an besonderen Blättern entwickelt, um im Wasser überleben zu können. Die Blätter nehmen auch unter Wasser Sonnenlicht auf. Außerdem verfügen viele über ein besonderes Luftgewebe, um Nährstoffe aus dem Wasser aufzunehmen. Landpflanzen, die ins Wasser gepflanzt werden, gehen ein, denn sie sind an diese Bedingungen nicht angepasst.

Haben Gräser auch Blüten?

Jeder, der an Heuschnupfen leidet, weiß: Gräser haben Blüten. Denn daher kommen die Gräserpollen, auf die immer mehr Menschen allergisch reagieren. Auf einer Wildblumenwiese kann man eine große Vielfalt von Gräserblüten entdecken. Auf Fußballfeldern, Golfplätzen und in den meisten Gärten blüht Gras jedoch nicht. Das liegt aber nur daran, dass hier häufig gemäht wird. Weil sich das Gras dann jedoch kaum vermehren kann, muss von Zeit zu Zeit neu gesät werden.

Zusatzinfo

Müsli

Ohne Gräserblüten gäbe es zum Beispiel auch kein Müsli. Das wird nämlich aus den Getreideähren gemacht, die nichts anderes sind als Grassamen. Denn unsere Getreidesorten Hafer, Roggen, Gerste, Weizen, Reis und Mais gehören zu den Gräsern. Beim Mais kann man die Blüten sogar gut erkennen: Es gibt männliche an der Spitze und weibliche am Stängel. Aus ihnen wachsen später die Maiskolben.

Seerosen haben Schwimmblätter.

Warum können Seerosen schwimmen?

Von den Seerosen sehen wir immer nur den oberen Teil, der aus Blättern und Blüten besteht. Der untere Teil der Pflanze ist am Grund des Gewässers mit Wurzeln verankert und der Stängel wächst im Wasser nach oben. Am Stängel befinden sich auch noch Unterwasserblätter. Die oberen Blätter schwimmen so gut, weil sie Luftkammern haben. Ihre Oberfläche verfügt zudem über eine Wachsschicht, die wasserabweisend ist.

Die Venusfliegenfalle ist eine fleischfressende Pflanze.

Was sind fleischfressende Pflanzen?

Fleischfressende Pflanzen sind kleine Grünpflanzen, die am Boden wachsen. Sie brauchen sehr viel Luftfeuchtigkeit und Sonne, da ihre Fallenblätter weniger gut Fotosynthese betreiben können. Und sie fressen tatsächlich Fleisch, und zwar in Form von Insekten. Sie haben an ihren Blättern Lock- und Klebstoffe, sodass zum Beispiel Fliegen daran hängen bleiben. Oder sie fallen in einen Kelch und die Pflanze klappt ihre Blätter zu. Dann werden die Tierchen langsam verdaut. Die fleischfressenden Pflanzen haben diese Technik entwickelt, weil sie so auch auf nährstoffarmen Böden, etwa im Moor, wachsen können. Denn im Gegensatz zu anderen Pflanzen beziehen sie die Nährstoffe aus den Insekten anstatt aus dem Boden!

Welche Pflanzen leben im Meer?

Im Meer kommen Pflanzen nur dort vor, wo noch Sonnenlicht hingelangt. Ab einer Tiefe von 800 Metern ist es stockfinster. Im Meer leben hauptsächlich Algen und Seegräser. Algen können sehr winzig sein und schweben dann als pflanzliches Plankton im Wasser. Sie können aber auch mehrere Meter lang werden (Seetang). Seegrasgewächse gehören zu den Blütenpflanzen, die im Meer unter der Wasseroberfläche leben. Alle haben eines gemeinsam – sie benötigen Sonnenlicht, um Energie zu gewinnen!

Kaktusblüte

Wie lange überlebt ein Kaktus ohne Wasser?

Kakteen können riesige Mengen Wasser speichern. Zusätzlich haben sie sehr lange Wurzeln, die an das tief gelegene Wasser heranreichen. Deshalb überleben sie problemlos in der trockenen Wüste, auch wenn es oft sehr lange – manchmal jahrelang – nicht regnet. In dieser Zeit nutzen sie zusätzlich den Morgentau, der sich auch in der Wüste bildet. Denn nachts ist es dort sehr kalt. Es dauert sehr, sehr lange, bis ein Kaktus verdurstet. Er wird zwar runzelig und faltig – doch beim nächsten Regen füllt er seine Wassertanks auf und sieht genau so frisch aus wie zuvor.

Wie überleben Wüstenblumen?

Für Pflanzen ist das Leben in der Wüste sehr schwierig, weil es dort nur selten regnet. Daher zeichnen sich alle Wüstenpflanzen durch eine große Wassersparsamkeit aus. Manche haben sehr lange Wurzeln, andere große Wasserspeicher. Einige lassen aber auch nur ihre Samen zurück. Regnet es dann irgendwann wieder, beginnen die Samen und Pflanzen sofort zu sprießen und zu blühen. Dann verwandelt sich die zuvor öde Landschaft in ein Blütenmeer!

Was sind Lebende Steine?

Lebende Steine sind einige Arten aus der Familie der Mittagsblumen. Sie heißen so, weil sie aussehen wie Steine. Sie wachsen in den trockenen Gebieten Afrikas und sind durch ihre Form für die dortigen Bedingungen gut gerüstet. Mit ihren Pfahlwurzeln nehmen sie das wenige Wasser aus tieferen Erdschichten auf. Durch ihr Aussehen sind sie schwer von der steinigen Umgebung zu unterscheiden und werden daher selten gefressen. Der größte Teil der Lebenden Steine befindet sich unter der Erde, gut vor Sonne und Verdunstung geschützt.

Wieso müssen wir beim Pilzesammeln aufpassen?

Pilze sind eine Delikatesse, doch leider gibt es auch viele, die giftig sind. Deshalb muss man sehr aufpassen! Die meisten Vergiftungen werden durch den Knollenblätterpilz verursacht. Er riecht süßlich, schmeckt sehr gut und sieht fast so aus wie ein Champignon. Doch er ist hochgiftig. Das Gift wirkt zudem erst nach einigen Stunden oder Tagen, und dann hilft auch eine Magenentleerung nicht mehr. Also, immer vorsichtig sein beim Sammeln! Es gibt auch eine öffentliche Pilzberatungsstelle, an die man sich wenden kann, wenn man unsicher ist.

Der Fliegenpilz ist giftig.

Sind Pilze Pflanzen?

Nein, Pilze sind keine Pflanzen. Sie bilden ein eigenes Reich, weil sie ganz besondere Merkmale haben. Besonders augenfällig ist, dass Pilze auch im Dunkeln prächtig gedeihen, weil sie keine Fotosynthese betreiben. Dafür können sie aber auch nur an Orten wachsen, die ihnen ausreichend Nährstoffe bieten. Das sind zum Beispiel Laub, Nadelstreu, Holz oder auch Aas. Diese nennt man organische Nährstoffe, das heißt, sie sind lebender Herkunft. Die Pilze zersetzen also diese „Überreste" und führen sie wieder dem Naturkreislauf zu. Deshalb sind sie sehr nützlich.

Pilze sind keine Pflanzen.

Woher hat der Fliegenpilz seinen Namen?

Man nimmt an, dass der Name Fliegenpilz auf seine Verwendung als Fliegenfänger zurückgeht. Früher schnitt man nämlich die Pilze in kleine Stücke und legte sie in gezuckerter Milch ein, um das enthaltene Gift zu lösen. Die meisten Fliegen, die von der Milch tranken, starben nach einiger Zeit. Daher nennt man ihn auch Mückenschwamm, Fliegenteufel und Fliegentod.

Was kann ich im Herbst alles sammeln?

Im Herbst kannst du viele essbare Speisepilze sammeln. Am besten nimmst du dazu jemanden mit, der sich mit Pilzen auskennt, weil es einige giftige Pilze gibt. Es gilt auf jeden Fall, dass man Pilze, bei denen man nicht sicher ist, stehen lassen sollte. Die roten Hagebutten wachsen an Wegrändern als Früchte der wilden Heckenrose. Aus ihnen kannst du eine sehr gesunde Marmelade kochen, die viel Vitamin C enthält. Kastanien, Eicheln und bunte Blätter eignen sich gut zum Basteln.

Was sind Sträucher?

Sträucher oder Büsche sind verholzte Pflanzen, die am Boden wachsen, aber auch bis zu drei Meter hoch werden können. Sie bilden in einem Wald das sogenannte Unterholz und bieten Kleintieren und Vögeln Schutz. Heute werden sie auch gerne in Parks und Gärten als Hecken gepflanzt. So bieten sie auch in Wohngebieten Tieren Unterschlupf und Nistplätze. Ihre Früchte sind meist Beeren oder Nüsse.

Was sind Bäume?

Bäume sind holzige Pflanzen, die sich durch einige besondere Merkmale von anderen Pflanzen unterscheiden. Am wichtigsten ist der Baumstamm, der im Laufe der Jahre immer dicker wird. Durch ihn bekommt der Baum ausreichend Festigkeit, um immer weiter in die Höhe zu wachsen. Baumblätter sind außerdem noch viel komplizierter aufgebaut als die anderer Pflanzen. Und auch die Äste und Zweige wachsen immer weiter und verholzen. So wird der Baum im Laufe der Jahre immer größer.

Ein Baum mit weitverzweigten Ästen.

Warum ist ein Baumstamm rund?

Baumstämme sind aus verschiedenen Gründen rund. Zunächst bietet ein runder Baumstamm die kleinste Oberfläche. Dadurch verdunstet weniger Wasser. Wären Bäume eckig, würden sie auch dem Wind eine größere Angriffsfläche bieten. Alle Bestandteile eines Baumstammes sind ebenfalls rund. Wächst ein Stamm, dann bilden sich um die lang gestreckten runden Zellen herum immer neue Schichten, die sogenannten Jahresringe.

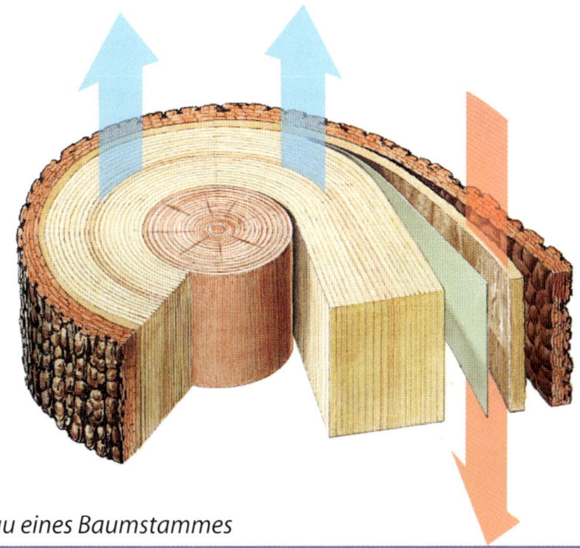

Aufbau eines Baumstammes

Wie ist ein Baumstamm aufgebaut?

Ein Baumstamm besteht aus mehreren Schichten. Ganz in der Mitte befindet sich das sogenannte Mark, das von altem, totem Holz umgeben ist. Dann folgt eine Holzschicht, durch die Wasser von den Wurzeln bis in die Blätter transportiert wird. Die äußere Schicht bildet die Baumrinde, in der Wasser und Nährstoffe eingelagert sind. Zudem schützt sie den Baum vor Witterung. Da der Baumstamm nur im Sommer weiter wächst, kann man an den sogenannten Jahresringen das Alter eines Baumes erkennen: Jeder Ring zählt ein Jahr.

Wie groß können Bäume werden?

Die höchsten Bäume, die es bei uns gibt, sind Eichen, die etwa 40 Meter hoch werden können, und Fichten mit bis zu 60 Metern. Bei uns in Mitteleuropa werden sie 600 bis 700 Jahre alt. In Nordamerika gibt es jedoch noch viel größere Bäume, die Mammutbäume. Sie können über 100 Meter hoch werden, der Stamm kann bis zu zwölf Meter dick werden!

Stamm einer alten Eiche

Wie alt können Bäume werden?

Bäume sind die Lebewesen der Erde, die am längsten leben. Eichen können zum Beispiel bis zu 1000 Jahre alt werden, Eiben sogar bis zu 2000, Buchen dagegen „nur“ bis zu 300 Jahre. Die Mammutbäume in Nordamerika, die auch unglaublich groß werden, haben ein Alter von bis zu 3000 Jahren. Der älteste Baum der Welt ist eine Grannenkiefer in Amerika, die man Methusalem genannt hat. Sie wächst in einer Höhe von 3000 Metern und ist mit einem Alter von 4700 Jahren das älteste Lebewesen der Welt!

Eichen galten als starke Bäume.

Warum waren Eichen heilig?

In vielen alten Kulturen verehrte man die Eiche, zum Beispiel bei den Persern, Kelten, Germanen, Griechen und Römern. Sie verkörperte Kraft, Willensstärke, ein langes Leben und Königtum. Die Germanen und Kelten hielten daher unter Eichen auch Feierlichkeiten und Gerichtsverhandlungen ab, außerdem brachten sie ihren Göttern dort Opfer. Deshalb war sie auch oft der Weltenbaum, denn viele frühe Kulturen stellten sich die Welt wie einen Baum vor: Der Stamm war das Zentrum mit der Menschenwelt, die Krone das Götterreich und an den Wurzeln lag die Unterwelt.

Schlägt der Blitz eher in Eichen ein?

Gewitter können gefährlich werden, wenn man draußen herumläuft. Doch wo versteckt man sich am besten, um nicht vom Blitz getroffen zu werden? Der Volksmund sagt: „Eichen sollst du weichen, Buchen sollst du suchen.“ Das reimt sich zwar sehr schön, ist aber wenig hilfreich. Während eines Gewitters sollte man sich grundsätzlich nicht unter einen Baum stellen. Am sichersten ist es, sich auf den Boden zu hocken oder in einen Graben zu legen. Und dann muss man alle metallenen Gegenstände ablegen, denn diese leiten den Strom. Doch ein bisschen Recht hat der alte Wahlspruch schon: Die Eiche hat viel tiefere Wurzeln, die bis ins Grundwasser reichen und an ihrer zerklüfteten Rinde kann der Blitz entlanggleiten. Daher ist sie gefährdeter als die Buche.

Worum trauern Trauerweiden?

Die Trauerweide hat ihren Namen daher, dass ihre Äste so traurig herunterhängen. Schon früh wurde sie daher oft auf Friedhöfen gepflanzt. Ursprünglich kommt sie übrigens aus Ostasien, doch heute ist sie auch bei uns sehr verbreitet. Sie soll auch der Baum gewesen sein, unter dem das Volk der Juden, das aus seinem Land vertrieben worden war, getrauert hat.

Trauerweide

Was ist die Baumgrenze?

Die Baum- oder Waldgrenze ist die Grenze des Bereiches, in dem Bäume wachsen können. Es gibt sie zum Beispiel am Rand einer Wüste, in der nicht genug Wasser für Bäume vorhanden ist. Oder auch in Gebieten, in denen es zu viel Wasser gibt. Nur die Mangrovenbäume sind zum Beispiel in der Lage, in bestimmten Sümpfen zu leben. Sowohl im Süden als auch im Norden der Erde gibt es die antarktische beziehungsweise arktische Baumgrenze. Jenseits dieser Grenze ist es zu kalt für Bäume.

Wo liegt die Baumgrenze in den Bergen?

Auf den Berggipfeln wachsen keine Bäume mehr.

Die alpine Baumgrenze bezeichnet den höchsten Ort, an dem Bäume wachsen können. Weiter oben wird es zu kalt. In den Alpen liegt diese Region auf etwa 1600 bis 2000 Metern Höhe. Es gibt noch eine ganze Reihe von weiteren Baumgrenzen. An manchen Stellen ist es einfach zu windig oder der Boden enthält zu wenig Nährstoffe. Wenn man eine Baumgrenze von oben betrachtet, so handelt es sich dabei keineswegs um eine scharfe, geradlinige Grenze. Der Übergang ist vielmehr fließend: Je schlechter die Lebensbedingungen werden und je höher man nach oben geht, umso kleiner werden die Bäume. Und irgendwann wachsen gar keine mehr.

Warum sind Nadelbäume immergrün?

Nadelbäume haben auch Blätter, die Nadeln. Doch sie sind im Gegensatz zu „normalen" Blättern zusammengerollt und abgerundet. So schützen sie sich vor Austrocknung. Nadelbäume wachsen häufig in nördlichen Ländern, wo das Wasser im Boden gefroren und deshalb knapp ist. Die Nadeln sind von einer dicken Wachsschicht umschlossen, um Wasser besser zu speichern. Auch sie fallen irgendwann ab, jedoch in mehrjährigem Abstand und nicht alle zugleich.

Ein Laubbaum im Jahresverlauf

Was sind Laubbäume?

Laubbäume sind nur im Frühling und Sommer grün. Denn im Winter kann der Baum keine Fotosynthese mehr betreiben. Deshalb wird das Blattgrün abgebaut, das er dafür braucht. So verfärben sich die Blätter im Herbst goldgelb, rot oder braun. Die Farben entstehen durch Blattfarbstoffe und Zuckerreste in den Blättern. Laubbäume werfen ihre Blätter nur dort ab, wo es im Winter kalt wird – dann bekommen sie nämlich durch den gefrorenen Boden nicht mehr genug Wasser.

Welche Arten von Wäldern gibt es?

In jeder Klimazone der Erde haben sich andere Waldformen entwickelt. Die bekanntesten sind die Nadel- und Laubwälder in den gemäßigten Zonen, Regenwälder in den Tropen und boreale Nadelwälder in den Polarregionen. Pinienwälder findet man häufig in den südlichen Zonen der gemäßigten Breiten. Zudem unterscheidet man Urwälder, die noch unberührt sind, und Forste, die bewirtschaftet werden. Forste sind fast alle deutschen Wälder, aber der Bayerische Wald ist zum Beispiel noch ein Urwald.

Warum wachsen in der Pampa keine Bäume?

Die argentinische Pampa

Die argentinische Pampa ist eine Steppe. Hier wachsen hauptsächlich mehrjährige, Trockenheit gut überstehende Grasarten mit derben Blättern. Wenn allerdings genug Grundwasser vorhanden ist, können auch Bäume wachsen. Je mehr es regnet, desto seltener werden die Graslandschaften und desto mehr Sträucher und Bäume gedeihen.

Gibt es in allen Ländern Wälder?

Damit ein Wald entstehen kann, sind entsprechende klimatische Bedingungen notwendig. Wenn es zu kalt oder zu heiß ist, gibt es nicht genug Wasser. Deshalb gibt es in den trockenen Wüsten- und Steppenregionen keine Wälder. Ebenso ist es in den Polargebieten, dort ist es ab einer bestimmten Zone zu kalt.

Leuchtend grüner Nadelwald

Typischer Mischwald

Warum gibt es im Norden so viele Nadelwälder?

Im Norden, wo es oft sehr kalt ist, wachsen nur bestimmte Arten von Pflanzen, die besonders robust sind. Nadelwälder wachsen in der sogenannten borealen Zone, die sich wie ein breiter Gürtel im Norden um die ganze Erde zieht. Sie beginnt dort, wo das Klima für Laubbäume zu kalt wird, die Sommer zu kurz und die Winter mit Temperaturen von unter minus 10 Grad Celsius lang sind.

Wie sieht es in einem Mischwald aus?

Mischwälder sind Wälder, in denen verschiedene Laub- und Nadelbaumarten gemeinsam vorkommen. Sie sind eben gemischt! Je nachdem, welche Art überwiegt, nennt man sie auch Laubmischwälder oder Nadelmischwälder. Das sind also Wälder mit Kastanien, Buchen, Eichen, Tannen, Fichten und vielen weiteren Baumarten. Mischwälder sind typisch für unsere Breiten.

Was ist ein Urwald?

Urwälder sind vom Menschen unberührte, wild wachsende Waldgebiete. Sie zeichnen sich durch eine stabile Struktur, einen funktionierenden Nährstoffkreislauf und eine perfekt angepasste Pflanzenwelt aus. Die bekanntesten Urwälder sind die tropischen Regenwälder, aber es gibt auch bei uns Urwälder, zum Beispiel den Urwald Sababurg in einem Naturschutzgebiet nördlich von Kassel (Hessen).

Regnet es im Regenwald immer?

Es regnet nicht immer im Regenwald, aber sehr oft und sehr heftig. Es ist außerdem sehr feucht und sehr heiß, ein Klima, wie wir es aus dem Treibhaus kennen. Die Luftfeuchtigkeit liegt bei 70 Prozent und höher, die Temperatur liegt zwischen 24 und 30 Grad Celsius. Der Regen entlädt sich oft wolkenbruchartig. Über die Hälfte des Wassers verdunstet sofort wieder. Es sammelt sich in Wolken über dem Wald und fällt erneut als Regen hinab – ein endloser Kreislauf.

Üppiger Regenwald

ckwerke eines Regenwaldes

Wie ist ein Regenwald aufgebaut?

Der tropische Regenwald ist ähnlich aufgebaut wie ein Haus mit mehreren Stockwerken: Es gibt ein Dachgeschoss, ein Obergeschoss und ein Erdgeschoss. Die größten Bäume, Überständer genannt, überragen alle anderen und bilden das Dachgeschoss. Sie können bis zu 60 Meter hoch sein. Das Obergeschoss besteht aus normalen Bäumen und liegt 15 bis 45 Meter über dem Boden. Das Erdgeschoss liegt unter dem Blätterdach, wo es windstill und dämmrig ist. Dort leben hauptsächlich Pilze und Farne, die sich dem Dämmerlicht angepasst haben.

Warum sind die Regenwälder so wichtig?

Die Regenwälder werden auch die „grüne Lunge" der Erde genannt. Denn wie alle Wälder nehmen sie Kohlenstoffdioxid auf und geben Sauerstoff ab. Außerdem verdunstet das viele Regenwasser oder versickert im Boden, sodass der Wasserkreislauf stabil bleibt. Das Besondere an den Regenwäldern ist, dass bei ihnen am Äquator immer die gleichen Wetterbedingungen herrschen, es gibt keine Jahreszeiten. Da sie immergrün sind, produzieren sie also ganzjährig! So gibt es immer genug Sauerstoff zum Atmen.

Wo gibt es noch einen Dschungel?

Das Wort Dschungel kommt aus der altindischen Sprache Sanskrit und bedeutete ursprünglich „undurchdringliches Dickicht". Die in Indien lebenden Engländer machten daraus das Wort „jungle". So bezeichneten sie den subtropischen Baumwald und die Sumpfgebiete in Hindustan und an der Gangesmündung. Heute nennen wir oft Urwälder Dschungel, von denen es noch viele in Südamerika, Afrika und Indien gibt.

Wann entstanden die ersten Werkzeuge?

Der Einsatz erster Werkzeuge erfolgte in Afrika und liegt bereits 2,5 Millionen Jahre zurück. Zuerst nutzten die Menschen Holz und Gestein. Aus dem Gestein fertigten sie scharfkantige Keile, aus dem Holz zum Beispiel Griffe. Diese keilförmigen Werkzeuge eigneten sich gut für die Jagd. Man konnte mit ihnen schneiden, hacken, werfen und natürlich Tiere zerlegen und häuten. Solche Keile wurden später auch benötigt, um weitere Werkzeuge und Waffen, wie Speere und Lanzen, herzustellen.

Wann wurde das Feuer nutzbar gemacht?

Es brauchte Zeit, bis die Menschen das natürliche Feuer für sich nutzbar machen konnten. In Kenia gibt es Funde von gebranntem Lehm, der ungefähr 1,4 Millionen Jahre alt ist. Wann genau die Menschen anfingen, Flammen zu entzünden, ist nicht mehr eindeutig feststellbar. Sicher ist jedoch, dass das Feuer das Leben der Menschen veränderte: Es spendete Wärme und Licht, hielt gefährliche Tiere fern und verbesserte die Nahrungszubereitung.

Lagerfeuer mögen wir auch heute noch.

Seit wann bauen Menschen Häuser?

Antiker Bauernhof

Einst suchten unsere Vorfahren Schutz in Höhlen und unter Felsvorsprüngen. Doch als der Mensch sesshaft wurde, begann er damit, Hütten und Häuser zu bauen. Zunächst waren es Rundbauten aus Holz, Stroh und Lehm. Später wurden auch Stein und Ziegel als Baustoffe verwendet. In einem Gebiet, das heute zum Land Jordanien gehört, waren die Bewohner ihrer Zeit voraus: Dort entdeckten Archäologen im Gebirge Ruinen von zweigeschossigen Häusern, die ungefähr 9000 Jahre alt sein dürften.

Wann wurde der Ackerbau erfunden?

Einst waren unsere Vorfahren Jäger und Sammler. Doch irgendwann änderten sie ihre Lebensweise und wurden sesshaft. Sie begannen mit dem Ackerbau und der Viehzucht vor etwa 11.000 Jahren in den Gebieten zwischen Mittelmeer und Persischem Golf. Bei uns in Europa begann er etwa vor 4000 bis 7000 Jahren, in Japan erst etwa 300 vor Christus.

Wann entstanden die ersten Dörfer?

Erste Siedlungen entstanden in der Jungsteinzeit, die ungefähr 10.000 vor Christus begann. Besonders schnell entwickelten sie sich im Vorderen Orient. Hier ist auch die Stadt zu finden, die als älteste der Welt gilt. Sie heißt Jericho und wurde ungefähr 9000 vor Christus besiedelt. Natürlich hatte Jericho zuerst nur die Größe eines Dorfes, doch der fruchtbare Boden war Grundlage für ein schnelles Wachstum.

Wann begannen die Menschen zu kochen?

Sobald die Menschen das Feuer zu nutzen gelernt hatten, begannen sie auch, ihre Nahrung mithilfe des Feuers zuzubereiten. Forscher fanden in der Nähe der chinesischen Stadt Peking eine Feuerstelle, die schätzungsweise vor 500.000 Jahren benutzt wurde. In der Feuerstelle befanden sich Knochenreste. Daher nimmt man an, dass damals bereits Fleisch gegart wurde. Ähnliche Funde gibt es auch in Europa. Da es damals noch keine Töpfe oder andere Behälter gab, kochten die Menschen in Erdgruben oder natürlichen Töpfen. Das waren zum Beispiel Tierpanzer, Eier oder auch Muscheln.

Wer entdeckte, wie man Brot backt?

Der Hauptbestandteil des Brotes ist Getreide. Mit dem Getreideanbau begannen die Menschen bereits vor mehr als 10.000 Jahren. Sie zermahlten die Getreidekörner zu Mehl und mischten es mit Wasser. Zunächst wurde es als Brei verzehrt, doch bald entdeckte man die Wirkung von Hitze auf diesen Brei. So legte man ihn als Fladen in die Feuerglut – das erste Brot war entstanden. Vor ungefähr 2000 Jahren entdeckten dann die Ägypter die Hefebakterien, die den Teig luftiger machten. Es entstanden die ersten Bäckereien und neue Brotsorten.

Schon seit Tausenden Jahren wird Brot gebacken.

Wann wurde erstmals ein Hufeisen geschmiedet?

Ein Schmied fertigt Hufeisen.

Recht früh wurde erkannt, dass die Hufe der Pferde einen Schutz benötigen, um den Hornabrieb aufgrund ständiger Belastung zu verhindern. Zuerst gab es Leder- und Bastschuhe für Pferde, die aber wenig taugten. Im ersten Jahrtausend vor Christus entwickelten die Römer den Vorläufer des Hufeisens. Das waren sogenannte Hipposandalen mit Riemchen und einer Sohle aus Metall. Die ersten genagelten Hufeisen haben wahrscheinlich die Kelten kurz vor Christi Geburt hergestellt. Durch die Eroberung Galliens wurde diese Erfindung auch von den Römern entdeckt und genutzt.

Wer erfand das Schiff?

Sicher ist, dass der Einbaum ein Vorläufer des Schiffes ist. Einbäume sind ausgehöhlte Baumstämme, die beispielsweise Urvölker auch heute noch zur Fortbewegung benutzen. Sehr früh gab es auch schon Fellboote. Sie bestanden aus Stützgerüsten, die mit Tierhäuten bespannt wurden. Der Bau großer Schiffe ist erst bei den Ägyptern belegt. Sie begannen ab 3500 vor Christus mit der Nilschifffahrt und bald darauf auch, das Meer zu befahren. Sie erfanden wohl auch die ersten Segel.

Warum schwimmen Schiffe?

Manche Dinge, die ins Wasser fallen, schwimmen an der Oberfläche. Andere dagegen schweben im Wasser oder sinken auf den Grund. Das hat etwas mit dem Gewicht zu tun, aber auch mit der Form und dem inneren Aufbau des Gegenstandes. Ein Schiff ist so gebaut, dass es leichter ist als das Wasser, auf dem es schwimmen soll. Erreicht wird dies unter anderem durch die Form und weil es innen hohl ist. Schon der Mathematiker Archimedes (285–212 vor Christus) fand heraus, wie so etwas funktioniert. Je leichter ein Körper ist, desto weniger taucht er in das Wasser ein.

Wann gab es die ersten Segelschiffe?

Schon etwa 5000 vor Christus entstanden Felszeichnungen von Segeln. Im Gebiet des südöstlichen Mittelmeers ist der Einsatz von Segelbooten seit ungefähr 4000 Jahren nachzuweisen. Dabei handelte es sich um schlichte Einmaster. In Nordeuropa, wo an der Küste häufig ein kräftiger Wind weht, wurden die Segelboote entscheidend weiterentwickelt. Besonders eindrucksvoll waren die Wikingerschiffe mit ihren rechteckigen Rahsegeln. Doch auch die Westeuropäer entwickelten große Segelschiffe.

Hatten alle Küstenvölker Boote?

Alle Völker, die am Wasser leben, haben früher oder später mit dem Bau von Booten begonnen. Aber die Bauweise war recht unterschiedlich und abhängig von dem vorhandenen Baumaterial. Dort, wo es genügend Holz gab, wurden meist Einbäume und Flöße gebaut. In Mitteleuropa hingegen nutzten die Nomaden vermutlich aufgeblasene Tierfelle für Flussüberquerungen. Die daraus entstandenen Fellboote wurden optimiert und sind teilweise auch heute noch bei den Inuit, vormals Eskimos genannt, zu finden. In Indien wiederum gab es geflochtene Boote in Form von Körben.

Einbäume werden auch heute noch benutzt.

Welche Seefahrer verwendeten erstmals einen Kompass?

Man nimmt an, dass die chinesischen Seefahrer die Ersten waren, die bereits um 1100 einen magnetischen Kompass als Navigationsinstrument verwendeten. Um 1200 waren auch die meisten europäischen Schiffe mit einem solchen Kompass ausgerüstet. Der Kompass ist noch heute ein wichtiges Instrument für die Schifffahrt (auch für Flugzeuge). Er dient zur Bestimmung der Himmelsrichtung.

Segelschiff

Wann wurde Amerika entdeckt?

Auf der Suche nach einem Seeweg von Europa nach Indien segelte der Italiener Christoph Kolumbus (1451–1506) im Auftrag der spanischen Krone nach Westen über den Atlantik. Statt Indien erreichte er auf seiner berühmten Reise, die er 1492 antrat, jedoch Inseln in der Karibik (Mittelamerika), die er für Inseln Vorderindiens hielt. Dabei hatte er Amerika entdeckt, einen Doppelkontinent, der den Europäern bis dahin unbekannt war. Lange zuvor waren auch die Wikinger bereits in Amerika gewesen – allerdings landeten sie im Norden und besiedelten das Land nicht.

Wer entdeckte Australien?

Die Ureinwohner Australiens, Aborigines genannt, bevölkerten das Land wohl schon vor rund 50.000 Jahren. Experten glauben, dass sie von Asien aus über einen damals noch bestehenden Landweg auf den Kontinent gelangten. Wer genau Australien wiederentdeckte, ist nicht eindeutig zu sagen. Schon Marco Polo erwähnte 1292 ein südlich von Java gelegenes Land. Vermutlich erreichten im 16. Jahrhundert spanische und portugiesische Seefahrer den Kontinent. Als gesicherter Entdecker gilt jedoch der holländische Kapitän Willem Jansz (um 1570–1630), der Anfang des 17. Jahrhunderts in Australien landete.

Wer umsegelte als Erster die Welt?

Ferdinand Magellan (1480–1521), ein portugiesischer Seefahrer, umsegelte als Erster erfolgreich die Welt. Er begann seine Reise in Spanien und segelte 1519 mit fünf Schiffen in Richtung Westen. Magellan überquerte den Atlantischen Ozean und den Pazifik, wo er 1521 die Philippinen entdeckte. Auf einer der Inseln wurde er im Kampf getötet. Juan Sebastián Elcano, einer seiner Kapitäne, übernahm das Kommando und brachte nur noch eines der Schiffe 1522 nach Spanien zurück.

Magellans Weg um die Welt

Alte Weltkarte

Warum war die Weltumsegelung so wichtig?

Durch die Weltumsegelung wurde endgültig bewiesen, dass die Erde eine Kugel ist und ihr Umfang richtig berechnet wurde. Darüber hinaus erkannte man, dass Christoph Kolumbus nicht einen Seeweg nach Indien (Asien) gefunden, sondern einen bis dahin unbekannten Kontinent (Amerika) entdeckt hatte. Außerdem war nun klar, dass es ein zusammenhängendes Weltmeer gab.

Wer erreichte als Erster den Nordpol?

Welcher Abenteurer zuerst den Nordpol erreichte, ist umstritten. Der Norweger Roald Amundsen (1872–1928) wollte den Nordpol erobern. Doch als 1909 Robert Peary (1856–1920) behauptete, schon am Nordpol gewesen zu sein, plante Amundsen zuerst seine erfolgreiche Reise zum Südpol. Peary gelangte mit Hundeschlitten in die Nähe des Nordpols, erreichte ihn aber vermutlich nicht. Und so war es Amundsen, der 1926 nachweislich als erster Mensch mit dem Luftschiff „Norge" an den Nordpol gelangte.

Roald Amundsen

Wer erfand die Dampfschiffe?

Voraussetzung für die Entwicklung der Dampfschiffe war die Erfindung der Dampfmaschine. Viele Konstrukteure überlegten, wie sich diese neue Errungenschaft am besten zum Antrieb von Schiffen einsetzen ließe. Der Engländer William Symington (1764–1831) konstruierte das erste wirklich brauchbare Dampfschiff. Es hieß „Charlotte Dundras", kam 1802 zum Einsatz und war ein Schlepper mit Schaufelrad. Fünf Jahre später schuf der amerikanische Techniker Robert Fulton (1765–1815) mit dem Seitenraddampfer „Clermont" ein Schiff, das regelmäßig zwischen New York und Albany pendelte.

Welches war das erste große Passagierschiff?

Mit Erfindung der Dampfmaschine begann eine neue Zeit für die Passagierschifffahrt. Im Jahr 1819 überquerte mit der „Savannah" das erste Segelschiff mit zusätzlichem Dampfantrieb in 29 Tagen den Atlantik. 32 Passagieren bot die „Savannah" Platz. Doch die Menschen trauten diesem Gefährt noch nicht so recht, zumal es unheimliche Rauchwolken ausstieß – die Fahrgäste blieben daher aus. Erst als mit der „Sirius" 1838 die erste Atlantiküberquerung gelang, die vollständig unter Dampf gemacht wurde, gewann man Vertrauen in die Passagierschiffe.

Abbildung eines alten Dampfers

Was bewies Thor Heyerdahl?

Thor Heyerdahl (1914–2002) war ein norwegischer Naturwissenschaftler, Entdecker und Forschungsreisender. Berühmt wurde er, weil er mit seinem Floß Kon-Tiki von Südamerika zu den polynesischen Inseln (in der Südsee) segelte. Damit bewies er, dass die Menschen schon lange vor den europäischen Seefahrern diese Überfahrt unternommen haben könnten. 1970 segelte Heyerdahl mit einem selbst gebauten Schilfboot erfolgreich von Marokko bis in die Karibik (Atlantik). Mit dieser Fahrt wollte er beweisen, dass die alten Ägypter schon vor Jahrtausenden in ähnlichen Booten von Nordafrika nach Amerika gesegelt sein könnten.

Das Floß Kon-Tiki

Wer entwickelte das Echolot?

Bevor das Echolot entwickelt wurde, ließ sich die Meerestiefe nur durch Seile ermitteln, die von Gewichten in die Tiefe gezogen wurden. Der Untergang der „Titanic" inspirierte den Physiker Alexander Behm (1880–1952) zur Entwicklung eines neuen Verfahrens, um die Entfernung zu Hindernissen oder zum Meeresgrund besser bestimmen zu können. Seine Idee war es, Schallwellen ins Wasser zu senden, die von Hindernissen zurückgeworfen werden. Je nachdem, wann und wie die Schallwellen zurückkommen, kann man die Entfernung berechnen.

Wann wurde das U-Boot erfunden?

Die Entwicklung von Unterseebooten reicht bis ins 15. Jahrhundert zurück. Als erstes richtiges U-Boot gilt jedoch erst die „Turtle“. Sie wurde von dem Amerikaner David Bushnell (1742–1824) entworfen. Seine Konstruktion aus Eisen und Holz, geformt wie ein Ei, bot Platz für einen Passagier. Der Antrieb erfolgte über zwei Schrauben, die durch Handkurbeln bewegt wurden. Einer Legende zufolge wurde die „Turtle“ während des amerikanischen Unabhängigkeitskrieges 1776 eingesetzt, man konnte damit aber die Schiffe des Gegners nicht versenken.

U-Boot in Laboe (Kiel)

Wer erfand die Taucherglocke mit Luftversorgung?

Der englische Naturwissenschaftler Edmond Halley (1656–1742) entwickelte 1691 eine Taucherglocke, die unter Wasser mit Frischluft versorgt werden konnte. Er ließ außer der Taucherglocke noch Fässer mit Frischluft ins Wasser, die über einen langen Schlauch mit der Glocke verbunden waren. Die Fässer mussten tiefer liegen als die Glocke, damit man die frische Luft hineinleiten konnte. Mithilfe dieser Methode konnte die Frischluft in der Glocke erneuert werden und der Taucher länger unter Wasser bleiben – bis zu 1,5 Stunden in etwa 15 Meter Tiefe!

Alter Taucheranzug

Wann wurde das Rad erfunden?

Historiker glauben, dass die ersten Räder und Wagen in einer Region am Schwarzen Meer entstanden. Dort gab es schon 3500 Jahre vor Christus Siedlungen mit Tausenden Menschen. Und dort fand man auch die ältesten tönernen Modelle von Wagen, die gezogen oder geschoben wurden. Doch auch andere Kulturen entdeckten bald die Vorteile des Wagens – sofern sie Zugtiere und Wegenetze hatten. Das uns bekannte Speichenrad wurde 2000 vor Christus entwickelt.

Ein alter Heuwagen

Wer erfand den Luftreifen?

Der Schotte Robert William Thomson (1822–1873) ließ sich 1845 den ersten mit Luft gefüllten Gummireifen patentieren. Von dieser Erfindung nahm aber kaum jemand Notiz, denn es gab damals noch keine Autos und auch das Fahrrad war nicht fertig entwickelt. In Unkenntnis dieser Erfindung entwickelte im Jahr 1881 der schottisch-irische Tierarzt John Boyd Dunlop (1840–1921) den Luftreifen ein zweites Mal. Er wollte das Dreirad seines Sohnes verbessern und konstruierte ein Rad mit Gummischlauch und Ventil, das von Segeltuch ummantelt war.

Wer erfand den Beton?

Wann und wo Beton erstmals benutzt wurde, ist nicht mehr feststellbar. In der heutigen Türkei kam Mörtel aus gebranntem Kalk schon vor 14.000 Jahren zum Einsatz. Vor allem die Römer entwickelten die Herstellung des Betons mit Zement als Bindemittel und Wasser weiter. Sie erfanden den römischen Beton, der sich durch eine hohe Druckfestigkeit auszeichnete und die gewaltigen Bauwerke jener Zeit ermöglichte.

Betonmischer

Wer erfand den Schlitten?

Wer glaubt, Schlitten gebe es nur in Gebieten mit Schnee, liegt falsch. Schon die Ägypter haben vermutlich für den Bau ihrer Pyramiden vor rund 4500 Jahren Holzschlitten eingesetzt. Man glaubt, dass sie so die 2,5 Tonnen schweren Felsblöcke von Booten zur Baustelle transportierten. Auch die Indianer bauten Schlitten aus Ästen, mit denen sich im Winter ihre Ausstattung und Jagdbeute leichter befördern ließ. Im 19. Jahrhundert setzte sich der Schlitten auch als Sportgerät durch, die erste Rodelbahn entstand 1879 in der Schweiz.

Schlittenvergnügen

Wo entstanden die ersten Straßen?

Die ersten Wege und Straßen wurden praktisch von der Natur vorgegeben. Sie passten sich den natürlichen Bedingungen an, führten durch Täler und eher selten über Berge, denn diese waren für die Menschen damals nur schwer zu überwinden. Systematisch geplante Straßen gab es wohl erstmals in China, aber auch die Mesopotamier und Ägypter zählen zu den frühen Straßenbauern. In enormem Maße ausgebaut wurde das Wegenetz von den Römern. Sie legten befestigte Straßen an und vernetzen ganz Europa.

Seit wann fahren Kutschen?

Schon im zweiten Jahrhundert nach Christus gab es in Rom Reisewagen, die von Pferden gezogen wurden. Doch die uns bekannten Kutschen mit Wagenkasten, Fahrgestell und Verdeck wurden im 15. Jahrhundert in Kocs (Ungarn) entwickelt. Dieser Ort gab dem Gefährt auch seinen Namen, denn das ungarische Wort „Kocsi“ heißt soviel wie „Wagen aus dem Ort Kocs“. Es dauerte nicht lange, dann gab es in ganz Europa Pferdekutschen.

Wer erfand die Eisenbahn?

Zahlreiche Erfindungen wie das Rad oder die Dampfmaschine waren Voraussetzung dafür, dass die erste Dampflok fahren konnte. Im Jahr 1804 war es dann soweit: Die erste auf Schienen fahrende Dampflokomotive ging mit zehn Wagons im Schlepptau auf Jungfernfahrt. Ihr Konstrukteur war der Brite Richard Trevithick (1771–1833). Sehr lange war diese Bahn aber nicht in Betrieb, denn sie war zu schwer für die gusseisernen Schienen. Die erste brauchbare Lokomotive baute zehn Jahre später George Stephenson (1781–1848).

Eine alte Dampflok

Wann fuhr die erste Straßenbahn?

Großstadtverkehr um 1900

Das Jahr 1832 gilt als Geburtsjahr der Straßenbahn. Das neue Verkehrsmittel rollte erstmals über die Straßen New Yorks und verband Manhattan und Harlem. Diese Straßenbahn wurde noch von Pferden gezogen, fuhr aber schon auf Schienen. Bis zu 30 Personen konnten mit ihr befördert werden. Feste Haltestellen gab es anfangs noch nicht. Die Straßenbahn hielt dort, wo Passagiere ein- oder aussteigen wollten. Die erste elektrische Straßenbahn ging 1881, also fast 50 Jahre später, vor den Toren Berlins auf Jungfernfahrt.

Wer erfand das Fahrrad?

Erfolgreich entwickelt wurde das erste einspurige Zweirad von Karl Friedrich Freiherr von Drais (1785–1851). Seine Erfindung, die Draisine, war ein Laufrad, es hatte also keine Pedale. Der Fahrer setzte sich auf den Sattel und lief mit, um das Fahrrad zu beschleunigen. Die Franzosen Pierre (1813–1883) und Ernest (1842–1883) Michaux entwickelten die Draisine weiter. Sie bauten ein Zweirad, das durch eine am Vorderrad montierte Tretkurbel angetrieben wurde.

Seit wann gibt es U-Bahnen?

Als erste Untergrundbahn gilt die „Metropolitan Railway“ in London. Sie wurde am 10. Januar 1863 eröffnet und wurde noch von Dampfloks gezogen. Die erste elektrische U-Bahn war die „City & South London Railway“, die am 4. November 1890 erstmals fuhr. Diese U-Bahn löste einen weltweiten Boom aus. Denn damals wuchs die Bevölkerung der Großstädte stark an und die Menschen mussten irgendwie schnell und einfach befördert werden. Der Londoner U-Bahn folgte 1896 die Budapester Bahn – sie war allerdings zunächst nicht elektrisch, sondern wurde von Pferden und Ochsen gezogen. Sie wurde auf Veranlassung des deutschen Erfinders Ernst Werner von Siemens (1816–1892) gebaut.

Dieses Hochrad hat schon Pedale.

Der dreirädrige Motorwagen von Benz

Wann wurde das erste Auto gebaut?

Das erste richtige Auto baute der Karlsruher Ingenieur Carl Friedrich Benz. Es war ein Dreirad, das 1886 zum Patent angemeldet wurde. Die Ehefrau von Carl Friedrich Benz unternahm die erste Reise mit einem Motorwagen 1888 von Mannheim nach Pforzheim. So bewies sie die Reisetauglichkeit des Wagens. Zeitgleich mit Benz entwickelten auch andere Ingenieure motorbetriebene Fahrzeuge. Zum Beispiel Gottlieb Daimler und Wilhelm Maybach.

Schiffsdieselmotor

Wer erfand den Dieselmotor?

Der Dieselmotor trägt den Namen seiner Erfinders, Rudolf Christian Karl Diesel (1858–1913). Er beobachtete, dass Hitze entsteht, wenn man Luft zusammendrückt. Feststellen kann man das auch an einer Fahrradpumpe, die warm wird, wenn man einen Reifen aufpumpt. Der Dieselmotor saugt kein Gasgemisch an, sondern reine Luft. Diese wird dann zusammengedrückt und so erhitzt. Nun wird Leichtöl in die heiße Luft gesprüht. Der Ölnebel entzündet sich von selbst und verbrennt – Energie wird frei. 1892 wurde dem Erfinder Diesel das Patent auf seinen Motor erteilt.

Wer entwickelte den Ottomotor?

Der Ottomotor wurde von Nicolaus August Otto (1832–1891) entwickelt. Und so funktioniert sein Motor: Zuerst wird ein Benzin-Luft-Gemisch angesaugt und zusammengedrückt. Anschließend wird das verdichtete Gemisch durch den Funken einer Zündkerze entzündet und verbrennt sofort. Die Verbrennungsgase dehnen sich aus und betätigen dadurch einen Kolben. Dieser sorgt auch dafür, dass das verbrannte Gas am Ende wieder ausgestoßen wird. Es entweicht durch ein Ventil und der Prozess beginnt von vorne.

Wann begann man, Straßen zu teeren?

Mit den ersten Autos brauchte man bald einen neuen Straßenbelag. Auf Schotterstraßen wurde nämlich extrem viel Staub aufgewirbelt, außerdem wurde man fürchterlich durchgeschüttelt. Der Schweizer Arzt Ernest Guglielminetti (1862–1943) hatte eine Idee: 1902 ließ er in Monaco 40 Meter einer Straße mit heißem Teer bestreichen. Und tatsächlich konnte sich dieser Straßenbelag durchsetzen. Sein Erfinder erhielt daraufhin den Beinamen Dr. Teer.

Seit wann gibt es Autobahnen?

Bereits im Jahr 1913 begannen in Berlin die Bauarbeiten an der „AVUS" (Automobil-Verkehrs- und Übungs-Straße), der ersten autobahnähnlichen Strecke der Welt. Die gebührenpflichtige Straße wurde 1921 mit einem Motorradrennen eröffnet. In den 1920er-Jahren gab es auch schon in den USA kürzere Autobahnabschnitte. Die erste richtige Autobahn in Europa wurde schließlich 1932 vom damaligen Kölner Oberbürgermeister Konrad Adenauer (1876–1967) eingeweiht. Sie war vierspurig, 20 Kilometer lang und verband die Städte Köln und Bonn.

Autobahnkreuz einer Großstadt

Wozu braucht man Kugellager?

Inlineskaten macht Spaß.

Betrachtet man die Rollen von Inlineskates oder Skateboards genau, so kann man unter den Rädern lauter winzige Metallkugeln erkennen. Das sind die Kugellager. So eine Rolle besteht aus zwei Teilen: Einer Achse und einem Gehäuse, das sich um die Achse dreht. Würde das Gehäuse direkt auf der Achse aufliegen, entstünde sehr viel Reibung. Dann würden die Rollen beim Fahren zu heiß werden. Deshalb sind die beiden Teile durch das Kugellager getrennt. Die Kugeln vermindern durch ihre kleine Fläche die Reibung und verteilen die Wärme auf viele kleine Oberflächen. Dadurch werden die Rollen nicht heiß und nutzen sich weniger ab.

Zusatzinfo

Schlittschuhe und Rollschuhe

Die Menschen entwickelten schon früh Schlittschuhe, seit zirka 1000 vor Christus. Zuerst aus Knochen, dann aus Holz und Metall. Seit dem 18. Jahrhundert versuchte man, auch Schlittschuhe für die Straße zu entwickeln. So montierte ein unbekannter holländischer Erfinder für seine „Skeelers" Holzspulen an einem Holzblock. Der Belgier J. Merlin stellte 1760 auf einem Ball in London erste „Rollerskaters" mit Metallrollen vor – allerdings ohne Stopper, sodass dieser Auftritt unsanft endete. Im 19. Jahrhundert erhielt dann Monsieur Petitbled aus Frankreich das erste Patent auf Rollschuhe. Doch erst mit der paarweisen Anordnung der Rollen an gummigelagerte Achsen vorne und hinten wurden die Rollschuhe stabil und flexibel. Diese Anordnung entwickelte der sogenannte „Urvater" des Rollschuhs, der New Yorker J. L. Plimpton im Jahr 1863.

Wer hat die Inlineskates erfunden?

Der „Ur-Rollschuh", den man sich an den normalen Schuh schnallte, ähnelte im 19. Jahrhundert den heutigen Inlineskates, waren doch die Rollen in einer Linie hintereinander angeordnet. Doch sie wurden von den Rollschuhen abgelöst. Erst 1970 fand man erneut zum Inlineprinzip. Den Durchbruch erlangten die Inlineskates durch die amerikanischen Gebrüder Olsen. Sie entwickelten einen Kunststoffstiefel auf flexiblen Rollen mit Fersen- und Schuhspitzenstopper. Seit 1983 verkaufen sie ihn erfolgreich unter dem Namen Rollerblade®.

Alte Rollschuhe

Wer erfand die Achterbahn?

Geschwindigkeit hat die Menschen schon immer fasziniert. Bereits im 15. Jahrhundert wurden in Russland erste Holzgerüste gebaut und mit Wasser übergossen. Dies gefror aufgrund der großen Kälte im Winter, sodass auf der spiegelglatten Eisfläche schnelle Abfahrten auf Schlitten möglich waren. Aus diesem Winterspaß entwickelte sich schließlich ein Freizeitvergnügen für das ganze Jahr, indem kleine Räder an die Schlitten montiert wurden. 1898 gab es dann in Nordamerika die erste Achterbahn auf Schienen. Inzwischen zählen Achterbahnen zu den beliebtesten Attraktionen auf Jahrmärkten.

Wer machte die erste Ballonfahrt?

Die Brüder Étiennne Jacques (1745–1799) und Michel Joseph (1740–1810) Montgolfier waren eigentlich Papierhersteller. Auf der Suche nach einer Verwendung für ihre Produkte erfanden sie den ersten Heißluftballon – die Montgolfiere. Sie hatten beobachtet, dass heiße Luft oder Gas beim Aufsteigen auch Papierfetzen und dünne Stoffe in die Höhe trieb. So kamen sie auf die Idee, einen Papierballon mit heißer Luft zu füllen. Das Experiment gelang: Am 5. Juni 1783 machten sie die erste Fahrt, die 25 Minuten dauerte. Damit waren sie die ersten Menschen, die fliegen konnten.

Ein Ballon steigt mithilfe heißer Luft auf.

Nachbau eines alten Flugzeugs

Seit wann gibt es Flugzeuge?

Am 17. Dezember 1903 flogen die Amerikaner Wilbur (1867–1912) und Orville (1871–1948) Wright das erste Mal ein Motorflugzeug. Bereits 1905 gelangen den Wrights Flüge von 38 Minuten Dauer über 39 bis 45 Kilometer. Im September 1908 führte Orville eine Neukonstruktion des ersten Flugzeugs vor. Er flog erstmals länger als eine Stunde und auch mit Passagier, kurz darauf blieb sein Bruder fast drei Stunden in der Luft. Nach den Erfolgen ihrer ersten Flugapparate produzierten sie das Wright Model A, einen Doppeldecker, mit dem sie bei Flugshows in aller Welt ihre Technik vorführten.

Warum brauchen Flugzeuge Tragflächen?

Damit ein Flugzeug fliegen kann, muss es die Anziehungskraft der Erde überwinden. Dazu hat es natürlich ein Triebwerk, denn es muss eine bestimmte Geschwindigkeit erreichen. Aber ohne die Tragflächen, die wie der Name sagt, das Flugzeug tragen, käme es nicht in die Luft. Durch eine leichte Wölbung der Tragflächen entsteht beim Start ein Sog, da die Luft an der geschwungenen und leicht nach außen gewölbten Oberseite einer Tragfläche schneller vorbeiströmt als an der glatten Unterseite. Dieser Sog bewirkt einen Auftrieb – das Flugzeug steigt auf.

Warum stoßen Flugzeuge in der Luft nicht zusammen?

Der Luftraum wird heutzutage ebenso organisiert und überwacht wie der Straßenverkehr. Die Flugzeuge fliegen in unterschiedlicher Höhe und auf bestimmten Strecken. Unterstützt werden die Piloten von den Fluglotsen, die an den Flughäfen arbeiten. Sie helfen nicht nur bei Start und Landung, sondern auch auf dem eigentlichen Flug mithilfe der Funkgeräte. Außerdem ist jeder Fluglotse für einen bestimmten Bereich zuständig, und bekommt ständig die Daten der Flugzeuge (Höhe, Geschwindigkeit, Ort, Richtung, Identifikation) übermittelt, die sich darin befinden. So weiß der Lotse immer, wo welches Flugzeug ist und kann Gefahrensituationen einschätzen.

Wo landet der Inhalt einer Flugzeugtoilette?

Früher konnte es durchaus passieren, dass der Tankinhalt einer Flugzeugtoilette als gefrorener Klumpen in irgendeinem Garten landete. Doch Mitte der 1980er-Jahre wurde ein Abwassersystem entwickelt, das den Inhalt in einen Spezialbehälter im Flugzeug leitet. In den Rohren und den Tanks herrscht während des Fluges ein Unterdruck, dadurch wird der Inhalt ganz automatisch in die Tanks gesaugt. Am Flughafen werden die Tanks dann geleert und der Inhalt entsorgt.

Die Propeller machen den Hubschrauber flexibel.

Warum ist bei einem Hubschrauber der Propeller oben?

Der Propeller oder Rotor drückt durch die Drehung die Luft nach unten und der Hubschrauber kann senkrecht abheben. Zusätzlich hat er noch einen kleinen Rotor am Heck, der dafür sorgt, dass sich der Hubschrauber nicht um sich selbst dreht. Durch die besondere Bauweise kann der Hubschrauber sogar auf der Stelle fliegen, sich drehen oder rückwärts fliegen. Und auch ganz dicht über dem Boden bleiben.

Wer erfand den Kalender?

Tatsächlich kann man nicht sagen, dass eine bestimmte Person den Kalender erfunden hat. Alle alten Kulturen, von den Ägyptern über die Chinesen bis zu den Maya, hatten ihre eigenen Kalender. Die Menschen hatten sehr früh den regelmäßigen Jahresverlauf erkannt. Unterschiede bestanden vor allem darin, ob sie den Kalender nach der Sonne oder dem Mond ausrichteten. Unser heutiger Kalender ist nach der Sonne ausgerichtet und wurde von den alten Römern entwickelt. Papst Gregor XIII. hat ihn dann 1582 auf den heutigen Stand gebracht.

Alter Mayakalender

Was erforschte Johannes Kepler?

Johannes Kepler (1571–1630) war ein deutscher Mathematiker und Astronom, der die Gesetze der Planetenbewegung entdeckte. Sie wurden nach ihm benannt und heißen keplersche Gesetze. Er entdeckte auch, dass die Planeten sich nicht auf Kreisbahnen bewegen, sondern auf eiförmigen (elliptischen) Bahnen. Außerdem unterstützte er Galileo Galilei (1564–1642) bei dessen Forschungen und half ihm zu beweisen, dass sich die Erde um die Sonne dreht.

Wer war Isaac Newton?

Sir Isaac Newton (1643–1727) war ein englischer Physiker, Mathematiker und Astronom. Seine Erkenntnisse der Natur sind die Grundlage für Theorien der Mechanik und des Lichtes. Newton erkannte, dass sich alle Körper gegenseitig anziehen. Man bezeichnet diese Anziehungskräfte als Gravitations- oder Schwerkraft. Der Apfel eines Baumes, der neben ihm zu Boden fiel, soll den Wissenschaftler dazu veranlasst haben, die Gesetze der Schwerkraft zu beschreiben. Er machte verschiedene Versuche und schaffte es, mithilfe einer neuen Rechenart die Bewegungen der Himmelskörper mathematisch zu beschreiben.

Seit wann gibt es Rechenmaschinen?

Über viele Jahrhunderte hinweg war der Abakus, ein Rechenbrett, das Mittel der Wahl für die Plus- und Minusrechnung. Ein Tübinger Professor entwickelte dann 1623 die erste mechanische Rechenmaschine mit Zahnrädern und Rechenstäben. Der Erfinder hieß Wilhelm Schickard (1592–1635) und seine Maschine konnte sogar malnehmen und teilen. Heute kann man sich noch Nachbauten dieser Maschine in Museen ansehen.

Rechenmaschine

Was ist das Hubble-Teleskop?

Das Hubble-Teleskop

Das Hubble-Teleskop ist das erste Weltraumteleskop. Es umkreist seit April 1990 die Erde in einer Höhe von etwa 600 Kilometern. Für einen Erdumlauf braucht es 97 Minuten. Da es sich außerhalb der Erdatmosphäre befindet, kann es unglaublich klare und scharfe Bilder vom Weltraum machen, die dann zur Erde gesandt werden. Mit ihnen können immer neue Erkenntnisse über das Alter und die Herkunft des Universums gewonnen werden. Besonders spannend waren beispielsweise die Aufnahmen zweier Galaxien, die zusammenstießen.

Wer erfand die Null?

Die heutige Zahl Null wurde erst lange nach den übrigen Zahlen erfunden. Sie war nämlich ursprünglich gar keine Zahl für Berechnungen, sondern diente lediglich der Stellenmarkierung – zum Beispiel um die Zahlen 123, 1203, 1230 oder 1023 auseinanderzuhalten. Die Maya benutzen im ersten Jahrhundert zur Kennzeichnung der Null ein kleines Oval, das einen inneren Bogen enthielt. 500 Jahre später begannen die Inder, für die Null einen Kreis oder Punkt zu verwenden. Denn sie schrieben die Zahlen in Spalten und kennzeichneten mit dem Kreis eine Leerstelle. Die Araber übersetzten das indische Wort „sunya" (= leer) mit „sifr". Hier ist der Ursprung des deutschen Wortes „Ziffer" zu finden.

Wer suchte den Stein der Weisen?

Der Stein der Weisen ist eine legendäre Substanz, die angeblich unedle Metalle (Blei oder Quecksilber) in edle Metalle wie Silber oder Gold verwandeln kann. Außerdem sollte er das Elixier des Lebens herstellen, das unsterblich mache. Die Lehre von der Verwandlung der Stoffe gehörte zu der sogenannten Alchemie. Diese kann man als die Chemie des Altertums und des Mittelalters bezeichnen.

Zusatzinfo

Alchemie

Trotz vieler ergebnisloser Experimente machten die Alchemisten auch eine Reihe wichtiger Entdeckungen: Zum Beispiel Porzellan, Pottasche oder Messing. Berühmte Alchemisten waren unter anderen Nicolas Flamel (1330–1413), dem man nachsagte, er habe den Stein der Weisen gefunden, und Paracelsus (1493–1541). Dieser beschäftigte sich vor allem mit der Heilung von Krankheiten.

Wer erfand den Kunststoff?

Als Erfinder des Kunststoffs gilt der Belgier Leo Hendrik Baekeland (1863–1944). 1909 stellte er zum ersten Mal Plastik her. Diesen neuen Werkstoff bezeichnete man dann zunächst in Anlehnung an den Namen des Erfinders als Bakelit.

Was ist Schaumgummi?

Schaumgummi wird aus einem ganz besonderen Kunststoff angefertigt. Grundlage dafür sind sogenannte Polymere. Das sind chemische Stoffe, die sich miteinander verbinden können und dabei einen Schaum bilden. Dieser Schaum hat eine gewisse Festigkeit. Entdeckt wurde dieser chemische Vorgang 1872 von Adolf Ritter von Baeyer. Da diese Polymere von allein miteinander reagieren, muss man kaum zusätzliche Energie zuführen, um den Schaumstoff herzustellen.

Wer erfand das Feuerwerk?

Das Feuerwerk wurde in China erfunden. Etwa im ersten Jahrhundert nach Christus gab es dort schon ein einfaches Schießpulver. Es wurde in hohle Stämme aus Bambus gefüllt, ins Feuer geworfen und explodierte. Es machte jedoch vor allem Lärm, kein Licht. Erst vor etwa 500 Jahren wurde in Italien das Lichtfeuerwerk entwickelt und verbreitet sich von dort aus.

Was ist der Nobelpreis?

Der Nobelpreis geht auf den schwedischen Erfinder Alfred Nobel (1833–1896) zurück, der das Dynamit erfand. In seinem Testament verfügte er, dass Menschen, die für die Welt Bedeutendes geleistet haben, durch diesen Preis ausgezeichnet werden sollen. Die Bereiche sind Physik, Chemie, Medizin, Literatur, Wirtschaftswissenschaften und Arbeit für den Frieden. Bezahlt wird dieser Preis vom Erbe Nobels. Heutzutage bekommt ein Nobelpreisträger etwa eine Million Euro! Verliehen wird der Preis immer am 10. Dezember, seit dem Jahr 1901!

Alfred Nobel erfand nicht nur das Dynamit, sondern stiftete auch den Nobelpreis.

Warum leuchtet ein Feuerwerk bunt?

Damit die Farben am Himmel erstrahlen können, werden dem Feuerwerkskörper Chemikalien beigemischt. Werden sie gezündet, regt die entstehende Wärme diese Chemikalien zum Leuchten an. Und da die Chemikalien unterschiedliche Energiemengen freisetzen, leuchten sie in unterschiedlichen Farben. Jede Chemikalie erzeugt beim Erhitzen oder Verbrennen eine andere Farbe, daran kann man sie unterscheiden und deshalb ist das Feuerwerk bunt.

Seit wann gibt es Seife?

Dem Volk der Sumerer waren bereits etwa 4500 Jahre vor Christus seifenartige Erzeugnisse bekannt. Doch sie entdeckten nicht, dass Seife reinigt. Dies stellten erst die Römer fest. Allerdings waren die ersten Seifen noch sehr schmierig. Erst die Araber entdeckten im siebten Jahrhundert, dass man Seife gebrannten Kalk zufügen muss, um ihr mehr Festigkeit zu verleihen. Seitdem verbreitete sich dieses Wissen schnell über ganz Europa.

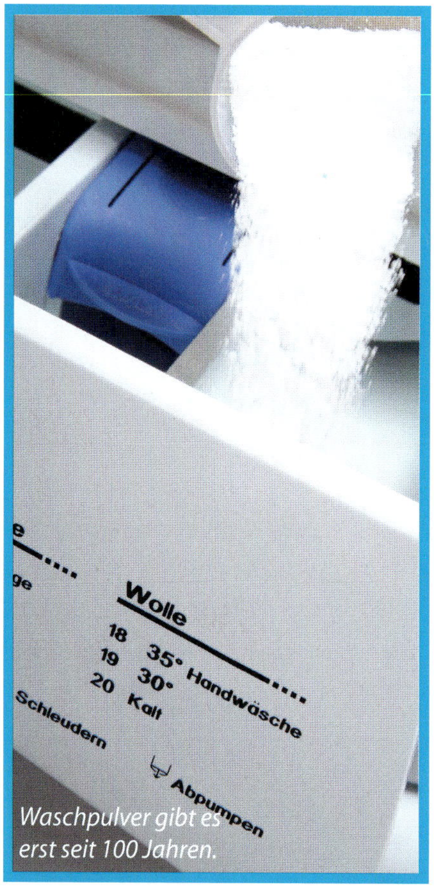

Waschpulver gibt es erst seit 100 Jahren.

Seit wann gibt es Waschpulver?

Zunächst verwendeten die Menschen die Seife, mit der sie sich selbst wuschen, auch für ihre Wäsche. Der in Rom lebende Arzt Galen (um 129–199) empfahl, Seife auch zur Reinigung der Wäsche zu benutzen. Doch erst im Jahr 1907 entwickelte der deutsche Fabrikant Friedrich Henkel (1848–1930) das erste richtige Waschpulver. Er entdeckte weitere Grundstoffe, welche die Wirkung der Seife verbesserten. Zum Beispiel Soda und das Bleichmittel Perborat.

Wie macht man Parfum?

Zunächst versucht man, den Duft bestimmter Blumen und Pflanzen aufzufangen. Dafür hängt man sie in Wasserdampf und fängt den Dampf wieder auf, wenn er die Pflanzen durchströmt hat. Er schlägt sich als Wasser nieder und enthält einen Ölfilm, den man abschöpfen kann. Dieser Ölfilm besteht aus sogenannten ätherischen Ölen, den Grundstoffen für das Parfum. Ein sogenannter Parfumeur mischt nun verschiedene ätherische Öle zusammen – zum Beispiel von Rosen, Lavendel, Jasmin oder auch von Gewürzen wie Nelken oder Kräutern wie Rosmarin. Ist der Duft zusammengemischt, wird noch reiner Alkohol dazugegeben und das fertige Parfum in Flaschen gefüllt.

Wer hat das Thermometer erfunden?

Zwei Männer spielten bei der Entwicklung des Thermometers eine entscheidende Rolle. Beide lebten etwa zur selben Zeit in der Toskana. Der eine war Galileo Galilei (1564–1642), der andere Großherzog Ferdinand II. (1610–1670). Galilei war Wissenschaftler und erfand mit dem Thermoskop einen Vorläufer des Thermometers. Es bestand aus einem offenen Glasrohr, das mit Wasser befüllt wurde. Ferdinand II. sorgte dafür, dass die Erfindung von Galilei weiterentwickelt wurde. Doch bis zum ersten richtigen Thermometer mit Gradanzeige war es noch ein langer Weg.

Thermometer

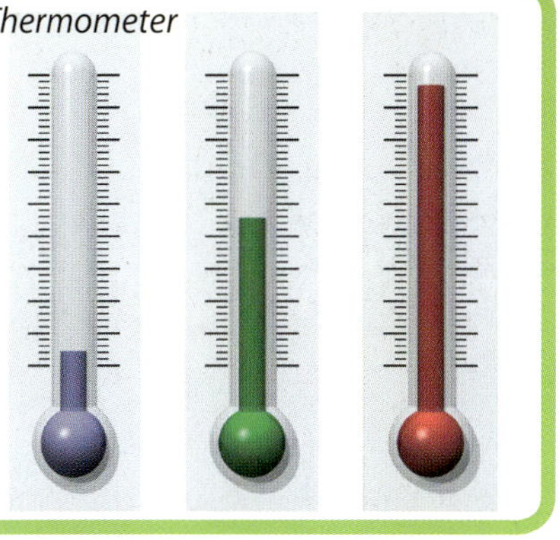

Wer hat das Penicillin entdeckt?

Penicillin ist ein Medikament, ein sogenanntes Antibiotikum, das von Schimmelpilzen gebildet wird. Es tötet Bakterien ab, die uns krank machen. Entdeckt wurde dieser Wirkstoff von dem schottischen Bakteriologen Sir Alexander Flemming (1888–1955) durch einen Zufall. Seit 1939 wird es erfolgreich zur Behandlung von Krankheiten eingesetzt.

Glas lässt sich nur unter großer Hitze formen.

Was ist Glas?

Schon seit etwa 6000 Jahren arbeiten die Menschen mit Glas. Es entsteht, wenn man Quarzsand und Asche zum Schmelzen bringt. Dabei verändert sich der innere Aufbau der Sandkörner, beim Erkalten fügen sie sich anders wieder zusammen. Während des Abkühlens kann man das flüssige Glas formen. Das machen entweder die Glasbläser, oder es wird in Formen gegossen. In der Natur kann Glas beispielsweise bei Vulkanausbrüchen durch die Hitze entstehen.

Wer erfand die Impfung?

Dem Landarzt Edward Jenner (1749–1823) gelang es im Jahre 1796, einen achtjährigen Jungen erfolgreich gegen Pocken zu impfen. Er hatte entdeckt, dass die ungefährliche oder tote Form eines Krankheitserregers unseren Körper veranlasst, sogenannte Antikörper zu bilden. Diese bekämpfen den Erreger und wir werden wieder gesund. Hat der Körper sie einmal gebildet, ist er immun (unempfindlich) gegenüber den Erregern.

Zusatzinfo

Wer hat das Verbundglas erfunden?
Der Erfinder des Verbundglases ist der französische Chemiker Edouard Benidictus (1879–1930). Er verband als Erster zwei Glasscheiben unter Druck mit einer Zelluloidfolie. Das ist die Folie, auf der auch Filme aufgezeichnet werden. Seit 1910 wird Verbundglas industriell gefertigt.

Warum zerspringen Autoscheiben in runde Scherben?

Autoscheiben bestehen nicht aus normalem Glas, sondern aus Verbundglas. Dieses Verbundglas sorgt dafür, dass die Autoscheibe bei einem Unfall oder einem Steinschlag zwar brechen, aber nicht splittern kann und sehr viel stabiler ist als normales Fensterglas. Um es herzustellen, wird zwischen zwei Glasscheiben eine reißfeste Kunststofffolie geklebt. Dann wird das ganze erhitzt und die nun weiche Folie verbindet die Scheiben miteinander.

Windschutzscheiben aus Verbundglas zersplittern nicht.

Was ist Panzerglas?

Panzerglas ist ebenfalls ein Verbundglas. Es wird zum Beispiel für Schalter von Banken oder für Limousinen von Politikern oder Berühmtheiten verwendet. Also überall dort, wo Menschen besonders geschützt werden müssen. Panzerglas muss sogar Schüssen aus einem Gewehr oder einer Pistole standhalten. Mehrere Lagen Verbundglas bilden eine kugelsichere Schicht. In den Fabriken, die dieses Glas herstellen, wird das sogar getestet: Ein Sicherheitsexperte muss mit einer Pistole dreimal auf die Glasscheiben feuern. Dabei darf die Kugel das Glas nicht durchdringen!

Warum können wir uns im Spiegel sehen?

Ein Spiegel besteht aus einer Glasplatte, deren Rückseite mit einem glänzenden Metall überzogen ist. Das Licht, das in den Spiegel fällt, wird zurückgeworfen. Daher sieht man alles, was sich vor dem Spiegel befindet, noch einmal – es spiegelt sich darin.

Wie funktioniert ein Fernglas?

Ein Fernglas ist ein optisches Gerät, mit dem man weit entfernte Gegenstände vergrößern kann. Durch eine Sammellinse, das sogenannte Objektiv, wird ein Bild von einem entfernten Gegenstand entworfen, das dann durch eine zweite Linse, das Okular, betrachtet werden kann. Durch die Umleitung werden die Bilder vergrößert. Das erste Fernglas wurde im 17. Jahrhundert in Holland erfunden, von Galileo Galilei (1564–1642) verändert und für die Himmelsbeobachtung verwendet.

Ein Fernglas vergrößert.

Wer hat die Atomkraft entdeckt?

Bereits der Naturwissenschaftler Demokrit von Abdera (um 460–370 vor Christus) war überzeugt, dass sich die Welt aus lauter ganz kleinen Bausteinen, den Atomen, zusammensetzt. Albert Einstein (1879–1955) gelang es mit der berühmten Formel $E = m \cdot c^2$, die Gleichwertigkeit von Masse und Energie darzustellen. Dies war die Voraussetzung für die Kernspaltung und die Freisetzung der atomaren Energie. 1938 gelang dem deutschen Chemiker Otto Hahn (1879–1968) diese Kernspaltung – Lise Meitner (1878–1968) lieferte 1939 die theoretische Erklärung dafür.

Wer baute die erste Atombombe?

Im Zweiten Weltkrieg suchten besonders die Deutschen und die Amerikaner nach Waffen, die ihnen den Sieg einbringen würden. Die Amerikaner begannen 1942 mit dem sogenannten Manhattan-Projekt, einem Programm zur Entwicklung von Atombomben. Der berühmte Physiker Robert Oppenheimer (1904–1967) übernahm die Leitung des Projektes. Am 16. Juli 1945 war es dann soweit: In einer Wüste im Bundesstaat New Mexico wurde die erste Atombombe gezündet. Im darauffolgenden Monat kam diese gefährliche Waffe das bisher einzige Mal zum Einsatz. Sie zerstörte die japanischen Städte Hiroshima und Nagasaki, tötete Zehntausende Menschen und verstrahlte die gesamte Umgebung. Bis heute erkranken Menschen an den Folgen der Verstrahlung.

Das zerstörte Hiroshima

Wann wurde das erste Atomkraftwerk erbaut?

Im Juni 1954 wurde in der russischen Stadt Obninsk das erste Kernkraftwerk, wie die eigentliche Bezeichnung für Atomkraftwerk lautet, in Betrieb genommen. Die Leistungsfähigkeit des Kraftwerkes war noch relativ gering, sie betrug nur fünf Megawatt. Den ersten Atomstrom überhaupt erzeugte ein Forschungsreaktor im amerikanischen Bundesstaat Idaho schon drei Jahre zuvor. Unter großem Beifall gelang es den Forschern, vier Glühlampen zum Leuchten zu bringen. Damit war der Startschuss gefallen, die Kernenergie auch für zivile Zwecke zu nutzen.

Ein Atomkraftwerk

Warum ist Radioaktivität gefährlich?

Dies ist das Warnzeichen für radioaktive Strahlung.

Radioaktivität ist eine natürliche oder künstliche Strahlung, die unseren Körper schädigen kann, sobald sie eine gewisse Stärke erreicht. Künstlich entsteht sie zum Beispiel in einem Kernkraftwerk zur Energieerzeugung oder bei der Explosion einer Atombombe. Im Umkreis einer Atombombenexplosion verbrennt man sekundenschnell zu Asche. Ist man einige Kilometer entfernt, kann man die sogenannte Strahlenkrankheit bekommen. Dann sind Körperzellen verändert und man hat Verbrennungen. Bei leichter Strahlung kann ebenfalls das Erbgut verändert werden. So bekommt man Jahre später Krebs oder Kinder mit Einschränkungen.

Zusatzinfo

Radioaktivität
Radioaktivität ist die Eigenschaft bestimmter Atomkerne eines Elementes, selbstständig zu zerfallen. Dabei wird Strahlung frei. Diese wird in Alpha-, Beta- und Gammastrahlung unterteilt. Wie gefährlich die Strahlung ist, hängt von der Dosis und der Art ab.

Wer erfand die Heizung?

Die alten Römer waren die Ersten, die Räume mit einem technisch ausgeklügelten Heizungssystem erwärmten. Es entstand im zweiten Jahrhundert vor Christus und ähnelte zunächst einer Fußbodenheizung. Denn die Römer bauten einen Hohlraum unter den Fußboden, in den sie heiße Luft aus einer Feuerungskammer einleiteten. Einige Jahrzehnte später kamen noch hohle Wandziegel und Tonröhren hinzu, die die Wärme zusätzlich in den Wänden aufsteigen ließen.

Ofen für eine römische Heizung

Alte Windmühle

Wer baute die erste Windmühle?

Vermutlich wurden bereits im alten Babylon um 1750 vor Christus die ersten Windmühlen verwendet. Dann baute der griechische Erfinder Heron von Alexandria im ersten Jahrhundert eine Orgel, die von einem Windrad angetrieben wurde. Im zehnten Jahrhundert wurden auch in Persien, dem heutigen Iran, Windmühlen gebaut. Deren Segel trieben eine senkrecht stehende Achse an. In der uns bekannten Form gibt es Windmühlen seit dem zwölften Jahrhundert, die ersten in der französischen Normandie.

Ein römisches Aquädukt in Spanien

Seit wann gibt es Wasserleitungen?

Bereits zu Lebzeiten Ramses des Großen (um 1304–1213 vor Christus) gab es in Ägypten Wasserleitungen. Auch in China und Griechenland wurde Wasser schon früh mit Hilfe von Leitungen transportiert. Durch unterirdische Kanäle konnten so zum Beispiel große Städte mit frischem Quellwasser versorgt werden. Doch die eindrucksvollsten Leitungen bauten die Römer. Teilweise beförderten sie das Wasser über brückenähnliche Bauwerke von enormer Höhe, Aquädukte genannt. Einige römische Aquädukte kann man noch heute bestaunen.

Seit wann gibt es Münzautomaten?

Den ersten Verkaufsautomaten konstruierte der griechische Mathematiker und Ingenieur Heron von Alexandria bereits in der Antike. Man nimmt an, dass er etwa zwischen 20 und 62 nach Christus gelebt hat. Er konstruierte einen Automaten, an dem man durch Münzeinwurf Weihwasser erwerben konnte. Auf der Oberfläche des Weihwassers lag eine Holzscheibe. Wurde die Münze eingeworfen, drückte das Gewicht der Holzscheibe das geweihte Nass durch ein Rohr nach oben und konnte dort aufgefangen werden.

Wer erfand den Flaschenzug?

Ein Flaschenzug besteht im Wesentlichen aus einem Seil, das über Rollen geführt wird. Durch diese Bauweise lassen sich selbst schwere Lasten relativ leicht heben. Der griechische Mathematiker und Mechaniker Archimedes (285–212 vor Christus) erkannte und beschrieb die Hebelgesetze. Einer Legende zufolge baute er für die Verteidigung seiner Heimatstadt Syrakus gegen die Römer Kriegsmaschinen wie Schleudern und Kräne. Im alten Rom gab es Kräne mit Laufrad, mit deren Hilfe zahlreiche große Bauwerke errichtet wurden.

Flaschenzug

Wer erfand die Luftpumpe?

Die Luftpumpe ist eine Erfindung des Magdeburger Bürgermeisters und Naturwissenschaftlers Otto von Guericke (1602–1686). Die Pumpe bestand aus einem Zylinder mit Kolben. Zuerst wurde Luft in den Zylinder gesaugt und danach mit dem Kolben durch ein Ventil wieder herausgepresst. Von Guericke wurde auch berühmt, weil er seine physikalischen Versuche öffentlich vorführte. Dabei konnte er unter anderem beweisen, dass sich in einem luftleeren Raum kein Schall, aber das Licht ausbreiten kann. Auch brennen dort keine Kerzen.

Wer hat die Uhr erfunden?

Schon früh begannen die Menschen, Zeitmesser zu entwickeln. Es gab Sonnenuhren, Wasser- und Sanduhren. Im 13. Jahrhundert gab es dann die ersten selbsttätigen Uhren, sogenannte mechanische Uhren. Es waren Räderuhren, die von Gewichten angetrieben wurden. Man weiß jedoch nicht, wer sie erfunden hat. Eine große Rolle bei der Weiterentwicklung der Uhr spielte der niederländische Physiker Christiaan Huygens (1629–1695). Er fertigte Federuhren mit Unruh und auch die erste Pendeluhr, auf die er 1657 das Patent erhielt.

Taschenuhr

Wer hat die Armbanduhr erfunden?

Filipo Brunelleschi (1377–1446) baute als Erster Spiralfedern in Uhrwerke ein und ermöglichte so, die Uhren kleiner und handlicher zu gestalten. Und dann baute Peter Henlein (um 1480–1542) die erste Uhr, die man als Taschenuhr mitnehmen konnte. 1904 entwickelte dann Louis Cartier die erste Armbanduhr, die er Cartier Santos nannte.

Seit wann gibt es Schrauben?

Die erste Schraube war vermutlich die sogenannte Archimedische Schraube aus dem siebten Jahrhundert vor Christus. Mit ihr verband man jedoch keine Werkstücke, sondern förderte Wasser. Holzschrauben verbreiteten sich etwa 100 Jahre vor Christus – mit ihnen konnte man zum Beispiel Ölpressen bauen. Die Schrauben aus Metall, wie sie heutzutage üblich sind, gibt es jedoch erst seit dem 15. Jahrhundert in Europa.

Wer hat das Fließband erfunden?

Ein Fließband ermöglicht die Massenproduktion von Waren. Die Arbeitsschritte zur Herstellung des Produktes werden so stark vereinfacht, dass der einzelne Arbeiter sehr viel einträglicher arbeiten kann. Erstmals eingesetzt wurde das Fließband von Henry Ford (1863–1947) zur Montage seiner Autos. Die mechanischen Arbeitsprozesse, die die Arbeiter erledigen mussten, führten jedoch zu Abstumpfung. Denn es waren nur noch wenige, eintönige Handgriffe nötig. Heute ist die Situation der Arbeiter besser: Sie wechseln sich mit den Arbeitsschritten ab.

Das erste Fließband in der Fordfabrik

Wie funktionieren Klimaanlagen?

Eine Klimaanlage besteht aus zwei Teilen: Eines befindet sich im Haus und eines an der Außenwand. Sie sind durch einen Schlauch miteinander verbunden. Die warme Luft wird angesaugt, das Kühlmittel durch Verdichtung noch weiter erhitzt. So wird es wärmer als die Außentemperatur. Dann kann es draußen wieder abkühlen, zusätzlich wird es entspannt. So kann es die Luft abkühlen, die mithilfe eines Ventilators wieder in den Raum geleitet wird.

Große Klimaanlage

Wann wurde das Mikroskop erfunden?

Der Erfinder des Mikroskops ist nicht sicher nachzuweisen. Der italienische Arzt Girolamo Fracastoro (um 1478 – 1553) gab den ersten bekannten Hinweis darauf, dass man Gegenstände vergrößert sieht, wenn man sie durch zwei Linsen betrachtet. Das erste richtige Mikroskop soll um 1590 von zwei holländischen Brillenmachern gebaut worden sein. Nachweislich gibt es sie erst seit dem 17. Jahrhundert.

Modernes Mikroskop

Wer hat den Fahrstuhl erfunden?

Fahrstühle gibt es schon sehr lange. Bereits Kaiser Nero ließ sich an einem Seil befördern und hatte für den Fall, dass das Seil reißt, einen Berg Kissen untergelegt. Der französische König Ludwig XV. hatte in seinem Schloss einen „Fliegenden Sessel", damit er nicht zu Fuß vom Erdgeschoss in den ersten Stock laufen musste. Im 18. Jahrhundert gab es vor allem in Bergwerken viele Aufzüge, um die Kumpel unter Tage zu bringen. Den ersten sicheren Aufzug stellte der Amerikaner Elisha Graves Otis 1853 in New York vor.

Zusatzinfo

Arbeitsweise eines Aufzugs

Die Kabine eines gewöhnlichen Aufzugs hängt an Stahlseilen, die im oberen Teil des Aufzugschachts über eine Spule laufen. Auf der anderen Seite der Spule hängt ein Gegengewicht. Ein Motor im oberen Teil des Fahrstuhlschachts dreht die Spule und die Kabine bewegt sich nach oben oder unten. Drückt man auf einen Knopf, setzt sich der Fahrstuhl in Bewegung.

Wer baute die erste Rolltreppe?

1892 meldete Jesse W. Reno das Patent an der Rolltreppe an, 1893 wurde die erste im New Yorker Bahnhof gebaut. Allerdings war es zu dieser Zeit eher ein Fahrband, das leicht schräg stand und so nach oben führte. Erst im Jahre 1900 stellte dann Charles Seeberger in Paris die erste Rolltreppe mit Stufen vor. Die längste Rolltreppe der Welt befindet sich übrigens in einer U-Bahn-Station in Washington: Sie hat eine Länge von 155 Metern!

Moderne Rolltreppe

Wie funktioniert ein Airbag?

Ein Airbag ist ein aufblasbarer Sack, der bei einem Autounfall den Aufprall für die Insassen lindert. Zum Beispiel, wenn der Kopf trotz Sicherheitsgurt bei einem Auffahrunfall auf das Lenkrad schlagen würde. Doch wie kann sich der Ballon so schnell aufblasen? Eine Messeinheit misst die Stärke eines Aufpralls und gibt dann den Befehl zum Auslösen. Damit sich der Airbag in Bruchteilen von Sekunden aufblasen kann, wird ein Sprengsatz – ähnlich wie in einer Silvesterrakete – gezündet, der jede Menge Gas freisetzt. Dieses Gas bläst den Airbag schlagartig auf. Die Idee für den Airbag hatte Walter Linderer bereits 1951. Es hat jedoch sehr lange gedauert, bis sein Patent umgesetzt werden konnte.

Ein erschlaffter Airbag nach einem Unfall

Wie schweißt man etwas?

Wenn man zwei Metallteile zusammenfügen möchte, muss man sie schweißen. Dazu werden die Ränder der Teile mit einem Schweißgerät so stark erhitzt, dass sie flüssig werden. Presst man sie nun aneinander, verschmelzen sie. Nach der Abkühlung sind sie dann fest miteinander verbunden. Weil beim Schweißen ein grelles Licht erzeugt wird, das den Augen schadet, muss man eine Schutzbrille tragen.

Seit wann gibt es Kühlschränke?

Ein wichtiger Schritt für die Erfindung des Kühlschrankes war die Erkenntnis Galileo Galileis (1564–1642), dass sich die Dichte von Flüssigkeiten bei Wärme und Kälte verändert. Im Jahre 1876 baute Carl von Linde (1842–1934) eine mit Ammoniak arbeitende Kältemaschine: Indem Gas abgekühlt wurde, konnte sie Kälte herstellen. Die ersten elektrischen Kühlschränke für zu Hause wurden um 1920 hergestellt. Damals waren sie jedoch noch selten in den Haushalten zu finden.

Werbung für eine elektrische Waschmaschine

Wie sah die erste Waschmaschine aus?

Eine Erfindung des 18. Jahrhunderts war die Rührflügelmaschine. Sie wurde mit Muskelkraft betrieben und bestand aus einem Bottich mit Klöppeln. Die Klöppel ragten durch den Deckel in den Bottich hinein und rührten die Wäsche. Dadurch sollte der Schmutz aus den Textilien geschleudert werden. So richtig durchsetzen konnte sich das Gerät aber nicht. Erst mit der Zeit entwickelte sich die Idee, die Wäsche in einer Trommel zu säubern. Anfang des 20. Jahrhunderts kamen dann die ersten elektrischen Waschmaschinen auf den Markt.

Werbeplakat für einen Herd

Seit wann gibt es den Herd?

Noch vor 300 Jahren gab es in Wohnräumen lediglich offene Feuerstellen in Form einer Grube. Manche Kochstellen hatten auch eine Steinplatte über dem Feuer. Später kam ein gemauerter Sockel hinzu, der mit einem Rost bestückt war. Um Flüssigkeiten zu erwärmen hängte man große Kessel über das Feuer. 1735 konstruierte der französische Baumeister François de Cuvilliés (1695–1768) den Castrol-Herd, den ersten Herd mit eisernen Kochplatten, Rauchfang und einer vollständigen Ummauerung.

Wer erfand den Staubsauger?

Den ersten Staubsauger entwickelte ein Ehepaar aus den USA: Anna und Melville Bissell. Zumindest erhielten sie im Jahre 1876 als Erste ein Patent auf ihre Erfindung. Ihr riesiges Gerät wurde auf einem Pferdewagen vor das jeweilige Haus gefahren. Ein langer Schlauch reichte bis in das Haus hinein und es konnte gesaugt werden. Die Saugpumpe wurde damals noch von Hand betrieben.

Einer der ersten elektrischen Staubsauger

Wer erfand die Zahnbürste?

Die Reinigung der Zähne war schon den Ägyptern etwa 3000 Jahre vor Christus wichtig. Sie nahmen zum Säubern kleine Äste, die sie zerkauten. In China gab es um 1500 die ersten Zahnbürsten aus Schweineborsten, die um einen Stock gewickelt wurden. Um die gleiche Zeit entstanden auch in Deutschland die ersten Zahnbürsten, jedoch aus Pferdehaar. In England gab es 1780 die erste Firma, die Zahnbürsten aus Knochen und Borsten von Kühen herstellte, doch diese Geräte waren nur für reiche Leute erschwinglich.

Wann wurde die Konserve erfunden?

Napoleon Bonaparte (1769–1821) konnte sein riesiges Heer nicht ausreichend mit frischen Lebensmitteln versorgen. Deshalb setzte er ein Preisgeld für denjenigen aus, der eine Methode fände, um Lebensmittel länger haltbar zu machen. Ein Konditor namens François Nicolas Appert (um 1750–1841) gewann das Geld. Er erhitzte Lebensmittel und lagerte sie in luftdicht verschlossenen Flaschen. Später kam er auf die Idee, statt zerbrechlichem Glas Blechbehältnisse zu verwenden. Aber er ließ sich diese Erfindung nicht patentieren. Und so war es ein Engländer französischer Herkunft, der 1810 das Patent auf die Weißblechdose erhielt.

Seit wann tragen die Menschen Kleidung?

Während der menschlichen Entwicklung nahm die Körperbehaarung immer weiter ab. Infolgedessen begannen sie, sich aus Tierfellen Kleidung zu nähen und sie als Decken zu verwenden. Dies geschah vor etwa 110.000 Jahren. Das fanden Wissenschaftler heraus, welche die Weiterentwicklung von Kopfläusen zu Körperläusen untersucht haben. Denn erst die Kleidung gab den Körperläusen einen passenden Lebensraum.

Kleidung schützt uns vor Wind und Wetter.

Wer entdeckte die Seide?

Chinesisches Kind in traditionellem Seidengewand

Die Seide kommt aus dem alten China, sie wurde dort schon um 3000 vor Christus hergestellt. Der Legende nach soll der sagenumwobene erste chinesische Kaiser Fu Xi die Idee dazu gehabt haben. Seide wird aus den Kokons der Seidenraupe gewonnen, die der Seidenspinner (ein Schmetterling) im Raupenstadium um sich herum spinnt. Diese Fäden werden vom Kokon getrennt und zu Seidenstoff verarbeitet. Die Art der Aufzucht von Seidenraupen ist sehr wichtig für die Güte des Stoffes. Es gibt viele Geschichten darüber, wie die Seidenraupe nach Europa gelangte. Der bekanntesten zufolge gelang es im sechsten Jahrhundert zwei Mönchen, einige Eier und das Wissen, das sie bei ihrem Aufenthalt in China über die Aufzucht von Seidenspinnern erworben hatten, außer Landes zu schmuggeln.

Seit wann wird aus Wolle Garn gesponnen?

Funde von sogenannten Spinnwirteln und Geweberesten belegen, dass bereits in der Jungsteinzeit Wolle gesponnen wurde. Ob von Beginn an tierische Haare oder zuerst Flachs benutzt wurde, ist unbekannt. Der babylonische König Hammurabi (um 1728–1688 vor Christus) regelte den Verkauf von Wolle per Gesetz, denn schon zu dieser Zeit war der Rohstoff sehr begehrt. Besonders bei den Griechen erfreute sich Wollkleidung großer Beliebtheit. Die antike Stadt Milet war regelrecht berühmt für die Herstellung von Bekleidung aus Wolle.

Wie sah der erste Webstuhl aus?

Webstuhl

Gewebte Stoffe gab es bereits in der Jungsteinzeit. Vorreiter dieser Kunst waren wahrscheinlich die Ägypter, gewoben wurde aber auch im östlichen Mittelmeerraum und im Fernen Osten. Zuerst benutzte man vermutlich die Äste von Bäumen als Hilfsmittel, man befestigte an ihnen die Fäden. Doch schon vor Christi Geburt gab es bereits Hochwebstühle aus Holzrahmen. Die Spannfäden wurden mit Steinen beschwert, um sie straff zu halten. Die Webrichtung verlief hier von oben nach unten.

Wer erfand das Stricken?

Das Stricken ist vermutlich eine Weiterentwicklung der Netze, die Fischer schon seit sehr langer Zeit knüpfen. Schon vor 3000 Jahren strickten die Menschen aus Wollfäden Kleidungsstücke. Anfangs nutzte man nur zwei Nadeln und nähte die einzelnen Teile dann zusammen. Erst später wurde die Technik mit fünf Nadeln entwickelt, um zum Beispiel Socken und Mützen zu stricken. So musste man die Einzelteile nicht mehr vernähen.

Antike Färberei

Wer entdeckte, wie man Stoffe färbt?

Das Färben ist eine sehr alte Kunst, die sowohl in Ägypten als auch in China und Indien betrieben wurde. Die Farbstoffe wurden aus Pflanzen, Mineralien oder auch Tieren gewonnen. Die pflanzlichen Farbstoffe sind seit etwa 5000 Jahren nachweisbar. In erster Linie waren das Krapp und Indigo, die Stoffe rot und blau färbten. Aber auch die Purpurschnecke war wichtig: Sie produziert einen Schleim, mit dessen Hilfe die Gewänder der römischen Kaiser in herrlichem Rot leuchteten.

Wer nähte die erste Jeans?

Levi Strauss (1829–1902), ein deutscher Stoffhändler, der in die USA ausgewandert war, erfand den Jeansstoff. Er verkaufte ihn zuerst als Zeltplanen, doch für die Goldgräber eignete er sich auch als Hose wunderbar. Der Schneider Jacob Davis (1834–1908) brachte zusätzlich Nieten an den Taschen und Nähten an. So hielten die Hosen noch länger und die Jeans war geboren – das war im Jahre 1873. Berühmt wurde sie aber erst in den 1930er-Jahren, als im Kino die ersten Westernfilme liefen und die Cowboys Jeans trugen!

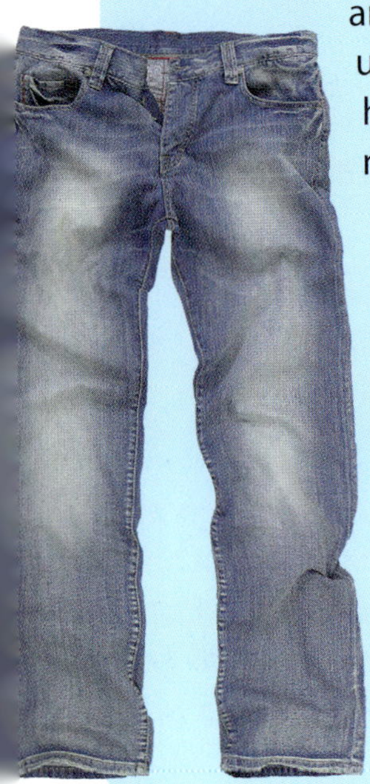

Wer hat den Reißverschluss erfunden?

Einem amerikanischen Ingenieur namens Whitecomb L. Judson war es lästig, sich die Schuhe zuzubinden. Deshalb erfand er einen „Klemmöffner für Schuhe". Er bestand aus zwei Metallketten mit einem Schiebeverschluss. 1893 führte er seine Erfindung öffentlich vor und erntete Begeisterung. Zusammen mit Lewis Walker gründete Judson die erste Reißverschlussfabrik.

Zusatzinfo

Was bedeutet „YKK"?
Wer hat sich nicht schon einmal gewundert, für was eigentlich die Buchstaben „YKK" auf vielen Reißverschlüssen stehen? Die Erklärung ist einfach: Seit 1934 ist eine japanische Firma mit dem unaussprechlichen Namen „Yoshida Kogyo Kabushililaisha" einer der weltweit größten Hersteller von Reißverschlüssen. Seit 1940 heißt die Firma „YKK". YKK besitzt 206 Produktionsstätten in 52 Ländern der Erde.

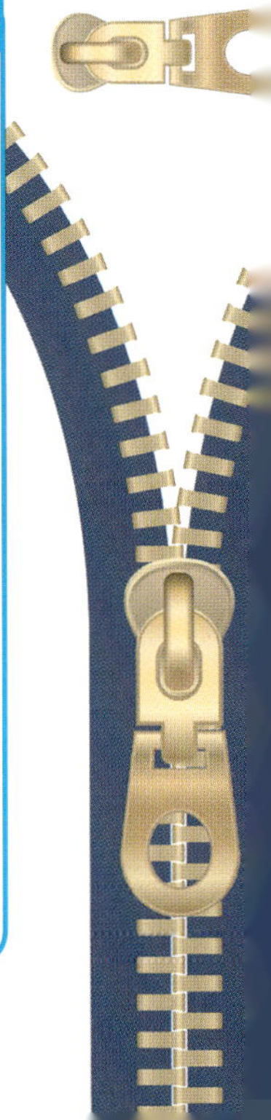

Ein Umspannwerk verteilt den Strom auf die Stromleitungen.

Seit wann gibt es elektrischen Strom?

Elektrischen Strom gibt es in der Natur seit jeher. So kommt es zum Beispiel bei Gewittern zu elektrischen Entladungen in Form von Blitzen. Daher ist die Frage, seit wann die Menschen selbst Elektrizität erzeugen konnten. Die antiken Griechen nannten den Bernstein Elektron, weil sie bei Reibung eine elektrostatische Aufladung feststellten. Aber erst um 1800 gelang es, über eine längere Zeit elektrischen Strom zu erzeugen. Möglich machte dieses Alessandro Volta (1745–1827) mit der Erfindung seiner Voltaschensäule, einem Vorläufer der Batterie.

Was sind elektrische Leiter?

Ein elektrischer Leiter ist ein Material, durch das der Strom ganz leicht hindurchfließen kann. Das sind zum Beispiel Kupfer und Silber, aber auch Wasser. Deshalb ist es auch so gefährlich, bei einem Gewitter baden zu gehen! Gummi dagegen leitet zum Beispiel keinen Strom.

Windpark

Seit wann gibt es Windparks?

Die Energiegewinnung durch Atomkraft wird als gefährlich eingeschätzt. Doch obwohl bereits 1887/88 das erste Windrad errichtet wurde, setzte es sich nicht gut durch. Bis 1908 wurden zwar schon mehrere Dörfer in Dänemark mithilfe von 72 Windkraftanlagen mit Strom versorgt. Doch erst in den 1980er-Jahren gab es einen politischen Umschwung, der die Förderung alternativer Energien bewirkte. Der erste Windpark Europas bestand aus fünf Windenergieanlagen. Errichtet wurde er 1982 auf der griechischen Insel Kythnos.

Wie funktioniert eine Batterie?

In einer Batterie befinden sich zwei Chemikalien, die miteinander reagieren und dadurch Strom erzeugen. Dabei wirkt die eine Chemikalie als positive Elektrode, die andere als negative Elektrode. Reagieren nun die beiden Chemikalien miteinander, dann entsteht ein Überschuss an Elektronen an der negativen Elektrode. Dieser Überschuss fließt als Strom und kann von einem Gerät genutzt werden.

Wann wurde das erste Elektroauto gebaut?

Die Entwicklung der elektrischen Batterie und die des Gleichstrommotors waren Voraussetzung für den Bau des ersten Elektroautos. Als dessen Erfinder gilt der Amerikaner Thomas Davenport (1802–1851). Er entwickelte Modelle von elektrischen Fahrzeugmotoren, für die er auch das Patent erhielt. Seine Erfindung war die Grundlage für den Bau eines fahrtüchtigen Elektroautos im Jahre 1834, dessen Batterie man aber nicht wieder aufladen konnte. Auch in Europa, genauer in Schottland, wurde zu dieser Zeit ein Elektroauto gebaut.

Wer erfand das Streichholz?

Zündhölzer in Form von Holzstäbchen, die in Schwefel getränkt wurden, gibt es seit etwa 1000 Jahren in China. Sie entzündeten sich schon bei der kleinsten Berührung. In Europa gab es im Mittelalter Zündhölzer, die mit einem sogenannten Zunderschwamm entflammt wurden. Das heutige Streichholz erfand der englische Apotheker John Walker (1781–1859). Beim Experimentieren entdeckte er Chemikalien, die sich durch Reibung auf Sandpapier entzünden ließen.

Wer erfand die Glühbirne?

Der Amerikaner Thomas Alva Edison (1847–1931) gilt als Erfinder der Glühbirne. Das ist jedoch nicht ganz richtig. Der deutsche Auswanderer Heinrich Göbel (1818–1893) ging sogar vor Gericht, um zu beweisen, dass er die erste Glühbirne gebaut hatte. Heinrich Göbel hatte einen Uhrmacher- und Optikerladen in New York. Dort brachte er in einer luftleeren Flasche Bambusfasern mit Hilfe einer Batterie zum Leuchten und erfand somit die erste gebrauchsfähige Glühlampe. Edison entwickelte diese Erfindung lediglich weiter und sorgte dafür, dass sie in Fabriken gefertigt werden konnte.

Energiesparbirne

Wer entwickelte die Solaranlage?

Eine Solaranlage wandelt Sonnenenergie in elektrische Energie um, Sonnenkollektoren dienen zur Warmwasserherstellung. Schon im Jahre 1839 entdeckte der französische Physiker Alexandre Edmond Becquerel (1820–1891), dass sich aus Licht Energie gewinnen lässt. Das weltweit erste Patent für eine Solaranlage gab es im Jahre 1891 in den USA.

Eine Solaranlage zur Stromerzeugung

Wie funktioniert eine Glasfaserlampe?

Eine Glasfaserlampe besteht aus einem dicken Bündel Glasfasern. Unter diesem Bündel sind auf einem Ständer eine Glühbirne und eine Glasscheibe in verschiedenen Farben montiert. Glasfasern haben die Eigenschaft, das Licht wie ein Tunnel weiterzuleiten. Das heißt, das Licht tritt nur an diesem winzigen Punkt am Ende der Faser aus. Die Glasfasern sind alle farblos. Das Licht beleuchtet sie von unten, deshalb leuchten sie an den Enden. Die Farbverläufe entstehen dadurch, dass sich über der Glühbirne eine Farbscheibe dreht und so stets verschiedenfarbiges Licht durch die Fasern leitet.

Die erste Ampel gab es 1868.

Wo leuchtete erstmals eine Ampel?

Zu Staus kam es schon zu jener Zeit, als die Menschen noch mit Pferdefuhrwerken unterwegs waren. Besonders in den Großstädten wurden Verkehrsordner an großen Kreuzungen eingesetzt, deren Arbeit teilweise lebensgefährlich war. Um den Verkehr besser regeln zu können, wurde 1868 in London die erste Ampel aufgebaut. Doch da sie gasbetrieben war, explodierte sie schon einige Monate später. Erst 1914 wurde wieder eine Ampel in Betrieb genommen, die nun mit elektrischem Licht betrieben wurde. Sie stand in den USA.

Wie funktioniert ein Handy?

Ein Handy arbeitet mithilfe eines Funknetzes, das es mit dem Telefonnetz verbindet. Wird eine Nummer gewählt, sendet das Handy diese zur nächsten Antenne. Die Anfrage wird an einen Zentralcomputer weitergeleitet, der überprüft, ob die Nummer vergeben und erreichbar ist. Ist das der Fall, wird man durchgestellt. Die gesprochenen Worte legen dann diesen Weg ebenfalls zurück.

Wer erfand das Telefon?

Am 26. Oktober 1861 stellte der deutsche Lehrer Johann Philipp Reis (1834–1874) den Mitgliedern des „Physikalischen Vereins zu Frankfurt am Main“ seine Erfindung vor: das Telefon. Der damals ins Telefon gesprochene Satz – und damit der erste Satz überhaupt, der durch ein Telefon ging – lautete: „Pferde fressen keinen Gurkensalat.“ Die Übertragung des Schalls war jedoch so schlecht, dass der Satz am anderen Ende der Leitung kaum zu verstehen war. So wusste damals niemand Reis’ geniale Idee richtig zu schätzen. Am 14. Februar 1876 erhielt der Amerikaner Alexander Graham Bell (1847–1922) das Patent für eine Weiterentwicklung des Telefons.

Wer erfand das Radio?

Kofferradio aus den 1960er-Jahren

An der Erfindung des Radios waren mehrere Wissenschaftler beteiligt. Die Grundlage schuf James Clerk Maxwell (1831–1541) mit der Beschreibung des Elektromagnetismus. Heinrich Hertz (1857–1894) bewies dann das Vorhandensein der elektromagnetischen Wellen. Das sind Wellen, die es ermöglichen, Signale über die Luft zu verbreiten. Die technischen Grundlagen des Rundfunks wurden im ausgehenden 19. Jahrhundert von Nikola Tesla (1856–1943) erfunden. Er erkannte, wie ein Sender Töne mittels elektromagnetischer Wellen versenden und mit einem Radio wieder in Schall umwandeln kann.

Was ist LED?

LED ist die Abkürzung für „Light Emitting Diode“. Dabei handelt es sich um eine Diode, die Elektrizität in Licht umwandeln kann. Im Gegensatz zur Glühbirne strahlen die Leuchtdioden keine Wärme ab. Außerdem verbrauchen sie wenig Energie und zeichnen sich durch eine lange Haltbarkeit aus. Deshalb glauben Experten, dass dieser Lichtquelle die Zukunft gehört. Eingesetzt wird die LED-Technik schon bei Verkehrsampeln oder für die Beleuchtung von Handydisplays.

Wie kommen Radiowellen auf die andere Seite der Welt?

Radiowellen teilt man in einen Lang-, Mittel- und Kurzwellenbereich auf. Die Lang- und Kurzwellen können praktisch jeden Ort der Erde erreichen, die Entfernung spielt keine Rolle. Sie werden von einer Region der Erdatmosphäre – der Ionosphäre – widergespiegelt. Diese Region ist voller elektrisch geladener Teilchen. Wenn die von der Sendeantenne kommenden Wellen diese Teilchen in einem schrägen Winkel erreichen, werden sie in einem anderen schrägen Winkel zurückgeworfen. Dann kommen sie an einem anderen Ort wieder an, werden von der Erde zurückgeworfen und so weiter. So verteilen sie sich über die ganze Erde.

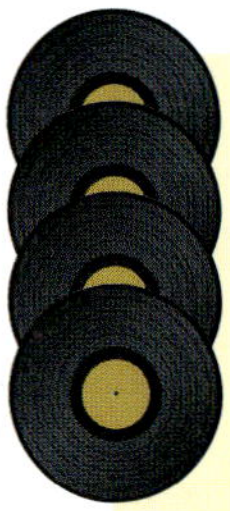

Grammofon

Wer erfand die Schallplatte?

Der amerikanische Erfinder Thomas Alva Edison (1847–1931) erfand ein Gerät, mit dem man Töne aufzeichnen und abspielen konnte. Sein Fonograf, der Vorläufer des Plattenspielers, hatte aber noch eine Walze aus Wachs, in welche die Töne eingeritzt wurden. Die erste Schallplatte in der uns bekannten Form war eine Zinkscheibe, überzogen mit dünnem Wachs. Erfunden hat sie der deutsche Auswanderer Emil Berliner (1851–1921). Er entwickelte auch das passende Abspielgerät in Form des Grammofons, auf das er 1887 das Patent erhielt.

Zusatzinfo

Die ultrakurzen Radiowellen des UKW-Funks und die sehr kurzen Fernsehwellen werden von der Ionosphäre nicht zurückgeworfen. Sie durchdringen sie und entkommen ins Weltall. Deshalb können sie nicht über weite Entfernungen gesendet werden. Man kann sie nur in einem Umkreis von etwa 100 Kilometern um die Sendeantenne empfangen.

Wer erfand MP3?

MP3 ist die Kurzform für „ISO Moving Pictures Expert Group Audio Layer 3“ und bezeichnet ein Verfahren, mit dem Daten zusammengepresst (komprimiert) werden. Die Audiodateien werden so auf ein Zehntel ihrer eigentlichen Größe verkleinert. Das Besondere ist, dass sich der Klang dadurch nicht verändert. Erfunden wurde das MP3 von mehreren Forschern aus dem Fraunhofer-Institut, der Universität Erlangen-Nürnberg und der amerikanischen Telefongesellschaft AT & T, sowie dem Elektronikunternehmen Thomson. Durch eine Umfrage wurde 1995 die Endung .mp3 ermittelt.

Seit wann gibt es Computer?

Der deutsche Ingenieur Ernst Otto Zuse (1910–1995) wird zumeist als Erfinder des modernen Computers und als Pionier der elektronischen Datenverarbeitung (EDV) bezeichnet. 1936 begann er mit dem Bau von Versuchsmodellen einer programmgesteuerten Rechenanlage. Nur fünf Jahre später, 1941, schuf er mit der Rechenmaschine Z 3 den ersten voll arbeitsfähigen, programmgesteuerten Rechner. Er war frei programmierbar und hatte riesige Ausmaße.

Veralteter Computer

Wer erfand das Internet?

Das Internet hat seinen Ursprung in den 1960er-Jahren. Das amerikanische Verteidigungsministerium wollte die Computer der Universitäten und Forschungszentren miteinander vernetzen und dadurch besser nutzen. Mit dem sogenannte „ARPA-Net" („Advanced Research Projects Agency") wurde der Vorläufer für das Internet geschaffen. Das World Wide Web (WWW) jedoch wurde erst 1989 von dem Forschungsinstitut CERN in Genf entwickelt. Innerhalb kürzester Zeit wurde es Teil unseres Alltags.

Was ist digital?

Das Wort digital stammt aus dem Lateinischen, dort bezeichnet „digitus" den Finger. Wahrscheinlich beruht die Namensgebung darauf, dass man früher mit Hilfe der Finger zählte. Digital steht für eine Darstellungsform von Daten als Zahlenkombinationen, bestehend aus den Ziffern 0 und 1. Diese Technik findet man heutzutage in fast allen elektronischen Geräten, zum Beispiel Handys, Computern, MP3-Playern oder Uhren.

Wer erfand das Fernsehen?

Diese Frage ist leider nicht eindeutig zu beantworten. Manche glauben, dass der eigentliche Erfinder der deutsche Ingenieur Paul Nipkow (1860–1940) war, der eine Scheibe erfand, die Bilder zerteilen konnte. Allerdings entwickelten Jonathan Zennek (187–1959) und Karl Ferdinand Braun (1850–1918) die braunsche Röhre, die Bildpunkte auf eine Glasscheibe übertragen konnte. Auch der Schotte John Logie Baird (1888–1946) hatte großen Anteil an dieser Erfindung. Er konnte mit seiner Apparatur 1928 erstmals ein Bild von London nach New York senden.

Wer baute den ersten Plasmafernseher?

Ein funktionsfähiger Plasmafernseher wurde erstmals im Jahre 1964 von zwei Amerikanern der Universität Illinois entwickelt. Bei einem Plasmafernseher werden Edelgase für die Farberzeugung genutzt. Jeder Bildpunkt (Pixel) enthält drei kleine Farbkammern (Blau, Rot und Grün). Durch elektrische Spannung werden Edelgase in Plasma verwandelt und beginnen unterschiedlich zu leuchten. Da jedes Gas eine ihm eigene Farbe erzeugt, setzt sich aus diesen dann das Bild zusammen.

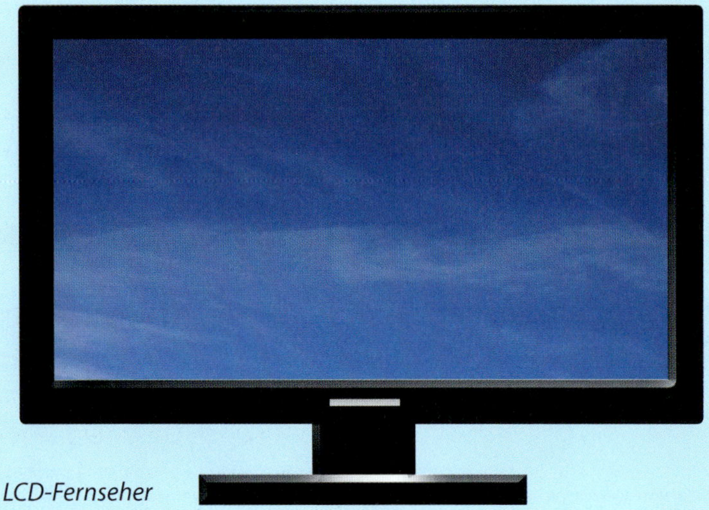

LCD-Fernseher

Was ist LCD?

Das Wort LCD kommt aus dem Englischen („Liquid Crystal Display"). Das heißt soviel wie Flüssigkeitskristallanzeige. Im Unterschied zum Plasmabildschirm werden beim LCD Flüssigkeitskristalle mithilfe elektrischer Spannung individuell gesteuert. So verändert sich die Lichtdurchlässigkeit der Kristalle. Dadurch bricht sich das einfallende Licht auf verschiedene Weise und wir sehen unterschiedliche Farben. Flüssigkeitskristalle wurden bereits zu Beginn des 20. Jahrhunderts entdeckt, ein funktionierendes LCD aber erst 1968 in den USA entwickelt.

Seit wann gibt es Fotografie?

Dem Franzosen Joseph Niepce (1765–1833) gelang es in den 1820er-Jahren, auf einer Zinkplatte mit lichtempfindlicher Beschichtung das erste beständige Lichtbild zu erzeugen. Dafür verwendete er eine Lochbildkamera, die sogenannte Camera obscura. Das Verfahren wurde im Laufe der Zeit weiterentwickelt. Schließlich erfand der Engländer William Talbot (1800–1877) das Negativ-Positiv-Verfahren. Dabei wird das Bild erst auf ein Negativ aufgezeichnet und dann als Positiv auf einem Papier wiedergegeben.

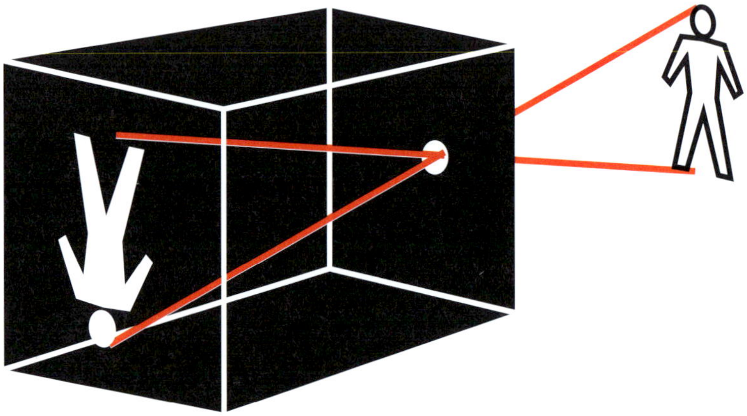

So funktioniert die Camera obscura.

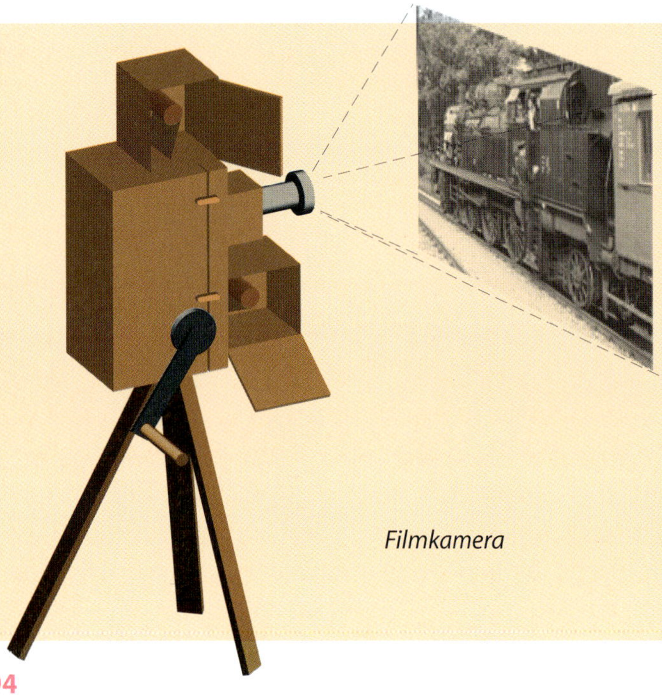

Filmkamera

Welches war der allererste Kinofilm?

Die beiden Franzosen Auguste (1862–1954) und Louis Jean (1864–1948) Lumière haben den sogenannten Cinematographen, die erste Filmkamera, entwickelt. Und sie waren es auch, die am 28. Dezember 1895 in einem Pariser Café den ersten Kinofilm vor zahlendem Publikum präsentierten. Er war eine Sensation! Dabei zeigten sie einfach nur Szenen aus dem Alltagsleben. Sie hatten die Arbeiter beim Verlassen der Lumièreschen Fabrik aufgenommen. Damals waren Filme kaum länger als eine Minute und in Schwarz-Weiß – doch sie wurden schnell weiterentwickelt.

Warum können wir Filme sehen?

Eine Kamera funktioniert grundsätzlich ähnlich wie ein Fotoapparat. Sie nimmt die Bilder aber so schnell hintereinander auf, dass der natürliche Bewegungsablauf erhalten bleibt. Dafür muss sie 24 Bilder pro Sekunde aufnehmen. Im Gehäuse der Kamera befindet sich die Filmrolle, die am Bildfenster der Kamera vorbeiläuft. In diesem Moment wird sie belichtet, das heißt, das vom gefilmten Objekt zurückgeworfene Licht trifft auf die Filmrolle, wird dort abgebildet und festgehalten. Das alles geschieht in Sekundenbruchteilen, dann folgt das nächste Bild. Da unser Auge langsamer ist als die Geschwindigkeit der Bilder, nimmt es nicht einzelne Fotos, sondern eine fließende Bewegung wahr.

Wer baute das erste Klavier?

Tasteninstrumente wie das Klavichord und das Cembalo gibt es seit über 600 Jahren. Als Geburtsjahr des Klaviers gilt das Jahr 1698. Zu dieser Zeit wurde das sogenannte Hammerklavier in Italien von Bartolomeo Cristofori (1655–1732) erfunden. Das Besondere daran war, dass man erstmals in unterschiedlicher Lautstärke spielen konnte. Drei der von Cristofori gebauten Klaviere gibt es noch heute, sie stehen in New York, Leipzig und Rom.

Seit wann gibt es Flöten?

Nachweislich gab es dieses Blasinstrument schon in der jüngeren Altsteinzeit. So wurden etwa auf der Schwäbischen Alb 31 Bruchstücke einer Flöte gefunden, die geschätzte 35.000 Jahre alt sind. Sie dürfte somit die älteste der Welt sein. Die einzelnen Teilchen der Flöte setzten Experten mühevoll wieder zu einem 19 Zentimeter langen Instrument zusammen, das einst aus dem Stoßzahn eines Mammuts geschnitzt wurde. Außerdem ist bekannt, dass unsere Vorfahren auch Vogelknochen benutzten, um Flöten herzustellen.

Wer erfand das Theater?

Lange bevor erstmals ein Theaterstück aufgeführt wurde, gab es schon Götterbeschwörungen, die Zuschauer in ihren Bann zogen. Die Ursprünge des europäischen Theaters sind im antiken Griechenland zu finden. Zu Ehren des Gottes Dionysos feierten die Griechen Feste, bei denen ein Chor Gesänge vortrug. Später wurde dem Chor erst ein Schauspieler, dann mehrere männliche Akteure gegenübergestellt. Für diese Vorführungen wurde im fünften Jahrhundert vor Christus das Dionysostheater errichtet, in dem bis zu 17.000 Menschen Platz fanden.

Ruinen eines griechischen Theaters

Ägyptische Hieroglyphen

Wann wurde die Schrift entwickelt?

Die erste Schrift wird dem Volk der Sumerer zugeschrieben, das sie bereits 4000 Jahre vor Christus entwickelte. Sie lebten am östlichen Mittelmeer. Auch in China und Mittelamerika wurden Schriftformen entwickelt, später auch von den Ägyptern. Ihre Schriftzeichen, die sogenannten Hieroglyphen, sind am Bekanntesten. Sie stellen Worte in Bildern dar. Die griechische Schrift entstand erst etwa 800 Jahre vor Christus. Sie war die erste Buchstabenschrift Europas.

Wer hat Feder und Tinte erfunden?

Sowohl in Ägypten als auch in China und Japan wurden Tinte und Tusche schon im dritten Jahrtausend vor Christus als Schreibflüssigkeit verwendet. Zunächst bestand die Tinte hauptsächlich aus Ruß, den man durch die Verbrennung pflanzlicher Stoffe gewann. Schreibfedern gab es damals noch nicht. Die Ägypter benutzten stattdessen Papyrusstängel, später wurde auch mit Binsenstängeln geschrieben. Erst im Mittelalter setzte sich die Gänsefeder als Schreibgerät durch. Seit dem 19. Jahrhundert gab es dann die Stahlfedern, die wir noch heute benutzen.

Wann gab es den ersten Füllfederhalter?

Das Prinzip eines Füllfederhalters, bei dem die Tinte aus einem Depot durch feine Kanäle in die Feder gelangt, entwickelte der Amerikaner Lewis Edson Waterman (1837–1901). Die Idee zu dieser Erfindung kam dem Versicherungsmakler angeblich, weil Tintenflecke einen Vertrag zerstörten und ihm dadurch ein gutes Geschäft entging. Das Patent für seinen Füller erhielt der Tüftler im Jahr 1883 und er gründete eine Firma zur Herstellung der Füllfederhalter, die es bis heute gibt.

Pergamentrolle

Seit wann gibt es Papier?

Häufig wird der chinesische Minister Cai Lun (um 50–121 nach Christus) als Erfinder des Papiers bezeichnet. Sein Papier bestand aus eingeweichten Pflanzenfasern. Diese wurden zuerst zu einem Brei zerstampft und dann auf ein Sieb gestrichen, getrocknet und gepresst. Mit seiner Erfindung konnte der Chinese selbst seinen damaligen Kaiser beeindrucken. Allerdings weiß man heute, dass Cai Lun den Prozess zur Herstellung von Papier lediglich verbesserte. Und auch andere Kulturen haben unabhängig voneinander die Papierherstellung entdeckt.

Wer war Gutenberg?

Der in Mainz geborene Johannes Gutenberg (um 1400–1468) erfand den Buchdruck mit beweglichen Lettern (Buchstaben) aus Metall. Zuvor druckte man schon mit geschnitzten Holzplatten, die aber immer nur für ein Produkt verwendet werden konnten. Die beweglichen Lettern Gutenbergs jedoch konnten für jedes Buch neu zusammengesetzt werden – sie waren also wiederverwendbar. Berühmt ist die erste gedruckte Bibel, die sogenannte Gutenbergbibel.

Gutenbergbibel

Welches war der erste deutsche Artusroman?

Ob es den berühmten König Artus und die Ritter der Tafelrunde wirklich gegeben hat, darüber streiten sich Historiker. Die Legende war besonders im Mittelalter in Westeuropa verbreitet. Der englische Geschichtsschreiber Geoffrey von Monmouth (1100–1154) war der erste, der die Artussage niederschrieb. Bald wurde Artus als idealer König dargestellt, an dem sich die echten Könige ein Beispiel nehmen sollten. Auch die Erzählungen von den Heldentaten seiner Ritter zählen zur Artussage. Den ersten deutschen Artusroman „Erec" schrieb Hartmann von Aue Anfang des 13. Jahrhunderts.

Seit wann gibt es das Ballett?

Entstanden ist das Ballett aus Tanzeinlagen, die an den italienischen Fürstenhöfen zu besonderen Feierlichkeiten aufgeführt wurden. Das war im 16. Jahrhundert, dem Zeitalter der Renaissance, als in adeligen Kreisen ein reges kulturelles Treiben herrschte. In Frankreich war König Ludwig XIV. (1638–1715) ein großer Förderer dieser Kunst. Er nahm selbst tanzend am Hofballett teil und gründete 1661 in Paris die erste Ballettschule. Der Spitzentanz setzte sich dann im 19. Jahrhundert durch.

Die Mona Lisa von da Vinci

Was war das Neue an Leonardo da Vincis Bildern?

Obwohl sie rund 500 Jahre alt sind, ziehen die Bilder des italienischen Malers Leonardo da Vinci (1452–1519) noch heute die Betrachter in ihren Bann. Und das liegt nicht nur an den schönen Motiven. Der Künstler wandte bei seinen Werken, wie zum Beispiel der „Mona Lisa", eine neue Maltechnik namens Sfumato an. Bei ihr werden mehrere Farbschichten und eine Lasierung übereinander gelegt. Das Ergebnis ist ein Bild mit verschwommenen Umrissen und gedämpften Farben, die das Motiv geheimnisvoll erscheinen lassen.

Zeichnung in einem Buch aus dem Mittelalter

Wer erfand das Buch?

Die Entstehungsgeschichte des Buches ist so lang, dass man nicht sagen kann, dass eine bestimmte Person es erfunden habe. Die ältesten Vorläufer des Buches waren die Papyrusrollen der Ägypter, von denen das älteste bekannte Exemplar über 5000 Jahre alt ist. Die Griechen und Römer übernahmen diese Papyrusrollen, bis sie im ersten Jahrhundert vom sogenannten Codex abgelöst wurden. Dieser bestand aus mehreren Lagen Pergament (dünne Schicht aus Tierhaut), die in der Mitte gefaltet und zusammengeheftet wurden. Im 15. Jahrhundert wurde das Pergament durch das billigere Papier ersetzt.

Wie werden Bücher gemacht?

Zunächst schreiben Autoren einen Text, den dann ein Verlag bekommt. Dort entscheidet der Verleger, ob das Buch gut ist und gedruckt wird. In dem Verlag arbeiten Lektoren und Lektorinnen, welche die Autoren beim Schreiben unterstützen. Den fertigen Text, den der Autor abgibt, nennt man Manuskript. Dieses wird dann noch mal von Korrektoren auf Rechtschreibfehler und fachliche Richtigkeit überprüft. Dann bekommt es die Setzerei, die dem Ganzen die Form gibt, damit die Druckerei es drucken kann. Und die Druckerei liefert dann das fertige Buch an den Verlag und die Buchhandlungen.

Wer erfand das Fußballspiel?

Das heute übliche Fußballspiel wurde vor zirka 150 Jahren in England erfunden. Vorher gab es aber schon Vorläufer dieser Ballsportart. Erstmals soll man in China um 300 vor Christus im Rahmen der militärischen Ausbildung Fußball gespielt haben. Bei dieser Version – „Ts'uh-küh" genannt – musste eine mit Federn gefüllte Lederkugel in ein etwa 40 Zentimeter großes Netz befördert werden. Um 600 nach Christus geriet das Spiel jedoch in Vergessenheit. In der Antike wurde bei den Griechen und

Römern das Fußballspiel wieder zur militärischen Körperertüchtigung eingesetzt. Der griechische Philosoph Platon (um 427–347 vor Christus) sprach damals von der sogenannten „Ballschlacht". Seit dem 15. Jahrhundert spielte man in Florenz „Calcio", eine weiterentwickelte Form des Fußballspiels, die im Vergleich zur heutigen Form jedoch nur wenig Regeln hatte.

Zusatzinfo

Fußballverbände und Regeln

England gilt heute als Mutterland des Fußballs, da 1863 in London die „Football Association" (FA) gegründet wurde, die maßgeblich für das noch heute gültige Regelwerk verantwortlich ist. Im Jahre 1871 verbot der englische Fußballverband allen Spielern – mit Ausnahme des Torwarts – das Handspiel. Damit wurde das Fußballspiel erstmals und endgültig vom American Football (Rugby) abgegrenzt. Nach der Gründung des ersten Fußballverbands in England zogen Schottland, Irland und Wales bald nach. Der Bund deutscher Fußballspieler folgte im Jahre 1890. Die erste Weltmeisterschaft wurde 1930 in Uruguay ausgetragen.

Frisbee® spielen macht Freude.

Zusatzinfo

1968 testete die US-Armee sogar, ob eine Frisbeescheibe als Waffe eingesetzt werden könne. Sie gaben 400.000 Dollar aus, um glücklicherweise herauszufinden, dass ein Frisbee® für das Militär ungeeignet ist.

Woher kommt das Frisbee®?

Die fliegende Plastikscheibe kommt ursprünglich aus Amerika. Dort beobachtete der Student Walter Fredric Morrison in den 1940er-Jahren Kinder, die sich die weggeworfenen Kuchenbleche einer Großbäckerei aus den Mülleimern schnappten. Sie drehten die Bleche um und warfen sie sich zu. Die Großbäckerei trug den Namen „Frisbie". Morrisson fand dieses Spiel so toll, dass er 1947 die erste Frisbeescheibe aus Plastik schnitzte. Zehn Jahre später wurden die Plastikscheiben dann in Fabriken produziert. Seit 1964 sieht das Frisbee® so aus wie heute.

Warum kommt ein Bumerang zurück?

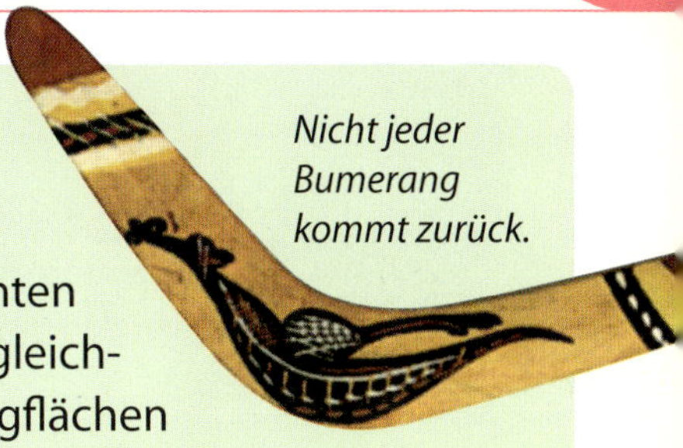

Nicht jeder Bumerang kommt zurück.

Nur bestimmte Bumerangs kommen zu ihrem Werfer zurück, die sogenannten Sportbumerangs. Das liegt an ihrer besonderen Form mit zwei, drei oder vier gleichlangen Armen. Das Entscheidende ist nun das Profil: Die Arme sind wie die Tragflächen eines Flugzeuges gebaut. Das heißt sie sind leicht gewölbt. Durch den Wurf erhält der Bumerang einen kräftigen Stoß nach vorn und fliegt. Weil die Luft an der geschwungenen und leicht nach außen gewölbten Oberseite eines Armes schneller vorbeiströmt als an der glatten Unterseite, entsteht ein Sog. Die Flügel werden ständig von einer anderen Richtung angeströmt. Dadurch rotiert er und bewegt sich vorwärts, zugleich wird er von dem Sog zu einer Seite gezogen – so lange, bis er in einem großen Bogen zu seinem Ausgangspunkt zurückgekehrt ist.

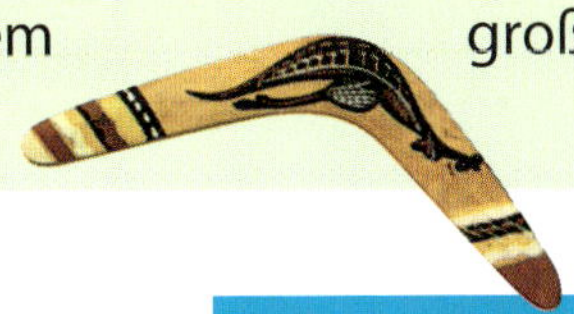

Wer erfand das Lego®?

Ole Kirk Kristiansen aus Dänemark ist der Erfinder der Lego®-Steine. Er gründete 1916 im dänischen Dorf Billund eine Schreinerei. Dort stellte er zunächst Spielzeug aus Holz her, später stellte er auf Plastik um. Kristiansen hatte eine großartige Idee: Er erfand Steine, die sich mithilfe von kleinen Noppen auf unendlich viele Weisen zusammenbauen lassen. Schon sechs Lego®-Steine mit je acht Noppen lassen sich zu 102.981.500 verschiedenen Figuren zusammenbauen. Lego® ist übrigens die Abkürzung für die dänischen Wörter „leg godt“ und bedeutet „spiel gut“.

Zusatzinfo

Bumerangs sind bei uns vor allem als das traditionelle Jagdinstrument der Aborigines bekannt. Doch der Bumerang ist keine reine Erfindung der Ureinwohner Australiens. Man geht davon aus, dass sie in zahlreichen Steinzeitkulturen auf der ganzen Welt verbreitet waren. Ein Beweis für diese Annahme ist der weltweit älteste Bumerang aus Mammutstoßzahn, der Mitte der 1980er-Jahre in Polen entdeckt wurde. Er soll über 20.000 Jahre alt sein.

Mit Lego®-Steinen kann man viel bauen.

Wie kamen die Indianer nach Amerika?

Während der letzten Eiszeit sank der Meeresspiegel sehr stark ab. So wurde zwischen Sibirien und Alaska eine Landbrücke sichtbar: Die sogenannte Bering-Landbrücke. Vor 35.000 bis 11.000 Jahren etwa könnten Menschen von Sibirien aus auf den amerikanischen Kontinent hinübergewandert sein. Außerdem könnten Asiaten aus ähnlichen Gebieten vor etwa 15.000 Jahren mit Schiffen die Westküsten dieses Kontinents erreicht haben.

Wann begannen die Indianer, Mustangs zu zähmen?

Die Mustangs stammen aus Europa.

Die amerikanischen Mustangs stammen von Hauspferden ab, die von den spanischen Eroberern seit dem 17. Jahrhundert aus Europa mitgebracht wurden. Viele der Tiere rissen aus und bildeten Herden in freier Wildbahn. Die Indianer lernten die Pferde und das Reiten also zunächst von den Eroberern kennen. Die ersten Pferde, die sie selbst besaßen, waren wohl auch Hauspferde. Erst später fingen sie die wilden Mustangs ein und nutzten sie als Reittiere und Handelsgut, züchteten jedoch auch.

Warum trugen die Indianer Federn?

Indianer trugen Federn als Zeichen ihrer Zugehörigkeit zu einem bestimmtem Stamm oder einer besonderen Position. Auch herausragende Leistungen wurden durch Federn gewürdigt – daher hatten auch besonders erfolgreiche Krieger oder Häuptlinge oft richtige Federhauben. Besonders beliebt waren Adlerfedern, denn der Adler galt als der mächtigste und klügste Vogel. Doch nicht bei allen Stämmen hatten nur Federn einen hohen Stellenwert: Die Irokesen zum Beispiel waren für ihren Haarschnitt bekannt, den Irokesenschnitt.

Warum haben Indianer keinen Bart?

Die Indianer haben wohl von Natur aus nur einen sehr geringen Bartwuchs. Sie sind vermutlich Nachfahren asiatischer Einwanderer – und die Asiaten haben ebenfalls eine geringe Körperbehaarung. Die wenigen Barthaare, die sie hatten, rissen sie sich wohl aus – warum, das weiß man nicht so genau.

Wer waren die Inka?

Festungsruinen der Inka

Die Inka waren zu ihrer Zeit das mächtigste Indianervolk Südamerikas. Ihr Reich bestand von etwa 1200 bis 1572. Es reichte fast die ganze Westküste Südamerikas entlang. Das Zentrum ihrer Kultur lag im heutigen Peru in der Stadt Cusco. Die Inkalegenden erzählen, der erste Inkaherrscher und seine Gemahlin stammten von der Sonne selbst ab. Die Sonne war eine ihrer wichtigsten Gottheiten. So festigten die Herrscher ihre Macht.

Hatten die Inka eine Schrift?

Die Inka waren eine Hochkultur, das bedeutet, dass sie für ihre Zeit sehr fortschrittlich waren. Sie hatten sogar eine eigene Schrift. Diese bestand aus Knotenschnüren, Quipus genannt. Jeder Knoten hatte eine andere Bedeutung, sodass man richtige Geschichten knoten konnte. Forscher fanden heraus, dass sie mithilfe dieser Schnüre auch Arbeitszeiten und Steuerzahlungen vermerkten.

Zusatzinfo

Inkaherrscher
Die letzten Herrscher über das Inkareich waren die Brüder Atahualpa und Huáscar. Sie begannen jedoch einen blutigen Bruderkrieg, den Huáscar verlor. Und auch nachdem Atahualpa in die Gefangenschaft der Spanier geraten war, sorgte er noch für den Tod seines Bruders. So hatten die Inka gar keinen Herrscher mehr und gaben ihren Widerstand gegen die Eroberer bald auf.

Eine Pyramide der Maya

Was bauten die Maya?

Das Volk der Maya lebt bereits seit etwa 5000 Jahren in Mittelamerika. Sie bauten vom dritten bis neunten Jahrhundert riesige Pyramiden, um ihre Götter zu ehren. Auf der obersten Plattform befand sich ein Tempel, der aber nur von einem Priester betreten werden durfte. Der Tempel sollte so den himmlischen Göttern näher sein. Eine der berühmtesten Ruinenstätten der Maya befindet sich in Mexiko und heißt Chichén Itzá.

Wofür waren die Azteken berühmt?

Die Azteken waren besonders im 15. Jahrhundert ein mächtiges Volk. Sie lebten in Mittelamerika im heutigen Mexiko. Berühmt waren sie vor allem für den Bau ihrer riesigen Hauptstadt Tenochtitlán. Sie wurde auf mehreren Inseln in einem See errichtet, sodass sie gut gegen Eroberungszüge geschützt war. Tenochtitlán war wahrscheinlich zu ihrer Zeit die größte Stadt der Welt. Die spanischen Eroberer erbauten im 16. Jahrhundert auf ihren Ruinen Mexiko-Stadt, die Hauptstadt Mexikos.

Wer besiegte die Indios?

Hernán Cortés

Nach der Entdeckung Amerikas durch Christoph Kolumbus im Jahre 1492 kamen immer mehr Schiffe aus Spanien und Portugal nach Südamerika. Die Eroberer und Siedler drangen immer weiter in das Land ein und vernichteten im Laufe des 16. Jahrhunderts viele der dort lebenden Völker. So zum Beispiel die Inka und Azteken. Einer der berühmtesten Spanier war Hernán Cortés (1485–1547), ein verarmter Adliger. Er wollte das Gold des Aztekenkönigs Montezuma in seinen Besitz bringen. Der Aztekenkönig empfing Cortés voller Ehrfurcht, da er ihn für einen Gott hielt. So war er leicht zu besiegen.

Was ist die Antike?

Antike nennt man eine Epoche der europäischen Geschichte, in der die Griechen und Römer große Teile der damals bekannten Welt beherrschten. Diese Zeit begann etwa im zweiten Jahrtausend vor Christus. Unsere heutige Kultur hat ihre Wurzeln in dieser Zeit. Zum Beispiel gab es schon etwa 770 vor Christus die ersten Olympischen Spiele. Auch unsere Formen der Philosophie, Literatur, Kunst und die Demokratie wurden in der Antike begründet. Mit dem Untergang des Römischen Reiches im Jahre 476 nach Christus endete diese Epoche.

Warum war der Nil für die Ägypter so wichtig?

Ägypten liegt in einer trockenen und heißen Gegend, die durch den Nil bewässert wird. Nur an seinen Ufern gibt es eine gute Lebensgrundlage. Deshalb leben die Ägypter seit Tausenden Jahren am Flussufer. Im Altertum nutzten sie zudem die regelmäßigen Überschwemmungen. Denn der Schlamm, der nach der Überschwemmung auf den Feldern zurückblieb, war besonders fruchtbar. Sie zogen auch Gräben, sodass das Wasser weiter ins Landesinnere vordringen konnte und mehr Felder bewässert wurden.

Warum nennt man das alte Ägypten eine Hochkultur?

Die Ägypter waren eine der mächtigsten Kulturen der Antike. Sie bauten riesige Pyramiden für ihre gottgleichen Herrscher, die Pharaonen. In den Pyramiden befanden sich enge Gänge und Grabkammern. Die Ägypter hatten auch eine Schrift entwickelt, die Hieroglyphen. Ausgeklügelte Bewässerungssysteme sorgten für eine erfolgreiche Landwirtschaft, sie stellten zudem Kosmetik her und erweiterten die Mathematik.

Was ist ein Pharao?

Im alten ägyptischen Reich waren die Pharaonen nicht nur Könige, sondern mit der Thronbesteigung zugleich Götter. Dem jeweiligen Herrscher gehörte alles und er hatte die alleinige Macht inne. Bauern bewirtschafteten seine Felder und Arbeiter errichteten die Pyramiden. Dem Pharao unterstand der Große Rat, mit dem er alle wichtigen Begebenheiten des Landes besprach. Nach seinem Tod wurde jeder Pharao mumifiziert und mit reichen Grabbeigaben in einer Kammer seiner Pyramide bestattet.

Zeichnung alter Ägypter

Was sind Pyramiden?

Die Pyramiden wurden zur Zeit des Alten Reiches in Ägypten erbaut, also zwischen 2000 und 3000 vor Christus. Es sind die Grabstätten der ägyptischen Könige, der Pharaonen. Anfangs waren die ägyptischen Pyramiden flache, quadratische Bauten aus Lehmziegeln. Auf diese wurden dann später weitere Stufen aus Lehmziegeln aufgesetzt. Die Bauweise der Pyramiden war sehr unterschiedlich. Erst die letzten haben die bekannteste Bauform, bei der die gesamte Pyramide aus Steinblöcken besteht. Mit dem Untergang der altägyptischen Kultur ging auch das Wissen darüber verloren, wie die Ägypter diese riesigen Bauwerke errichtet hatten.

Warum sind Mumien so gut erhalten?

Mumien sind die Körper von Toten, die mit einer besonderen Methode haltbar gemacht wurden. Man entfernte alle Eingeweide und füllte den leeren Körper dann mit duftenden Ölen und Gewürzen. Anschließend legte man die Leiche mindestens zwei Monate in eine Salzlauge. Danach wurde sie getrocknet und fest mit Bändern umwickelt. So vorbereitet legte man sie in einen besonderen Holzsarg, der meistens die Form eines menschlichen Körpers hatte. Die Ägypter glaubten damals, dass sich die Seele eines Menschen nach seinem Tod in einen Vogel verwandle. Die Seele verlasse zwar nach dem Tod den Körper und fliege umher, könne aber in den Körper zurückkehren. Deshalb war es so wichtig, den Körper zu erhalten.

Wer waren die alten Griechen?

Griechischer Tempel

Die alten Griechen lebten während der Antike in der Region des heutigen Griechenland. Sie hatten verschiedene Stadtstaaten, die von Königen regiert wurden. Athen wurde jedoch demokratisch regiert. Demokratie bedeutet Volksherrschaft und ist auch die heutige Staatsform Deutschlands. Die Kultur der antiken Griechen prägte auch spätere Kulturen in Philosophie und Wissenschaft. Berühmt ist auch die griechische Götterwelt. Der Göttervater war Zeus. Jeder Gott hatte sein eigenes Gebiet mit eigenen Aufgaben. Viele alte Griechen sind bis heute weltbekannt, zum Beispiel der Mathematiker Pythagoras, der Philosoph Platon und der erste bekannte Dichter Homer.

Maske einer Pharaonenmumie

Wodurch brach der Trojanische Krieg aus?

Der Sage nach wurde der Trojanische Krieg durch die Entführung Helenas ausgelöst. Sie war die Ehefrau des Königs von Sparta in Griechenland. Helena und der trojanische Prinz Paris verliebten sich und flohen gemeinsam nach Troja. Helenas Ehemann Menelaos zog daraufhin gegen Troja in den Krieg. Zehn Jahre lang belagerte er die Stadt, viele berühmte Sagenhelden kämpften dort mit. Zum Beispiel Odysseus und Achilles. Der Krieg endete mit einer List: Sie schleusten das sogenannte Trojanische Pferd in die Stadt ein und besiegten die Trojaner. Niedergeschrieben hat diese Legende der griechische Dichter Homer.

Was ist das Trojanische Pferd?

Der Sage nach ließen die Griechen nach zehnjährigem Krieg am Strand vor Troja ein riesiges Holzpferd zurück. Sie gaben vor, mit ihren Schiffen davonzusegeln und den Krieg zu beenden. Die Trojaner holten das Pferd in das Innere ihrer Festung und stellten es dort ab. Als es Nacht wurde, sprangen die griechischen Krieger, die sich im hohlen Leib des Pferdes verborgen hatten, hinaus. Sie öffneten den Übrigen die Stadttore und eroberten auf diese Weise Troja.

Kleine Nachbildung des Trojanischen Pferdes

Zusatzinfo

Odysseus
Odysseus war der griechischen Sage nach König der Insel Ithaka. Er ist einer der berühmtesten Kämpfer des Trojanischen Krieges und er war es auch, der die Idee mit dem Trojanischen Pferd hatte. Da er den Meeresgott Poseidon verärgert hatte, dauerte seine Heimreise nach dem Krieg zehn Jahre – er hatte mit seiner Mannschaft zahlreiche Abenteuer zu bestehen. Diese Irrfahrt nennt man die Odyssee.

Was bedeutet „Olympiade“?

Die Olympischen Spiele entstanden im antiken Griechenland, etwa 770 vor Christus. Sie wurden zu Ehren des griechischen Göttervaters Zeus abgehalten, der ebenso wie die anderen Götter auf dem Berg Olymp residierte. Sein größter Tempel befand sich außerdem in der Stadt Olympia, wo bis ins sechste Jahrhundert nach Christus die Spiele stattfanden. Olympiade bezeichnet die Zeit zwischen zwei Olympischen Spielen. Sie betrug schon in der Antike 49 bis 50 Monde, das sind etwa vier Jahre. Dieser Zeitraum wurde für die heutigen Spiele übernommen. Eine Besonderheit der Spiele war außerdem der andauernde Waffenstillstand, der auch heute noch gilt.

Was sind die sieben Weltwunder?

Die Pyramiden von Gizeh

Die sieben Weltwunder sind sieben berühmte Bau- und Kunstwerke der Antike, die in unterschiedlichen Listen zusammengestellt wurden. Warum gerade sieben? Diese Zahl galt damals vielen Völkern als heilig. Die erste vollständige Liste mit den sieben Weltwundern schrieb der griechische Schriftsteller Antipater aus Sidon im zweiten Jahrhundert vor Christus nieder. Sie umfasste die technischen Höchstleistungen der Zeit rings um das Mittelmeer. Das waren die Pyramiden von Gizeh, die Festungsmauern zu Babylon, die Hängenden Gärten der Semiramis in Babylon, die Zeusstatue des Phidias in Olympia, der Artemistempel zu Ephesos, das Marmormausoleum zu Halikarnassos und der Helioskoloss zu Rhodos. Heute sind nur noch die Pyramiden erhalten.

Wer war Alexander der Große?

Alexander der Große (356–323 vor Christus) war König von Makedonien und Griechenland. Er dehnte in einigen Kriegen sein Reich über Persien bis nach Indien und auf der anderen Seite bis nach Ägypten aus. Dort gründete er auch die Stadt Alexandria, die es bis heute gibt. Auf seinen Feldzügen verbreitete er die griechische Sprache und Kultur und schuf neue Handels- und Verkehrswege. Sein Ziel war die Gründung eines geeinten Weltreiches mit Babylon als Hauptstadt. Nach seinem Tod zerfiel das Reich jedoch wieder.

Ein römischer Krieger mit Wagen

Wer waren die alten Römer?

Einer Legende zufolge wurde Rom im Jahre 753 vor Christus von Romulus gegründet. Er sei ein Sohn des Kriegsgottes Mars gewesen. Gemeinsam mit seinem Zwillingsbruder Remus soll er von einer Wölfin großgezogen worden sein. Rom wurde auf sieben Hügeln errichtet. Das römische Volk wurde immer mächtiger und beherrschte bald ganz Italien. Der erste römische Kaiser war Augustus (63 vor Christus bis 14 nach Christus). Das Römische Reich fand etwa im siebten Jahrhundert sein Ende, nachdem es sich immer mehr verkleinert hatte.

Römische Ruinen

Welches waren die berühmtesten Bauwerke der Römer?

Die Römer sind berühmt für ihre beeindruckenden Bauwerke, die für die damalige Zeit etwas ganz Besonderes waren. In Rom errichteten sie den Circus Maximus und das Kolosseum. Das sind riesige Stadien, in denen Gladiatorenkämpfe und Spiele für das Volk abgehalten wurden. Das Forum Romanum war das damalige Zentrum, außerdem sind in der ganzen Stadt Skulpturen und Brunnen zu finden. Die Römer bauten auch die ersten Wasserleitungen, Aquädukte genannt. In der christlichen Zeit entstanden viele prächtige Basiliken (Kirchen). Noch heute kann man viele römische Bauten und Ruinen besichtigen.

Gladiator in der Arena

Wer waren die Gladiatoren?

Die Gladiatoren (von lateinisch „gladius" für Stoßschwert) waren im alten Rom Berufskämpfer, die öffentlich auf Leben und Tod gegeneinander kämpften. Dafür gab es große Amphitheater, die eine Arena in der Mitte und rundherum Sitzbänke für die Zuschauer hatten. Die Gladiatoren waren meist Gefangene oder Sklaven, die sich mit einem Sieg die Freiheit erkämpfen konnten. Dies kam allerdings sehr selten vor.

Gladiatorenkampf auf Leben und Tod

Wie schützten sich die Gladiatoren?

Die Ausrüstung der Gladiatoren war einfach. Jeder trug einen Schild, ein Schwert und war durch Helm und Beinschienen geschützt. Im Laufe der Jahrhunderte entwickelten sich mehrere Gladiatorenarten, die sich in ihrer Ausrüstung unterschieden. Als Schutz gab es noch einen Schild und einen Metallgürtel, der den Lendenschutz halten sollte. Manchmal trugen die Kämpfer auch einen (Ober-)Körperschutz. Neuere Erkenntnisse über die Ernährung der Gladiatoren deuten darauf hin, dass sie sich auch durch natürliche Fettschichten gegen kleinere Verletzungen zu polstern versuchten. Sie sahen also nicht unbedingt schlank und durchtrainiert aus und sie kämpften mit dem Mut der Verzweiflung.

Was haben wir von den Römern übernommen?

Der Einfluss der Römer ist fast überall gegenwärtig: in Sprache und Literatur, Gesetzen und Verwaltung, in Architektur und Medizin, im Sport, in der Kunst. Dabei ist uns das nicht immer bewusst. Zum Beispiel stammen viele unserer Wörter aus dem Lateinischen, der Sprache der Römer. Durch die Gründung zahlreicher Siedlungen und Städte verbreiteten sie ihr Wissen und ihre Kultur. So bauten sie zum Beispiel schon Thermalbäder mit warmem Wasser und Fußbodenheizung.

Trugen die Gallier wirklich Gürtel und Zöpfe?

Asterix und Obelix tragen in den weltberühmten Comics immer Gürtel und Zöpfe. In Wirklichkeit haben die Gallier jedoch ihre Hosen mit Hosenträgern gehalten. Ihr Haar kämmten sie mit Kalkwasser nach hinten, damit es blonder und fettiger aussah. Zöpfe und Gürtel sind nur eine lustige Erfindung des Zeichners.

Zusatzinfo

Gallier
Die Gallier waren keltische Stämme, die zur Römerzeit auf den Gebieten des heutigen Frankreichs und Belgiens lebten. Ihre Priester waren die Druiden. Diese lehrten ihr Volk den Glauben an die gallischen Götter.

Germanen

Wer waren die Germanen?

Die Germanen waren verschiedene Stämme im Gebiet Mitteleuropas und Südskandinaviens zur Zeit der alten Römer. Den Namen erhielten sie von den römischen und griechischen Geschichtsschreibern, die nicht viel über sie wussten. Von den Germanen selbst gibt es keine schriftlichen Überlieferungen. Sie lebten in kleinen Siedlungen zusammen, es gab freie und unfreie Bewohner. Auch hatten sie Könige und Fürsten, die jedoch von den freien Männern gewählt wurden. Die Germanen waren überwiegend Bauern.

Der Weltenbaum Yggdrasil

Wie stellten sich die Germanen die Welt vor?

Die Germanen glaubten, die Welt sei aufgebaut wie ein Baum: der sogenannte Weltenbaum. In der Krone befand sich das Reich der Götter, Asen genannt. Sie galten als Erschaffer aller Dinge. In der Mitte, um den Stamm herum, gab es die Menschenwelt. Und an den Wurzeln unter der Erde befand sich das Totenreich. Die Germanen kannten viele Legenden über das Leben ihrer Götter. Oberhaupt der Germanengötter und Schutzgott der Krieger und Fürsten, Gott der Toten und Herr des Sturmes war Wotan, von den Nordgermanen Odin genannt.

Was ist ein Barbar?

Der Begriff Barbar stammt aus dem antiken Griechenland. Dort bezeichnete er Völker oder Personen, die kein Griechisch sprachen. Das brachte auch die Auffassung mit sich, dass sie roh und ungebildet seien. Anfangs war dies nur eine Nebenbedeutung, die sich jedoch immer mehr durchsetzte. Zur Zeit der Griechen und auch der Römer waren die Barbaren also eigentlich nur all jene Völker, die nicht Griechen oder Römer waren.

Was sind Wandalen?

Als Wandalen bezeichnete man mehrere ostgermanische Völker. Das Wort bedeutet beweglich oder wandelbar – sie wanderten nämlich ziemlich viel umher. Im zweiten Jahrhundert zogen einige Stämme südwärts in die Slowakei und nach Siebenbürgen, später über Westeuropa bis nach Spanien. Schließlich setzten sie nach Nordafrika über und gründeten das Wandalenreich mit Karthago als Hauptstadt. Im Jahre 534 wurde dieses Reich von den Römern zerstört.

Europa im sechsten Jahrhundert

Wer war Dschingis Khan?

Dschingis Khan

Dschingis Khan (um 1155–1227) war ein mongolischer Herrscher. Er einte die einzelnen mongolischen Stämme, die sich bis dahin gegenseitig bekriegten. Von ihnen wurde er dann zum Khan ernannt, also zum Anführer. Von nun an begannen grausame Eroberungszüge gegen die Nachbarvölker. Und bald erstreckte sich das Mongolenreich über große Teile Asiens bis nach Nordchina, auf der anderen Seite bis Osteuropa. Dschingis Khan beherrschte dieses Reich durch strikte Gesetze, Grausamkeit und den Einfluss, den er durch Erziehung schon auf die Kinder nahm.

Was machte die Wikingerschiffe aus?

Die Vorgehensweise der Wikinger bei ihren Raubzügen war meistens gleich. Mit ihren wendigen Langschiffen, die unglaublich schnell waren, näherten sie sich blitzschnell ihrem Angriffsziel. Ihre Schiffe dienten als Truppentransporter, gekämpft wurde aber an Land. Durch ihre einzigartige Bauweise lagen die Schiffe so niedrig im Wasser, dass man sie von der Küste aus erst kurz vor dem Anlegen ausmachen konnte. Meist war es dann schon zu spät für geeignete Abwehrmaßnahmen. Einmal an Land, verbrannten und plünderten die Wikinger alles, was ihnen in die Quere kam. Wen sie nicht niedermetzelten oder schwer verletzten, führten sie als Sklaven davon. Anschließend zogen sie sich – so schnell wie sie gekommen waren – wieder auf die Weiten des Meeres zurück. Nicht umsonst waren die Wikinger das gefürchtetste Volk ihrer Zeit.

Wer waren die Wikinger?

Fast drei Jahrhunderte lang versetzten die Wikinger als Räuber und Plünderer das mittelalterliche Europa in Angst und Schrecken. Die rauen Nordmänner waren aber auch mutige Entdecker, herausragende Seeleute und geschickte Händler. Ihre Heimat war Skandinavien, wo sie in den Küstenregionen des heutigen Dänemark, Schweden und Norwegen lebten. Obwohl sie kein eigener Stamm waren, sprachen sie in etwa die gleiche Sprache. Ebenso hatten sie Lebensart, Religion und die Vorliebe für die Seefahrt gemein. Sie waren hervorragende Bootsbauer und entwickelten unterschiedliche Segelschifftypen. 1066 verloren sie die letzte große Schlacht in Britannien gegen die Truppen Wilhelms des Eroberers.

Zusatzinfo

Wikinger

Bis heute sind die Menschen von den Geschichten über sie fasziniert. Der Begriff „vikingr“ heißt soviel wie „Seekrieger“. Sie brachen zu Raubzügen, Ruhm und Abenteuern auf, um mit reicher Beute zurückzukehren. Ihr berühmtester Anführer war Rollo (um 860–931). Er hatte den letzten Kampf gegen Frankreich im Jahre 911 angeführt und verloren.

Welche Länder wurden von den Wikingern überfallen?

Die Wikinger kamen auf ihren berüchtigten Raubzügen durch weite Teile Europas. Sie drangen dabei im Süden bis weit in den Mittelmeerraum vor, entdeckten aber auch Island und Grönland. Sie gelangten sogar bis nach Nordamerika. Mit der Zeit siedelten mehr und mehr Wikinger in den eroberten Ländern. Sie heirateten in einheimische Familien ein, wurden sesshaft und passten sich den örtlichen Gepflogenheiten an.

In welcher Zeit lebten die Ritter?

Die Ritter lebten im Mittelalter, vor allem zwischen dem elften und 15. Jahrhundert. Zu dieser Zeit gab es in Europa viele christliche Feudalstaaten. Das bedeutet, die Gesellschaft wurde in Schichten eingeteilt. Ganz unten standen die Bauern, die oft ebenso wie ihr Land einem Adeligen gehörten. Die Ritter wiederum waren selbst zwar adelig, dienten jedoch einem Herrn, der ranghöher war als sie selbst. Bewährten sie sich im Kampf, bekamen sie manchmal zum Dank Land und Bauern geschenkt. So stiegen sie in der Gesellschaft auf.

Warum trugen Ritter so eine schwere Rüstung?

Die Hauptaufgabe der Ritter waren Krieg und Kampf. Um für diese Kämpfe gerüstet zu sein, wurden sie schon im Kindesalter von einem älteren Ritter in die Lehre genommen. Nach 14 Jahren Lehrzeit konnten sie dann in den Ritterstand aufgenommen werden, mit der sogenannten Schwertleite. Die schwere Rüstung diente vor allem dem Selbstschutz: Denn die damaligen Waffen konnten die Panzerung der Ritter häufig nicht durchdringen. Allerdings waren sie darin auch nicht mehr so beweglich. Da eine Rüstung etwa 30 Kilogramm wog, brauchten sie kräftige, starke Pferde, die jedoch auch langsam waren.

Burgen waren nahezu uneinnehmbar.

Wie lebte man auf einer Burg?

Das Leben auf einer Burg war recht beschwerlich – verglichen mit dem, was wir heutzutage gewohnt sind. Die Räume konnten nur geheizt werden, wenn ein Kamin darin war. Außerdem gab es überall Ratten, Mäuse und anderes Ungeziefer. Das Wasser zum Waschen wurde nur für den Burgherrn und seine Angehörigen erwärmt, die auch in schönen Betten schliefen. Das Gesinde jedoch musste auf Strohmatten auf dem Boden schlafen. Dennoch war das Leben auf einer Burg sehr sicher, denn sie war schwer von Angreifern einzunehmen.

Kreuzritter

Warum gab es Kreuzzüge?

Ein byzantischer König hatte um Hilfe bei der Eroberung des Heiligen Landes (heutiges Israel) gebeten. Im Jahre 1095 verkündete Papst Urban II., jedem der ausziehe, um Jerusalem von den Muslimen zu befreien, würden all seine Sünden erlassen. Für die Menschen damals war es ein göttlicher Auftrag, die heiligen Stätten des Christentums unter ihre Herrschaft zu bringen. Damals nahm man keine Rücksicht darauf, ob dort andere Völker lebten – man empfand nur sein eigenes Tun als gerechtfertigt. Insgesamt gab es drei Kreuzzüge in den Orient, die jedoch alle ziemlich erfolglos waren.

Gab es König Artus wirklich?

Der echte König Artus war vermutlich ein britischer König oder Heerführer, der im fünften Jahrhundert gegen die Sachsen kämpfte. Denn zu dieser Zeit versuchten die Sachsen, Britannien zu erobern. Angeblich hat dieser Artus die Sachsen in zwölf Schlachten besiegt. Möglicherweise entstanden auf Grundlage dieser Geschichte die Sagen um König Artus, die mit der Zeit immer weiter ausgeschmückt wurden. Denn damals verbreiteten sich diese Geschichten über das Weitererzählen.

Wer waren die Ritter der Tafelrunde?

Darstellung der Tafelrunde

In der Artussage wird König Artus als idealer Herrscher dargestellt. Seine Ritter saßen mit ihm gemeinsam an einem runden Tisch, der Tafelrunde. Das Besondere daran war, dass dadurch alle Sitzplätze gleich waren, der König war nur der Erste unter Gleichen. Die Ritter der Tafelrunde wurden in den Artusromanen des Mittelalters nicht genau festgelegt, doch immer spielte einer von ihnen die Hauptrolle. Sehr bekannt sind zum Beispiel die Ritter Erec, Iwein oder Parzival, die sich auf Abenteuerreisen bewähren mussten, um Frau und Land zu gewinnen.

Wer war der erste deutsche Kaiser?

Europa bestand lange Zeit aus vielen verschiedenen Herrschaftsgebieten. Otto I., der Große (912–973) wurde 962 als Erster zum Kaiser über das Heilige Römische Reich gekrönt. Dieses Reich hatte noch andere Grenzen als das heutige Deutschland, umfasste jedoch einen großen Teil davon. Unter Kaiser Otto I. erlebte das Reich einen Aufschwung, die Menschen konnten gut leben und auch Kultur und Wissenschaft wurden gefördert.

Zeichnung Ottos I., des Großen

Haben Adelige wirklich blaues Blut?

Blaues Blut haben nur einige Schnecken, Tintenfische oder Spinnen. Das Blut der Menschen ist jedoch immer rot. Die Vorstellung, dass Adelige blaues Blut hätten, stammt aus Spanien. Die Spanier kämpften jahrhundertelang gegen die Araber, die ihr Land bis ins 15. Jahrhundert hinein besetzt hatten. Im Gegensatz zu den dunkelhäutigen Arabern konnte man bei den aus Nordspanien stammenden, blasshäutigen Adeligen die blauscheinenden Adern durch die Haut sehen. Sie waren durch ihre westgotischen Vorfahren und die Einheiratung in nordeuropäische Adelshäuser blasser als die übrige Bevölkerung. Zusätzlich waren sie nie der Sonne ausgesetzt, im Gegensatz zu den Arbeitern und Bauern, die braungebrannt waren.

Zusatzinfo

Spanien
Spanien war 700 Jahre lang von den Arabern besetzt. Zuletzt hielten sie die Stellung nur noch im Süden, in Andalusien. Doch der letzte arabische König Boabdil musste seine Festung in der Stadt Granada 1492 an Königin Isabella und König Ferdinand von Kastilien abtreten.

Wie werde ich Prinz oder Prinzessin?

Leider kann man nicht einfach ein echter Prinz oder eine echte Prinzessin werden. Denn man muss als solcher geboren werden – es hängt also davon ab, ob die Eltern beispielsweise Könige sind. Oder du musst einen Prinzen oder eine Prinzessin heiraten. Allerdings ist das in jeder Monarchie (das ist ein Land mit Königshaus) anders geregelt. Aber die heutige Ehefrau des Kronprinzen von Dänemark ist zum Beispiel so zur Kronprinzessin geworden.

Schlösser dienten dem Ansehen des Königs.

Wer war Barbarossa?

Friedrich I. (etwa 1122–1190) wurde wegen seines roten Bartes Barbarossa (italienisch für Rotbart) genannt. Er stammte aus dem Haus der Staufer, einem schwäbischen Adelsgeschlecht. Zunächst war er Friedrich III. von Schwaben. Als sein Onkel König Konrad III. starb, wurde Friedrich 1152 zum römisch-deutschen König gekrönt. Er brachte friedlichere Zeiten in sein Reich. 1155 krönte ihn der Papst zum Kaiser des Heiligen Römischen Reiches.

Warum bauten Könige Schlösser?

Könige, Kaiser und Adelige bauten Schlösser, um ihre Macht und ihren Reichtum zu zeigen. Zudem konnten sich dort viele Menschen versammeln, Wissenschaft und Kultur gefördert werden. Denn dies galt als sehr vornehm und bot auch die Möglichkeit, sich mit Menschen aus anderen Ländern auszutauschen.

Zeichnung Barbarossas in der Welfenchronik

Wann war der Dreißigjährige Krieg?

Der Dreißigjährige Krieg dauerte von Mai 1618 bis Oktober 1648. Es war jedoch kein einzelner Krieg, der 30 Jahre andauerte. Es waren mehrere Kriege, die direkt aufeinanderfolgten und fast ganz Westeuropa betrafen. Ursache der Kriege waren zunächst die Streitigkeiten zwischen der evangelischen und der katholischen Kirche. Doch bald wurde dies von Uneinigkeiten der Machtverteilung einzelner Staaten überlagert. Der Krieg endete mit dem Westfälischen Frieden – doch nur ein Drittel der europäischen Bevölkerung hatte ihn überlebt. Außerdem herrschten überall Not und Elend.

Bildnis Peters des Großen

Wer war der „Alte Fritz"?

„Alter Fritz" war ein liebevoller Spitzname für Friedrich II., den Großen (1712–1786). Er war von 1740–1786 König von Preußen. Er eroberte Teile Schlesiens und machte Preußen zu einer Großmacht. Friedrich der Große schaffte in Preußen die Folter ab, sorgte für mehr Gerechtigkeit – insbesondere für die Bauern – und Glaubensfreiheit. Sein Schloss Sanssouci („ohne Sorgen") kann man noch heute in Potsdam besichtigen.

Wer war Napoleon?

Napoleon Bonaparte (1769–1821) war von 1804–1814/15 selbsternannter Kaiser der Franzosen. Er hatte den Ehrgeiz, ganz Europa unter seine Herrschaft zu bringen. In verschiedenen Feldzügen eroberte er Italien, Preußen, Österreich und Teile Russlands. Doch aus der russischen Hauptstadt Moskau musste er sich schnell wieder zurückziehen. Auf dem Rückzug ging fast sein ganzes Heer zugrunde. Durch die Befreiungskriege 1814 verlor Napoleon den Einfluss auf die besetzten Länder. Schließlich wurde er auf die Insel St. Helena verbannt, wo er auch starb.

Napoleon Bonaparte

Wer war Peter der Große?

Peter I., der Große (1672–1725) aus dem Hause Romanow war Zar und Kaiser von Russland. Er gilt bis heute als einer der bedeutendsten russischen Herrscher der Geschichte. Er öffnete nämlich sein Land gegenüber dem Westen, um die Lebenssituation seiner Untertanen zu verbessern. Außerdem brachte er viele Neuerungen aus Wissenschaft und Technik ins Land, so wurde es fortschrittlicher. Die Stadt Sankt Petersburg gründete er als neue Hauptstadt. Am Meer gelegen sollte sie neue Möglichkeiten für die Schifffahrt eröffnen.

Heutige Weltkarte

Was waren die Kolonien?

Mit der Entdeckung Amerikas im 15. Jahrhundert begann auch die Kolonialisierung. Eine Kolonie bedeutet, dass ein Land von Eroberern besetzt und beherrscht wird. Die Einwohner wurden also unterdrückt. Die Kolonien wurden vor allem von den europäischen Seemächten wie Frankreich, den Niederlanden, Großbritannien, Spanien und Portugal errichtet. Sie befanden sich in Asien, Afrika, Australien und Amerika. Auch Deutschland hatte Kolonien. Die Besatzer versuchten insbesondere, Reichtum aus den neuen Ländern in ihre eigenen zu bringen. Indien zum Beispiel gehörte noch bis 1947 zu Großbritannien!

Was ist Apartheid?

Apartheid bezeichnet die Trennung zwischen der farbigen und der weißen Bevölkerung in Südafrika. Sie entstand durch die Kolonialisierung des Landes durch die Niederlande ab 1652 – dadurch wurde die Bevölkerung unter die Herrschaft der Einwanderer gestellt. Ende des 18. Jahrhunderts übernahmen die Briten die Vorherrschaft. Bis 1994 hatten die Farbigen kein Wahlrecht oder andere politische und gesellschaftliche Rechte. Sie durften kaum Land erwerben und in öffentlichen Gebäuden gab es stets eine Seite für die Weißen und eine Seite für die Farbigen – sie kamen noch nicht einmal in die Nähe voneinander. Nach jahrelangem Widerstand, dessen berühmtester Anführer Nelson Mandela war, wurde die Apartheid 1994 aufgehoben. Seitdem sind alle Südafrikaner gleichberechtigt.

Wann wurden die USA gegründet?

Jedes Jahr feiert man in den Vereinigten Staaten von Amerika (United States of America) den 4. Juli als höchsten Feiertag des Jahres. Denn an diesem Tag im Jahr 1776 erklärten sich die 13 britischen Kolonien Nordamerikas für unabhängig. Zuvor unterstanden sie noch der britischen Krone – gegen die sie von 1775 bis 1783 den Unabhängigkeitskrieg führten.

Boston Tea Party

Was war die Boston Tea Party?

Bereits seit den 1760er-Jahren waren die Bürger der amerikanischen Kolonien mit dem Mutterland Großbritannien unzufrieden. So gab es zum Beispiel eine Einfuhrsteuer für Tee. Doch die Kolonialisten forderten mehr Rechte und wollten keine Abgaben zahlen. Aus Protest verkleidete sich eine Gruppe, die sich „Söhne der Freiheit" nannte, als Indianer und überfiel im Hafen von Boston drei englische Teefrachter. Sie warfen die gesamte Fracht ins Wasser. Dieser „Tea Party" folgten noch einige andere in anderen Hafenstädten – bis 1775 der Unabhängigkeitskrieg ausbrach.

Welcher Schah baute ein wunderschönes Grabmal?

Der persische Schah (König) Jahan (1592–1666) ließ für seine verstorbene Ehefrau ein riesiges Grabmal errichten. Sie hieß Mumtaz Mahal und starb 1631 bei einer Geburt. Das Grabmal besteht aus reinweißem Marmor und wurde zusätzlich mit Edelsteinen verziert. Umgeben ist es von einem wunderschönen, großen Garten. Diese Grabmoschee heißt Tadsch Mahal und befindet sich in dem indischen Land Uttar Pradesh. Sie ist noch immer erhalten.

Tadsch Mahal

Welches Volk lebte zuerst in Australien?

Die Aborigines sind die ursprünglichen Bewohner Australiens. Unter diesem Namen werden verschiedene Volksgruppen zusammengefasst, die in Australien, Tasmanien und Neuguinea leben. Wichtig sind bei ihnen die Familienverbände, die auch Onkel und Tanten, Cousins und Cousinen einbeziehen. Meist handelt es sich um 20 bis 30 Mitglieder, die ein Nomadenleben führen. Die Aborigines glauben an eine Traumzeit, in der die Welt erschaffen wurde – in den Legenden darüber sind auch die Lebensgebote festgelegt. Wichtigste Götterfigur ist die Regenbogenschlange.

Welche Europäer kamen zuerst nach Australien?

Im Jahre 1770 erreichte der britische Seefahrer James Cook (1728–1779) die australische Ostküste und erklärte sie zur britischen Kolonie. Zuvor war Australien zum Niemandsland erklärt worden, das heißt zu einem Land, das niemandem gehört – die Aborigines zählten nicht. Denn die Briten brauchten mehr Strafkolonien. Sie brachten Strafgefangene nach Australien, um die Menge an armen und straffälligen Untertanen in ihrem Land zu verringern. Die Aborigines haben übrigens erst seit den 1970er-Jahren die gleichen Rechte wie die Siedler. Und noch immer sind viele von ihnen verarmt.

Wie viele Länder gibt es heute?

Die Erde besteht aus mehreren Kontinenten, auf denen sich die verschiedenen Länder befinden. Die Kontinente ordnet man in Amerika, Afrika, Asien, Australien, Antarktika und Europa. Auf diesen verteilen sich etwa 193 Staaten. Allein in Europa gibt es 25 Länder, die der Europäischen Union angehören.

Zusatzinfo

Kontinente

Je nachdem, wie man es aufteilt, gibt es fünf, sechs oder sieben Kontinente. Man kann Amerika in Nord- und Südamerika aufteilen oder Europa und Asien als Eurasien zusammenziehen.

Die Länder der Erde

Welches ist das Reich der Mitte?

China wird das Reich der Mitte genannt, da die Chinesen selbst ihr Land so nennen. Die alten Römer, die schon von diesem Land gehört hatten, nannten es „Sina“. China ist das viertgrößte Land der Welt. Es nimmt fast ein Viertel des asiatischen Kontinents ein und grenzt an 14 andere Staaten. Mit fast eineinhalb Milliarden Menschen ist es das bevölkerungsreichste Land der Erde.

Wie lebt ein Kind in China?

Die Mehrheit der Chinesen lebt auf dem Land. Ein chinesisches Kind hat heutzutage keine Geschwister! Denn die Regierung hat beschlossen, dass jedes Elternpaar nur eines bekommen darf, damit die Bevölkerungszahlen weniger wachsen. Die Kinder auf dem Land dürfen nicht alle zur Schule gehen, vor allem nicht die Mädchen. Sie helfen stattdessen den Eltern bei der Arbeit, zum Beispiel auf dem Feld. In den Großstädten dagegen werden schon kleine Kinder sehr gefördert und müssen viel für die Schule lernen. So bekommen sie später einen guten Job. Es gibt also große Unterschiede zwischen reichen und armen Kindern.

Viele Chinesen arbeiten in der Landwirtschaft.

Ist die Seidenstraße aus Seide?

Die Seidenstraße ist weder aus Seide, noch eine einzige Straße. Der Name geht auf eine alte, sehr wichtige Handelsroute zurück. Auf ihr wurden wertvolle Textilstoffe, wie eben Seide, in andere Länder gebracht. Sie führte zwischen dem zweiten Jahrhundert vor Christus bis etwa 400 Jahre nach Christus in Ost-West-Richtung von China bis nach Pakistan und Nordindien und an die Ostgrenze des Römischen Reiches.

Wo liegt eigentlich Sibirien?

Sibirien nennt man den asiatischen Teil Russlands. Das ist der Teil, der östlich vom Uralgebirge liegt. Denn dieses Gebirge betrachtet man als Grenze zwischen Asien und Europa. Im Norden befindet sich das Nordpolarmeer, im Süden China. Sibirien ist die kälteste Region der Erde. Dort befindet sich auch der Baikalsee, der älteste und größte Süßwassersee der Erde. Er ist ganze 25 Millionen Jahre alt!

Wo liegt Indonesien?

Zum Staat Indonesien gehören einige Inseln im Indischen und Pazifischen Ozean. Sie befinden sich nördlich von Australien. Indonesien ist der größte Inselstaat der Welt, er umfasst insgesamt 17.508 Inseln. Es gibt dort einen riesigen Regenwald und das Klima wird von den Monsunwinden geprägt. Viele Indonesier arbeiten in der Landwirtschaft, sie bauen meist Reis, Zuckerrohr und Süßkartoffeln an.

Welches ist das kleinste Land der Erde?

In Rom, der Hauptstadt Italiens, liegt das kleinste Land der Welt: der Vatikanstaat. Dieser Staat ist nur 0,44 Quadratkilometer groß und hat ungefähr 930 Einwohner. Das Staatsoberhaupt ist der Papst, der auch das Oberhaupt der katholischen Kirche ist. Zum Vatikan gehören der Petersdom, der Petersplatz und die vatikanischen Gärten. Auf dem Petersplatz versammeln sich jedes Jahr zu Weihnachten und Ostern Millionen Christen, um den Segen des Papstes zu empfangen. Für die Bewachung des Vatikanstaates und den Schutz des Papstes ist die Schweizergarde verantwortlich.

Brennt es in Feuerland?

Der portugiesische Seefahrer Ferdinand Magellan (1480–1521) war der erste Europäer, der die Südspitze Amerikas umschiffte. Er entdeckte die nach ihm benannte Magellanstraße: Sie führt zwischen Feuerland und der Spitze Südamerikas hindurch. Da der Seefahrer von seinem Schiff aus nur den Schein von Lagerfeuern auf den Inseln sah, nannte er sie Feuerland. Die Inseln liegen nahe am Südpol, daher ist das Klima eher kühl.

Spricht man in Lateinamerika Latein?

Lateinamerika ist ein anderer Name für Süd- und Mittelamerika. Er unterscheidet die Länder, die von den Spaniern und Portugiesen erobert und besiedelt wurden, von den anderen Teilen Amerikas. Denn das Spanische und Portugiesische stammt von dem Lateinischen ab. In den USA und Kanada dagegen spricht man vor allem Englisch und nur teilweise Französisch.

Zusatzinfo

Südamerika

In Südamerika wird hauptsächlich Spanisch gesprochen, doch Brasilien gehörte einmal zu Portugal. Daher wird in Brasilien portugiesisch gesprochen. Außerdem sprechen die ursprünglichen Völker noch ihre eigenen Sprachen.

Wie groß ist Kanada?

Kanada ist nach Russland das zweitgrößte Land der Erde und nimmt eine Fläche von fast zehn Millionen Quadratkilometern ein. Es liegt nördlich der USA auf dem amerikanischen Kontinent, im Westen befindet sich der Atlantik, im Osten der Pazifik. Nur knapp über 33 Millionen Menschen wohnen dort, über die Hälfte davon in den wenigen großen Städten im Süden. Mit 202.080 Kilometern hat Kanada die längste Küstenlinie der Welt.

Kanadische Landschaft

Wo liegt eigentlich Timbuktu?

Timbuktu ist eine afrikanische Stadt nahe der Wüste am Fluss Niger. Im 13. und 14. Jahrhundert war sie eine blühende und bedeutende Stadt. Zudem bildet sie bis heute die letzte Etappe vor der Durchquerung der Wüste Sahara in Richtung Norden. Timbuktu wurde in den 1890er-Jahren eine französische Kolonialstadt und verarmte seitdem. Und da sie sich für die Europäer abgelegen am Rand der Wüste befand, bekam „das Wohnen in Timbuktu" die Bedeutung von „sehr abgelegen wohnen".

Wo leben die meisten Menschen?

In den letzten 200 Jahren ist die Weltbevölkerung um mehrere Milliarden Menschen gewachsen. Im Jahre 1804 gab es erstmals mehr als eine Milliarde Menschen auf der Erde, heute sind es schon über 6,7 Milliarden. Dieses Wachstum ist jedoch nicht in allen Ländern gleich hoch. Vor allem in den armen Ländern, zum Beispiel in Teilen Asiens und Afrikas, werden viele Kinder geboren. In China dagegen darf jedes Elternpaar nur noch ein Kind bekommen. Dort leben bereits jetzt ungefähr 1,4 Milliarden Menschen.

Eine Oase in der Wüste

Wie leben Menschen in der Wüste?

Direkt in der Wüste lebt eigentlich niemand. Doch in den meisten Wüsten gibt es Oasen. Dort gelangt Trinkwasser an die Oberfläche und daher können hier auch Pflanzen gedeihen. Die hier lebenden Menschen sind oft Nomaden, das heißt sie ziehen von Oase zu Oase. So können sich die einzelnen Oasen wieder von den Bewohnern erholen: Das Wasser sammelt sich neuerlich und die Pflanzen wachsen nach. Da Kamele Wasser speichern und dank ihrer unempfindlichen Fußsohlen problemlos durch den heißen Sand wandern können, sind sie wichtige Haustiere. Sie können sowohl die Menschen als auch deren Hab und Gut transportieren.

Wozu brauchen wir Geld?

Bevor es Geld gab, tauschten die Menschen Waren gegen Waren. So gab zum Beispiel ein Jäger einem Schmied Fleisch und bekam im Gegenzug neue Waffen. Bald begannen die Menschen jedoch, Geldmünzen zu entwickeln. Sie hatten den Vorteil, dass man sie auch bei einem anderen Händler wieder eintauschen oder auch aufbewahren konnte. Das Geld brauchen wir also, um den Kreislauf des Handels aufrecht zu halten und uns mit allem Notwendigen, wie Lebensmitteln und Kleidung, zu versorgen.

Was ist ein schwimmender Markt?

Schwimmende Märkte gibt es in vielen asiatischen Ländern wie Thailand, Vietnam und im Mekong-Delta in China. Dort verkaufen die Bauern morgens ihre frischen Waren von Booten aus: Obst, Gemüse und Fisch. Sie stammen noch aus einer Zeit, als es keine ausgebauten Straßennetze gab und die vielen Flüsse Hauptverkehrsverbindungen waren. Für Touristen sind sie noch heute ein beliebtes Ausflugsziel.

Was ist ein Staat?

Das Wort stammt von lateinischen „status" und bedeutet so viel wie Zustand oder Verfassung. Der Staat ist eine Vereinigung vieler Menschen, die in einem bestimmten, abgegrenzten Gebiet leben. Meistens dauert es recht lange bis ein Staat entstanden ist und sich seine Bürger durch die gleiche Staatsangehörigkeit verbunden fühlen. Ein Staat ist normalerweise unabhängig von anderen Staaten und hat seine eigenen Gesetze. Polizei, Militär und andere Organe üben die Staatsgewalt aus. Staaten haben bestimmte Regierungsformen, etwa eine Demokratie. Diese bedeutet, dass die Bürger die Staatsvertreter frei wählen dürfen.

Reichstag in Berlin

Was macht ein Bundeskanzler?

Ein Bundeskanzler oder eine Bundeskanzlerin ist neben dem Bundespräsidenten die wichtigste Person der Regierung in einer Bundesrepublik. Sie ist nämlich der Regierungschef. Jeder Staat hat einen solchen Regierungschef, der die Geschäfte der Regierung leitet. Außerdem vertritt und verkörpert er seinen Staat im Ausland.

Was ist ein Politiker?

Ein Politiker ist ein Mensch, der im Dienste eines Staates bei den Regierungsgeschäften hilft. Der Begriff Politik stammt von dem griechischen Begriff Polis für Stadt oder Gemeinschaft. Darunter versteht man ein vorausberechnendes, innerhalb der Gesellschaft auf ein Ziel gerichtetes Verhalten. Die Politik gestaltet die Ordnung in der Welt. Politiker haben das Ziel, durch ihr Denken und Handeln die Probleme der Gesellschaft zu lösen. Dafür nutzen sie ihre politischen Ämter, zum Beispiel bei Abstimmungen im Parlament über neue Gesetze.

Zusatzinfo

Regierungschef
In jedem Staat gibt es die Position eines Regierungschefs und eines Staatsoberhauptes. In Deutschland und Österreich zum Beispiel sind diese Posten getrennt, sie werden also von zwei Personen besetzt. In den USA dagegen ist der Präsident zugleich Staatsoberhaupt und Regierungschef.

Das weiße Haus ist der Sitz des US-Präsidenten.

Was sind Gesetze?

In jedem Staat gibt es Gesetze, die das Zusammenleben regeln und an die sich alle Bürger halten sollten. So verstößt zum Beispiel ein Autodieb gegen ein Gesetz und kann demnach bestraft werden. Nur so kann das friedliche Zusammenleben vieler, ganz unterschiedlicher Menschen geregelt werden. Gesetze werden bei uns von der Bundesregierung bestimmt. Ebenso das Strafmaß, das für ein Verbrechen angemessen scheint.

Wer macht die Gesetze?

In einer Demokratie werden Gesetze von den Personen erlassen, die das Volk gewählt hat. Dies kann nur eine Stadt, ein Land oder auch den ganzen Staat betreffen. Danach richtet sich, welche Personen über das Gesetz entscheiden. In einem Staat, bei dem die Regierung nicht vom Volk gewählt wurde, können Gesetze auch nur von einem Regierungschef und seinen Beratern erlassen werden.

Das Gericht bestraft Gesetzesbrecher.

Was ist eigentlich eine Verfassung?

Eine Verfassung bildet die rechtliche Grundlage eines Staates. In ihr ist zum Beispiel festgelegt, welche Rechte und Pflichten die Bürger haben. Und auch die Grundsätze, nach denen sich Regierung und Volk richten sollen, stehen in der Verfassung. Es sind also bestimmte Gesetze, die als Voraussetzung für das Zusammenleben eines Volkes verwendet werden. Und auch die Grundsätze für die Beziehungen zu anderen Staaten stehen in der Verfassung.

Justizia steht für Gerechtigkeit.

Was ist Demokratie?

Das Wort kommt aus dem Griechischen und heißt „Herrschaft des Volkes". Demokratie bedeutet, dass alle Bürger und Bürgerinnen die gleichen Rechte und Pflichten haben. Alle Menschen dürfen ihre Meinung frei äußern, sich versammeln und sich informieren. Sie werden vertreten durch unterschiedliche Parteien, die sie in die Regierung wählen können. Alle paar Jahre gibt es Neuwahlen, sodass die Bürger eine Regierung abwählen können, mit der sie unzufrieden sind. Alles, was der Staat tut, unterliegt den Regeln der Verfassung und der Gesetze, die im Grundgesetz festgelegt sind.

Was sind Steuern?

Steuern sind Abgaben, die von der arbeitenden Bevölkerung an den Staat gezahlt werden. Sie werden benötigt, damit zum Beispiel Schulen gebaut und Lehrer bezahlt werden können. Oder um Straßen und Krankenhäuser zu errichten. Solche Sachen übernimmt der Staat, damit alle Bürger die gleichen Möglichkeiten haben, zum Beispiel zur Schule zu gehen oder in ein Krankenhaus, wenn sie krank sind. Auch Politiker und Beamte bekommen ihr Gehalt aus den Steuern. Ein anderer Teil wird dazu verwendet, armen Menschen einen Lebensunterhalt zu sichern. Es gibt zwei verschiedene Arten von Steuern: Unter direkten Steuern versteht man das Geld, das vom Lohn abgezogen wird, das heißt die Lohnsteuer. Als indirekte Steuern bezeichnet man das Geld, das von allem, was wir kaufen, an den Staat abgeführt wird – ganz egal ob es sich dabei um einen Schokoriegel oder um Benzin handelt. Das ist die Mehrwertsteuer.

Was ist die Globalisierung?

Das Wort Globalisierung kommt von global, das bedeutet „weltumspannend". Mit Globalisierung ist gemeint, dass die einzelnen Länder immer mehr zusammenwachsen. Denn sie sind durch den Handel und die Politik immer mehr miteinander verflochten. Viele Firmen stellen zum Beispiel ihre Produkte in einem Land her und verkaufen sie dann in einem anderen. Denn bauen sie die Firma in einem ärmeren Land, müssen sie den Arbeitern weniger Lohn zahlen – und dann können sie die Produkte günstiger verkaufen. Die Arbeiter dort leben dann besser als zuvor. Andererseits gibt es in den reicheren Ländern dadurch weniger Arbeitsplätze, doch günstigere Produkte – es ist also schwierig zu sagen, ob die Globalisierung gut oder schlecht ist.

Warum gibt es Kriege?

Kriege hat es schon immer gegeben, entweder aus Rache, Habgier oder Machtstreben. Auch eine schlechte wirtschaftliche Situation im eigenen Land war häufige Kriegsursache. Der Krieg soll also mit dem Sieg über ein anderes Land dem Angreifer in irgendeiner Form Vorteile bringen. Und diese überwiegen nach Ansicht der Verantwortlichen auch Zerstörung und Tod, die schließlich Folgen von Kriegen sind. Heutzutage werden auch häufig moralische Gründe als Begründung für einen Krieg angegeben. Doch diese Dinge müssen immer von verschiedenen Seiten aus betrachtet werden, und es ist sehr schwer zu sagen, wer im Recht und wer im Unrecht ist.

Kriege bedeuten Zerstörung.

Was sind Asylanten?

Das Wort „Asyl" kommt aus dem Griechischen und bedeutet so viel wie „Schutz bieten". Asylanten sind Menschen, die aus ihrem Heimatland geflohen sind, weil ihr Leben dort in Gefahr ist. Häufig ist dies in Staaten der Fall, in denen andere Meinungen, Religionen oder Nationalitäten nicht geduldet werden oder Krieg herrscht. Wenn also das Leben eines Menschen in Gefahr schwebt und er fliehen kann, hat er das Recht, in einem anderen Land um Asyl zu bitten.

Was ist der Nahostkonflikt?

Der Nahe Osten befindet sich auf der arabischen Halbinsel und umfasst zum Beispiel Ägypten, Israel, den Libanon, Syrien und den Iran. Der Staat Israel wurde 1948 gegründet, auf Veranlassung der Siegermächte aus dem Zweiten Weltkrieg. Denn dorthin konnten nun die Juden nach dem furchtbaren Krieg und der Verfolgung, sofern sie wollten, zurückkehren. Sie betrachten Israel ebenso als ihr Land wie es auch die Palästinenser tun, die dort leben. So kam es immer wieder zu Kurzkriegen und Auseinandersetzungen, die bis heute andauern – ein Streit um Land und Religion. Und das nennt man den Nahostkonflikt.

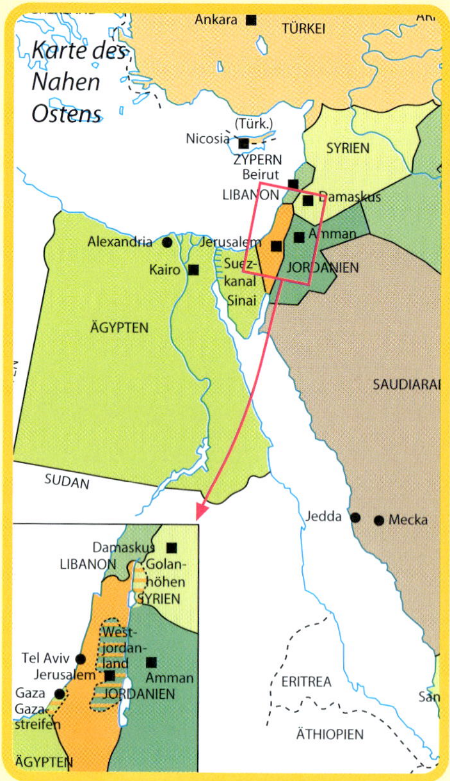

In den meisten Religionen leben die Götter im Himmel.

Was ist Philosophie?

Die Philosophie entstand im antiken Griechenland, wörtlich bedeutet der Begriff „Liebe zur Weisheit". Einer der ersten bekannten Philosophen war der Grieche Sokrates (um 470–399 vor Christus), der sagte: „Ich weiß, dass ich nichts weiß". In der Philosophie geht es darum, durch logisches Denken das Sein zu ergründen. Das bedeutet, dass die Philosophie sich mit dem Denken und Wissen an sich beschäftigt. Wie der französische Philosoph René Descartes (1596–1650) zusammenfasste: „Ich denke, also bin ich".

Warum entstanden Religionen?

Schon früh begannen die Menschen sich zu fragen, woher sie kommen und wie die Welt entstanden ist. Damals gab es nur wenige Erkenntnisse aus Wissenschaft und Technik, um diese Fragen zu beantworten. Also begannen die Völker, neben der Erforschung der Welt auch andere Erklärungen zu ersinnen. So bildeten sich die Sagen um Götter heraus, die die Welt aus dem Nichts erschaffen haben. In den unterschiedlichen Kulturen entstanden auch verschiedene Religionen. Sie bieten also vor allem Antworten auf Fragen, die nicht mit Gewissheit oder wissenschaftlich beantwortet werden können – man muss sie einfach glauben. Dieser Glaube hat im Laufe der Jahrhunderte geholfen, bestimmte Umgangsformen zu entwickeln, doch auch Kriege zu führen und Andersgläubige zu verfolgen. Bis heute hilft vielen Menschen ihr Glaube, sich in der Welt zurechtzufinden – oder er dient als Rechtfertigung für Grausamkeit.

Glauben alle Menschen an denselben Gott?

Viele Religionen, zum Beispiel das Christentum, der Islam und das Judentum, glauben an die Existenz eines einzigen Gottes. Dieser eine Gott hat in den drei Religionen verschiedene Namen – Gott, Jahwe und Allah. Auch die Vorstellung von dessen Eigenschaften ist in den drei Religionen sehr unterschiedlich. Es gibt jedoch auch zahlreiche Religionen, die mehrere Götter verehren. Die meisten Religionen der Antike, zum Beispiel der alten Ägypter, Griechen, Germanen, Kelten und Römer, kannten mehrere Götter. Sie hatten immer bestimmte Aufgaben, ein Fachgebiet sozusagen. Darüber hinaus gibt es Religionen, die in allen Lebewesen das „Göttliche" sehen. Viele Naturvölker haben solche Vorstellungen.

Indische Götterstatue

Was sind Pilger?

Der Pilgerweg führt über Berg und Tal.

Pilger sind Menschen, die aus religiösen Gründen an einen heiligen Ort wandern, der in der Fremde liegt. Es ist wichtig, dafür Strapazen auf sich zu nehmen. Pilger suchen meist eine Art geistiger Erleuchtung, Vergebung ihrer Sünden oder auch Heilung. So wandern sie oftmals Hunderte Kilometer, um den angestrebten Ort zu erreichen. In einigen Religionen ist eine solche Wallfahrt sogar vorgeschrieben. Ein berühmter Weg der Christen ist der Jakobsweg, der von Frankreich nach Spanien führt. Muslime dagegen pilgern in die heilige Stadt Mekka in Saudi-Arabien. Sie ist der Geburtsort ihres Propheten Mohammed.

Blick auf Jerusalem

Zusatzinfo

Jakobsweg

Den Jakobsweg gibt es schon etwa seit dem 11. Jahrhundert. Besonders im Mittelalter pilgerten Gläubige zum Grab des heiligen Jakobus. Er soll das Christentum nach Spanien gebracht haben. Das Grab befindet sich in der nordspanischen Stadt Santiago de Compostela. Heutzutage pilgern wieder viele Menschen auf diesem Weg.

Wem ist Jerusalem heilig?

Jerusalem ist die Hauptstadt des Staates Israel und beherbergt wichtige Kultstätten des Judentums. Die schon um 1800 vor Christus erwähnte Stadt ist eine der ältesten der Welt, in der sich viele Kulturen der Antike begegneten. So gibt es dort auch wichtige religiöse Stätten des Christentums und des Islam. Daher ist Jerusalem schon seit Jahrhunderten umkämpft, immer wieder erhob eine andere Religionsgemeinschaft ihren Anspruch auf die Stadt. Bis heute gibt es dadurch Konflikte.

Was ist der Islam?

Der Islam ist eine Offenbarungsreligion, ebenso wie das Judentum und das Christentum. Das bedeutet, man glaubt daran, dass der jeweilige Gott sich einem sogenannten Propheten offenbart hat. Im Islam ist Mohammed (um 570–632 nach Christus) der Prophet des einzigen Gottes Allah. Er hat seine Offenbarungen – also Gebote und Erzählungen – im heiligen Buch Koran niedergeschrieben. Der Koran enthält demnach das Wort Gottes. Die islamischen Gotteshäuser nennt man Moscheen.

ie Bibel ist die heilige Schrift der Christen.

Was ist das Christentum?

Das Christentum glaubt an einen einzigen Gott, der seine Gebote und Erzählungen verschiedenen Propheten offenbarte. So setzt sich die Bibel, das heilige Buch der Christen, aus den Aufzeichnungen verschiedener Propheten zusammen. Die Christen glauben, Gott habe seinen Sohn Jesus Christus als Menschen auf die Erde gesandt – als Messias, der die Menschheit von ihren Sünden befreite. Die Gotteshäuser der Christen sowie die Glaubensgemeinschaft an sich nennt man Kirche. Unsere Zeitrechnung richtet sich übrigens nach dem Zeitpunkt seiner angeblichen Geburt – das sogenannte Jahr Null.

Wie wird man Papst?

Der Papst, das Oberhaupt der katholischen Kirche, wird gewählt. Theoretisch kann jeder männliche, römisch-katholische Christ Papst werden. Doch bisher wurde diese Wahl immer nur unter den Kardinälen ausgetragen. Die Kardinäle in Rom sind die einzigen, die den neuen Papst wählen dürfen. Sie haben eine lange berufliche Laufbahn in der Kirche hinter sich und sind meist schon recht alt. Deshalb dürfen sie auch nur wählen oder gewählt werden, wenn sie noch nicht 80 Jahre alt sind. In einem abgeschlossenen Raum, der Konklave, halten sie ihre Wahl ab. Erst wenn einer eine ausreichende Mehrheit hat, wird er als neuer Papst verkündet.

Warum gibt es keine Päpstin?

Die katholische Kirche hält auch in der heutigen Zeit noch daran fest, dass Frauen keine Priesterweihe empfangen dürfen. Und auch wenn es Katholiken theoretisch möglich ist, ohne Priesterweihe Papst zu werden, gilt dies eben nur für Männer. Dennoch gibt es eine Legende um eine Päpstin Johanna, die im 13. Jahrhundert gelebt haben soll. Sie soll als Mann verkleidet in einem Mönchskloster gelebt haben und bis zur Papstwürde aufgestiegen sein. Aber ob es sie wirklich gab, ist nicht mehr beweisbar. Doch viele Legenden beruhen auf Tatsachen.

Eine Thora auf Hebräisch

Woran glauben die Juden?

Auch das Judentum hat – wie Islam und Christentum – nur einen Gott, zu dem es betet. Es gibt mehrere Propheten, wie zum Beispiel Moses, der auch in der christlichen Bibel vorkommt. Denn das Christentum ist eine Art Weiterführung des jüdischen Glaubens – die Juden warten noch auf den versprochenen Messias, den die Christen in Jesus Christus sehen. Das heilige Buch der Juden ist die Thora, in der unter anderem auch die Regeln für das tägliche Leben im Sinne Gottes enthalten sind. Die jüdischen Gotteshäuser nennt man Synagogen.

Was ist Hinduismus?

Der Hinduismus stammt aus Indien und besteht aus verschiedenen Glaubensvorstellungen. Die Hindi haben mehrere Gottheiten, vor allem jedoch Wischnu, Schiwa und Brahma. Ihre heilige Schrift ist die Veda und sie richten sich nach der Dharma, der heiligen Weltordnung. Sie schreibt alle Regeln vor. Zum Hindi kann man übrigens nicht durch Glauben werden, sondern man wird als solcher geboren. Der Hinduismus ist dadurch eine sehr friedliebende Religion, denn sie versucht nicht, andere von ihrem Glauben zu überzeugen.

Was ist Buddhismus?

Der Buddhismus ist aus dem Hinduismus entstanden. Den Namen erhielt er von seinem Gründer Buddha, dem Erleuchteten. Eigentlich hieß dieser Siddharta Gautama und lebte vor etwa 2500 Jahren in Nordindien. Der Buddhist strebt danach, ein möglichst guter Mensch nach den Regeln seines Glaubens zu sein. Denn er wird solange als Mensch, Tier oder Geist wiedergeboren, bis er durch Meditation die Erleuchtung erlangt hat. Die Wiedergeburt ist der Kreislauf alles Leidens, das Samsara. Das höchste Ziel ist der Übergang ins Nirwana, dem Ende des Seins.

Buddhastatue

Warum sind in Indien die Kühe heilig?

In der Religion Indiens, dem Hinduismus, gilt die Kuh als Mutter alles Lebens und ist daher heilig. Auch in der Sage um Wischnu, einen der Hauptgötter, spielt die Kuh eine wichtige Rolle. Seine Verkörperung, Krishna, wuchs der Sage nach unter Kuhhirten auf. Unabhängig von der Religion waren die Kühe den Indern aber auch schon immer sehr nützlich: Ihr Dung dient dem Hausbau, dem Heizen und der Volksmedizin. Butterschmalz wird als Lampenöl verwendet und Milch ist ein wichtiges Nahrungsmittel. Auch in der Landwirtschaft dienen Kühe noch als Zug- und Lasttiere. Dass sie frei herumlaufen dürfen, hat auch den Vorteil, dass man sie dann nicht füttern muss. Außerdem tragen sie durch die Abfallbeseitigung auch noch zur Sauberkeit bei.

Woher kommen die Benimmregeln?

Unter Benimmregeln versteht man allgemein gute Umgangsformen. Diese entwickeln sich innerhalb einer Gesellschaft, da man dann besser auf andere Rücksicht nehmen kann. Es erleichtert das Zusammenleben, wenn man bestimmte Regeln befolgt. Irgendwann gab es dann auch Leute, die diese Regeln aufschrieben – so wurden sie weniger verändert, denn sie wurden ja mit Tinte und Papier festgehalten. Benimmregeln sind in jedem Kulturkreis und jeder Gesellschaftsgruppe anders.

Warum muss ich mit Messer und Gabel essen?

Wenn man sich die gesamte Menschheitsgeschichte vor Augen hält, ist in unserem Kulturkreis das Essen mit Messer und Gabel noch relativ neu: Erst im 17. Jahrhundert begannen die Menschen in Europa mit Besteck – so wie wir es heute kennen – zu speisen. Damals galt es als besonders vornehm, mit Messer und Gabel zu essen. Die Adeligen, also die Könige, Herzöge oder Grafen und ihr Hofstaat, wollten sich so vom einfachen Volk abheben. Seit dem 19. Jahrhundert wurde dieser Brauch dann auch von den Bürgern übernommen. So wurde es Teil unserer Kultur. Das Essen mit Besteck hat auch einen praktischen Grund: Man macht sich Finger und Kleidung nicht so schmutzig und verbrennt sich auch nicht so leicht.

Ein schön gedeckter Tisch

Zusatzinfo

Benimmregeln
Auch für das Essen mit den Fingern gibt es Benimmregeln! In vielen Kulturen wird erwartet, dass man sauber und kultiviert mit den Fingern isst. In Indien beispielsweise wird die Hand wie eine Schaufel geformt. Mit dem Daumen wird das Essen in den Mund geschoben. Weil in vielen Ländern die linke Hand als „schmutzig" gilt, darf man dort nur mit der rechten Hand essen. Denn mit der linken Hand säubert man sich nach einem Toilettengang, wenn es kein Papier gibt. Auch wenn diese danach natürlich gewaschen wird, nimmt man zum Essen doch lieber die rechte Hand.

Wer war Knigge?

Freiherr Adolph Knigge (1752–1796) veröffentlichte 1788 sein Werk „Über den Umgang mit Menschen". Dieses Buch behandelte jedoch keineswegs Benimmregeln, sondern war tatsächlich eine Abhandlung über den Umgang mit anderen Menschen und das Zusammenleben in der Gesellschaft. Es ging nicht darum, wie man einen Tisch richtig deckt. Doch nach seinem Tod wurde das Buch immer mehr verändert, bis es wirklich nur noch Benimmregeln enthielt. Und daher nennt man heute Benimmbücher im Allgemeinen auch Knigge.

Freiherr Knigge

Warum reicht man sich zur Begrüßung die Hand?

Das Brauchtum des Händeschüttelns war schon bei den alten Griechen und Römern üblich. Möglicherweise bekundete man so seit alters, dass man keine Waffen in Händen hielt und friedlich gesinnt war. Auch heute noch drückt man durch das Händeschütteln aus, dass man jemanden freundlich begrüßt. Andere Länder – andere Sitten: In Japan verbeugt man sich zur Begrüßung. Die Inuit (ehemals Eskimos genannt) und die Maori – die Ureinwohner Neuseelands – reiben ihre Nasen aneinander. Franzosen küssen sich dreimal auf die Wange und in Russland küsst man sich sogar auf den Mund.

Sind die Benimmregeln in China anders?

Ja, die Chinesen folgen anderen Benimmregeln als die Europäer. Nicht umsonst heißt es „andere Länder, andere Sitten". Ein gutes Beispiel ist das Verhalten bei Tisch. Während des Essens wird geraucht, geschmatzt, geschlürft und auch mit vollem Mund gesprochen. Auch die Gespräche werden nicht gedämpft und es wird viel gelacht. Die Nase putzen darf man sich am Tisch allerdings nicht! Du siehst also, jedes Land hat seine eigenen Regeln.

Chinesisches Essen

Woher kommen die Märchen?

Früher, als es noch keine Bücher gab, die Eltern ihren Kindern vorlesen konnten, erzählten sie ihnen Geschichten. Diese wurden mündlich von Generation zu Generation weitergegeben. Bei so vielen Menschen baute auch immer mal wieder jemand etwas Neues ein. So entstanden auch die Märchen. Sie erzählen von Personen einer wunderbaren Welt, in der es Fabelwesen und Magie gibt. Und auch wenn sie erfunden sind, vermitteln sie uns Weisheiten! Im 18. Jahrhundert begannen die Brüder Grimm als Erste, deutsche Volksmärchen wie „Rotkäppchen" oder „Dornröschen" zu sammeln und niederzuschreiben: Die Grimmschen Märchen.

Schneewittchen und die sieben Zwerge

Welches sind die sieben freien Künste?

Die sieben freien Künste haben mit dem heutigen Kunstbegriff nicht mehr viel gemein. Sie sind in der Antike entstanden und bilden eine Zusammenstellung aus sieben Studienfächern, die als grundlegende Bildung, also Allgemeinbildung, galten. Sie bestehen aus Grammatik, Rhetorik (das ist die Lehre vom Sprachstil), Logik, Arithmetik (Zahlentheorie und praktisches Rechnen), Geometrie, Musik und Astronomie (Lehre von den Himmelskörpern und ihren Bewegungen).

Was ist Kunst?

Kunst ist zunächst einmal alles, was schöpferisch gestaltet wurde, ohne einem direkten Gebrauch zu dienen. Im 17. Jahrhundert begann man in Europa, die Kunst vor allem dem Schönen zuzuordnen. Diese sogenannten schönen Künste beinhalten Literatur, Malerei und Bildhauerei, doch auch den Tanz wie Ballett sowie das Theater. Und nicht zu vergessen, natürlich die Musik.

Musik ist eine Kunstform.

Was ist ein Geschichtenerzähler?

Geschichtenerzähler tun tatsächlich, was ihr Name sagt: Sie erzählen Geschichten. Sie stammen noch aus der Zeit, als es kaum Bücher gab, vor allem nicht für das Volk. Die Geschichten enthalten beispielhafte Handlungen, die dem Zuhörer etwas verdeutlichen sollen. Sie können sich auch auf wirklich Geschehenes beziehen. Außerdem können so ältere Menschen ihre Lebenserfahrung und Weisheit an Jüngere weitergeben. In vielen Kulturen haben die Geschichtenerzähler einen religiösen Status, wenn sie zum Beispiel Götterlegenden erzählen.

Wer waren die Minnesänger?

Im 12. Jahrhundert entwickelte sich eine neue Kunstform an deutschen Burghöfen, die etwa 200 Jahre lang anhielt: der Minnesang. Ein Minnelied war eine Art gesungenes Liebesgedicht, das an eine wunderschöne, doch unerreichbare Dame gerichtet war. Das Besondere war außerdem, dass diese Lieder nicht auf Lateinisch (wie es üblich war), sondern auf Mittelhochdeutsch gesungen wurden. Walther von der Vogelweide (um 1170–1230) ist der bekannteste deutsche Minnesänger. Von ihm sind rund 100 Texte überliefert.

Walther von der Vogelweide

Wofür brauchen wir Bücher?

Aus Büchern lernen wir, denn sie enthalten Wissen und Weisheit. Selbst spannende Geschichten lehren uns Verhaltensweisen, den Unterschied zwischen Gut und Böse und das soziale Verhalten im Allgemeinen. Sie bewahren auch das Wissen und die Lebensweise unserer Vorfahren – wenn wie keine Bücher aus den vergangenen Jahrhunderten hätten, wüssten wir viel weniger über sie. Und ebenso wären die Erkenntnisse aus Wissenschaft und Kultur verloren gegangen.

Bücher bewahren Wissen und Geschichten.

Lesen alle Menschen von links nach rechts?

Für uns ist es selbstverständlich: Wir schlagen ein Buch auf und beginnen auf der ersten Seite oben links. In Europa war das tatsächlich schon seit den ersten Aufzeichnungen im alten Rom so. Im alten Ägypten aber konnte sich der Schreiber die Richtung aussuchen, der Leser erkannte sie an der Blickrichtung der Figuren in den Hieroglyphen. Auch in China ist die Schreibrichtung frei wählbar. Viele andere Sprachen werden nur von rechts nach links geschrieben. So zum Beispiel Arabisch, Hebräisch, Farsi und Urdu. Farsi und Urdu werden unter anderem in Indien, Pakistan, Tadschikistan, Afghanistan, im Iran und Irak gesprochen.

Text in Brailleschrift

Wie lesen Blinde?

Es gibt eine besondere Blindenschrift, die aus kleinen Erhöhungen auf dem Papier besteht. So kann sie mit den Händen ertastet und gelesen werden. Diese Schrift erfand im Jahre 1825 Louis Braille (1809–52), daher heißt sie Brailleschrift. Jeder Buchstabe besteht aus mehreren winzigen, fühlbaren Punkten. Außer den Buchstaben des Alphabets kann man mit den Punkten auch mathematische und chemische Zeichen, Noten und eine Kurzschrift darstellen. Es gibt heutzutage viele Bücher, die auch in Blindenschrift gedruckt werden. Allerdings brauchen sie sehr viel mehr Platz als normale Bücher. Mittlerweile werden auch Computer eingesetzt, mit denen Blinde lesen und schreiben können.

Gibt es Erwachsene, die weder lesen noch schreiben können?

Obwohl jeder in der Schule das Lesen und Schreiben eigentlich gelernt haben müsste, gibt es doch Erwachsene, die beides nicht können. In Deutschland leben etwa vier Millionen dieser sogenannten Analphabeten. Meist ist ihnen diese Schwäche sehr unangenehm. Daher erfordert es viel Mut sie sich einzugestehen und noch einmal Lesen und Schreiben zu lernen.

Warum rechnen wir mit arabischen Ziffern?

Die arabischen Ziffern stammen ursprünglich gar nicht aus Arabien, sondern aus Indien. Im siebten Jahrhundert lernten Araber dort eine völlig neue Art des Zählens kennen. Für alle neun Grundzahlen gab es ein anderes Zeichen. Den Arabern gefiel dieses System so gut, dass sie sogar zahlreiche Bücher darüber schrieben. Im zwölften Jahrhundert brachte Leonardo Fibonacci (um 1170–1241) die arabischen Ziffern nach Europa.

Arabische Ziffern

Warum ist Lernen im Leben so wichtig?

Es gibt viele Gründe, warum du nie aufhören solltest zu lernen. Momentan ist es gerade besonders einfach für dich zu lernen, denn je jünger du bist, desto leichter fällt es dir. Doch auch Erwachsene sollten sich immer weiterbilden. Einerseits, um mit dem Fortschritt im beruflichen Alltag mitzuhalten, andererseits, um das Gehirn fit zu halten. Denn genauso wie zum Beispiel die Muskulatur muss auch das Gehirn trainiert werden, sonst wird es faul und das Gedächtnis lässt nach.

Lerntipp

Nur was wiederholt wird, bleibt für immer im Gedächtnis. Durch einen einfachen Zeitplan für das Lernen und Wiederholen erlangst du einen besseren Lernerfolg. Wiederhole nur das, was du vergessen hast, dann brauchst du weniger Zeit. Wichtig ist auch, dass du in einer angenehm warmen und mit ausreichend Sauerstoff versorgten Umgebung lernst und alles vermeidest, was dich ablenken könnte.

Seit wann gibt es Schulen?

Schulen gibt es auf jeden Fall schon seit etwa 2000 Jahren. In Ägypten durften nur Jungen die Tempelschule besuchen, um zu guten Bürgern erzogen zu werden. In Deutschland hat Karl der Große um das Jahr 800 zunächst eine Schule an seinem Hof gegründet. Damals durften nur wenige Mädchen und Jungen zur Schule gehen. Und es gab seit dem Mittelalter Klosterschulen, in die die Kinder gehen konnten. Doch erst seit etwa 100 Jahren gibt es so viele staatliche Schulen, das bei uns alle Kinder in die Schule gehen können.

Beim Lernen braucht man Ruhe.

Warum können wir nicht immer Ferien haben?

Kinder können nicht immer Ferien haben, weil sie dann in der Schule nichts mehr lernen würden. Dann bekommen sie später keine Arbeit und verdienen kein Geld. Ohne Geld können sie weder eine Wohnung bezahlen noch Essen oder Kleidung einkaufen. Du siehst also, dass das nicht funktioniert. Wenn alle, auch die Erwachsenen, nur noch Ferien machen würden, gäbe es keinen Arzt, wenn du krank bist, und auch keine Verkäufer im Supermarkt. Niemand würde den Supermarkt beliefern, er wäre also leer. Der ganze Kreislauf wäre unterbrochen. Deshalb hat man nur manchmal Urlaub oder Ferien. So wird immer alles in Gang gehalten.

Was ist eine Zeitungsente?

Eine Zeitungsente ist keine Ente aus Zeitung. Es ist eine Falschmeldung in der Zeitung. Es gibt verschiedene Erklärungen, wie dieser Begriff entstanden ist. Eine führt tatsächlich ins Tierreich. Entenweibchen gelten nämlich als recht unzuverlässig, wenn es um das Brüten geht. Doch es gibt noch weitere Begründungen: In Großbritannien werden Zeitungsmeldungen, von denen die Redakteure nicht genau wissen, ob sie stimmen, mit den Buchstaben „N. T." gekennzeichnet. Das ist die Abkürzung für „not testified", „nicht geprüft". Spricht man diese Abkürzung auf Deutsch aus, klingt es wie „Ente". Welche Erklärung die Richtige ist, ist nicht mehr nachvollziehbar.

Warum zittert Espenlaub?

Die Espe, auch Aspe oder Zitterpappel genannt, gehört zur Gattung der Pappeln. Sie hat rundliche Laubblätter mit einem relativ langen Blattstiel, der an den Seiten abgeplattet ist. Deshalb bewegen sich die Blätter schon bei dem geringsten Windhauch und rascheln. Daher stammt der Ausdruck „zittern wie Espen- laub".

Warum ist die Post gelb?

Im Laufe der Zeit gab es viele verschiedene Farben für die Post. Als Deutschland noch aus vielen kleineren Ländern bestand, gab es in jedem eine andere Farbe. Im deutschen Reich unter Kaiser Maximilian (1459–1519) waren die Reichsfarben schwarz und gelb. Die Post griff diese Farben auf und war so jedem als kaiserliche Post erkenntlich. Erst 1946 wurde aber das Gelb als einheitliche Farbe für die gesamte deutsche Post vorgeschrieben.

Gelb ist eine Signalfarbe.

Sind Kirchenmäuse arm?

Mäuse lebten früher gerne in Speisekammern, weil es dort viele leckere Sachen gab, die sie fressen konnten. In der Kirche gab es jedoch keine Speisekammer und daher nichts zu fressen für die Mäuse. Daher kommt die Redewendung, dass jemand „arm wie eine Kirchenmaus" ist, wenn er nichts besitzt.

Kirchenmäuse hatten nicht viel zu fressen.

Warum wackelt Wackelpudding?

Wackelpudding wird auch Götterspeise oder Wackelpeter genannt. Er besteht vor allem aus Zucker, Aromen, Farben und Gelatine. Gelatine wird aus dem Bindegewebe von Tieren gewonnen und ist vollkommen geschmacksneutral. Wenn man Gelatine mit Wasser aufkocht, bekommt sie beim Erkalten eine ganz merkwürdige Festigkeit: Sie ist weich und trotzdem stabil – und daher wackelt sie so schön.

Warum frieren Schneider?

Hat dir schon mal jemand gesagt, er friere wie ein Schneider? Das kommt daher, dass Schneider früher nicht besonders gut verdienten, sie waren also meist sehr arm. Da sie zudem viel im Haus saßen und nähten, waren sie oft sehr dünn und blass. Und ohne körperliche Arbeit wurden sie auch nicht sehr kräftig, sondern waren meist schmächtig gebaut. All dies bestärkte die Menschen in ihrem Glauben, dass Schneider oft frieren müssten.

Kann eine Leberwurst beleidigt sein?

Nein, natürlich kann eine Leberwurst nicht beleidigt sein. Diese Redensart geht darauf zurück, dass aufgrund der antiken Säftelehre lange der Glaube herrschte, von der Leber werde das Temperament eines Menschen gesteuert. Besonders die Wut gehe von der Leber aus, meinte man. So kam das Sprichwort auf, eine „beleidigte Leberwurst" zu sein, wenn sich jemand grundlos gekränkt fühlte oder eine Nichtigkeit ursächlich für die Verstimmung war.

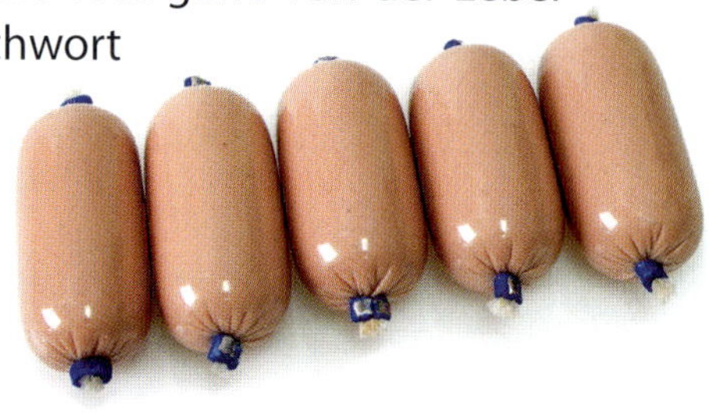

Reden Bauchredner mit dem Bauch?

Mit dem Bauch kann man nicht reden. Ein Bauchredner arbeitet mit einem Trick: Er zieht den Gaumen zusammen, legt die Zunge zurück und verengt dadurch den Kehlkopfeingang. So wird der Klang der Stimme verändert und man sieht beim Sprechen keine Lippenbewegung mehr. Es scheint, als rede er aus dem Bauch heraus.

Kann man in einem Iglu kochen?

Ein Iglu ist eine Hütte mit dicken Mauern aus Eis und Schnee. In der Sprache der Inuit bedeutet „Iglu" einfach „Haus". Tatsächlich ist es in Grönland und Nordkanada so kalt, dass die Wände dieser Behausung auch dann nicht schmelzen, wenn man darin ein kleines Feuer macht. Wenn es doch einmal zu warm wird, kann man ein paar kleine Löcher in die Wand bohren, damit mehr kalte Luft hereinkommt. Die Iglus waren aber schon immer nur Jagd- und Reiseunterkünfte.

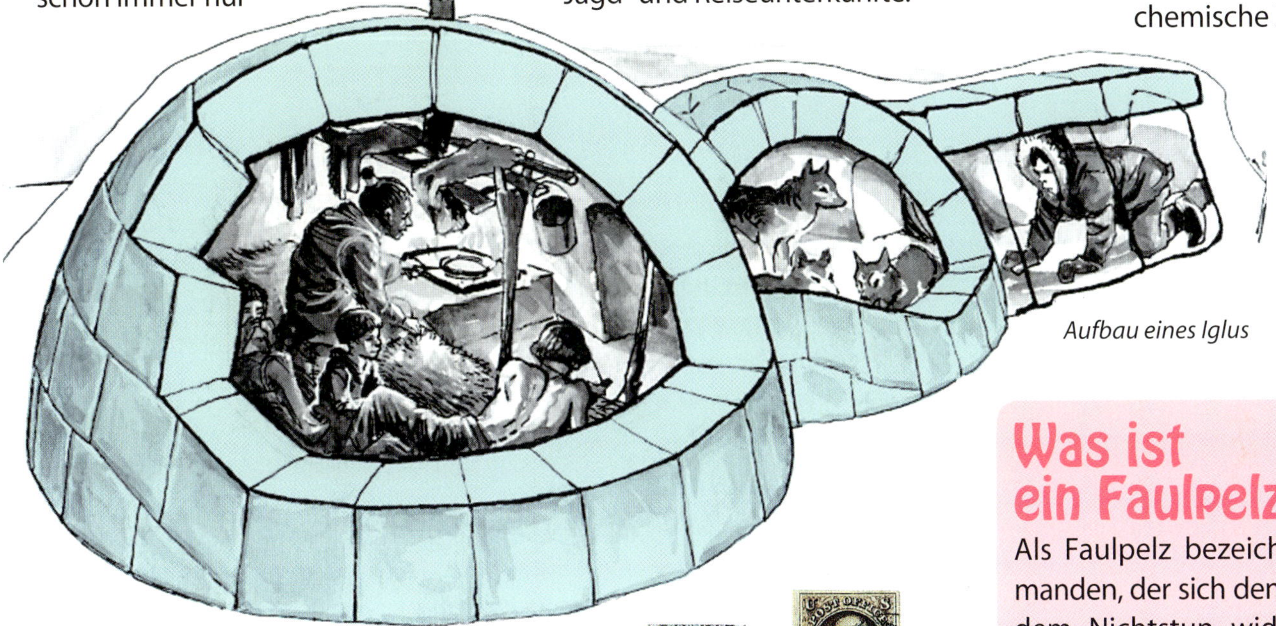

Aufbau eines Iglus

Warum ist Wasser nass?

Wir empfinden Wasser als nass, weil wir als Kinder schon lernen, die Empfindungen, die bei der Berührung mit Wasser entstehen, so zu benennen. Jeder kennt das: Wenn man einen Finger ins Wasser hält, bewegt es sich und ein Temperaturunterschied ist zu spüren, je nachdem wie warm oder kalt das Wasser ist. Wir verbinden also bestimmte Eigenschaften mit Wasser und Nässe – und die bekommt das Wasser durch seine chemische Zusammensetzung.

Wer erfand die Briefmarken?

Die Briefmarken wurden 1840 in Großbritannien erfunden. Vorher musste der Empfänger den Postboten bezahlen, wenn er seinen Brief bekommen wollte. So erhielt der Bote seinen Lohn. Wenn der Empfänger jedoch den Brief nicht wollte, ging der Überbringer leer aus. Daher führte man die Briefmarke ein, die vom Sender des Briefes bezahlt werden muss.

Was ist ein Faulpelz?

Als Faulpelz bezeichnen wir jemanden, der sich den ganzen Tag dem Nichtstun widmet. Dieser Ausdruck stammt aus dem 13. Jahrhundert. In der Schweiz bezeichnete man nämlich den Schimmelpilz, der auf faulenden Gegenständen wuchs, als Pelz. Ein Faulpelz entsteht also, wenn etwas zu lange herumliegt!

Briefmarken gibt es seit 1840.

Haben alle Menschen genug zu essen?

Nein, leider ist das nicht so. Viele Menschen haben nicht genug zu essen und auch nur sehr wenig sauberes Wasser. Sie können nicht einfach einen Wasserhahn aufdrehen, aus dem immer Trinkwasser kommt. Etwas weniger als die Hälfte aller Menschen hat kein sauberes Wasser und kein richtiges Abwassersystem. Dadurch werden sie auch schneller krank. Außerdem ist Wasser für die wirtschaftliche Entwicklung in armen Ländern unheimlich wichtig, denn ohne Wasser können keine Nahrungsmittel erzeugt werden und auch viele Industriezweige können nicht produzieren.

Armenviertel in Indien

Müssen auch bei uns Menschen hungern?

In den Industrieländern muss man die Armut anders bewerten als zum Beispiel in Entwicklungsländern. Dass jemand tatsächlich verhungert, weil er kein Geld hat, um sich etwas zu essen zu kaufen, ist eher selten. In Deutschland zum Beispiel gibt es ein sogenanntes soziales Netz: Es fängt die Menschen auf, das heißt unterstützt jene, die gerade kein Geld verdienen. Es gibt auch viele Einrichtungen, in denen Kinder und Erwachsene kostenlos essen können. Es gibt also arme Menschen, die sich viel weniger leisten können als die Mehrheit, doch es ist keine lebensbedrohliche Armut. Doch in den Industrieländern, die kein soziales Netz haben, verhungern auch Menschen.

Straßenkind

Was sind Straßenkinder?

Straßenkinder leben auf der Straße, weil sie keine Familie haben, bei der sie wohnen können. Sie sind obdachlos. Besonders häufig gibt es Straßenkinder in den armen Ländern, in denen es auch kein soziales System gibt, das sich dieser Kinder annimmt. Sie müssen sich selbst darum kümmern, wo sie etwas zu essen herbekommen und wo sie schlafen können.

Warum müssen Straßenkinder auf der Straße leben?

Meist kommen Straßenkinder aus Familien, die vollkommen verarmt sind. Die Eltern können dann die Kinder nicht mehr ernähren. Es kann aber auch sein, dass die Eltern krank sind oder starben, vielleicht weil in ihrem Land Krieg herrscht. Einige Eltern flüchten aber auch vor der Armut aus dem Land und lassen ihre Kinder zurück. Dann sind sie meistens schon sehr verzweifelt! Die Kinder können dann nirgends mehr hin, sie müssen auf die Straße.

Unterschiede zwischen arm und reich

Warum gibt es Obdachlose?

Obdach ist ein anderes Wort für Unterkunft. Obdachlose haben also keinen festen Wohnsitz, in dem sie übernachten und leben können. Sie leben auf der Straße oder in Parks und übernachten oft auch im Freien. In Industriestaaten wie Deutschland sind oft eine Trennung vom Lebenspartner, der Verlust der Familie oder der Arbeit die Gründe, die immer wieder zu Drogenabhängigkeit, Alkoholismus oder Armut führen. So verlieren die Menschen dann auch ihre Wohnung und suchen sich keine Hilfe mehr. Manchmal schaffen sie es auch nach einem Gefängnisaufenthalt nicht, wieder ein normales Leben zu führen. Meistens kommen mehrere Ursachen zusammen und sie finden keinen Weg, der sie von der Straße wegführt.

Obdachlose haben keine Wohnung.

Diese Kinder müssen Holz schleppen.

Warum gibt es Kinderarbeit?

Fast 190 Millionen Kinder in aller Welt müssen schon arbeiten. Schulunterricht oder Spielen ist für viele Kinder in Indien oder Bolivien, Angola oder Mosambik eher die Ausnahme. Vor allem Kinder in Asien, Afrika und Südamerika arbeiten in Fabriken und Bergwerken, pflücken Kaffee und Tabak, fertigen Kunstblumen, schleppen Steine für den Straßenbau oder arbeiten als Dienstmädchen. Manchmal geraten sie auch in den Sog der Kriminalität und werden als Diebe, Drogenkuriere oder Prostituierte missbraucht oder sogar versklavt. Mithilfe weltweiter Organisationen wie der Deutschen Welthungerhilfe wird versucht, Kinder vor dieser Ausbeutung zu schützen. Die Kinderarbeit ist meist aus der Not heraus geboren, denn ihre Familien sind oft dem Verhungern nahe.

Gibt es bei uns auch Kinderarbeit?

In Europa gibt es seit Anfang des 20. Jahrhunderts keine Kinderarbeit mehr. Doch vorher mussten auch hier die Kinder armer Familien arbeiten gehen. Nur so konnten die Familien genug verdienen, um alle zu ernähren. Besonders schlimm wurde es zur Zeit der Industriellen Revolution im 18. und 19. Jahrhundert. Damals entstanden immer mehr Fabriken und die Kinder mussten manchmal schon ab einem Alter von vier Jahren zehn bis 16 Stunden am Tag arbeiten. Dadurch sanken die Gesundheit und die Bildung der Bevölkerung sehr stark. Zum Glück wurde bis heute der Kinderschutz immer weiter ausgebaut. Seit 1976 gilt nach dem Jugendarbeitsschutzgesetz ein grundsätzliches Beschäftigungsverbot für Kinder unter 14 Jahren.

Ein Kind als Fabrikarbeiter

Was ist die Jugend?

In der Jugend verändert man sich sehr.

Die Übergangsphase vom Kind zum Erwachsenen nennt man Jugend. In dieser Zeit durchläuft man die Pubertät, in der sich die Geschlechtsmerkmale voll entwickeln und man zeugungsfähig wird. Neben den körperlichen Veränderungen entwickelt man sich auch geistig weiter. Doch auch nach der Pubertät dauert die Zeit der Jugend an, man rechnet sie etwa vom 13. bis zum 21. Lebensjahr. In diesen Jahren entwickelt sich die Selbstständigkeit und Individualität, der Abstand zu den Eltern wird größer. Man beginnt, eigenständiger zu denken, bekannte Dinge in Frage zu stellen und neu zu bewerten. Zugleich fallen in diese Zeit auch der Schulabschluss und die Frage, welchen Beruf man ergreifen will. Dann folgen der Beginn einer Ausbildung oder eines Studiums und vielleicht auch der Umzug in eine andere Stadt.

Seit wann gilt die Jugend als Lebensabschnitt?

Früher gab es nur zwei Lebensalter: Kindheit und Erwachsenenalter. Wer kein Kind mehr war, galt also als erwachsen. Damals lebten die meisten Menschen auf dem Land und arbeiteten in der Landwirtschaft. Die Jungen wurden auf den Feldern und im Stall als Arbeitskraft benötigt, die Mädchen mussten sich zu Hause um die Geschwister kümmern. Nur in der obersten Schicht der Gesellschaft gab es einen Abschnitt im Leben, der an unsere heutige Jugendphase erinnert. Anfang des 19. Jahrhunderts wurde durch die Modernisierung und Industrialisierung die Bildung aller Schichten wichtiger. So wurde die Kinderarbeit abgeschafft und die Schulpflicht eingeführt.

Was ist Volljährigkeit?

In Deutschland ist man mit 18 Jahren volljährig, aber trotzdem noch ein Jugendlicher. Volljährigkeit bedeutet, dass man Geschäfte abschließen darf, Verträge unterschreiben und zur Wahl gehen. Außerdem ist man von nun an für seine Handlungen selbst verantwortlich und straffähig. Viele Länder haben dies anders geregelt, da sie 18-Jährige noch nicht als erwachsen ansehen. In den USA zum Beispiel darf man zwar mit 16 Auto fahren, aber erst mit 21 Jahren ist man volljährig und geschäftsfähig.

In Deutschland darf man mit 18 Jahren den Führerschein machen.

Was sind Drogen?

Der Begriff Droge meint eigentlich nur ein Heilmittel. Die Bedeutung hat sich bis heute wegen des Missbrauchs ins Negative verkehrt. Es gibt sehr verschiedene Arten, die pflanzlich oder künstlich hergestellt werden können. Auch Zigaretten und Alkohol sind Drogen, die süchtig machen können, aber trotzdem erlaubt sind. Sie machen nicht sofort süchtig und viele Menschen können das richtige Maß halten. Dann werden sie nicht abhängig. Es gibt also Drogen, die langsam süchtig machen und von denen man schneller wieder loskommt. Andere dagegen machen schon süchtig, wenn man sie nur ein einziges Mal nimmt. Das sind zum Beispiel Kokain und Heroin. In Deutschland und den anderen Ländern sind alle diese Drogen verboten.

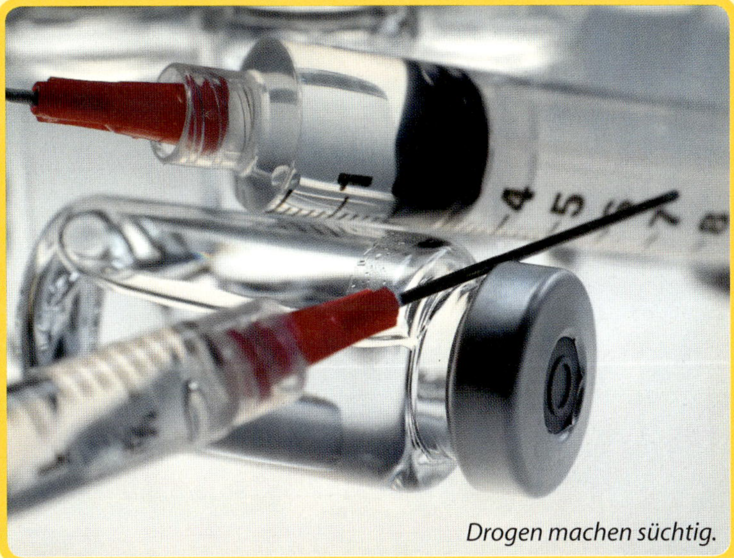

Drogen machen süchtig.

Warum nehmen manche Menschen Drogen?

Manche Menschen sind sehr unglücklich. Das kann alle möglichen Ursachen haben und sie versuchen, das zu vergessen, weil sie sonst ihr Leben nicht mehr ertragen. Wenn sie dann eine Droge nehmen, wird ihnen alles egal und sie fühlen sich besser. Das Problem daran ist, dass die Drogen das Glücksgefühl nur vortäuschen und außerdem süchtig machen. Man nimmt die Wirklichkeit nicht mehr so wahr, wie sie tatsächlich ist. Man kann nicht arbeiten oder lernen, braucht aber Geld, um sich neue Drogen zu kaufen. Dann kann es sein, dass die Leute ihre Wohnung verlieren, stehlen und betteln. Sie leben irgendwann auf der Straße und werden von alledem, besonders von den Drogen, immer kränker. Da sie aber süchtig sind, fällt es ihnen sehr schwer, etwas dagegen zu unternehmen. Denn eine Sucht kann unser ganzes Leben bestimmen, sind wir ihr erst einmal verfallen. Deshalb sterben viele Drogenabhängige sehr früh. Es gibt auch Menschen, die Medikamente nehmen, damit sie möglichst viel arbeiten und Geld verdienen können. Auch sie werden abhängig und zugleich überanstrengen sie sich.

Zusatzinfo

Entzugserscheinungen

Eine Merkmal der Drogensucht sind die Entzugserscheinungen. Ist man abhängig und die Wirkung der Droge lässt nach, werden bestimmte Körperfunktionen außer Kraft gesetzt. Der Körper hat sich daran gewöhnt, mit der Droge zu arbeiten und kann es ohne sie nicht mehr so gut. Der Süchtige fängt dann an zu zittern, bekommt unglaubliche Schmerzen und kann an nichts anderes mehr denken, als die Droge wieder einzunehmen. Natürlich kann das Gehirn auch wieder lernen, ohne Drogen zu funktionieren. Dafür ist es aber wichtig, vollständig auf die Drogen zu verzichten. Das ist ein sehr schwieriger und oft schmerzhafter Vorgang. Deshalb gibt es Entzugskliniken, in denen Ärzte und Fachleute den Süchtigen dabei helfen, aus der Abhängigkeit herauszukommen.

Es ist sehr schwer, von Drogen loszukommen.

Bei einem Streit sollte man sachlich bleiben.

Tipp

Damit ein Streit fair bleibt und zu einer guten Lösung für alle führt, sollte man einige Regeln beachten:

- Erst zuhören, dann reden.
- Die eigene Meinung begründen.
- Andere Meinungen akzeptieren.
- Beim Thema bleiben.
- Kompromisse finden.
- Beleidigungen und Kränkungen sind tabu!

Warum streitet man sich?

Menschen sind verschieden, zum Beispiel aufgrund ihrer Ausbildung, ihres Berufes, des Alters und der Gesellschaft, in der sie leben. Sie machen im Laufe ihres Lebens verschiedene Erfahrungen und ziehen unterschiedliche Schlüsse daraus. Daher haben sie auch verschiedene Meinungen zu bestimmten Dingen. Dass sie über diese Meinungen sprechen und sich austauschen, ist gut. Denn so kommt man auf neue Gedanken und lernt, andere besser zu verstehen. Bei einem Streit jedoch möchte man den anderen von seiner Meinung überzeugen. Meist ist ein solches Gespräch dann nicht mehr vernünftig, sondern wird gefühlsbetont, vielleicht schreit man den anderen an. Dies kann auf Dauer zu ernsten Konflikten führen. Man sollte Auseinandersetzungen nicht aus dem Weg gehen, doch immer sachlich bleiben.

Verkleiden macht Spaß.

Was ist Karneval?

Als Karneval wird in Deutschland die Zeit vom 11. November bis zum Aschermittwoch, dem Beginn der christlichen Fastenzeit, bezeichnet. Diese beginnt 40 Tage vor Ostern. Davor singt, tanzt und feiert man ausgelassen auf den Straßen und verkleidet sich nach Belieben. Je nach Region nennt man diese Zeit auch Fastnacht oder Fasching. Höhepunkte sind in Deutschland der letzte Donnerstag (Altweiberfasching), der Rosenmontag und der Faschingsdienstag, die traditionell mit bunten Straßenzügen begangen werden. Hochburgen des Karnevals sind Mainz, Köln und Düsseldorf. Weltweit berühmt sind auch die Karnevalsfeiern in Venedig (Italien) und Rio de Janeiro (Brasilien).

Was ist eigentlich Halloween?

Die „Erfinder“ von Halloween sind keine Amerikaner, sondern vermutlich die Kelten. Sie feierten wohl am 1. November den Beginn des neuen keltischen Jahres. In der Nacht zwischen zwei Jahren, so glaubten sie, seien die Grenzen zwischen dem Diesseits und dem Jenseits geöffnet und die Geister der Toten könnten auf Erden wandeln. Manche sagen, die Lichter sollten den Geistern den Weg weisen, andere glauben, die Verkleidungen sollten abschrecken. Die Kürbisfratzen und Kostüme könnten darauf zurückgehen, ebenso wie das Nahrungsmittelopfer: „Süßes, sonst gibt's Saures!“ Papst Gregor IV. versuchte den heidnischen Brauch zu unterbinden, indem er das christliche Allerheiligenfest auf den 1. November verlegte. Daher hat das Fest auch seinen Namen: Der Abend vor Allerheiligen heißt auf Englisch „All Hallows' Eve“ – verkürzt Halloween. Der Brauch wurde wohl von irischen Auswanderern nach Nordamerika gebracht und breitet sich seit einigen Jahren auch in Europa wieder aus.

Wie lautet die Legende von Jack O'Lantern?

Das Kürbisschnitzen geht zurück auf die Legende von Jack, einem Schmied, der sehr geizig war. Außerdem trank er gerne und viel Alkohol. An einem Halloweenabend erschien ihm der Teufel und wollte ihn mit in sein Reich nehmen. Jack bot ihm seine Seele für einen letzten Drink an. Der Teufel ließ sich auf diesen Tausch ein und verwandelte sich selbst in eine Geldmünze. Jack steckte ihn blitzschnell in seinen Geldbeutel. Da er dort auch ein silbernes Kreuz verwahrte, konnte der Teufel sich nicht zurückverwandeln. Jack ließ ihn erst wieder frei, als der Teufel ihm noch zehn weitere Lebensjahre versprach. Nach zehn Jahren kam der Teufel also wieder, um Jack zu holen. Doch dem gelang es erneut, den Teufel hereinzulegen und er handelte mit ihm aus, dass er niemals seine Seele bekommen werde. Als Jack einige Jahre später starb, wurde ihm jedoch der Zutritt zum Himmel verwehrt, weil er sein Leben lang so geizig, falsch und hinterlistig gewesen war. Doch auch in der Hölle nahm man ihn nicht auf, denn das hatte der Teufel ja versprochen. So gab der Teufel Jack noch ein Stück Kohle aus dem Höllenfeuer mit auf den Weg, weil es so kalt und windig war. Jack legte die Kohle in eine ausgehöhlte Rübe und machte sich wieder auf den Weg. Seit diesem Tage, so sagt die Legende, wandele er mit seiner Laterne an Halloween durch die Dunkelheit zwischen Himmel und Hölle hin und her.

Gibt es Hexen?

Die böse Hexe, die kleine Kinder fängt und mästet oder die andere verwünscht und vergiftet, die gibt es nur im Märchen. Doch ebenso wie die Märchen hat der Hexenglauben seinen Ursprung in alten Sagen und im Volksglauben. So glaubten die Germanen, es gebe zauberkundige Frauen, die Gutes und Böses bewirken können. Als der Glaube an Christus in unseren Landen überhand nahm, tat die Kirche Zauberei und Hexerei zunächst als heidnischen Aberglauben ab. Doch im 15. Jahrhundert begann die Kirche zu erklären, Hexen gehörten dem Teufel an und müssten beseitigt werden. Harmlose Frauen, die sich mit Heilkräutern auskannten oder einfach nur rote Haare hatten, wurden vor Gericht verurteilt und auf dem Scheiterhaufen verbrannt. Heute gibt es wieder einige Frauen, die sich in der Tradition der guten Hexen sehen, sich mit Heilkräutern beschäftigen und oft auch einer Naturreligion angehören.

Hexen sagte man Zauberei nach.

Zusatzinfo

Hexenverfolgung
Die Hexenverfolgung dauerte etwa 300 Jahre an. Da es keine gerechten Prozesse gab, hatte man nach einer Anklage kaum Chancen, freigesprochen zu werden. Es gab zum Beispiel Prüfungen: Man band einer mutmaßlichen Hexe Steine an die Füße und warf sie in einen See. Kam sie wieder an die Oberfläche, war sie eindeutig eine Hexe und wurde verbrannt. Starb sie, war sie keine Hexe, aber ertrunken.

Was ist die Walpurgisnacht?

Die Walpurgisnacht ist die Nacht vom 30. April auf den 1. Mai. Im Volksglauben reiten in dieser Nacht Hexen auf Besen, Ziegenböcken oder Katzen zum Hexensabbat auf den Blocksberg (Brocken) im Harz, um sich mit dem Teufel und anderen dämonischen Wesen zu treffen. Natürlich gibt es zur Entstehung der Sage auch eine Erklärung: Zur Zeit Karls des Großen im achten Jahrhundert traf sich das Volk im Harz genau in dieser Nacht zu gemeinsamen Opferfesten. Nachdem das Land christianisiert und viele Menschen getauft worden waren, wurden diese Treffen untersagt. Alte Bräuche kann man aber nicht so leicht abschaffen. Um nicht erkannt zu werden, versammelten sich die Menschen jetzt vermummt oder in schrecklicher Verkleidung. Etwa im 16. Jahrhundert entwickelten sich die Sagen um Hexen und Teufel.

Wer war die heilige Walburga?

Ihren Namen hat die Walpurgisnacht von der heiligen Walburga (um 710–779 nach Christus). Sie war eine Benediktinerin (das ist ein Nonnenorden), stammte aus England und leitete in Deutschland ein mächtiges Kloster. Zu dieser Zeit war das Christentum in Deutschland noch nicht sehr verbreitet und Walburga wollte das Volk bekehren. Ihrer wird seit dem Mittelalter in der Nacht zum 1. Mai gedacht. Und auch die Christen tanzten nun um das Feuer, um den Teufel zu vertreiben.

EXPERIMENT

Hexerei – Der Hustentrank

Wenn es mal wieder im Hals kratzt, wirkt dieses Gebräu wahre Wunder! Thymian ist eine altbekannte Heilpflanze, die Schleim löst und Entzündungen lindert. Ähnlich wirken Anis und Süßholzwurzel. Letztere bekommt ihr in der Apotheke, den Rest auch im Supermarkt:

3 Teelöffel gemahlener Anis
9 Teelöffel gemahlene Süßholzwurzel
6 Teelöffel getrockneter Thymian

1. Erhitze den Anis und die Süßholzwurzel in einem Topf mit 1½ Litern Wasser und lasse das Gemisch auf kleiner Flamme etwa ¼ Stunde köcheln.
2. Filtere dann die heiße Brühe, indem du sie durch ein Stofftuch gießt. Nun hast du einen Grundsud, den du in einem fest verschließbaren Gefäß aufbewahren kannst.
3. Für jede Anwendung erhitzt du etwa ¼ Liter davon auf dem Herd. Dann gibst du 1 Teelöffel Thymian in ein Teenetz, hängst es in einen Becher und übergießt es mit dem heißen Sud.
4. Bedecke den Becher – etwa mit einer Untertasse – und lass das Ganze 10 Minuten ziehen. Fertig! Den Hustentrank nimmst du dreimal täglich ein. Du kannst ihn auch noch mit Honig süßen.

Warum stellen wir einen Weihnachtsbaum auf?

Es gibt keine eindeutige Erklärung dafür, woher der Brauch mit dem Weihnachtsbaum stammt. Sicher ist, dass der immergrüne Baum ein Symbol für das jährlich wiederkehrende Leben im Frühjahr ist. Vormals feierten die Menschen diese Wiederkehr zur Zeit der Wintersonnenwende, wenn das neue Jahr begann – am 21. oder 22. Dezember. Den Weihnachtsbaum hingegen gibt es erst seit dem 18. Jahrhundert und er hat vermutlich seinen Ursprung in Deutschland. Und zu Christus als Lichtbringer und dem neuen Leben passt der immergrüne Tannenbaum ebenso. Manche Leute sehen in ihm auch ein Symbol für den Baum des Paradieses, der mit goldenen Äpfeln behängt ist.

Wieso bringt ein Hase die Ostereier?

Niemand kann sicher sagen, wie der Hase zu den Eiern kam, aber es gibt Vermutungen. Der Hase spielte zunächst nur eine untergeordnete Rolle beim Osterfest. Das Ei war das Hauptsymbol. Es steht für Fruchtbarkeit und die Entstehung des Lebens. Damit die Eier zu Ostern etwas Besonderes seien, malte man sie an und sagte, sie seien von Fuchs, Hahn, Storch oder Kuckuck gebracht worden. Der Hase ist ebenfalls ein Fruchtbarkeitssymbol, da er sich rasend schnell vermehrt. Jedes Jahr zu Ostern waren auf den Feldern seltsame Geschehnisse zu beobachten. Es sah aus, als ob die Hasen tanzten, und als sie weg waren, lagen bunte Eier auf den Wiesen. So entstand mit der Zeit der Mythos vom Hasen, der bunte Ostereier bringt. Die anderen Tiere wurden aus den Ostergeschichten verdrängt. Heute weiß man, dass die bunten Eier von bodenbrütenden Wildvögeln stammten, die durch den Balzkampf der Hasen verscheucht wurden.

Woher kommt das Sparschwein?

Das Schwein wurde im Mittelalter zum Glückssymbol. Damals erhielt bei volkstümlichen Wettbewerben der schlechteste Mitstreiter ein Ferkel, begleitet von spöttischen Glückwünschen. Für den Verlierer war das Schwein trotzdem ein unverhofft erworbenes Wertobjekt und somit ein Glücksbringer. Das Tier wurde zudem von jeher als Nahrungs- und Einkommensquelle in knappen Zeiten hoch geschätzt. Vom Symboltier für Glück und Fruchtbarkeit war es dann nur noch ein kleiner Schritt zum Sparschwein. In China gab es bereits im 13. Jahrhundert Sparschweine aus Ton. In Deutschland kamen die Sparschweine wahrscheinlich im 17. Jahrhundert auf. Sparbüchsen in Form einfacher Tontöpfe mit einem Schlitz für den Geldeinwurf gab es allerdings schon seit dem dritten Jahrhundert vor Christus.

Warum gelten Hufeisen als Glücksbringer?

Das Hufeisen ist seit dem Mittelalter ein Glückssymbol. Da Eisen teuer war und mühevoll von den Schmieden geformt werden musste, war der Finder eines Hufeisens ein Glückspilz. Der Legende nach muss man daher Hufeisen finden, damit sie wirklich Glück bringen. Doch heutzutage werden sie auch gerne als Geschenk überreicht, insbesondere an Silvester. Man hängt Hufeisen vor allem mit der offenen Seite nach oben über Türen auf. So schützen sie das Haus und das Glück kann nicht aus dem Eisen herausfallen – und es kann auch noch neues hinein!

Warum ist Freitag der 13. ein Unglückstag?

Die Menschen haben besonders früher jeder Zahl eine bestimmte Bedeutung zugeordnet. Die 13 kann entweder als Unglückszahl betrachtet werden, weil sie die gerade und harmonische Zwölf überschreitet. Aber sie kann dadurch auch einen Neuanfang bedeuten, also etwas Gutes. Der Freitag hat bei den Christen an sich einen schlechten Ruf, weil Jesus an einem Freitag gekreuzigt worden sein soll: am Karfreitag. Doch woher genau das Zusammenspiel von Freitag und der 13 kommt, ist ziemlich unklar. Dieser angebliche Unglückstag tauchte auch erst im 20. Jahrhundert auf, ist also noch relativ neu. Genährt wurde dieser Volksglaube auf jeden Fall von Kinofilmen über diesen Tag.

Warum sind Duschvorhänge so anhänglich?

Kaum stehen wir unter der Dusche, drängt sich uns auch schon der nasskalte Duschvorhang entgegen. Wie kommt es, dass er so anhänglich ist? Wenn wir den Wasserhahn aufdrehen, verdrängt das Wasser einen Teil der Luft. Die Luft dringt von der Seite her wieder ein und reißt dabei den Duschvorhang mit. Wenn man heißer duscht, entweicht die warme Luft aus der Dusche nach oben und verstärkt den Unterdruck. Dann geht der Duschvorhang noch mehr auf Tuchfühlung.

Warum fällt der Toast immer auf die Marmeladenseite?

Ein Toast, der von der Tischkante fällt, landet fast immer auf der bestrichenen Seite. Dabei ist es egal, ob er mit Marmelade, Nutella oder Butter bestrichen ist. Entscheidend ist nur die Höhe des Tisches. Fällt er von einem gewöhnlichen Esstisch von rund 77 Zentimetern Höhe, landet er recht zuverlässig auf der Marmeladenseite. Das liegt daran, dass sich das Brot im Flug dreht. Bei dieser Höhe schafft es aber nur eine halbe Drehung und landet auf der Marmeladenseite. Schubst man den Toast von einem Stehtisch von etwa 112 Zentimetern Höhe, so bleibt die Marmeladenseite fast immer oben. Dann hat der Toast nämlich Zeit, sich einmal ganz herumzudrehen.

Der Toast dreht sich im Fallen.

Warum knallt eine Peitsche?

Wenn eine Peitsche sehr schnell durch die Luft gewirbelt wird, knallt sie. Aber nicht, weil ihre Enden gegeneinander schlagen. Vielmehr überschreitet die Peitschenschnur die Schallgeschwindigkeit. Das Schnurende ist also für einen kleinen Moment schneller als 1100 Kilometer pro Stunde und durchbricht die Schallmauer. Deshalb hören wir einen Knall.

Warum braucht man zwei Löcher in der Saftpackung?

In einer vollen Saftpackung befindet sich sehr wenig Luft. Dennoch ist der Luftdruck innen ebenso groß wie außen. Gießt du nun den Saft aus, sinkt der Innendruck der Saftpackung, weil bei gleicher Menge Luft mehr Platz da ist. Deshalb fließt der Saft langsamer. Setzt du die Packung ab, wird ruckartig Luft hineingelassen und es spritzt. Ist aber ein zweites Loch in der Packung, kann die Luft dort einfach einströmen und der Druck bleibt ausgeglichen.

Gibt es Außerirdische?

Noch ist kein kleines grünes Männchen oder eine andere außerirdische Intelligenz zu uns auf die Erde gekommen. Und auch unsere ersten Schritte in den Weltraum blieben ohne Begegnung. Wir Menschen haben inzwischen den Mond besucht und erforschen andere Planeten wie den Jupiter, den Mars oder die Venus. Doch bisher wurden noch keine Bewohner ferner Planeten entdeckt. Viele Wissenschaftler sind dennoch davon überzeugt, dass es irgendwo im Weltraum Leben gibt. Doch selbst dann sind die Entfernungen so groß, dass es schon ein Riesenzufall sein müsste, wenn die Fremdlinge bei uns landen.

Was passiert mit einem Astronauten, der aus dem Raumschiff fällt?

Zunächst einmal ist es sehr unwahrscheinlich, dass ein Astronaut aus einem Raumschiff herausfällt. Die Türen sind speziell gesichert. Theoretisch jedoch könnte er im All ohne Anzug keinesfalls überleben. Es gibt dort keinen Sauerstoff zum Atmen und keine Ozonschicht, die vor den Sonnenstrahlen schützt. Zudem ist es auch noch eiskalt. Wir können auf der Erde nur wegen der schützenden Atmosphäre leben, draußen im All geht das nicht.

Wie fährt man einen Panzer?

Wie ein Auto hat auch ein Panzer einen Zündschlüssel, den man herumdrehen muss. Mit einem Startknopf wird der Motor des Panzers dann gestartet. Er hat ein Automatikgetriebe mit verschiedenen Fahrstufen, die automatisch die richtigen Gänge wählen. Man muss nur Gas geben oder bremsen. Schwierig ist das Panzerfahren, weil man so wenig sieht. Der Fahrer hält den Kopf aus der Luke und wird von einem Kommandanten unterstützt, der einen besseren Überblick hat und ihm Anweisungen gibt. Wird die Luke geschlossen, muss der Panzer über Spiegel gesteuert werden, die in verschiedenen Winkeln angebracht sind. Die Bremsen eines Panzers sind sehr viel kräftiger als die eines Autos. Bei einer Geschwindigkeit von 100 Kilometern pro Stunde hat der Panzer einen Bremsweg von nur zehn Metern. Ein Auto braucht rund dreimal so lange, bis es steht.

Panzerfahren ist ziemlich schwierig.

Wie entsteht Rost?

Rost entsteht, wenn Metall mit Sauerstoff in Berührung kommt. Sauerstoff ist in der Luft enthalten, und auch Feuchtigkeit beschleunigt das Rosten. Schiffswracks am Meeresgrund rosten sehr viel langsamer als an der Luft, weil im Wasser weniger Sauerstoff enthalten ist. Um Eisen vor dem Rosten zu schützen, kann man es einfetten oder mit Rostschutzfarbe anstreichen. Deshalb sind unsere Autos auch lackiert. Dort, wo der Lack abgegangen ist, fangen auch sie an zu rosten!

Rost bildet sich auf Metall.

Ist Piercen gefährlich?

Beim Piercen kann ebenso wie beim Schießen der Ohrlöcher eine Entzündung entstehen. Dann müssen die Stecker wieder entfernt werden! Nur so kann die entzündete Wunde abheilen und wieder zuwachsen.

Zungenpiercing

Was ist Staub?

Staub besteht aus winzigen Teilchen, die in der Luft schweben und sich auf alles niederlegen. Er ist überall und kann nie verschwinden. Denn selbst wenn wir putzen, verlagern wir den Staub nur woanders hin. Er kommt aus dem Weltall, aus den Fabriken, Autos, Haaren, Kleidung und so weiter.

Zusatzinfo

Wollmäuse
Wollmäuse sind Staubbällchen, die sich vor allem hinter Türen, Schränken und Sesseln oder in Ecken ablagern. Sie bestehen hauptsächlich aus Haaren und Fasern. Wenn in der Wohnung entsprechende Luftströmungen herrschen, können ziemlich große Gebilde entstehen.

Warum lassen sich Menschen piercen?

Piercing ist ein englisches Wort und bedeutet durchstechen, durchstoßen. Ursprünglich kommt diese Art der Körperverzierung von den Naturvölkern. Ein Piercing ist zum Beispiel Zeichen der Zugehörigkeit zu einem bestimmten Clan oder einer Familie. In Afrika trugen die Frauen einen Aluminiumstab in den Ohren, um böse Geister fernzuhalten. In den 1980er-Jahren verwendeten Punks als Zeichen ihres Protestes gegen die Gesellschaft Sicherheitsnadeln anstelle von Ohrringen. Das sieht aber gefährlicher aus, als es ist, denn sie stecken ja in den normalen Ohrlöchern. Damit wollten sie lediglich schockieren. Heutzutage ist das Piercing einfach nur ein Schmuckstück. Die Gründe dafür sind unterschiedlich: Man will entweder auffallen, findet es schön oder eifert einer Modeerscheinung nach.

Wie werden Tätowierungen gemacht?

Um eine Tätowierung anzufertigen, wird mit einer Nadel in die Haut gestochen und dabei eine spezielle Farbe unter die mittlere Hautschicht gebracht. Jeder einzelne winzige Punkt eines Tattoos ist ein kleiner Nadelstich. Tätowiermaschinen stechen ganz schnell hintereinander viele kleine Nadeln in die Haut, sodass der Tätowierer feine Striche ziehen kann. Die Farbe sitzt so tief in der Haut, dass sie nicht herauswachsen kann, sie verblasst nur etwas mit der Zeit. Daher halten Tätowierungen ein Leben lang. Man kann sie zwar entfernen lassen, doch das ist auch heute noch schmerzhaft, schwierig und teuer.

Eine Tätowierung hält ewig.

Warum finden wir manche Klamotten gut und andere nicht?

Wir finden meistens Dinge gut, weil wir die Menschen bewundern, die diese Klamotten tragen. Weil das die Kleidungshersteller wissen, sorgen sie dafür, dass sie mit ihren Produkten ein bestimmtes Lebensgefühl vermitteln. Das machen sie durch Werbung. Zum Beispiel schickt die Firma berühmten Popstars, Schauspielern oder anderen Menschen, die in der Öffentlichkeit stehen und einen bestimmten Ruf haben, dieses Kleidungsstück. Wenn unser Lieblingssänger diese Hose trägt, dann finden wir die Hose auch cool. Firmen investieren Millionen, nur um herauszufinden, was gerade „in" ist.

Coolness durch Kleidung

Warum benutzen Männer Rasierschaum?

Männer benutzen Rasierschaum, wenn sie sich nicht mit einem elektrischen Rasierer rasieren. Der Schaum entfernt das Haarfett. So kann die Feuchtigkeit des Schaums die Haare weicher machen und das Rasieren wird einfacher. Es entstehen weniger Schnittwunden und die Haut wird nicht so sehr gereizt. Rasierschaum enthält heutzutage auch viele pflegende Stoffe, damit die Haut nach der Rasur nicht zu trocken wird, sich weich anfühlt und duftet.

Warum wollen alle Schauspieler den „Oscar"?

Unter allen Schauspielerinnen und Schauspielern ist der „Oscar" heiß begehrt, denn er ist der wichtigste Filmpreis der Welt. Er ist 34 Zentimeter groß und wiegt vier Kilogramm. Goldüberzogen steht der Ritter mit seinem Schwert auf einer Filmspule. Jedes Jahr stehen Stars und Fans Kopf, wenn die Trophäe in Los Angeles verliehen wird. Dabei ist die Auswahl der Jury oft längst nicht so interessant wie der Klatsch und Tratsch: Wer schreitet über den roten Teppich? Wie sehen die Kleider aus? Was gibt es zu essen? Meist fließen bei der Dankesrede Freudentränen, obwohl viele Preisträger den Oscar zu Hause gar nicht so nett behandeln: Angeblich benutzen ihn viele als Briefbeschwerer oder gar als Türstopper.

Zusatzinfo

Wissenschaftler haben nachgewiesen, dass Kinder (aber auch Erwachsene), die sehr viel fernsehen, sich schlecht konzentrieren können, unruhig sind, an Schlafstörungen leiden und häufig in der Schule Probleme haben.

Bekommt man vom Fernsehen eckige Augen?

Natürlich nicht – die Augen sind und bleiben rund! Grundsätzlich schadet das Fernsehen den Augen nicht. Doch man kann sie überanstrengen. Egal, wie lange und wie oft man fernsieht – auf den Abstand zum Fernseher kommt es an! Je größer der Bildschirm ist, desto größer muss der Abstand zu ihm sein. Als Faustregel gilt: Bei einer Bildschirmgröße von 50 Zentimetern sollte man zirka 1,5 Meter vom Fernseher entfernt sitzen. Insgesamt gilt: Wer öfter kurze Zeit mit dem richtigen Abstand vor dem Fernseher sitzt, schadet seinen Augen nicht. Wer aber jeden Tag stundenlang fernsieht, riskiert, dass er bald deutlich schlechter sehen könnte.

Woher hat der „Oscar“ seinen Namen?

Eigentlich heißt er ja „Verdienstauszeichnung für herausragende Leistungen“. Aber berühmt wurde er unter seinem Spitznamen „Oscar“. Den verdankt er angeblich einer Bibliothekarin im Filmgeschäft. Als sie die Statue erstmals sah, soll sie gerufen haben: „Der sieht ja aus wie mein Onkel Oscar!“

Wer ermittelt die Zuschauerzahlen?

Die Anzahl der Zuschauer, die eine Fernsehsendung gesehen haben, wird in der sogenannten Einschaltquote erfasst. In Deutschland wird sie von der „Gesellschaft für Konsum, Markt- und Absatzforschung“, kurz GfK genannt, ermittelt. Da diese Gesellschaft nicht jeden Fernsehzuschauer befragen kann, macht sie Stichproben. Das heißt, sie befragt einige und schließt daraus auf alle anderen. 5000 Haushalte mit den unterschiedlichsten Bewohnern nehmen daran teil: alt, jung, gebildet, weniger gebildet, reiche und arme Leute, und so weiter.

Oscar

Wie ermittelt man die Zuschauerzahlen?

Die Haushalte der Gesellschaft für Konsum (GfK) haben an ihrer Fernbedienung einen Knopf, den sie beim Ein-, Um- und Ausschalten drücken. Die Fernbedienung zeichnet die Informationen auf und sendet sie an die GfK. Daraus wird dann berechnet, wie viele Leute eine Sendung gesehen haben. Welche Haushalte ein GfK-Meter besitzen, ist ein sehr streng gehütetes Geheimnis. Es wäre sonst zu einfach, die Quoten zu beeinflussen.

Nur Sendungen mit guten Quoten bleiben im Programm.

Wie lernen Nachrichtensprecher alles so schnell auswendig?

Moderatoren und Nachrichtensprecher blicken in die Kamera und können fehlerfrei ellenlange Texte auswendig sprechen – so scheint es zumindest. Doch meist können sie das keineswegs. In der Kamera, in die der Sprecher blickt, ist ein Monitor angebracht, auf dem der Text abzulesen ist! Das nennt man Teleprompter. In der Studioregie ist eine Person nur dafür zuständig, den Text während der Aufnahmen entsprechend der Lesegeschwindigkeit laufen zu lassen. Damit das keiner merkt, muss der Sprecher natürlich eine Menge Übung haben.

Statisten bilden den natürlichen Hintergrund einer Filmszene.

Was sind Statisten?

Statisten oder Komparsen übernehmen eine wichtige Aufgabe beim Film. Sie sind dazu da, einen belebten Hintergrund herzustellen. Zum Beispiel in einem Café: Neben den Hauptdarstellern müssen dort natürlich noch andere Leute sitzen, und auch Kellner braucht man. Der Regisseur bestimmt ganz genau, welcher Statist wo sitzen soll und wie er sich zu verhalten hat. Es soll schließlich alles ganz natürlich aussehen. Für viele bietet dieser Job die Möglichkeit, einmal hinter die Kulissen des Films zu blicken – und vielleicht sogar von einem Regisseur entdeckt zu werden. Viele Schauspieler haben ihre Karriere auf diese Weise begonnen.

Warum können Menschen im Film fliegen?

Natürlich ist auch dies ein typischer Filmtrick: Um einen Menschen oder einen Gegenstand durch die Gegend fliegen zu lassen, muss man ihn einfach nur vor eine blaue Wand stellen und mit der Kamera aufnehmen. Dort macht der Schauspieler dann entsprechende Flugbewegungen oder wird von einer Windmaschine angeblasen. In der Nachbearbeitung wird dann der blaue Hintergrund ausgeschnitten und durch einen anderen ersetzt. Das heißt, dass es hinterher im Film so aussieht, als fliege der Schauspieler tatsächlich. Dieses Verfahren nennt man übrigens Bluescreen-Technik.

Scheinbares Fliegen

Wie bluten Schauspieler in Filmen?

EXPERIMENT

Rezept für Filmblut
Aus 2 Esslöffeln dunkelroter Lebensmittelfarbe, 80 Milliliter heißem Wasser und Kakaopulver kannst du dein eigenes „Filmblut“ herstellen. Je nachdem, wie dickflüssig es sein soll, mischst du mehr oder weniger Kakaopulver darunter.

Natürlich bluten Schauspieler in Filmen nicht wahrhaftig. Ihnen werden Wunden und Blessuren aufgeschminkt und sie bluten Filmblut. Es gibt zum Beispiel bestimmte, ungefährliche Farbkapseln, die Schauspieler im Mund haben und einfach zerbeißen. Die Farbe färbt dann den Speichel rot und es sieht aus, als würde der Schauspieler aus dem Mund bluten. Bei großen Wunden wird das Blut im Film meist mit einem winzigen Schlauch herausgepumpt, der fast unsichtbar unter der künstlich geschminkten Wunde liegt.

Was ist eine Satellitenschüssel?

Eine Satellitenschüssel ist eine Parabolantenne, die Signale an Satelliten im All senden und von ihnen empfangen kann. Eine Parabolantenne besteht aus einer Art „Schüssel", dem Parabolspiegel, und einem Empfangskopf. Je nachdem, wie viele Signale man in welcher Qualität senden oder empfangen will, desto größer oder kleiner ist die Satellitenschüssel. Jede Schüssel hat einen Mittelpunkt, den Brennpunkt. Dort werden die eintreffenden Signale gebündelt. Auf den Sendestationen der Fernsehsender stehen riesige Parabolantennen, die das Fernsehprogramm in Form von Signalen zu bestimmten Satelliten im Weltall schicken. Die Satelliten empfangen das Signal und senden es an die Erde zurück. Dort wird es von vielen kleinen Parabolantennen empfangen und wieder in das Fernsehbild umgewandelt, dass der Sender kurz zuvor losgeschickt hat. Und das sehen wir dann, wenn wir den Fernseher einschalten.

Leuchtsterne sind chemisch behandelt.

Warum leuchten die Sterne an der Kinderzimmerdecke im Dunkeln?

Die Sterne, die man an die Zimmerdecke kleben kann, leuchten nachts. Und das, obwohl sie nicht an die Steckdose angeschlossen sind. Das funktioniert nur deshalb, weil sie in einer Chemiefabrik mit ganz besonderen Mitteln beschichtet wurden. Die Leuchtmasse leuchtet nur dann, wenn sie vorher mit Licht bestrahlt wurde. Man nennt das phosphoreszieren. Das liegt daran, dass das Licht die winzigen Bestandteile in der Folie – die Elektronen – in Bewegung versetzt. Und die hält auch noch dann an, wenn es dunkel ist. Deshalb leuchten die Leuchtsterne nachts nur, wenn sie tagsüber genug Licht tanken konnten.

Warum gibt es Katzenfutter nicht mit Mausgeschmack?

Für die Herstellung von Katzenfutter werden häufig Reste aus Schlachthöfen verwertet. Wollte man Mausfutter herstellen, so müsste man eigens Mäuse züchten, um sie für die Katzen zu schlachten. Das wäre sehr teuer und aufwendig. Außerdem wollen die Hersteller nicht eigens Tiere für die Herstellung von Tierfutter töten. Zudem vermutet man, dass Katzen gar nicht so sehr auf Mausgeschmack stehen – sie jagen sie nur gerne.

Katzenfutter wird aus Resten gemacht.

Ein Springbrunnen springt durch Druck.

Wer gibt den Straßen ihre Namen?

Es gibt zwei verschiedene Sorten von Straßennamen: Einerseits werden Straßen nach berühmten Persönlichkeiten benannt. Zum Beispiel Goethestraße oder Mozartstraße. Laut Gesetz dürfen Straßen jedoch nur nach Personen benannt werden, die bereits verstorben sind. Andererseits gibt es die Möglichkeit, Straßen auch andere Namen zu geben. Zum Beispiel die Blumenstraße oder der Kaktusweg. In den Gremien der Stadtverwaltung werden für jede neue Straße mehrere Vorschläge gemacht und dann wird darüber abgestimmt.

Wie springt ein Springbrunnen?

Ein Springbrunnen hat meistens eine Figur oder einen Steinhaufen, aus dem ein Wasserstrahl kommt. Das Wasser wird mit einer starken Pumpe durch ein Rohrsystem nach oben gedrückt. Durch den großen Druck steigt es dann erstmal ein Stück in die Luft, um dann in Bögen in das Becken hinabzufallen. In diesem Moment ist die Anziehungskraft der Erde, die Schwerkraft, größer als der ausgeübte Druck.

Sekundenkleber klebt nur außerhalb der Tube.

Warum klebt der Sekundenkleber nicht in der Tube fest?

Sekundenkleber kann auf zwei Arten funktionieren: Entweder muss er sich an der Luft mit einem zweiten Stoff verbinden – das kann auch die Feuchtigkeit oder der Wasserstoff aus der Luft sein – um zu kleben, oder er klebt, weil das Lösungsmittel verdampft und der Kleber aushärtet. In der Tube befindet sich keine Luft, deshalb kann der Sekundenkleber nur außerhalb der Tube kleben. Es sei denn, die Tube hat ein Loch oder wurde nicht richtig verschlossen – dann wird der Kleber auch in der Tube hart.

Wie sparen Energiesparlampen Strom?

Eine Energiesparlampe hat keinen Glühfaden, sondern ist mit einem Gas gefüllt. Es verbraucht weniger Energie, das Gas zum Leuchten als einen Glühfaden zum Glühen zu bringen. Die Energiesparlampe ist eine kleine Leuchtstofflampe, die im Gegensatz zu Neonröhren den Vorteil hat, dass sie durch ausgefeilte Technik sofort zündet. Sie leuchtet zum selben Preis wie eine herkömmliche Glühbirne ungefähr fünfmal so lange.

Wie schützt Sonnencreme vor der Sonne?

Es gibt verschiedene Arten von Sonnencremes. Die eine Sorte bildet einen Film auf der Haut, der die Sonnenstrahlen ablenkt. Zugleich reagieren die chemischen Stoffe in der Creme und verwandeln die Sonnenstrahlen in Wärme. Außerdem gibt es noch eine andere Sorte. Diese Creme enthält winzige Metallkörnchen. Sie legen sich wie ein Schutzfilm über die Haut und werfen die Strahlen wie ein Spiegel zurück. Der Vorteil dieser Cremes ist, dass sie sofort wirken. Die anderen muss man ein halbe Stunde vor dem Rausgehen auftragen.

Die Ampelfarben sieht man am besten.

Wer hat sich die Ampelfarben ausgedacht?

Vor 200 Jahren wurde in England die Eisenbahn eingeführt. Um die Fußgänger zu warnen, lief ein Mann mit einer roten Fahne vorneweg. So entstand die rote Farbe als Zeichen für „Gefahr im Verkehr". 1868 wurde in London die erste rot-grüne Ampel aufgestellt. Grün wählte man, weil es die gegensätzliche Farbe von Rot ist. Später wählte man Gelb dazu, weil diese Farbe als einzige so kräftig leuchtet wie Rot und Grün. In Deutschland wurde 1924 die erste rot-gelb-grüne Verkehrsampel in Berlin auf dem Potsdamer Platz aufgestellt.

Warum bleibt die Zunge bei Kälte an Metall kleben?

Leckt man bei Frost an einem Eisengeländer, kann die Zunge daran kleben bleiben. Das liegt daran, dass um die Zunge herum sofort eine dünne Luftschicht entsteht. Das Eisen leitet aber die Wärme schneller ab als Luft. Da die Zunge auch noch von Speichel umgeben ist, frieren die Oberflächen sofort zusammen und das Eisen zieht die Wärme aus der Zunge. Wenn du Pech hast, dauert es einen Moment bis sich die Zunge wieder erwärmt hat und sich von dem Geländer löst.

Wie verabredeten sich Menschen, bevor es Uhren gab?

Früher haben sich die Menschen an der Natur orientiert. Sie haben die Sonne beobachtet, den Mond und die Jahreszeiten. Statt zu sagen „Wir treffen uns um 15 Uhr", sagten die Menschen damals eben „Wir treffen uns am Tag des Vollmonds, wenn die Sonne untergeht". Sicherlich hat das nicht immer so gut funktioniert, wie es heute mithilfe von Uhren möglich ist. Aber wenn die Verabredung nicht gleich zur Stelle war, wartete man eben bis sie kam.

Für eine Bananenflanke muss man präzise schießen.

Was ist eine Bananenflanke?

Bananenflanke ist ein Begriff aus dem Fußball. Man muss den Ball dafür an einer ganz bestimmten Stelle treffen – wenn er beginnt, sich um sich selbst zu drehen, fliegt er in einem bananenförmigen Bogen (hoffentlich) in Richtung Tor. Es gab einmal einen Hamburger Fußballspieler der diese Technik perfekt beherrschte: Manfred Kaltz machte mit seinen Bananenflanken Ende der 1970er-Jahre die Fußballplätze unsicher.

Warum hat der Tag 24 Stunden?

Schon die Babylonier haben den Tag in zwei Hälften eingeteilt, die jeweils zwölf Stunden haben. Sie haben auch festgesetzt, dass die Stunde 60 Minuten und die Minute 60 Sekunden hat. Das liegt daran, dass bei den Babyloniern die Grundlage für alle Berechnungen immer die Zahl 60 war – so wie es bei uns die Zahl Zehn ist.

Die Uhr wird im Sommer vorgestellt.

Warum wird im Sommer die Uhr vorgestellt?

Ursprünglich hatte der Amerikaner Benjamin Franklin 1784 die Idee, die Uhr im Sommer einfach vorzustellen, um Energie zu sparen. In Deutschland wurde die Sommerzeit 1980 eingeführt. Sie hat zur Folge, dass im Sommer die Phase mit Tageslicht besser mit der Wachphase der Menschen zusammenfällt. Energie gespart hat es wohl nicht, doch es verbessert die Stimmung der Leute. Es ist auch ein ziemlicher Aufwand, zweimal im Jahr alle Uhren umzustellen. Sogar Züge müssen angehalten werden, um den Fahrplan der neuen Uhrzeit anzupassen. Deshalb macht man das auch nachts, immer am letzten Sonntag von Oktober und März.

Warum wird die Geschwindigkeit von Schiffen in Knoten gemessen?

Früher gab es auf Schiffen keine elektronische Geschwindigkeitsanzeige. Um festzustellen, wie schnell ein Schiff unterwegs war, gab es eine andere Methode: Die Seeleute befestigten ein Seil am Mast und machten in regelmäßigen Abständen Knoten hinein. Dann banden sie an das andere Ende ein Brett, das sie ins Wasser warfen. Das Seil ließen sie dann ablaufen und zählten, wie viele Knoten ihnen in welcher Zeit durch die Finger glitten. Obwohl es inzwischen an Bord moderne Messgeräte gibt, wird die Geschwindigkeit noch immer in Knoten gemessen. Ein Knoten entspricht einer Seemeile pro Stunde. Eine Seemeile wiederum sind 1852 Meter.

Aus was ist eigentlich alles gemacht?

Alle Dinge unserer Erde, egal ob Mensch, Fernseher, Glas oder die Erde selbst, bestehen aus Milliarden winziger Bausteine. Diese Bausteine nennt man Atome. Man kann sie mit bloßem Auge nicht sehen, so klein sind sie. Und selbst diese Atome sind aus noch viel kleineren Bausteinchen zusammengesetzt, den Neutronen, Protonen und Elektronen. Bestimmte Atome gehen mit anderen Verbindungen ein. Dann entstehen wieder neue Bausteine, die Moleküle. Ein Wassertropfen besteht zum Beispiel aus Milliarden von Wassermolekülen, die dadurch entstanden sind, dass sich die Atome von Wasserstoff und Sauerstoff miteinander verbunden haben.

Wie viel Blei ist in einem Bleistift?

In einem Bleistift steckt überhaupt kein Blei. Die silberne Schreibmine im Inneren bestand schon immer aus Grafit. Im 18. Jahrhundert wurde das Grafit mit Schwefel und Harz vermischt. Dadurch zerbrachen die Minen nicht mehr so schnell. Der Ausdruck Bleistift stammt vermutlich aus dem Mittelalter, als man runde Bleischeiben zum Zeichnen benutzte.

Bleistiftminen sind aus Grafit.

Warum kommt eine Frau „unter die Haube"?

Wenn eine Frau heiratet, dann sagt man, „sie kommt unter die Haube". Dieser Ausdruck stammt aus dem Mittelalter. Damals trugen verheiratete Frauen nämlich Hauben, die Unverheirateten dagegen bedeckten ihr Haar nicht.

Verbrennt sich ein Feuerspucker den Mund?

Feuerspucker sind wirklich beeindruckend, wenn sie so einen Feuerstrahl aus dem Rachen spucken. Doch das ist nur ein Trick. Sie nehmen eine Flüssigkeit in den Mund, die schlecht brennt. Dann pusten sie sie so aus, dass die Flüssigkeit fein zerstäubt wird. Sie brennt dadurch viel besser. Also kann der Feuerspucker sie gleichzeitig mit dem Zerstäuben entzünden und es sieht aus, als käme das Feuer aus seinem Inneren. Trotzdem müssen die Feuerspucker ihren Mund etwas schützen und spülen ihn zum Beispiel mit Milch aus. So bildet sich ein Fettfilm, der die Schleimhäute schützt. Auch Feuerspucken muss man lernen, es gibt dafür eigens Seminare, weil es sehr schwierig ist.

Nur Pinocchios Nase wird länger.

Wächst unsere Nase, wenn wir lügen?

Wenn man lügt, werden im Körper bestimmte Reaktionen ausgelöst: Wir atmen schneller und der Herzschlag erhöht sich dadurch. So wird mehr Blut durch die Adern gepumpt und die kleinen Blutgefäße werden größer. Deshalb schwillt auch die Nase ein ganz klein wenig an. Das ist aber so gering, dass man es jemandem nicht ansehen kann. Die Redewendung stammt aus dem Märchen von Pinocchio, dessen Nase sehr lang wurde, wenn er log.

Warum ist das Wetter immer am Wochenende schlecht?

Tatsächlich ist in den Industrieländern das Wetter am Wochenende schlechter. Das liegt daran, dass am Montag, wenn viele mit dem Auto zur Arbeit fahren, die Fabriken anlaufen, Geschäfte beheizt werden und so weiter. Durch diese ganzen Abgase wird es wärmer und trockener. Am Freitag aber fallen diese Faktoren weg und es wird wieder kälter – und die Wahrscheinlichkeit, dass es regnet, wird größer. Der Sonntag ist in der Regel der kälteste Tag der Woche.

Wie funktioniert ein Wetterhäuschen?

Mit einem Wetterhäuschen kann man das Wetter vorhersagen: Tritt das Männchen heraus, wird das Wetter schlechter, kommt die Frau nach vorn, wird es schöner. Natürlich haben die kleinen Plastikfiguren keine hellseherischen Fähigkeiten oder gar Kenntnisse der Wetterkunde. Man hat ihnen lediglich Fühler eingebaut, die die Feuchtigkeit in der Luft messen können. Nimmt sie ab, tritt der Mann zurück und die Frau heraus.

Wetterhäuschen

Was ist ein Computervirus?

Ein Virus ist ein Krankheitserreger, der nur vom Körper selbst bekämpft werden kann. Ähnlich ist es mit einem Computervirus: Hat man ihn sich eingefangen, wird man ihn nicht so einfach wieder los. Ein Computervirus ist ein kleines Programm, das vorwiegend über das Internet übertragen wird. Es gibt relativ harmlose Viren, aber auch solche, die sich auf deinem PC ausbreiten und alles zerstören, was darauf gespeichert ist. Die sogenannten Anti-Viren-Programme schützen den Computer vor diesen Viren.

Was ist der Unterschied zwischen Nägeln und Schrauben?

Nägel sind glatt, haben eine Spitze und einen Kopf. Man kann sie einfach mit dem Hammer in die Wand schlagen. Schrauben haben dagegen ein Gewinde, deshalb muss man sie in die Wand oder das Holz eindrehen. Für die Wand braucht man dazu auch noch einen Dübel, den man in das vorgebohrte Loch steckt. Er besteht aus Plastik und hat zwei Widerhaken, die ihn in der Wand halten. In ihn hinein dreht man dann die Schraube.

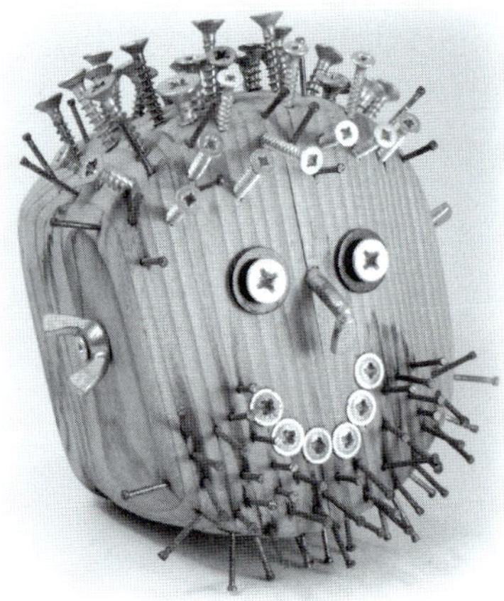

Warum ist Motorradfahren so gefährlich?

Den Fahrtwind spüren, sich mit Schwung in die Kurven legen … Motorradfahren birgt ein ganz besonderes, unglaublich aufregendes Fahrgefühl. Doch Motorräder haben – anders als Autos – kein Blech außen herum, das Fahrer und Beifahrer schützt. Und sie haben weder Airbags noch Sicherheitsgurte. Darum tragen Motorradfahrer Schutzkleidung und einen Helm. Doch bei einem schweren Unfall helfen diese auch nicht mehr viel. Und ein weiterer Punkt macht das Motorradfahren besonders gefährlich: Autofahrer schätzen die Geschwindigkeit von Motorrädern oft falsch ein und übersehen sie dann. Man muss also sehr überlegt und aufmerksam fahren.

Motorradfahrer werden leicht übersehen.

Warum haben Golfbälle Dellen?

Beim Golfspielen soll der Ball möglichst weit geschlagen werden. Deshalb entwickelte man einen Ball, der besonders weit fliegt. Die vielen Vertiefungen auf der Oberfläche des Golfballes verringern den Luftwiderstand. Daher bleibt der Ball bis zu dreimal länger in der Luft. Die Dellen heißen übrigens Dimple. Die Golfbälle können bis zu 300 Kilometer pro Stunde erreichen.

Eis ist leichter als Wasser – auch mit Robbe.

Warum schwimmt Eis?

Wenn Wasser zu Eis gefriert, dann ändert sich seine Struktur. Die einzelnen Bausteine haben einen größeren Abstand zueinander, das Eis dehnt sich also aus. Durch den größeren Abstand hat es auch eine geringere Dichte als Wasser, es ist also leichter. Darum schwimmt es obenauf.

Kann ich mit Luftballons von der Erde abheben?

Wenn du einen Luftballon mit normaler Luft aufbläst, sinkt er wieder zu Boden, sobald du ihn loslässt. Er ist durch die Gummihülle schwerer als die Luft, die ihn umgibt, deshalb sinkt er. Es gibt aber auch Luftballons, die aufsteigen. Sie sind mit dem Gas Helium gefüllt, das sehr viel leichter ist als Luft. Ein Luftballonhersteller hat einmal im Selbstversuch getestet, wie viele Ballons er braucht, um abzuheben. Mit 180 heliumgefüllten Luftballons schwebte der 75 Kilogramm schwere Mann bis unter die Decke einer Turnhalle!

Luftballons fliegen nur, wenn sie mit Helium gefüllt sind.

Wie stellt man Luftballons her?

Zunächst einmal werden für die Herstellung von Luftballons Formen gebraucht. Sie sind aus Keramik und sehen aus wie der zukünftige Luftballon, wenn er noch nicht aufgeblasen ist. Also zum Beispiel rund, in Herzform oder wie eine Wurst. Diese Formen werden nun kurz in einen Behälter mit flüssigem Kautschuk, einer Gummiart, getaucht. Der Kautschuk wird anschließend an den Formen getrocknet. Nun wird das Gummi von der Form abgezogen – und der Luftballon ist schon fast fertig. Er wird noch gewaschen und anschließend gepudert, damit er nicht an den anderen festklebt. Dann wird er noch verpackt und ausgeliefert.

Wie werden Korken gemacht?

Kork stammt aus der Rinde der Korkeiche. Für die Herstellung wird der Baum zunächst vorsichtig geschält, damit er nicht abstirbt. Eine Korkeiche muss rund 30 bis 40 Jahre lang wachsen, bis man zum ersten Mal ihre Rinde ernten kann. Nach der Ernte wird der Kork ein halbes Jahr getrocknet. Dann wird er gekocht und sechs Wochen lang im Dunkeln gelagert. Aus Kork werden neben dem Flaschenkorken auch noch Bodenbeläge, Pinnwände, Wärmeisolierungen oder Poliermittel hergestellt. Eine Korkeiche kann nur etwa alle zehn Jahre geerntet werden. Aus einem Baum entstehen etwa 150 Kilogramm Korken. In Deutschland werden jedes Jahr ungefähr 1,2 Milliarden Flaschenkorken benutzt.

Bildnachweis: dpa Picture-Alliance, Frankfurt: S. 68, 76, 77, 100, 135, 168, 180, 200 / **www.fotolia.de:** absidian S. 147 / absolut S. 19 / Actomic S. 213, 239, 240 / Adamczyk, Monika S. 37 / Ahrent, Kristian S. 113 / aidasonne S. 234 / airmaria S. 139 / akphoto S. 242 / AlienCat S. 53 / Alihahd S. 208 / Arctica S. 136 / Argus S. 69 / Arnold, Michael S. 251 / arnowssr S. 150 / arrow S. 191 / Arrow Studio S. 26 / Avesun S. 192 / Bain, Kitsch S. 126 / Bannykh, Alexey S. 54, 153 / BAO-RF S. 252 / Baqué, Achim S. 253 / Barskaya, Galina S. 23 / BasPhoto S. 105 / Beerten, Ine S. 32 / Belanger, Steven S. 227 / Bell, Maria S. 137, 209 / Bellers, Lance S. 209 / Benjaminet S. 48 / Berg, Martina S. 155 / bild-4search S. 3 / binagel S. 41 / Birn, Marco S. 201 / Bizarr S. 233 / Blazic, Ana S. 37 / Bohnhorst-Simon, Brigitte S. 207 / Borkowski, Adam S. 31 / Botie S. 245 / Brands, Helmut S. 176 / Brebca S. 58 / Brenneke, Christian S. 147 / Brezina, Ivo S. 170 / Brugger, Thomas S. 235 / Bumann, Uwe S. 35, 179 / Burgiel, Pawel S. 58 / Bussiek, Gordon S. 27 / cachoudesign S. 83 / Caila S. 204 / Caila S. 36 / Campbell, Tony S. 115 / cashfx S. 226 / chimier, christelle S. 116 / chrisharvey S. 52, 74 / clearviewstock S. 73 / ClickPop S. 6 / Cline, Dusty S. 114 / Connelly, Dennis S. 10 / Cooke, Jonathan S. 145 / Cool Graphics S. 96 / coppiright S. 62 / Corbaci, Hakan S. 5 / Cosicov, Artur S. 134 / CPO S. 222 / Damkier, Mikael S. 252 / daniel r S. 213, 214 / Danti, Andrea S. 101, 211 / DAV S. 154 / davooda S. 88 / deepwhite S. 249 / Dekan, Roman S. 136, 150 / Dekan, Roman S. 8 / DerSchmock S. 7 / Destonian S. 11 / Diana S. 247 / Digitalpress S. 51, 233 / Duschek, Oksana S. 104 / DX S. 167 / Eckert, B. S. 205 / Eder, Christa S. 240 / egal S. 42 / Eichinger, Hannes S. 229 / eichinger, katrin S. 247 / Eisibeer S. 173 / Epp, Alessia S. 249 / etchison, sonya S. 173 / EW CHEE GUAN S. 187 / ExQuisine S. 249 / eyewave S. 61 / Falco S. 80 / Fanfo S. 29 / Farkas, Geza S. 180 / fbc24 S. 221 / Figge, Anne Katrin S. 244 / focus finder S. 150 / Freer, Douglas S. 55 / FX Berlin S. 188 / G., Stephan S. 203 / Galobart, Araceli S. 3 / Gelpi, Jose Manuel S. 15 / Georghiou, Christos S. 50 / Georgiew, Grischa S. 173, 236 / Germer, Stephan S. 219 / godfer S. 234 / Goldstein, Fred S. 36 / Gontier, Regis S. 138 / Gueldner, Tobias S. 127 / Guitain S. 160 / Hahn, Dieter S. 113 / Hallgerd S. 39 / Hansen, Carina S. 166 / Harms, Scott S. 148 / Harris, Randy S. 200 / Haub, Frank S. 184 / Hauptstock, Oliver S. 112 / Hechfellner, Petra S. 152 / Heim, Ramona S. 19 / Heise, Jürgen S. 157 / Henne-Design S. 165 / Henry S. 143 / henryart S. 223 / Hilberger, Jens S. 244 / Hildebrandt, Esther S. 230 / Hiner, Travis S. 203 / Hironaka, Kelly S. 236 / Hooks, Danny S. 198 / Horng, Mau S. 151 / HP_Photo S. 199 / Hudson, Dawn S. 36, 151 / Ideen S. 158 / Images, Tijara S. 116 / Immel, Daliah S. 38 / ioannis kounadeas S. 220 / iofoto S. 172 / Ireland, Matt S. 144 / Jane S. 20 / jedphoto S. 9 / jf grane S. 74 / Jocky S. 17 / Joss S. 84 / jStock S. 251 / judwick S. 124 / Justinb S. 142 / Kaljikovic, Amir S. 40 / Kalmbach, Alex S. 56 / Kaphoto S. 149 / Karat S. 205 / Kasten, Rouven S. 246 / Kaulitzki, Sebastian S. 15, 33, 193 / Keller, Roswitha S. 247 / KerstinvdL S. 216 / kondrachov, vladimir S. 107 / Kopirin S. 45 / Korovljevic, Djordje S. 62 / KOVALOVA, Iuliia S. 70 / Kroener, Udo S. 61, 112 / Kröger, Bernd S. 218 / Kropp, Marty S. 240 / Krumm, Mischa S. 127 / Krüttgen, Matthias S. 41 / ktsdesign S. 12, 131, 246 / Kzenon S. 246 / Lamb, Meredith S. 192 / Lane, Mary S. 81 / Lee, Jamie S. 52 / Legrand, Boris S. 202 / Lenz, Oliver S. 142 / Lettner, Rudolf S. 121 / Leus, Volodymyr S. 229 / Lianem S. 57, 230 / LIM YUAN PING S. 216 / Limon, Eric S. 225 / Lindert-Rottke, Antje S. 129, 146 / Logerot, Nicolas S. 117 / loic anfray S. 162 / Lovegrove, Steve S. 46 / Lubcke, Timothy S. 139 / lucastor S. 31 / Lukyanov, Alexander S. 129 / LVI S. 108 / Lyubkina, Olga S. 55 / manu S. 21 / Marinov, Dimitar S.23 / Mario S. 211 / mark yuill S. 154 / maverick1987va S. 47 / MAXFX S. 3, 64 / Mazur, Boguslaw S. 229 / mediapatris S. 104 / Melnikov, Vladimir S. 198 / Menzl, Günter S. 35 / Metelec, Franz S. 42–43 / Meyer, Andreas S. 38–39, 105 / Meyer, Carsten S. 162 / micoud78 S. 138 / mikess S. 45 / Milert, Robert S. 228 / Mo S. 193 / mohaa S. 190 / Monkey Business S. 187 / Montero, Ismael S. 152 / Müller, Patrick Jean-L S. 165 / Neuhauß, Michael S. 214 / Ni Chun S. 130 / Niccy S. 134 / nicolasjoseschirado S. 219 / Niklas, Helmut S. 34 / NL shop S. 81 / Notebook S. 218 / Nyshko, Leonid S. 184 / Nyshko, Tatyana S. 48 / Olivier S. 253 / onlinebe-werbung.de S. 163 / OOZ S. 13 / Orlich, Martina S. 111 / ozgur S. 141 / P., Claude S. 159 / Papayoyo94 S. 140 / Pas Po S. 198 / Pastore, Davide S. 253 / Patel, Varina S. 14 / Pawlowska, Edyta S. 225 / PeJo S. 189 / Perkins, Thomas S. 33 / Peter38 S. 181 / Petrovic, Uros S. 155, 214 / Pfluegl, Franz S. 197, 250 / photo4emotion S. 146 / Phototom S. 218 / Physsas, Marle S. 204 / picture-optimize S. 44, 90, 191 / pi-noquio_9 S. 44 / Piumadaquila S. 200, 210 / pixelcarpenter S. 51 / pmac S. 85 / poco_bw S. 232 / Poletaev, Anton S. 178 / Popa, Sorin S. 28, 226 / pouvrem S. 38 / Powell, Noel S. 64 / Przezak, Adam S. 30 / puje S. 22 / Rajewski, Stefan S. 71 / RalfenStein S. 160 / Rebel S. 156 / red2000 S. 53 / Reinartz, Petra 43 / Reitz-Hofmann, Birgit S. 59, 230 / Robbins, Earl S. 221 / robsnowfolio S. 242 / robynmac S. 196 / Röder, Michael S. 39, 238 / Röder, Petra S. 220, 237, 239 / Rosi S. 174 / Roth, J.+W S. 217 / Rut'ko, Olga S. 158 / Sandler, Howard S. 51 / Saniphoto S. 228 / sathopper S. 143 / Sauermann, Dirk S. 161 / save the moment S. 130 / Schlösser, Petra S. 174 / Schmit, Henri S. 250 / Schnepf, Siegfried S. 215 / schweitzer-degen S. 21 / Schwoab S. 94 / Secret Side S. 28 / Seemann, Andrea S. 96 / sekulic, kristian S. 137 / Semenov, S. 179 / Shunkov, Alexander S. 3 / siloto S. 148 / Siz'kov, Serj S. 3 / Sly S. 144 / Smileus S. 47, 113 / snow_wons S. 206 / Sorbotrol S. 160 / Spiggs, Robert S. 179 / Spinelli, S. S. 100 / spotlight-studios S. 56, 223 / spot-shot S. 97 / Srisunon, Wichittra S. 50 / Stacey, Doug S. 65 / Steidl, James S. 196 / Stevens, Douglas S. 177 / Stock Foundry Images S. 111 / Stricker, Wilfried S. 93 / Stühmeier, Irene S. 238 / Sujono, Fredy S. 126–127 / Susanyoyo S. 188 / SyB S. 178 / sylwia2007 S. 37 / Syncerz, Marzanna S. 32 / Teichmann, Axel S. 175, 195 / Tetastock S. 92 / Thaut Images S. 190 / TheFinalMiracle S. 91 / thegarden S. 60 / Thoman, Cory S. 60 / Thoß, Tino S. 133 / tomitom S. 194 / Toro S. 119 / Twilight_Art_Pictures S. 252 / UK S. 243 / Unda S. 48 / Van den Berg, Simone S. 6 / vanda S. 224 / Vasileva, Ana S. 25 / Véclin, Gérard S. 206 / Viskova, Klara S. 3, 138 / Visual7 S. 230 / VivitoArt S. 237 / Vof S. 168 / Volodko, Natalia S. 27 / Vorberg, Dennis S. 172 / Voronov, Ivan S. 110 / Wade, Connie S. 5 / Waitelonis, Jörg S. 175 / Walker, Brent S. 8 / Wesenberg, J. S. 222 / whittingham, darren S. 135 / Wumba S. 204 / Wunder, Ralf S. 232 / YBond S. 243 / Zauberhut S. 92 / Zeit4men S. 170 / zentilia S. 54 / zhouhuibj S. 215 / Ziablik S. 161 / Zidar, Dusan S. 241 / **www.pixelio.de:** Altmann, Gerd S. 10, S. 34 / anavanz S. 160 / bbroianigo S. 171 / Beßler, Maren S. 189 / Birgit S. 169 / Bollinger, Hanspeter S. 128, 145 / Brauweiler, D. S. 182 / buntgemischtes S. 132 / Dietermann, Ralf S. 185 / Domnik, Kurt F. S. 123 / Dreampainter S. 84 / Dumat, Maja S. 155 / Durme, Sabine van S. 98 / felix.foto S. 144 / Flint, S. S. 195 / Friedrich, I. S. 164 / Friedrich, I. S. 3 / Gitti S. 149 / hagir25 S. 133 / Haindl, Franz S. 164 / Henke, Lothar S. 37, 166 / Herr von Knaddl auf Daddl im Knaddldaddl-Land S. 140 / Hoefft, Martin S. 182 / Hofschlaeger, Stephanie S. 16, S. 40 / Hölzl, Thomas S. 141 / Höpner, Antje S. 56 / illusionist S. 106 / JackyX S. 128 / KGHess S. 115 / knipseline S. 156 / Korf, Marco S. 158 / korneloni S. 181, 232 / Kriewel, A. S. 99 / Kunze, Uwe S. 86 / Lerch, Claudia S. 182 / Liebisch, Karl-Heinz S. 118 / liquid_chaos S. 100 / Marx, Paul S. 110 / Meister, Paul-Georg S. 184 / Michel, Kurt S. 63 / Miroslaw S. 117 / Müller, Thomas Max S. 38 / Pelz, Ute S. 19 / Preuß, Andreas S. 245 / R. B. S. 183 / Ramm, Henning Hraban S. 124 / Reisig, Joachim S. 169 / Rose, Ernst S. 146 / Schaile, Roman (kunstart.net) S. 157 / Scheffler, Jennifer S. 145 / Schemm, Martin S. 50 / Schlüter, M. S. 250 / Schoenemann, Gabi S. 27 / Schütz, Dieter S. 126 / Schwarzenbeck, Mike S. 40 / Sippl, Paul S. 188 / soquett S. 174 / sprisi S. 96 / Stahnke, Carl-Ernst S. 169 / Sterzl, Bernd S. 170 / stieber, herwig S. 165 / stonewashed S. 89 / Stricker, Klaus S. 191 / Sturm, Rainer S. 162 / Templermeister S. 123 / tutto 62 S. 194 / Veder, William S. 26 / viocat S. 235 / virra S. 95 / Vogtländer, Hilde S. 17 / Winzer, Sonja S. 24 / wrw S. 13 / Zillertaler2000 S. 217